21世纪应用型本科管理系列规划教材



Marketing
2nd edition

# 市场营销学

第二版

洪秀华　主　编
高　苏　副主编

东北财经大学出版社
Dongbei University of Finance & Economics Press
大连

**图书在版编目（CIP）数据**

市场营销学 / 洪秀华主编．—2版．—大连：东北财经大学出版社，2018.8（2019.7重印）
（21世纪应用型本科管理系列规划教材）
ISBN 978-7-5654-3284-2

Ⅰ．市…　Ⅱ．洪…　Ⅲ．市场营销学-高等学校-教材　Ⅳ．F713.50

中国版本图书馆CIP数据核字（2018）第179128号

东北财经大学出版社出版
（大连市黑石礁尖山街217号　邮政编码　116025）
网　　址：http://www.dufep.cn
读者信箱：dufep@dufe.edu.cn

大连雪莲彩印有限公司印刷　　东北财经大学出版社发行

幅面尺寸：185mm×260mm　字数：380千字　印张：18.25　插页：1

2018年8月第2版　　2019年7月第3次印刷

责任编辑：石真珍　　责任校对：伊　人
封面设计：冀贵收　　版式设计：钟福建

定价：39.00元

教学支持　售后服务　联系电话：（0411）84710309

如有印装质量问题，请联系营销部：（0411）84710711

# 第二版前言

市场营销学是建立在经济学、行为科学、管理学理论基础上的综合性学科，应用性和实践性都很强。“市场营销学”是我国高等院校经济管理类专业的核心课程，其目标是使学生掌握市场营销的基本概念和规律，并培养学生在实践活动中合理运用营销手段、组织和实施营销活动进而达到营销目的的能力。

随着互联网技术的广泛运用和发展，市场营销也出现了新变革、新思想和新方法。本书紧紧围绕培养高等院校应用型人才的目标，保持市场营销学体系的基本构架，较系统地介绍市场营销学的基本理论与实务，并在内容上进行整合和提炼，既突出了市场营销学的广泛实用性，又体现了持续发展性。本书的特色主要体现在：

第一，在内容上注重系统性。本书在内容结构、章节的安排上，力求做到条理清楚、层次清晰、系统性强，强化教材的施教功能，同时运用大量的图表，与正文内容相得益彰，直观明了，浅显易懂。

第二，在实务上兼顾可操作性。本书根据教学目标和实际工作的需要，注重内容的可操作性。在章前设置引导案例，让学生带着问题，在积极思考的状态下学习各章内容；在章后设置案例分析，促进学生利用所学的知识去解决实际问题，提高应用技能，以便学生在以后的工作中尽快进入角色。

第三，在知识的拓展上体现新颖性。本书案例资料新颖，选用的案例大多数来自近几年活跃于中国市场和国际市场的知名企业，具有很高的参考价值，同时对市场营销的新成果、新视点进行了探讨和阐述，有助于学生更好地掌握现代市场营销的基本理论、基础知识和基本方法，提高学生对企业经营活动的分析、判断和决策能力。

本次修订，编者结合市场营销理论与实务的最新进展，删除了过时的理论，增加了“微信营销”等新知识，更换了大部分案例，更新了相关数据资料，增加了“小资料”(二维码)，使全书内容与时俱进，更加丰富。

本书第二版由福建工程学院洪秀华任主编，高苏任副主编。全书共12章，具体编写分工如下：洪秀华编写第1、2、6章，邹建岚编写第3、4章，黄莉编写第5、7章，高苏编写第8、9章，周华编写第10、11、12章。全书最后由洪秀华统稿。

在本书的编写过程中，编者参考和引用了众多专家、学者的珍贵资料，限于体例未能逐一注明，在此向有关作者表示诚挚的谢意。本书的出版得到东北财经大学出版社的支持，在此谨表衷心的感谢。限于编者的学术水准，书中难免有不妥或疏漏之处，敬请广大读者和专家不吝赐教。

编　者

2018年6月于福州

# 目 录

# 第1章 市场营销概述

学习目标

- 掌握市场和市场营销的概念
- 理解与市场营销相关的一组基本概念
- 明确市场营销管理的内涵，了解市场营销管理的任务
- 掌握市场营销管理哲学的演变过程
- 了解4Cs、4Rs和4Vs营销组合

## 引例 20世纪60至90年代“爱情婚房”秀

2013年2月13日，在松原中东城市广场内，有四间用老旧物品布置的20世纪60年代至90年代“爱情年代情景秀”展区，还原了20世纪60年代至90年代爱情婚房的美好场景，引得众多市民前来观看。

20世纪60年代“爱情年代情景秀”展区前这样写道：“记得你最爱穿白裙子，我最爱你的大辫子，永远不能忘记，那个红色年代，我们一起过的苦日子，请收拾行李跟我走，广阔天地，大有作为，去农村，去乡下，去一切革命需要我们的地方。”展区内，迎面就是一铺火炕，炕上正中摆放着一张炕桌，桌子上有手电筒、口袋、嘎拉哈、算盘，炕桌旁边还放着一个用烟盒糊制的笸箩，炕上铺着一件绿色军大衣，衣服旁边还有一个鸡毛掸子。炕上还摆放着炕柜、箱子等，最显眼的要数那盏煤油灯。

20世纪70年代“爱情年代情景秀”展区内，多了缝纫机、挂钟、衣柜和电视柜，还有带大喜字的镜子，展示出社会的进步。墙面上张贴了一些画，展示出那个年代的特点。

20世纪80年代“爱情年代情景秀”展区前这样写道：“舞会上，你穿着漂亮的‘布拉吉’，与我白色‘的确良’衬衫有了美丽的相遇，折成各种形状的信纸，在你我之间传递浓浓爱意，一台黑白电视、一块上海手表，迎着改革春风，我们的爱情有了时代的意义。”展区内，摆放着14英寸黑白电视、双卡录音机、洗衣机、自行车等，最显眼的还数两个大皮箱，上面粘贴着大大的喜字。墙面上有一张具有当时时代特色的结婚照，其他墙面还贴着当时比较流行的港台明星邓丽君、李小龙、小虎队等的照片。

20世纪90年代“爱情年代情景秀”展区前这样写道：“嘀嘀嘀，传呼机传来信息，‘晚上7点，老地方’。我捧着玫瑰花在风中等你，等待牵你的手，一起吃甜蜜的巧克力，那一刻，爱的思绪吹散在风里。”展区内，有了冰箱、21英寸彩电、组合音响等新式电器，墙面上挂着两幅风景画，也和以往年代有所不同。一张新娘穿着婚纱的结婚照，展现了20世纪90年代的时代特色。

资料来源　刘秀波.松原商场展出60至90年代“爱情婚房”秀[EB/OL].(2013-02-16)[2018-06-07]. http://www.shjnet.cn/xw/rd/jlxw/201302/t20130216_135159.html.

市场营销学是建立在经济科学、管理科学、行为科学和现代科学技术基础之上的综合性应用学科。市场营销学的研究对象是以满足消费者需求为中心的企业市场营销活动过程及其规律。越来越多的企业、非营利组织、政府部门在不断创新、开拓和深化企业营销、行业营销、城市营销，甚至国家营销。在这个充满竞争与机会的时代，全面、系统地学习和掌握现代市场营销的理论、方法，对于营销人员及经济管理类专业大学生来说，至为重要。

## 1.1 市场与市场营销的内涵

### 1.1.1 市场的含义

在日常生活中，市场是指买方和卖方聚集在一起交换货物的场所，如集市、商场等。这是一个时间和空间的市场概念。我国古代有关“日中为市，致天下之民，聚天下之货，交易而退，各得其所”的记载（参见《易·系辞下》），就是对这种在一定时间和地点进行商品交易的市场的描述。

经济学家从揭示经济实质的角度提出市场概念，认为市场是一个商品经济范畴，是商品内在矛盾的表现，是供求关系，是商品交换的总和，是通过交换反映出来的人与人之间的关系。

管理学家侧重从具体的交换活动及其运行规律去认识市场，认为市场是供需双方在共同认可的一定条件下所进行的商品或劳务的交换活动。

从经营者角度来看，人们常常把卖方称为行业，把买方称为市场。

营销学家菲利普·科特勒从生产者角度进一步指出，市场是指产品的现实和潜在的购买者。

可见，人们可以从不同的角度去界定市场。总之，市场包含三个主要因素：有某种需要的人、有满足这种需要的购买能力和购买欲望。其表达式如下：

市场＝人口＋购买力＋购买欲望

哪里有人，哪里就有需求，就会形成市场。人口的多少决定着市场容量的大小；人口的状况影响着市场需求的内容和结构。构成市场的人口因素包括总人口、性别和年龄结构、家庭户数和家庭人口数、民族与宗教信仰、职业和文化程度、地理分布等多种具体因素。

购买力，是人们支付货币购买产品或劳务的能力。在人口既定的情况下，购买力成为决定市场容量的重要因素之一。市场的大小，直接取决于购买力的高低。在通常情况下，购买力受到人均国民收入、个人收入、社会集团购买力、平均消费水平、消费结构等因素的影响。

购买欲望，是消费者购买产品的愿望、要求和动机。它是消费者的潜在购买力变为现实购买力的重要条件，是市场持续发展的一个要素，当购买欲望转化为购买需求时，市场才会真正发展。

市场的这三个要素是相互制约、缺一不可的，只有三者结合起来才能构成现实的市场，才能确定市场的规模和容量。

小资料 网络购物

### 1.1.2 市场营销的内涵

市场营销是这样一种商业功能：它识别顾客的需要和欲望，确定企业所能提供最佳服务的目标市场，并且设计合适的产品、服务和项目以满足这些市场的需要。市场营销这个概念，有多种解释，具有代表性的有以下几种：

1985年美国市场营销协会提出：市场营销是关于货物和劳务的设计、定价、促销和分销的规划与实施过程，旨在导致符合个人和组织的交换。

2004年8月，美国市场营销协会在夏季营销教学者研讨会上公布了市场营销的新定义，这是在整合了来自全球理论界和实践界众多营销者的贡献的基础之上修订出来的。中国人民大学商学院郭国庆教授建议将这次的新定义完整地表述为：市场营销既是一种组织职能，也是为了组织自身及利益相关者的利益而创造、传播、传递客户价值，管理客户关系的一系列过程。

2013年7月，美国市场营销协会审核通过了市场营销的最新定义：市场营销是为向顾客、客户、合作伙伴和社会提供具有创造、沟通、传递和交换价值的产品的系列活动、职能及过程的总和。

菲利普·科特勒认为，营销就是满足别人并获得利润，也就是说，营销就是把价值交付出去，把利润交换回来。科特勒将一个市场营销过程分为五个步骤：

第一步，理解市场和顾客的需求与欲望；

第二步，设计顾客导向的营销战略；

第三步，构建传递卓越价值的整合营销计划；

第四步，建立营利性的关系和创造顾客价值；

第五步，从顾客处获得价值和利润回报。

企业只有做好前面的四步，才能赢得最后一步，获得以销售额、利润和顾客忠诚为形式的价值回报。

**小案例 1-1　　四季酒店的极致服务**

四季酒店是一家国际性奢华酒店管理集团，总部设于加拿大多伦多，1961年由伊萨多·夏普先生创办。四季酒店被Travel + Leisure杂志及Zagat指南评为世界最佳酒店集团之一。四季酒店以适中的规模、宽敞的客房、亲切友善的员工和无微不至的服务，为客户提供舒适、便捷和优质的服务。

百事可乐的总裁入住，房间就全换上百事公司的产品；菲利浦公司的总裁下榻，客房里全换上菲利浦公司的照明……如果入住客人携带小孩，酒店马上配上小孩浴袍、儿童拖鞋和气球等小玩具。可以说四季酒店重视一切细节，其服务甚至精细到了关注枕头的舒适度、餐巾纸的柔软度以及每天桌上的花束新鲜与否。客户需要便捷高效的生活，四季酒店就提供最为快速而优质的服务。

资料来源　佚名.四季酒店告诉你他们如何来服务［EB/OL］.［2018-06-07］. http://www.jiudianzhan.com/news/s803.html.

### 1.1.3 市场营销的核心概念

市场营销这一概念是建立在一系列的核心概念之上的。这些概念主要有：需要、欲望和需求；产品、服务和体验；效用、顾客价值和顾客满意；交换、交易和关系营销；市场营销和市场营销者（如图 1-1 所示）。

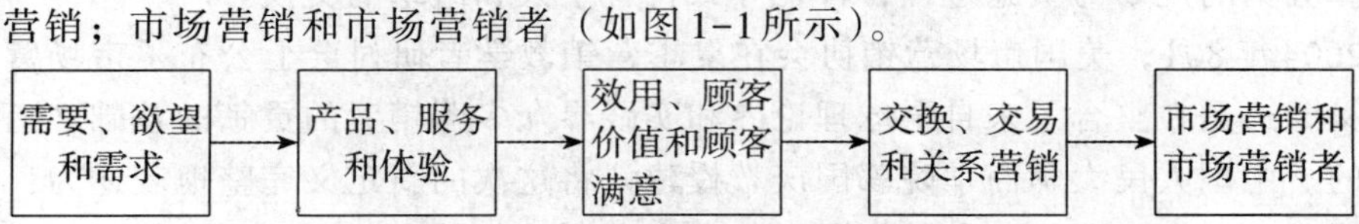


图 1-1　市场营销的核心概念

**1. 需要、欲望和需求**

市场交换活动的基本动因是满足人们的需要和欲望。需要（needs）、欲望（wants）、需求（demands）三个看来十分接近的词，其真正的含义是有很大差别的。

需要是指没有得到某些基本满足的感受状态，如为了生存对食品、衣服、住房、安全、归属、受人尊重等的需要。这是人类与生俱来的，不是市场营销者创造出来的。

欲望是指对于那些能满足更深层次需求的物品的企求，如为了解渴，可选择白开水、茶、可乐、果汁、绿豆汤等，是可用满足需要的实物来描述的。

需求是指对于有能力购买并愿意购买的某个具体产品的欲望。人的欲望是无止境的，而资源是有限的，人们需要用有限的金钱来选择价值和满意程度最大的产品，当有了购买力后，欲望变成了需求。

上述三个概念区别了对市场营销有非议者所提出的“营销者创造需要”或“营销者使人们购买他们不需要的东西”。市场营销者无法创造需要，但可以影响欲望，通过创造、开发及销售特定的产品和服务来满足欲望。例如：当我们看到有一个消费者在市场上寻找一件时装时，会认为这个人的“需要”是什么呢？以一般人的眼光来看，这个人的“需要”似乎就是衣服。但若以市场营销者的眼光去看，这个人的需要并不是“衣服”，他是为了让自己看起来比较时髦而购买服装。如果只认为消费者的“需要”是衣服，企业充其量只要提供遮羞御寒的衣物即可，这样并不能保证企业在市场上占有绝对的竞争优势。而如果认为消费者的“需要”是自信，是虚荣心的满足，那么企业也许就能创造出更能满足其需要的服装，从而就可能使企业在市场上占据更为有利的竞争地位。所以，从本质上来看，消费者购买的是对某种“需要”的“满足”，而不仅仅是产品。

**2.产品、服务和体验**

产品是指能够满足人的需要和欲望的任何东西，包括有形的商品、无形的服务。服务是指用于出售的活动或利益，它本质上是无形的并且不会导致对任何事物的所有权。体验是企业通过营造特定的活动和氛围让顾客获得真实消费感受的营销方式。人们会花几千元的钱去购买一架高质量的数码相机，或是到风景优美的地区进行一次旅游，来满足休闲娱乐的需要。一个有价值的“主意”，也可能使创新者获得相当大的回报。如果销售人员对产品的认识局限于所提供的具体产品而非这些产品所能带来的利益和体验，那就是可悲的“营销近视症”。

为顺利地实现市场交换，企业经营者不仅要十分重视在市场需要引导下的产品设计与开发，还应当从更广泛的意义上去认识产品（或提供物）的含义。例如，茅台酒对于中国消费者来说就不是一种简单的可以喝的白酒，年轻人穿着耐克鞋也不仅仅是为了保护双脚。

**3.效用、顾客价值和顾客满意**

效用是消费者对产品满足其需要的整体能力的评价。当消费者面对种类繁多的产品和服务时，如何选择呢？消费者做出购买选择的依据是对各种产品和服务所提供的价值的理解。例如，一个人从自家的院中挖出一尊大理石雕像，卖给了一位收藏家。这个人暗自庆幸，一块破石头，居然卖了那么多钱。而艺术家也欣喜若狂，那么精美的一件艺术品，居然花这么几个钱就买到了。

顾客价值是指顾客从拥有和使用某产品中所获得的价值与为取得该产品所付出的成本之差。顾客对产品价值的判断并不准确和客观，常常根据自己的理解来行事。

顾客满意是顾客所感觉到的一件产品的效用与其期望进行的比较。如果产品的效用低于期望，顾客便不会感到满意；如果效用符合期望，顾客便会感到满意；如果效用超过期望，顾客会感到惊喜。顾客的期望来自于以往的购买经验、朋友的意见以及营销者和竞争对手的信息与承诺。

质量是与一种产品或服务满足顾客明示或潜在需要的能力有关的各种特色和特征的总和。如果人们认为产品的效用大于其支付的代价，再贵的商品也愿意购买；相反，如果人们认为代价大于效用，再便宜的东西也不要。这就是人们在交换活动中的价值观。所以，企业不仅要为顾客提供产品，更要使顾客感到在交换中价值的实现程度比较高，这样才可能促使市场交易的顺利实现，才可能建立企业的稳定市场。

**4. 交换、交易和关系营销**

交换是指通过提供某种东西作为回报，从别人那里取得所需之物的行为过程。交换是人们获得所需之物的众多方法之一。交换是市场营销活动的核心。人们实际上可以通过四种方式获得他所需要的东西：一是自行生产，获得自己的劳动所得；二是强行索取，不需要向对方支付任何代价；三是向人乞讨，同样无须做出任何让渡；四是进行交换，以一定的利益让渡从对方获得相当价值的产品或满足。交换不仅是一种现象，更是一种过程，只有当交换双方克服了各种交换障碍，达成了交换协议，我们才能称其为形成了“交易”。

交易是指发生在双方之间的买卖，涉及两种或两种以上有价之物、协议一致的条件、协定的时间和地点，即一方把X给了另一方并收到Y作为回报。

营销的目标不仅是要吸引新客户并达成交易，还必须与有价值的顾客、分销商、经销商和供应商建立长期关系，关系营销趋向于强调长期性，为顾客提供长期价值，获得顾客长期与持续的满意。

**5. 市场营销和市场营销者**

市场营销学是站在企业的角度研究如何同其顾客实现有效交换的学科，所以说市场营销是一种积极的市场交易行为，在交易中主动积极的一方为市场营销者，而相对被动的一方则为市场营销者的目标市场，市场营销者采取积极有效的策略与手段来促进市场交易的实现。

市场营销者是指希望从别人那里取得资源并愿意以某种有价值的东西作为交换的人，市场营销者可以是卖方或买方。当买卖双方都表现积极时，我们把双方都称为市场营销者，并将这种情况称为相互市场营销。

## 1.2 市场营销管理理念

菲利普·科特勒在《营销管理》第8版的序言中曾经说过：“毫不奇怪，今天能取得胜利的公司必定是那些最能使它的目标顾客得到满足，并感到愉悦的公司。这些公司把市场营销看成公司的整体哲学，而不仅仅是某一部门的个别职责。”

### 1.2.1　市场营销管理

市场营销管理是指为了实现企业目标，创造、建立和保持与目标市场之间的互利交换和关系，而对设计方案的分析、计划、执行和控制。市场营销的任务是为促进企业目标的实现而调节需求的水平、时机和性质。市场营销管理的实质是需求管理。

企业市场营销管理的任务会因目标市场的不同需求状况而有所不同。市场营销管理就是要针对这些不同的需求情况采取不同的营销对策。

根据需求水平、时机和性质的不同，有8种典型的需求。在不同的需求状况下，市场营销管理的任务有所不同。

**1.负需求**

负需求指绝大多数人对某种产品感到厌恶，甚至愿意花一定的代价来回避它的一种需求状况（如高胆固醇食品）。在负需求情况下，市场营销管理的任务是改变市场营销，即分析市场为什么不喜欢这种产品以及是否可以通过产品重新设计、降低价格和积极促销的营销方案，来改变市场的信念和态度，将负需求转变为正需求。

小资料　勒温的态度改变研究

**2.无需求**

无需求指目标市场对产品毫无兴趣或漠不关心的需求状况。通常情况下，市场对下列产品无需求：无价值的废旧产品；人们一般认为有价值，但在特定环境下无价值的东西；新产品或消费者不熟悉的产品等。在无需求状况下，市场营销管理的任务是刺激性营销，即通过大力促销及其他市场营销措施，设法把产品的好处与人的自然需要、兴趣联系起来。例如，虽然人们一般认为废旧包装容器没有价值，但有些收藏家对它可能感兴趣，古董商可刺激收藏家购买它；在没有江河湖泊的地区建造人工湖，使小船在该地区变成有价值的东西，从而改变市场营销环境；在产品知名度不高或刚开发出来之际，大力宣传新产品及消费者不熟悉的产品，引起消费者的购买兴趣，等等。这些就是刺激性营销下的创造需求的活动。

**3.潜伏需求**

潜伏需求指相当一部分消费者对某种物品有强烈的需求，而现有产品或服务又无法使之满足的一种需求状况。潜伏需求的类型有四种：一是购买力不足型的潜伏需求，指市场上某种商品已现实存在，消费者有购买欲望但因购买一时受到限制而不能实现，使得购买行为处于潜在状态。这种类型的商品多是高档耐用消费品，如住宅、汽车等。二是适销商品短缺型的潜伏需求。由于市场上现有商品并不符合消费者需要，消费者处于待购状态，一旦有了适销商品，购买行为随之发生。三是对商品不熟悉型的潜伏需求。由于消费者对某一商品不了解甚至根本不知道，而使消费需求处于潜伏状态。四是市场竞争倾向型的潜伏需求。由于生产厂家很多，同类商品市场竞争激烈，消费者选择性强，在未选定之前，对某一个企业的产品而言，这种需求处于潜伏状态。在潜伏需求情况下，市场营销管理的任务是开发市场营销，如通过市场营销研究和新产品开发，满足对无害香烟、节能汽车、癌症特效药品的需求。

**4.下降需求**

下降需求指市场对一个或几个产品的需求呈下降趋势的状况。在下降需求情况下，市场营销管理的任务是重振市场营销，即分析需求下降的原因，进而开拓新的目标市场，改进产品特色和外观，或者采用更有效的沟通手段来重新刺激需求，使产品开始新的生命周期，来扭转需求下降的趋势，使人们已经冷淡下去的兴趣得以恢复。

**小案例1-2　　可口可乐的恢复性营销**

20世纪30年代，美国经济进入大萧条时期，失业率上升，通货膨胀，人们的温饱出现了危机，就连美国民众最常饮用的可乐也出现了严重的积压。为了推动销售，可口可乐推出了“5分钱”活动，同样花5分钱，原来只能买6.5盎司一瓶的可口可乐，现在却可以买到12盎司一瓶的可口可乐。可口可乐的口味虽老少皆宜，但其小瓶的容量刚够中老年人一次饮用，青年人饮量大，喝起来不过瘾，不如喝大瓶可口可乐痛快，何况价钱还便宜得多。这样，占消费总数1/3的青年人，逐渐被可口可乐所吸引。凭借此活动，可口可乐名声大振。《5分钱》也作为美国历史上第一首在全国播放的广告歌曲被译成55种语言广为流传。

**5.不规则需求**

不规则需求指某些产品（服务）的需求在不同季节，或一周不同的日子，甚至一天不同时段，呈现出上下波动的一种状况。如运输业、旅游业、娱乐业都有这种情况。在不规则需求情况下，市场营销管理的任务是协调市场营销，即通过灵活定价、大力促销及其他刺激手段来改变需求的时间模式，使产品（服务）的市场供给与需求在时间上协调一致，达到均衡需求，如通过采取需求定价策略、灵活多样的促销方式来鼓励消费者改变需求的时间模式，鼓励淡季消费，变不规则需求为均衡需求。

**6.充分需求**

充分需求指某种产品（服务）的需求水平和时间与预期的相一致的状况。这是企业最理想的一种需求状况，但市场是动态变化的，消费者的偏好会不断变化，竞争也更加激烈。在充分需求情况下，市场营销管理的任务是维持市场营销，密切关注消费者、竞争者的变化，努力保持产品质量，经常测量顾客满意程度，通过降低成本来保持合理价格，设法保持现有的需求水平。

**7.过量需求**

过量需求指产品（服务）的市场需求超过企业所能供给和愿意供给水平的状况。在过量需求情况下，市场营销管理的任务是降低市场营销，通过提价、减少服务暂时或永久地降低市场需求水平，或是设法降低盈利较少或服务需要不大的市场的需求水平。

**8.有害需求**

有害需求指市场对某些有害产品或服务的需求。在有害需求情况下，市场营销管理的任务是反市场营销，即大力宣传有害产品或服务的严重危害性，劝说喜欢有害产品或服务的消费者放弃这种爱好和需求。一般来说，对有害需求的限制和消除更需要宏观市场营销的力量，从道德与法律两个方面加以约束。

### 1.2.2　市场营销管理哲学

市场营销管理哲学是指企业对其营销活动及管理的基本指导思想。它是一种观念，一种态度，或一种企业思维方式。任何企业的市场营销管理都是在特定的指导思想或观念指导下进行的。确立正确的市场营销管理哲学，对企业经营成功具有决定性意义。

市场营销管理哲学的核心是正确处理企业、顾客和社会三者之间的利益关系。在许多情况下，这些利益是相互矛盾的，也是相辅相成的。企业必须在全面分析市场环境的基础上，正确处理三者关系，确定自己的原则和基本取向，并用于指导营销实践，能有效地实现企业目标，保证企业的成功。

随着生产和交换日益向纵深发展，社会、经济与市场环境的变迁和企业经营经验的积累，企业的市场营销管理哲学发生了深刻变化。这种变化的轨迹是由企业利益导向转变为顾客利益导向，再发展到社会利益导向。图1-2显示了企业在兼顾三者利益关系上，营销管理观念的变化趋势。

市场营销管理哲学（观念）的演变，可划分为五个阶段：生产观念、产品观念、推销观念、市场营销观念和社会营销观念。其中，生产观念、产品观念和推销观念是以企业为中心的观念，市场营销观念是以消费者为中心的观念，社会营销观念是以社会长远利益为中心的观念（如图1-3所示）。

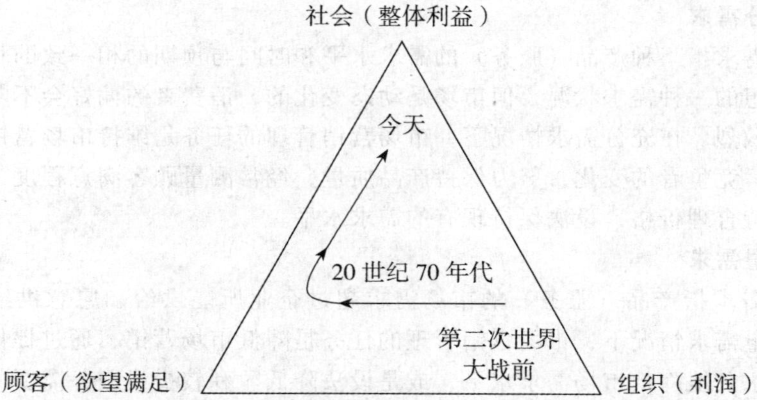


图 1-2 企业营销管理观念的变化趋势

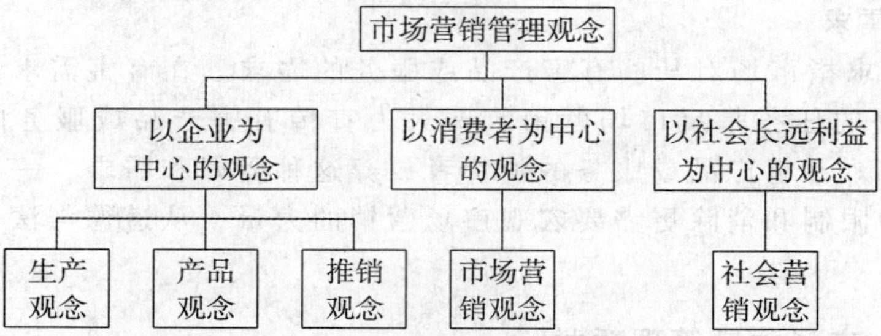


图 1-3 市场营销管理观念的演变

**1. 生产观念**

生产观念认为消费者会喜欢那些随处可买到的价格低廉的产品，因此管理部门应当把注意力集中在改进生产和销售效率方面。这是最古老的一种企业经营观念。

企业的任务就是生产并向市场提供顾客所买得起的产品。提高生产的效率和降低生产的成本是经营者所关心的全部问题。企业主要以提高劳动生产率、扩大生产规模进而降低产品价格来吸引顾客，获得自己的市场地位，很少关注除此之外的其他市场因素，甚至不注意对产品的更新和改良。其典型口号是"我们生产什么，就卖什么"，可见是"皇帝的女儿不愁嫁"。

生产观念在两种情况下非常具有实用价值：

一种情况是产品的需求超过供给，此时管理部门应致力于增加产量。生产观念在西方盛行于19世纪末至20世纪初，当时处于工业化初期，市场需求旺盛，整个社会产品供应能力相对不足。企业只要提高产量、降低成本，便可获得丰厚利润。中国在20世纪80年代以前的情况基本上都是如此。当时许多消费品（如手表、缝纫机、自行车、电视机）都要凭票凭证购买，所以生产企业只需扩大生产、提高产量，而根本没必要去考虑市场销售问题。

另一种情况是产品的成本太高，必须提高生产率以降低成本。例如美国福特汽车公司的创始人福特先生曾以近乎完美的方式来生产T型车，这样它的成本就会大大降低从而使更多的人买得起。到1921年，福特T型车在美国汽车市场上的占有率达到了56%。

生产观念是一种重生产、轻市场的观念。随着生产的发展、供求形势的变化，这种观念必然使企业陷入困境。例如，福特先生曾对建议其生产彩色汽车的人说过这样的话："不管顾客需要什么，我们生产的汽车就是黑的。"他认为福特公司的汽车价廉物美，不愁没有销路。然而，当其他公司所生产的彩色汽车风靡市场之后，福特才醒悟到自己决策的错误。单纯的"生产观念"给他带来了很大的损失。

**2.产品观念**

产品观念认为消费者欢迎那些质量最优、性能最好、特点最多的产品，因此企业应致力于不断改进产品。产品观念是在生产观念基础上的发展，但仍属一种比较陈旧的经营观念。的确，产品的品质和特色是企业争取顾客的主要因素，能注意以产品质量的改变和提高去赢得企业的市场地位比只重视产量和成本的"生产观念"是前进了一步。但是，问题在于：进行产品设计开发的出发点在哪里？是企业还是消费者？产品观念的局限性就在于对产品的设计与开发只是从企业的角度出发，以企业为中心进行的。经营者认为，顾客想购买的只是产品，而并没有认识到顾客所购买的实际上是对某种需要的满足。

与生产观念一样，产品观念也是典型的"以产定销"观念。所以，企业经营者仍只是把眼光放在企业内部的生产领域，而没有注意研究企业外部的市场，导致所谓的"营销近视症"。"营销近视症"是指企业管理者在市场营销中缺乏远见，只注视其产品，认为只要生产出优质产品，顾客就会找上门，而不注重市场需求的变化趋势。它主要表现在两个方面：一是企业经营目标的"狭隘性"；二是在企业经营观念上目光短浅，典型表现为"酒好不怕巷子深"。

**3.推销观念**

推销观念认为消费者通常有一种购买惰性或抗衡心理，若顺其自然，消费者就不会大量地购买本企业的产品，因此，营销管理的重心是积极推销和大力促销。推销观念将顾客看成被动的、迟钝的，认为只有强化刺激才能吸引顾客。其典型口号是："我们卖什么，就让人们买什么。"

当市场刚刚进入供过于求、竞争激烈的阶段时，推销观念确实产生过很强的实际效应。一些企业通过大量的广告宣传和人员推销使产品的销售量有明显的上升。绝大多数企业都是在生产能力过剩时采用推销观念，目的是推销它们生产的产品，而不是生产市场需要的产品。这种营销风险很高，它注重的只是做成买卖，而不是与顾客建立长期的可获利的关系。推销观念是假定消费者会在被说服购买产品以后喜欢上产品，或者即使他们不喜欢产品，也会忘记之前的失望经历，然后再次购买。显然，这种假设是站不住脚的，因而是最危险的一种营销管理观念。大多数研究表明，感到不满意的顾客不会再次购买该产品。俗话说，"一朝被蛇咬，十年怕井绳"。

随着科技的进步和发展，企业采用科学管理和规模化生产，大量产品供过于求，卖主之间的竞争更加激烈，企业要在日益激烈的市场竞争中求得生存和发展，就必须重视营销工作。

**4.市场营销观念**

市场营销观念认为组织目标的实现有赖于对目标市场的需要和欲望的正确判断，并能以比竞争对手更有效的方式去满足消费者的要求。典型口号是："顾客需要什么，我们就生产供应什么。"

市场营销观念形成于20世纪50年代。第二次世界大战后，西方各国企业更加重视研究与开发，产品技术不断创新，新产品竞相上市；大量军工企业转向民用品生产，社会产品供应量迅速增加，许多产品供过于求，市场竞争越来越激烈；西方各国政府推行高福利、高工资、高消费政策，社会经济环境发生快速变化，消费者有较多的可支配收入和闲暇时间，对生活质量的要求提高，消费需要更加多样化，购买更加精明，要求更为苛刻。在这种情况下，以企业为中心的推销活动必然会受阻。当顾客在大量商品面前从容选择的时候，他们一定会对那些最符合其需求的商品产生兴趣。真正成功的销售并不主要取决于推销的力度，而主要取决于企业满足顾客需求的程度。正如直销专家莱斯特·沃德曼所说："工业革命时代生产商的口头禅是'这是我生产的，您要买吗？'而信息时代则是消费者问'这是我想要的，你可以制造吗？'"图1-4对市场营销观念与推销观念进行了比较。

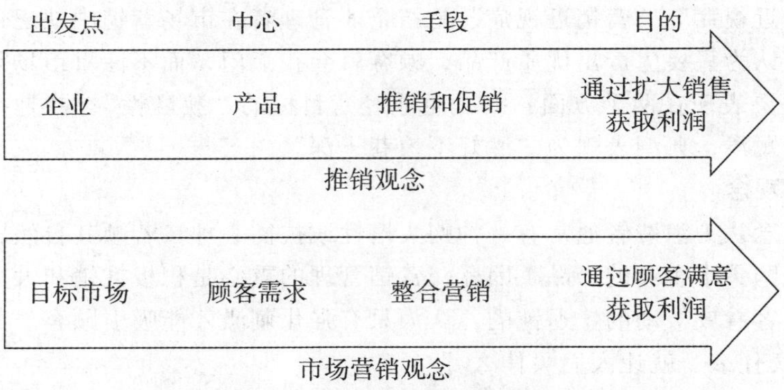


**图1-4 推销观念与市场营销观念的主要区别**

推销观念采用由内向外的视角，从企业出发，以企业现有产品为中心，并且需要用大量的推销和促销活动来获得盈利。它致力于征服顾客，赢得短期销售而不关心谁买或者为什么买。

市场营销观念采用由外向内的视角，是以消费需求为中心的，整合各种营销活动来影响消费者，然后与适合的客户一起创造基于客户价值和客户满意的长期客户关系，以此获得利润。

一般来说，营销观念只有在市场经济发展比较成熟、市场竞争十分激烈的市场环境条件下，才容易被企业接受。这是因为真正采用市场营销观念的企业会在原有的基础上增加很多新的工作和投资（如市场调研与营销策划等），以营利为目的的企业只有在其认为确实必要的情况下，才会接受市场营销观念并相应地增加这方面的投入，随着营销必要性的逐步增强，而提高营销在企业中的地位。

许多优秀的企业都采用了市场营销观念。美国潘尼百货公司曾经提出“我们会竭尽所能，使顾客所花的每一美元都能买到十足的价值、质量和满意”。

**5.社会营销观念**

社会营销观念认为企业的任务在于确定目标市场的需要、欲望和利益，比竞争者更有效地使顾客满意，同时维护与增进消费者和社会福利。这是五种营销管理观念中最新的一种。

这种观念产生于20世纪70年代。进入20世纪70年代以后，市场营销环境发生了一系列新的变化：环境恶化、资源短缺、人口爆炸、世界性通货膨胀、社会服务被忽视等。在这种情况下，一个企业仅仅奉行市场营销观念满足个体消费者需要是不够的，它往往会导致资源浪费、环境污染、损害广大消费者利益等诸多弊病，因为市场营销观念回避了消费者需要、消费者利益和长期社会福利之间隐含着冲突的现实。

社会营销观念要求营销者在制定营销政策时，要考虑企业利润、消费者欲望和社会利益三者之间的平衡，如图1-5所示。

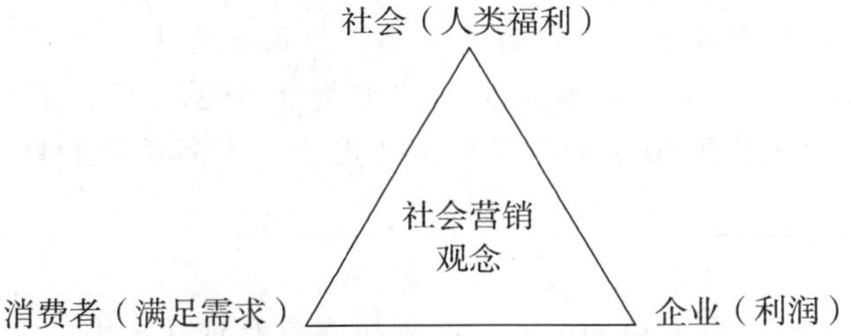


**图1-5 社会营销观念的三种基本考虑**

如今，社会营销观念也是随着企业经营实践的发展而逐步为企业所接受的。一方面，如果企业在其经营活动中不顾社会利益，造成社会利益的损害，就必然会受到社会公众和舆论的压力而影响企业的进一步发展；另一方面，近年来社会对于环境保护和健康消费的重视，也使得政府的政策对于有损社会利益的生产行为和消费行为的约束越来越严厉，从而迫使企业不得不通过树立良好的社会形象和主动协调各方面的关系来改善自己的经营环境，社会营销观念也因此而被普遍接受。例如口香糖是备受人们欢迎的一种休闲食品，人们通过嚼食口香糖来清洁口腔，清新口气，同时也造成街道卫生的问题。1992年，新加坡政府坚决禁止进口、销售和制造口香糖，是世界上第一个颁布口香糖禁令的国家。直到2004年，新加坡政府才做出让步，同意在国内销售具有医疗用途的口香糖。

上述五种企业市场营销管理观念，其产生和存在都有其历史背景和必然性，都是与一定的条件相联系、相适应的。

小案例1-3 美国皮尔斯堡面粉公司营销观念的演变过程

美国皮尔斯堡面粉公司成立于1869年，从成立到20世纪20年代，这家公司提出“本公司旨在制造面粉”的口号，因为在那个时代，人们的消费水平较低，面粉公司认为不需做大量宣传，只需保持面粉的质量，大批量生产，降低成本和售价，销量自然会大增，利润继而增加，而不讲究市场需求特点和推销方法。

1930年前后，美国皮尔斯堡公司发现，在经销公司产品的中间商中，有的已开始从其他的厂家进货，面粉销量随之不断减少。公司为扭转这种局面，第一次在公司内部成立商情调研部门，并选派了大量的推销人员，力图扭转局面，扩大销售。同时，它更改口号为“本公司旨在推销面粉”，更加重视推销技巧，不惜采用各种手段，进行大量的广告宣传，甚至使用硬性兜售的手法推销面粉。然而，各种强有力的推销方式并未满足顾客经常变化的新需求，特别是随着人们生活水平的提高，这一问题也就日益明显，迫使皮尔斯堡公司必须从满足消费者的心理及实际需要出发，对消费者进行分析研究。

1950年前后，皮尔斯堡公司经过市场调查，了解到战后美国人民的生活方式已发生变化，家庭妇女采购食品时，日益要求多种多样的半成品或成品，如各式饼干、点心、面包等，来代替购买面粉回家做饭。针对市场需求的变化，这家公司开始生产和推销各种成品或半成品的食品，使销量迅速上升。

1958年，这家公司又进一步成立了皮尔斯堡销售公司，着眼于长期占领市场，着重研究今后3年到30年消费者的消费趋势，不断设计和制造新产品，培训新的销售人员。

当前，企业为了求得生存和发展，必须树立具有现代意识的市场营销观念、社会营销观念。由于社会生产力发展程度、市场发展趋势、经济体制改革的状况及广大居民收入状况等因素的制约，我国企业市场营销管理观念仍处于以推销观念为主、多种观念并存的阶段。表1-1对五种观念进行了总结。

表1-1 五种市场营销管理观念对比

| 营销管理观念 | 重点 | 方法 | 途径与目标 |
|---|---|---|---|
| 生产观念 | 生产(企业) | 生产价廉物美的产品 | 通过规模效益获得利润 |
| 产品观念 | 产品(企业) | 生产优质产品 | 通过改善质量、增加销量获得利润 |
| 推销观念 | 推销(企业) | 加强推销活动 | 通过大量销售获得利润 |
| 市场营销观念 | 顾客 | 综合性营销活动 | 通过满足顾客需要获得利润 |
| 社会营销观念 | 顾客、企业、社会相统一 | 综合性营销活动 | 通过满足社会需要、增进社会福利获得利润 |

## 1.3　市场营销组合的演变

市场营销组合是市场营销理论的一个重要概念，企业的营销工作是一门艺术也是一门科学，学者们围绕着“市场营销组合”展开了深入的研究。市场营销组合经历了4Ps—4Cs—4Rs—4Vs阶段，即以满足市场需求为目标的4Ps理论，以追求顾客满意为目标的4Cs理论，以建立顾客忠诚为目标的4Rs理论，关注社会利益和心理利益等非经济利益的4Vs理论。

### 1.3.1　经典4Ps营销组合

4P指代的是product（产品）、price（价格）、place（地点，即分销或渠道）和promotion（促销）。4Ps营销组合自1960年由杰罗姆·麦卡锡提出以来，对市场营销理论和实践产生了深刻的影响，被营销经理们奉为营销理论中的经典。这一理论认为，如果一个营销组合中包括合适的产品、合适的价格、合适的分销策略和合适的促销策略，那么这将是一个成功的营销组合，企业的营销目标也借以实现。

**1.产品**

产品是指企业向目标市场提供的“商品和服务”的结合体，包括产品质量、性能、设计、买卖权、式样、品牌名称、包装、型号、安装服务、品质保证、售后服务等。

**2.价格**

价格是指顾客为获得产品而必须支付的金额，包括基本价格、批发价、零售价、折扣、付款方式、信用条件等。

**3.地点，即分销或渠道**

分销包括企业为使产品到达目标消费者手中而进行的活动，包括中间商选择、区域分布、渠道管理、运输、存储条件等。

**4.促销**

促销是指传递产品优点并说服目标顾客购买该产品的活动，包括广告、人员推销、营业推广、公共关系等。

4Ps营销组合是最为基础的一种组合，该组合对企业来说是“可控因素”。企业根据目标市场的需要，决定产品结构，制定产品价格，选择分销渠道（地点）和促销方法等。市场营销组合是一个动态组合，企业在确定市场营销组合时，不仅要确定这四个P之间的最佳搭配，还要安排好每个P内部的搭配，使所有这些因素达到灵活运用和有效组合。

### 1.3.2　4Cs营销组合

随着市场竞争日趋激烈，媒介传播速度越来越快，4Ps理论受到挑战。1990年，美国营销专家罗伯特·劳特朋针对4Ps存在的问题提出了4Cs营销理论。4C分别指代customer（顾客）、cost（成本）、convenience（便利）和communication

（沟通）。

**1.顾客**

顾客主要指顾客的需求。企业必须首先了解和研究顾客，根据顾客的需求来提供产品。同时，企业提供的不仅仅是产品和服务，更重要的是由此产生的客户价值（customer value）。

**2.成本**

成本不单是企业的生产成本，或者说4P中的price（价格），它还包括顾客的购买成本，同时也意味着产品定价的理想情况应该是既低于顾客的心理价格，亦能够让企业有所盈利。此外，这中间的顾客购买成本不仅包括其货币支出，还包括其为此耗费的时间、体力和精力，以及购买风险。

**3.便利**

便利即为顾客提供最大的购物和使用便利。4Cs理论强调企业在制定分销策略时，要更多地考虑顾客的方便，而不是企业自己方便。要通过好的售前、售中和售后服务来让顾客在购物的同时也享受到便利。便利是客户价值不可或缺的一部分。

**4.沟通**

沟通则被用以取代4Ps理论中的promotion（促销）。4Cs理论认为，企业应通过同顾客进行积极有效的双向沟通，建立基于共同利益的新型企业/顾客关系。这不再是企业单向地促销和劝导顾客，而是在双方的沟通中找到能同时实现各自目标的通途。

4Cs组合有助于市场营销者更加主动、积极地适应市场变化，有助于营销者与顾客达成更有效的沟通。

### 1.3.3 4Rs营销组合

20世纪80年代以来，服务业在全球范围内兴起，在国民经济中扮演重要角色，出现了工业服务化和服务工业化的趋势。20世纪90年代中期，美国学者唐·舒尔茨（Don E. Schuhz）提出了4Rs营销新理论，4R分别指代relevance（关联）、reaction（反应）、relationship（关系）和reward（回报）。

**1.关联**

在竞争性市场中，顾客具有动态性。顾客忠诚度是变化的，他们会转移到其他企业。要提高顾客的忠诚度，赢得长期而稳定的市场，重要的营销策略是通过某些有效的方式在业务、需求等方面与顾客建立关联，形成一种互助、互求、互需的关系。

**2.反应**

在今天相互影响的市场中，对经营者来说最现实的问题不在于如何控制、制订和实施计划，而在于如何站在顾客的角度及时地倾听顾客的希望、渴望和需求，并及时答复和迅速做出反应，满足顾客的需求。

**3.关系**

在企业与客户的关系发生了本质性变化的市场环境中，抢占市场的关键已转变为与顾客建立长期而稳固的关系，从交易变成责任，从顾客变成用户，从管理营销组合变成管理和顾客的互动关系。沟通是建立关系的重要手段。从经典的AIDA模型“注意—兴趣—渴望—行动”来看，营销沟通基本上可完成前三个步骤，而且每次和顾客接触的平均花费很低。

4.回报

回报是营销的源泉。对企业来说，市场营销的真正价值在于其为企业带来短期或长期的收入和利润的能力。

4Rs理论以竞争为导向，体现了关系营销的思想，通过关联、反应和关系，提出了如何建立关系、长期拥有客户、保证长期利益的具体操作方式。反应机制为互动与双赢、建立关联提供了基础和保证，延伸和升华了便利性，回报兼容了成本和双赢两方面的内容。这样，企业为顾客提供价值和追求回报相辅相成、相互促进，客观上达到了双赢的效果。

### 1.3.4　4Vs营销组合

20世纪80年代以来，高新技术产业崛起，高新技术产品和服务不断涌现，市场需求不仅注重经济利益，而且关注社会利益和心理利益等非经济利益，如消费场所的环境、反映顾客身份和个性的企业或品牌形象等方面的需求。1994年台湾学者罗文坤首次提出了4Vs营销组合理论，2001年中南大学吴金明教授重新定义并解读了4Vs营销组合。4V包括variation（差异化）、versatility（功能化）、value（附加价值）、vibration（共鸣）。

1.差异化

在个性化时代，顾客是千差万别的。对于一般商品来说，差异总是存在的，只是大小强弱不同而已。而差异化营销所追求的“差异”是产品的“不完全替代性”，即在产品功能、质量、服务、营销等方面，本企业为顾客所提供的是对手不可替代的。差异化营销一般分为产品差异化、市场差异化和形象差异化3个方面。

2.功能化

功能化是指根据消费者的差异化需求，提供具有不同功能及其组合的产品，以满足消费者在愿意支付的一定成本水平下的需求和期望的营销策略。消费者增加了选择产品的空间，给企业提供了更多的营销可能。

3.附加价值

企业在关注产品或服务的基本功能中，通过产品或服务的营销创新、技术创新、服务创新、文化创新等途径增加产品或服务的延伸功能或附加功能，给消费者创造附加价值。目前，在世界顶尖企业之间的产品竞争已不仅仅局限于核心产品与形式产品，竞争优势已明显地保持在产品的第三个层次即附加产品上，即更强调产品的高附加价值。因而，当代营销新理念的重心在于“附加价值化”。

4.共鸣

共鸣是企业通过持续占领市场并保持竞争优势的价值创新，实现顾客“效用价值最大化”和企业的“利润最大化”。这是将企业的创新能力与消费者所珍视的价值联系起来，通过为消费者提供价值创新使其获得最大程度的满足。

消费者是追求“效用价值最大化”者，“效用价值最大化”要求企业必须从价值层次的角度为顾客提供具有最大价值创新的产品和服务，使其能够更多地体验到产品和服务的实际效用价值。因此，只有实现企业经营活动中各个构成要素的价值创新，才能最终实现消费者的“效用价值最大化”，而当消费者能稳定地得到这种“效用价值最大化”的满足之后，将不可避免地成为该企业的终身顾客，从而使企业与消费者之间产生共鸣。

### 1.3.5 4Ps、4Cs、4Rs和4Vs营销组合的关系

4Ps、4Cs、4Rs和4Vs营销组合之间不是取代关系而是完善、发展的关系。由于企业层次不同，情况千差万别，市场、企业营销还处于发展之中，所以至少在一个时期内，4Ps还是营销的一个基础框架，4Cs也是很有价值的理论和思路。因而，两种理论仍具有适用性和借鉴性。4Rs不是取代4Ps、4Cs，而是在4Ps、4Cs基础上的创新与发展。在了解体现市场营销新发展的4Rs理论的同时，根据企业的实际，把三者结合起来指导营销实践，可能会取得更好的效果。而随着现代科学技术的发展，即使企业提供的产品或服务的功能和质量能满足顾客的需要，顾客也可能更多地购买竞争对手的产品，新的营销环境使人们对以往的营销组合理论的不足进行反思，从而产生4Vs营销组合理论。四种营销组合的比较如表1-2所示。

表1-2 4Ps、4Cs、4Rs和4Vs营销组合策略比较

| 类别 | 4Ps | 4Cs | 4Rs | 4Vs |
|---|---|---|---|---|
| 时间 | 1960年(麦卡锡) | 1990年(劳特朋) | 20世纪90年代中期(舒尔茨) | 21世纪(吴金明) |
| 关注 | 企业、产品 | 市场、顾客 | 双赢、关系、竞争对手 | 企业、顾客、股东和员工 |
| 阐述 | product(产品)<br>产品体系,包括产品线宽度、广度,产品定位等 | customer(顾客)<br>生产产品之前,先研究顾客的需求和欲望 | relevance(关联)<br>与顾客建立关联,以提高其忠诚度 | variation(差异化)<br>以不同特色的产品、周到的服务树立良好形象 |
| | price(价格)<br>价格体系,包括各个环节的价格策略 | cost(成本)<br>出台定价策略之前,先了解顾客愿意支付的成本与费用 | reaction(反应)<br>提高市场反应速度,以适应瞬息万变的市场 | versatility(功能化)<br>提供不同功能系列产品,迎合不同顾客的消费习惯 |
| | place(地点)<br>渠道销售策略 | convenience(便利)<br>建立销售渠道时,要考虑顾客购买的便利性 | relationship(关系)<br>与顾客建立关系,实现长期拥有顾客 | value(附加价值)<br>提供高附加价值的产品和服务以满足顾客的需求 |
| | promotion(促销)<br>促销组合,包括产品流通过程中的每个对象 | communication(沟通)<br>加强沟通,采用顾客乐于接受的方式促销 | reward(回报)<br>为顾客和股东创造价值,回报是源泉 | vibration(共鸣)<br>使顾客获得最大限度的满足、企业效益最大化 |

续表

| 类别 | 4Ps | 4Cs | 4Rs | 4Vs |
| --- | --- | --- | --- | --- |
| 应用的市场环境 | 适合供不应求或竞争不太激烈的市场环境 | 适合消费者生活节奏越来越快、市场竞争空前激烈、传播媒体高度分化、信息膨胀过剩的市场环境 | 适合供大于求、竞争激烈的成熟市场环境 | 适合产品日益同质化、顾客需求日益个性化、企业之间为争夺顾客忠诚度而竞争的市场环境 |
| 适用行业 | 无显著差异的消费品制造业 | 竞争对手不是很多,产品易形成差异化,购买成本占消费者收入比重较大的行业 | 高新技术产业 | 高新技术产业 |

## 1.4 市场营销学的产生、发展和意义

### 1.4.1 市场营销学的产生、发展

在市场营销学发展的历程中，随着社会经济及市场经济的发展，市场营销学从传统市场营销学演变为现代市场营销学，其应用从营利组织扩展到非营利组织。市场营销学充分吸收了相关学科的概念、原理和方法，博众家之长，理论体系日趋完善。市场营销学就是经济学、心理学、行为科学、人类学、数学等学科相结合的应用边缘管理学科。

**1.市场营销学的产生**

市场营销学始于20世纪初，在1900—1930年，各主要资本主义国家先后完成工业革命，垄断组织加快了资本的积聚和集中，生产力迅速提高，城市经济迅猛发展，商品需求量亦迅速增多，出现了需求大于供给的卖方市场，促使企业日益重视广告、分销活动。

在此期间，出现了几位被当代视为市场营销研究先驱的人物，其中最著名的有阿克·肖、拉尔夫·斯达·巴特勒和韦尔德。这一时期的市场营销学，内容局限于流通领域，真正的市场营销观念尚未形成。美国全国市场营销教师协会定义委员会在1934年提出，市场营销职能包括：商品化；购买；销售；标准化和分级；风险管理；集中；融资；运输以及管理；储存。上述职能又可归纳为三类：交换职能——销售（创造需求）和收集（购买）；物流职能——运输和储存；辅助职能——融资、风险承担、市场信息沟通和标准化等。这一时期的市场营销研究主要集中在职能研究上，克拉克和韦尔德认为销售就是寻找买主。亚历山大则提出，销售应该更富有主动性，来说服现有顾客和潜在顾客购买。1942年，克拉克又提出，销售是创造需求。从销售定义的演变中，我们可以窥见市场营销观念的雏形。

**2.市场营销学的发展**

第二次世界大战以后，市场营销学从概念到内容逐渐发生深刻的变化。战后的和平环境和科技的进步，促使生产力高度发展。消费者需求和欲望在更高层次上发生变化，对社会供给提出更高的要求，传统的市场营销学已经不能适应要求了。

范利、格雷瑟和柯克斯合著的《美国经济中的市场营销》(1952年)一书反映了经济学对市场营销思想的影响，详细论述了市场营销如何进行资源配置，如何影响个人收入的分配，以及哪些因素影响人们的需求和购买等。他们认为，市场营销能够平衡供给和需求，并把市场营销当作一种分配稀缺资源的指导力量，提出市场营销职能应包括购买、销售、定价以及地区内或地区间交换。梅纳德和贝克曼在《市场营销原理》(1952年)一书中，把市场营销定义为“影响商品交换或商品所有权转移以及为商品物流服务的一切必要的企业活动”。他们提出了研究市场营销的五种方法：产品研究法、机构研究法、历史研究法、成本研究法和职能研究法。市场营销理论在这一时期开始形成。市场营销已被明确为满足人类需要的行为，市场营销调研也在现实经济生活中受到了越来越广泛的重视，甚至连市场营销的社会效益也开始受到人们的重视。奥德逊在其《市场营销活动和经理行动》(1957年)一书中提出了“职能主义”。市场营销的效能就在于促进有利于双方的买卖。经理必须认识到市场中供需多样的事实，利用本企业的优势，寻找机会，达成交易。霍华德的《市场营销管理：分析和决策》一书主张从市场营销管理的角度论述市场营销理论和应用。他指出，市场营销管理的实质是企业“对于动态环境的创造性适应”。市场营销经理的任务就是运用这些手段来实现最佳的环境适应。企业要在动态环境里生存和发展，就必须根据形势的变化采取相应的政策措施。麦卡锡在其《基础市场营销》一书中描述了研究市场营销的三种方法：商品研究法、机构研究法和职能研究法。他还对美国市场营销协会定义委员会1960年给市场营销所下的定义进行了修正，提出自己的定义：“市场营销就是将商品和服务从生产者转移到消费者或用户所进行的企业活动，以满足顾客需要和实现企业的各种目标。”麦卡锡强调：“不是生产，而是市场营销决定了应该生产什么产品，制定什么价格，在什么地方以及如何出售产品或做广告。”他把消费者看作一个特定的群体，并称之为目标市场。市场营销就是一方面考虑企业的各种外部环境，另一方面制定市场营销组合策略，通过策略的实施，适应环境，满足目标市场的需要，实现企业的目标。

1966—1980年，市场营销学逐渐从经济学中独立出来，又吸收了行为科学、管理科学以及心理学、社会学等学科的若干理论，开始统合。在此期间，市场营销理论进一步成熟，市场营销概念和原理的运用日益普及。菲利普·科特勒是当代市场营销学界最有影响力的学者之一。科特勒在他所著的《市场营销管理》(1967年)一书中提出，市场营销管理就是通过创造、建立和保持与目标市场之间的有益交换和联系，以实现组织的各种目标而进行的分析、计划、执行和控制过程。其管理体系包括：分析市场营销机会；确定市场营销战略；制定市场营销战术；组织市场营销活动；执行和控制市场营销努力。他还指出，市场营销是与市场有关的人类活动，市场营销理论既适用于营利组织，也适用于非营利组织。这一观点，扩大了市场营销学的研究和应用领域。

1981—1993年，市场营销领域又出现了丰富的新概念，使得市场营销这门学科出现了变形和分化的趋势，其应用范围也在不断地扩展。1985年，巴巴拉·本德·杰克逊提出了“关系市场营销”“协商推销”等新观点。1986年，科特勒提出了“大市场营销”这一概念，提出了企业如何打进被保护市场的问题。在此期间，“直接市场营销”也是一个引人注目的新问题，其实质是以数据资料为基础的市场营销，由于事先可以获得大量信息和电子通信技术的发展，直接市场营销才成为可能。进入20世纪90年代后，科学和文明的发展给营销领域带来更为复杂的概念和方法，关于数据库营销、网络营销、关系营销、绿色营销、体验营销、城市营销等新的理论不断涌现和发展，极大丰富了市场营销学的理论。

**3.市场营销学在中国的产生和发展情况**

市场营销的概念进入中国其实只有40年的时间，国内的学者、业内人士为其在中国社会的扎根、发展付出了极大的努力，取得了丰硕的成果。

1978—1982年，通过对国外市场营销学著作、杂志和国外学者讲课的内容进行翻译介绍，选派学者、专家到国外访问、考察、学习，邀请外国专家和学者来国内讲学等方式，系统介绍和引进了国外市场营销理论。

1983—1985年，各地的市场营销学研究团体成立，相互交流和切磋研究成果，并利用团体的力量扩大市场营销学的影响，推动市场营销学研究的进一步发展。在此期间，市场营销学在学校教学中也开始受到重视，有关市场营销学的著作、教材、论文在数量上和质量上都有很大的提高。

1985年以后，我国经济体制改革的步伐进一步加快，市场环境的改善为企业应用现代市场营销原理指导经营管理实践提供了有利条件。在此期间，多数企业应用市场营销原理时，偏重于分销渠道、促销、市场细分和市场营销调研部分。

1988—1994年，市场营销教学研究队伍，市场营销教学、研究和应用的内容，都有了极大的扩展。全国各地的市场营销学术团体，开始吸收企业界人士参加。其研究重点也由过去的单纯教学研究，改为结合企业的市场营销实践进行研究。1992年春，邓小平南方谈话以后，学者们还对市场经济体制的市场营销管理，中国市场营销的现状与未来，跨世纪中国市场营销面临的挑战、机遇与对策等重大理论课题展开了研究，扩展了市场营销学的研究领域。

1995年6月，由中国人民大学、加拿大麦吉尔大学和美国康科迪亚大学联合举办的第五届市场营销与社会发展国际会议在北京召开。来自46个国家和地区的135名外国学者和142名国内学者出席了会议。25名国内学者的论文被收入《第五届市场营销与社会发展国际会议论文集》（英文版），6名中国学者的论文荣获国际优秀论文奖。从此，中国市场营销学者开始全方位、大规模地登上国际舞台，与国际学术界、企业界的合作进一步加强。

### 1.4.2 研究市场营销学的意义

**1.迎接21世纪的营销挑战**

现代科技的进步，从根本上改变了人们的生活方式和社会生产方式，激烈的全球竞争、信息科技产业的崛起，使营销从观念、规划到方式都将发生变化。善于学习、创新和运用新知识的组织将是最大的赢家。因此，学习、研究市场营销学，是知识经济时代的要求，是迎接新挑战、适应环境变化所必需的。

**2.促进经济增长**

许多国家的经济增长经验表明，市场营销观念的转变和贯彻，是经济增长的一个重要原因。

市场营销在促进经济总量增长方面发挥着重要作用。市场营销以满足消费者需求为中心，强调不断开拓新的市场，为生产者、经营者提供不断向新的价值生产领域拓展和实现产品价值的手段，有效地促进经济增长；通过营销战略与策略的创新，指导新产品开发经营，降低市场风险，促进新科技成果转化为生产力；在扩大内需和进军国际市场，以及吸引外资，解决经济增长中的供求矛盾和资金、技术等问题方面，开拓更大的市场空间；为第三产业的发展开辟道路。市场营销强调经营与环境的系统协调，倡导保护环境、绿色营销，对经济的可持续发展起重要作用。

**3.促进企业成长**

企业的效益和成长，是国民经济发展的基础。市场营销学为企业成长提供了战略管理原则、一整套竞争策略、系统的策略方案以及组织管理和营销计划执行与控制方法。

## 本章小结

市场是指产品的现实和潜在的购买者。市场包含3个主要因素：有某种需要的人、满足这种需要的购买能力和购买欲望。

市场营销是个人和群体通过创造产品和价值，并同他人进行交换以获得所需所欲的一种社会及管理过程。它包含需要、欲望和需求，产品、服务和体验，效用、顾客价值和顾客满意，交换、交易和关系营销，市场营销与市场营销者等一系列的概念。

市场营销管理的实质是需求管理。根据需求水平、时机和性质的不同，有负需求、无需求、潜伏需求、下降需求、不规则需求、充分需求、过量需求、有害需求等8种典型的需求。在不同的需求状况下，市场营销管理的任务有所不同。

市场营销管理哲学的核心是正确处理企业、消费者和社会三者之间的利益关系。

生产观念认为消费者会喜欢那些随处可买到的价格低廉的产品，因此管理部门应当把注意力集中在改进生产和销售效率方面。产品观念认为消费者欢迎那些质量最优、性能最好、特色点最多的产品，因此企业应致力于对产品不断进行改进。推销观念认为消费者通常有一种购买惰性或抗衡心理，若听其自然，消费者就不会大量地购买本企业的产品，因此营销管理的中心是积极推销和大力促销。市场营销观念认为组织目标的实现有赖于对目标市场的需要和欲望的正确判断，并能以比竞争对手更有效的方式去满足消费者的要求。社会营销观念认为企业的任务在于确定目标市场的需要、欲望和利益，比竞争者更有效地使顾客满意，同时维护与增进消费者和社会福利。

市场营销理念经历了4Ps—4Cs—4Rs—4Vs阶段，即以满足市场需求为目标的4Ps理论，以追求顾客满意为目标的4Cs理论，以建立顾客忠诚为目标的4Rs理论，关注社会利益和心理利益等非经济利益的4Vs理论。

## 复习思考题

1. 请列举出生活中的实例，说明需求是企业创造出来的。
2. 请列举出生活中的实例，说明需求是顾客拉动的，企业是适应其需求。
3. 简述市场营销管理哲学的演变及其依据。
4. 为什么说市场营销不单纯是产品的推销活动？市场营销的核心概念是什么？
5. 市场营销观念与推销观念的主要区别是什么？营销观念有哪些主要特征？
6. 社会营销观念的新发展及其对人类社会有什么重要意义？
7. 调查一家企业的营销现状，分析该企业所运用的营销观念。

## 案例分析题

### 把梳子卖给和尚

有一个营销经理想考考他的手下，就给他们出了一道题：推销100把奇妙聪明梳，卖给一个特定人群——和尚。一星期后，甲先生卖了1把，乙先生卖了10把，丙先生卖了1 000把。

甲去了三座寺院，受到和尚无数次的臭骂和追打，但仍不屈不挠，终于感动了1个小和尚，他买了1把梳子。

乙去了一座名山古寺，由于山风大，把前来进香的善男信女的头发吹乱了。他找到住持，说："蓬头垢面是对佛的不敬，应在每座香案前放把木梳，供善男信女梳头。"住持认为有理。那座庙有10座香案，于是买了10把梳子。

丙去了一座颇负盛名、香火极旺的深山宝刹，对方丈说："凡来进香者，多有一颗虔诚之心，宝刹应有回赠，保佑平安吉祥，鼓励多行善事。我有一批梳子，您的书法超群，可刻上'积善梳'三字，然后作为赠品。"方丈听后大喜，立刻买下

1 000把梳子。

讨论题：

1.试分析甲、乙、丙三个人眼中的“市场”。

2.结合材料，谈谈你是如何理解“需求”这一概念的？需求是如何被创造出来的？

3.甲、乙、丙三个人中，谁的做法最能体现营销的精神与实质？为什么？

# 第2章 市场营销环境

**学习目标**

- 理解市场营销环境的概念
- 了解企业市场营销环境的特点
- 掌握市场营销微观、宏观环境分析的内容
- 掌握企业营销环境分析方法

**引　例**　**好莱坞电影的中国元素**

2016年上半年，中国的票房总收入中有超过一半来自国产电影，显示出一种令好莱坞感到担心的趋势：进口电影在这6个月的票房销售中的占比约为47%，而2015年为53.5%。更多的国产电影在推动中国消费者走进影院，使得好莱坞更加需要找到新的办法吸引观众。好莱坞对中国市场更加重视，好莱坞电影中出现了中国元素。

2012年，《2012》中，作为人类最终希望的“挪亚方舟”，就是在中国西藏山区制造而成的，它在最后关头搭载着全世界最后幸存的人类逃过一劫，迎来新生，而用主角的话来说，就是：“只有中国才有能力在这么短的时间内完成这样的任务。”2013年，《地心引力》中，女主角瑞安·斯通在那段“太空奥德赛”般的艰难旅程中，最终靠着进入中国的天宫空间站、驾驶着神舟号飞船才重归地球。2014年，范冰冰参演《X战警：逆转未来》。她只有一句台词：“时间到了。”2015年，《火星救援》中，听闻美国宇航局（NASA）在拯救被滞留在火星上的宇航员马可·沃特尼的过程中遇到困难，中国政府慷慨地贡献出秘密研发出的太阳神号飞行器，它在拯救马可的过程中发挥了重大作用，片尾更暗示在NASA后续的火星探索计划中，中国宇航机构也深度参与，双方达成了某种合作。2016年，上海出生的演员兼歌手杨颖在《独立日：卷土重来》中饰演了一名战斗机飞行员。

好莱坞电影使用中国元素，与中国综合国力以及国际地位的提升密不可分。好莱坞电影中的“中国形象”，既是历史的积累，也是时代的再现。

资料来源　佚名.美媒：好莱坞电影加“中国元素”成惯例［EB/OL］.［2018-06-13］. http://column.cankaoxiaoxi.com/g/2016/0921/1311857.shtml.

环境是指事物外界的情况和条件。企业并不是生存在一个真空内，作为社会经济组织或社会细胞，它总是在一定的外界环境条件下开展市场营销活动。而这些外界环境条件是不断变化的，它既给企业创造新的市场机会，又给企业带来某种威胁。企业必须根据环境的实际状况与发展趋势，制定并不断调整营销策略，自觉利用市场机会，防范可能出现的威胁，扬长避短，确保在竞争中立于不败之地。因此，市场营销环境对企业的生存和发展具有重要意义。

## 2.1 市场营销环境概述

### 2.1.1 市场营销环境的含义

市场营销环境由营销以外的那些能够影响与目标顾客建立和维持成功关系的营销管理能力的参与者和各种力量组成。也就是说，市场营销环境是指与营销有潜在关系的所有外部力量和机构所构成的体系。根据环境因素对企业的影响程度，可把环境分成宏观环境与微观环境两大类，如图2-1所示。宏观市场营销环境是指影响企业微观环境的巨大社会力量，包括人口、经济、政治法律、科学技术、社会文化及自然资源等多方面的因素。微观市场营销环境，是指与企业紧密相连，直接影响其营销能力的各种参与者，包括企业本身、供应商、营销中介机构、顾客、竞争者以及社会公众。

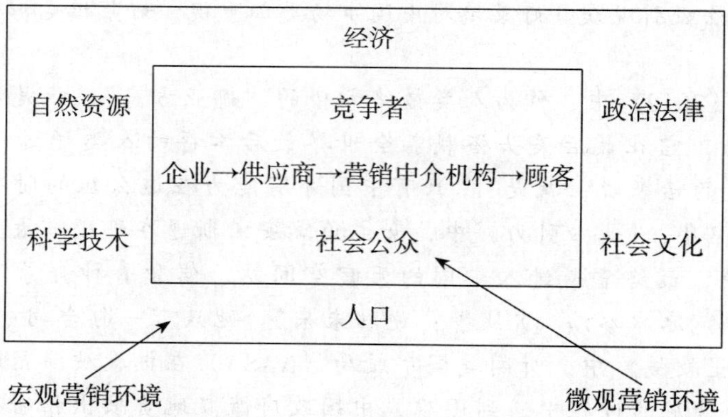


图2-1 市场营销环境

微观市场营销环境和宏观市场营销环境之间不是并列关系，而是主从关系。微观市场营销环境直接影响和制约企业的市场营销活动，而宏观市场营销环境主要以微观市场营销环境为媒介间接影响和制约企业的市场营销活动。企业所处的环境总是处于不断变化之中，企业只能主动适应它、利用它。经营成功的企业，在于它能在环境变化中拥有自我调节能力。

### 2.1.2　市场营销环境的特征

1. 客观性

营销环境作为一种客观存在，是不以企业的意志为转移的，有着自己的运行规律和发展趋势，对企业营销活动的影响具有强制性和不可控性。主观地臆断某些环境因素及其发展趋势，往往会造成企业盲目决策，导致企业在市场竞争中惨败。

2. 动态性

动态性是营销环境的基本特征。任何环境因素都不是静止的、一成不变的，相反，它们始终处于变化甚至急剧变化之中。营销环境的变化，给企业带来机会，也带来威胁。

3. 差异性

不同的国家或地区之间，宏观环境存在广泛的差异，不同企业之间的微观环境也千差万别。为适应不同的环境及其变化，企业必须根据环境的不同状况制定有针对性的营销策略。

4. 不可控制性

相对于企业内部管理机能来说，营销环境是企业无法控制的外部影响力量。例如，无论是直接营销环境中的消费需求特点，还是间接环境中的人口数量，企业都无法加以控制和决定。

5. 复杂性

企业面临的市场营销环境具有复杂性，各环境因素之间经常存在矛盾关系。

### 2.1.3　营销活动与营销环境

市场营销的一切活动都是在市场营销环境下进行的，只有在科学正确地分析、了解了市场营销环境以后，才能为市场营销活动提供决策依据。市场营销环境是不断变化的，企业营销活动受制于营销环境。营销管理者应采取积极、主动的态度能动地去适应营销环境。营销活动要以环境为依据，企业要主动地适应环境，而且要通过营销努力去影响环境，使环境有利于企业的生存和发展，有利于提高企业营销活动的有效性。

## 2.2　企业的宏观营销环境

宏观营销环境指对企业营销活动造成市场机会和环境威胁的主要社会力量，是企业无法直接控制的因素。分析宏观营销环境能够更好地认识和把握环境变化，并通过企业市场营销努力来适应社会环境以达到企业营销目标，满足社会需求。宏观营销环境的因素包括人口环境、经济环境、自然环境、技术环境、政治法律环境、社会文化环境。

### 2.2.1 人口环境

人口是构成市场的第一位因素。市场是由有购买欲望同时又有支付能力的人构成的，人口数量直接决定市场规模和潜在容量，企业的营销活动受人口的性别、年龄、民族、婚姻状况、职业、居住分布等影响。企业应重视对人口环境的分析研究，密切关注人口特征及其发展动向，为应对人口环境的变化而及时调整营销策略。

**1. 人口总量**

一个国家或地区总人口数量的多少，是衡量市场潜在容量的重要因素。如果一个国家的人口增长很快，对食品、服装和住房等消费品的需求就会迅速增长，这样的市场是一个潜在的大市场。中国现有13亿多人口，超过欧洲和北美洲人口的总和。随着社会主义市场经济的发展，人民收入不断提高，中国已被视为世界最大的潜在市场。

目前，世界人口环境正发生明显的变化，主要趋势是：

①全球人口持续增长，联合国发布的《世界人口展望》（2017年修订版）显示，到2030年世界人口总数将突破86亿，预计2050年世界人口总数将突破98亿。随着人口的快速增长、人口规模的增大，市场容量与发展潜力也随之增大，将给企业营销带来新的发展机遇。

②亚洲和非洲人口继续增加，出生率较低的欧洲，将会出现一段时间的人口负增长，尤其是东欧国家和俄罗斯。发展中国家新增人口较多，使得这些国家人均所得的增加以及需求层次的升级受到影响。

世界人口的急剧增长，对企业来说有积极意义。人口越多，需求量越多，在一定购买力条件下，这意味着市场需求的增加。企业应重视人口增加带来的市场需求潜力，发现各种未来的市场需求与营销机会。

**2. 年龄结构**

人口年龄结构决定市场需求的结构，不同年龄段的人对产品需求有很大的差别。分析一定时期内的人口年龄结构，能使企业发现好的市场机会。例如，20世纪50年代，百事可乐公司发现美国13～19岁的人口占总人口的比重很大，决定将青少年市场作为主要市场，提出“新一代的可乐”的宣传口号，这种市场策略赢得了青少年的青睐，获得了很大的成功。

随着社会经济的发展，科学技术的进步，生活条件和医疗条件的改善，人口平均寿命大大延长。人口年龄结构变化有如下趋势：

①许多国家人口老龄化加速。人类寿命延长，死亡率下降，人口老龄化是当今世界发展的必然趋势。美国人口普查局发表报告指出，全球65岁及以上老人的数量已在2008年达到5亿600万人。这一数字将在2040年增加1倍以上，达到13亿人，占全球总人口的14%。《国务院关于印发“十三五”国家老龄事业发展和养老体系建设规划的通知》（国发〔2017〕13号）指出，预计到2020年，全国60岁以

上老年人口将增加到2.55亿人左右，占总人口的17.8%左右；高龄老年人口将增加到2 900万人左右，独居和空巢老人将增加到1.18亿人左右。随着老年人绝对数和相对数的增加，老年人的医疗保健用品、助听器、旅游、健身用品市场需求增加，银发市场日渐形成并扩大。

②出生率下降引起市场需求变化。美国等发达国家人口出生率下降，出生婴儿数和学龄前儿童减少，给儿童食品、童装、玩具等生产经营者带来威胁，但同时也使年轻夫妇有更多的闲暇时间用于旅游、娱乐和在外用餐，从而促进了第三产业的发展。

**3.地理分布**

人口在地区上的分布，关系到市场需求的异同。俗话说，“十里不同风，百里不同俗”。居住在不同地区的人群，由于地理环境、气候条件、自然资源、风俗习惯的不同，消费需求的内容和数量也存在差异。比如，在炎热的南方，人们对空调设备的需求量大，而在寒冷的北方，则需要暖气设备和御寒服装。再如，在我国不同地区吃辣的水平上，就有“四川的不怕辣，湖南的辣不怕，贵州的怕不辣”等不同。

这种分布的不同不仅表现在静态的差异上，还表现在区间的流动上。随着我国城镇化建设的发展，我国人口的地理分布发生了很大的变化。人口流动具有两大特点：一是从农村流向城市；二是从城市流向郊区。人口的城市化和区域性转移，会引起社会消费结构的变化，城市出现了繁华商业街，而郊区住宅区使得城市商业中心零售企业纷纷在郊区开设分店。我国乡镇城市化的趋势日益加快，农村市场需求将有大的变化。

**4.家庭组成**

家庭是商品购买和消费的基本单位。一个国家或地区的家庭单位的多少以及家庭平均人员的多少，可以直接影响到某些消费品的需求数量。同时，不同类型的家庭往往有不同的消费需求。随着计划生育、晚婚、晚育的倡导和实施，职业妇女的增多，单亲家庭和独身者的涌现，家庭消费需求的变化甚大。例如，新的家庭单位的出现，势必会增加对住房、家具、炊具、家用电器等家庭用品的需求量；单身者不一定需要门类齐全的家庭用品，却可能增加娱乐、旅游、保健方面的消费开支。

**5.人口性别**

性别差异给消费需求带来差异，购买习惯与购买行为也有差别。反映到市场上就会出现男性用品市场和女性用品市场。由于两个市场的需求不同，购买习惯也有所不同。一般来说，女性市场需求旺盛，特别是在服装、化妆品市场上，而男性则在购买大件物品方面表现出积极性，比如汽车和住房等。企业可以针对不同性别的不同需求生产适销对路的产品，制定有效的营销策略，开发更大的市场。

小资料　中国经济的人口图谱　社会人口老龄化加速

### 2.2.2　经济环境

经济因素是影响企业营销活动的主要环境因素。经济环境指企业营销活动所面临的外部社会条件，其运行状况及发展趋势会直接或间接地对企业营销活动产生影响，其中收入水平和消费结构影响较为直接。

**1.经济发展水平**

一个国家或地区的整个经济发展水平必然制约着企业的市场营销活动。美国学者罗斯托（W. W. Rostow）提出经济成长阶段理论，把世界各国的经济发展归纳为五种类型：①传统经济社会；②经济起飞前的准备阶段；③经济起飞阶段；④迈向经济成熟阶段；⑤大量消费阶段。凡属前三个阶段的国家称为发展中国家，而处于后两个阶段的国家称为发达国家。经济发展阶段不同，居民的消费水平不同，顾客对产品的需求也不一样，从而会在一定程度上影响企业的营销。以消费者市场来说，经济较为发达的地区，在市场营销方面，更多强调产品时尚度、款式、性能及特色，品质竞争多于价格竞争；而在经济欠发达地区，则较侧重于产品的功能及耐用性，价格因素比产品品质更为重要。在生产者市场方面，经济较为发达地区着重投资能节省劳动力的先进、精密、自动化程度高、性能好的生产设备，在一些经济欠发达地区，则是劳动力密集型的产业居多。因此，对于经济发展水平不同的地区，企业应采取不同的市场营销策略。

**2.地区与行业发展状况**

我国地区经济发展很不平衡，逐步形成了东部、中部、西部三大地带和东高西低的发展格局。同时，在各个地区的不同省市，还呈现出多极化发展趋势。这种地区经济发展的不平衡，对企业的投资方向、目标市场以及营销战略的制定等都会带来巨大影响。我国行业与部门的发展也有差异。今后一段时间，我国将重点发展农业、原料和能源等基础产业。这些行业的发展必将带动商业、交通、通信、金融等行业和部门的相应发展，也给市场营销带来一系列影响。因此，企业一方面要处理好与有关部门的关系，加强联系；另一方面要根据与本企业联系紧密的行业或部门的发展状况，制定切实可行的营销策略。

**3.城市化程度**

城市化程度是指城市人口占全国总人口的百分比，它是一个国家或地区经济活动的重要特征之一。城市化是影响营销的环境因素之一，因为城乡居民之间存在的差别必然导致不同的消费行为。目前我国大多数农村居民消费的自给自足程度仍然较高，而城市居民则主要通过货币交换来满足需求。此外，城市居民一般受教育较多，思想较开放，容易接受新生事物，而农村相对闭塞，农民的消费观念较为保守，一些新产品、新技术往往首先被城市居民接受。企业在开展营销活动时，要充分注意到这些消费行为方面的城乡差别，相应地调整营销策略。

**4.消费者收入水平的变化**

消费者收入，是指消费者个人从各种来源中所得的全部收入，包括消费者个人的工资、退休金、红利、租金、赠予等收入。消费者的购买力来自消费者的收入，但消费者并不是把全部收入都用来购买商品或劳务，购买力只是收入的一部分。因此，在研究消费收入时，要注意以下几点：

（1）国内生产总值（GDP）。它是衡量一个国家经济实力与购买力的重要指标。从国内生产总值的增长幅度，可以了解一个国家经济发展的状况和速度。一般来说，工业品的营销与这个指标有关，而消费品的营销则与此关系不大。国内生产总值增长越快，对工业品的需求和购买力就越大，反之就越小。

（2）人均国民收入。这是用国民收入总量除以总人口的比值。这个指标大体反映了一个国家人民生活水平的高低，也在一定程度上决定商品需求的构成。一般来说，人均收入增长，对消费品的需求和购买力就大，反之就小。根据近40年的统计，一个国家人均国民收入达到5 000美元，机动车可以普及，其中小轿车约占一半，其余为摩托车和其他类型车。

（3）个人可支配收入。这是在个人收入中扣除税款和非税性负担后所得的余额，它是个人收入中可以用于消费支出或储蓄的部分，构成实际的购买力。

（4）个人可任意支配收入。这是在个人可支配收入中减去用于维持个人与家庭生存不可缺少的费用（如房租、水电、食物、燃料、衣着等项开支）后剩余的部分。这部分收入是消费需求变化中最活跃的因素，也是企业开展营销活动时所要考虑的主要对象。这部分收入主要用于满足人们基本生活需要之外的开支，一般用于购买高档耐用消费品、旅游、储蓄等，它是影响非生活必需品和劳务销售的主要因素。

（5）家庭收入。很多产品是以家庭为基本消费单位的，如冰箱、抽油烟机、空调等。因此，家庭收入的高低会影响很多产品的市场需求。一般来讲，家庭收入高，对消费品需求大，购买力也大；反之，需求小，购买力也小。需要注意的是，企业营销人员在分析消费者收入时，还要区分“货币收入”和“实际收入”，只有“实际收入”才影响“实际购买力”。实际收入和货币收入并不完全一致，由于通货膨胀、失业、税收等因素的影响，有时货币收入增加，而实际收入却可能下降。实际收入是扣除物价变动因素后实际购买力的反映。

**5.消费者支出方式的变化**

消费者支出方式又称为消费者支出模式或消费结构，指的是消费者各种支出的比例关系。随着消费者收入的变化，其支出模式及消费结构也会发生相应变化，继而使一个国家或地区的消费结构也发生变化。西方一些经济学家用恩格尔系数来反映这种变化。恩格尔定律指出，随着家庭收入的增加，用于购买食品的支出占家庭收入的比重越来越小，用于住房及家庭日常支出的比重保持不变，而用于服装、娱乐、保健、教育、储蓄等方面的支出将会上升。其中，食物费用占总支出的比例称为恩格尔系数。恩格尔系数是衡量一个国家、一个地区、一个城市、一个家庭生活水平高低的标准。一般地，恩格尔系数越大，生活水平越低；反之，生活水平越高。按联合国划分富裕程度的标准，“恩格尔系数”在60%以上的国家为饥寒，50%～60%之间的为温饱，40%～50%之间的为小康，40%以下的为富裕。2017年中国农村居民恩格尔系数为31.2%，城镇居民恩格尔系数为28.6%。

家庭所处的生命周期阶段不同，消费结构也不同。一般地，一个家庭处于新婚阶段时，家用电器、家具等耐用品需求旺盛；家庭中有了孩子及孩子处在不同的年龄段上，消费支出的重心便转移到孩子的需求上，家庭收入的很大比重都用于孩子的食品、服装、教育和文娱等方面；等到孩子独立生活后，父母的收入多用于医疗、保健、旅游或储蓄。

家庭所在地不同，消费结构也不同。居住在农村与城市或居住在城市的不同地段内，在住宅、交通、住房及食品上的支出情况也会有较大差异。

城市化水平、商品化水平、劳务社会化水平、食物价格指数与消费品价格指数变动是否一致等，也都是影响消费者支出模式和消费结构的重要因素。企业要重视这些消费者支出方式的变化，提供适销对路的产品或服务，以满足消费者不断变化的需求。

**6.消费者储蓄和信贷情况的变化**

储蓄和信贷直接影响着消费者的购买行为。消费者的个人收入不可能全部花掉，总有一部分以各种形式储蓄起来，这是一种推迟了的、潜在的购买力。消费者储蓄一般有两种形式：一是银行存款；二是购买有价证券。当收入一定时，储蓄越多，现实消费量就越小，但潜在消费量越大；反之，储蓄越少，现实消费量就越大，但潜在消费量越小。企业营销人员应当全面了解消费者的储蓄情况，尤其是要了解消费者储蓄目的的差异。储蓄目的不同，往往影响到潜在需求量、消费模式、消费内容、消费发展方向的不同。这就要求企业营销人员在调查、了解消费者储蓄动机与目的的基础上，制定不同的营销策略，为消费者提供有效的产品和劳务。

所谓消费者信贷，就是消费者凭信用先取得商品使用权，然后按期归还贷款。这实际上就是消费者提前支取未来的收入，提前消费。其主要形式有：短期赊销；购买住宅分期付款；购买昂贵的消费品分期付款；信用卡信贷。信贷消费允许人们购买超过自己现实购买力的商品，从而创造了更多的就业机会、更多的收入以及更多的需求。

### 2.2.3 自然环境

自然环境主要是指对企业生产和经营有影响的物质因素。从营销学的角度看，自然环境的发展变化给企业带来了一定的威胁，同时也给企业创造了机会。企业要避免由自然环境带来的威胁，最大限度利用环境变化可能带来的市场营销机会。

**1.自然资源**

自然资源是进行商品生产和实现经济繁荣的基础，和人类社会的经济活动息息相关。一般人们将地球的自然资源分为三大类：无限资源、可再生的有限资源和不可再生的有限资源。无限资源，是取之不尽、用之不竭的资源，如空气等；可再生的有限资源，如森林、粮食等；不可再生的有限资源，如石油、煤和各种矿物。

随着社会经济的不断发展，人类对自然资源的索取和利用量在不断扩大，不仅导致矿产、森林、能源、耕地等有限资源逐渐枯竭，甚至连以前认为永不枯竭的水等无限资源也在世界某些大城市出现短缺。目前，自然资源的短缺已成为各国经济进一步发展的制约力甚至反作用力。

**2.地理环境**

一个国家或地区的地形地貌和气候，是企业开展市场营销所必须考虑的地理环境因素，这些地理特征对市场营销有一系列影响。例如，气候（温度、湿度等）与地形地貌（山地、丘陵等）特点，都会影响产品和设备的性能和使用。在沿海地区运转良好的设备到了内陆沙漠地区就有可能发生性能的急剧变化。有些国家地域辽阔、南北跨度大，地形地貌复杂，气候多变，企业必须根据各地的自然地理条件生产与之相适应的产品，才能适应市场的需要。气候、地形地貌不仅直接影响企业的经营、运输、通信、分销等活动，还会影响到一个地区的经济、文化和人口分布状况。因此，企业开展营销活动，必须考虑当地的气候与地形地貌，使其营销策略能适应当地的地理环境。

**3.环境污染**

随着工业化和城市化的发展，环境污染问题日趋严重，公众对这个问题越来越关心，环境污染已成为举世瞩目的问题。世界各国都采取了一系列措施，对环境污染问题进行控制。这样，一方面限制了某些行业的发展，另一方面也为企业带来了机会：一是为治理污染的技术和设备提供了一个大市场；二是为不破坏生态环境的新的生产技术和包装方法创造了营销机会。因此，企业经营者要了解政府对资源使用的限制和对污染治理的措施，力争做到既能减少环境污染，又能保证企业发展，提高经济效益。例如，由于火力发电站排放二氧化硫会导致酸雨的形成，这些发电站需要安装脱硫装置。国家统计局发布的《中华人民共和国2017年国民经济和社会发展统计公报》显示，截至2017年末，全国发电装机容量达177 703万千瓦，比2016年末增长7.6%。其中，火电装机容量达110 604万千瓦，增长4.3%。众多的火力发电站，为生产脱硫装置的企业提供了巨大的市场机会。

### 2.2.4 技术环境

科学技术是企业将自然资源转化为符合人们需要的产品的基本手段，是第一生产力。每一种科学技术的新成果都会给社会生产和社会生活带来影响甚至是深刻的变化。企业营销人员应准确把握科技革命的发展趋势，密切注意技术环境的变化对市场营销活动的影响，并及时采取适当的对策。它的影响主要体现在以下几个方面：

**1.科学技术的运用促成新的市场机会，产生新的产业**

科学技术的发明和应用，可以造就一些新的行业、新的市场，同时又使一些旧的行业与市场走向衰落。例如，太阳能、核能等技术的发明应用，使得传统的水力和火力发电受到冲击。太阳能、核能行业的兴起，必然给掌握这些技术的企业带来新的机会，又给水力、火力发电行业带来较大的威胁。再如，晶体管取代电子管后又被集成电路取代，复印机工业打击复写纸工业，电视业打击电影业，化纤工业冲击传统棉纺业，合成化学技术的出现，合成纤维、合成橡胶、合成染料、合成药物工业的形成，新产品源源不断地涌现，推动了消费结构的变化；而新技术革命（第四次产业革命）带来了以电子、生物工程等新兴科学为代表的工业技术的迅速发展，同样带来了社会生产方式、人们思维方式、消费习惯及生活方式的历史性变化。这些最终必将对市场产生极其深刻的影响。这种情况，要求企业不断地进行技术革新，赶上技术进步的浪潮；否则，企业的产品跟不上更新换代的步伐，跟不上技术发展和消费需求的变化，就会被市场无情地淘汰。

**2.新技术有利于企业改善经营管理**

近年来科技发展速度飞快，以微电子为中心的新技术革命兴起。许多企业在经营管理中都使用电脑、传真机等设备，对改善企业经营管理、引导消费需求、提高经济效益起了很大作用。现在，大众化的商品，在包装上都印有条形码，使用POS机结账，大大提高了零售商店的工作效率，缩短了顾客等待收款的时间，拉高了服务质量。此外，网络为企业了解顾客能够接受的成本提供了工具，企业可以根据顾客的要求提供柔性的产品设计和生产方案，通过网上营销实现一对一和交互式的双向沟通，加强与顾客的联系，直接了解顾客的需求，及时把握市场机会。

**3.新技术影响零售业结构和消费者购物习惯**

由于新技术革命的迅速发展、IT技术的介入，营销方式发生了重大变革，消费者购物习惯发生了改变，同时也对经营管理者提出了新的要求。消费者可以在计算机和通信交汇的无形空间获取信息、自由购物，企业可以在这个空间进行广告宣传、市场营销研究和推销商品等。看似虚拟的空间，却开辟了实实在在的竞争新领域。20世纪90年代以来，涵盖广泛的网络商业非常丰富，商品销售、电子银行、网上订票、广告、咨询、拍卖、房地产、旅游服务等业务蓬勃开展，带来了一场方兴未艾的全球经济革命。

### 2.2.5　政治法律环境

政治法律环境由法律、政府机构和在社会上对各种组织及个人有影响和制约的集团组成。企业总是在一定社会制度和政治体制下活动的，因此企业的市场营销活动就要受到政治和法律因素的限制。政治因素指明了企业营销活动的方向，法律因素则为企业规定了经营活动的行为准则。政治环境与法律环境相互联系，共同对企业营销活动产生影响和发挥作用。

**1.政治环境**

国内政治环境主要指政治局面，党和国家的方针、政策等。一个安定团结的政治局面，不仅有利于经济发展和人民收入的提高，而且影响人们的购买心理，导致市场需求的变化。党和国家的方针、政策，在很大程度上会影响国民经济的发展方向和速度，也直接关系到社会购买力的提高和市场消费需要的增长。

国际政治环境主要指政治权力与政治冲突对企业营销活动的影响。政治权力对市场营销的影响，往往表现为政府机构采取如进口限制、外汇控制、劳工限制、绿色壁垒等措施来约束外来企业。政治冲突是指国际上的重大事件与突发性事件。这些事件对企业市场营销工作的影响或大或小，有时带来机会，有时带来威胁。企业应认真了解、追踪这两者对其营销活动的影响，随时准备应对相关国际政治环境的变化，及时调整自己的营销策略。

**2.法律环境**

法律环境是指国家或地方政府颁布的各项法规、法令和条例等。法律环境对市场消费需求的形成和实现，具有一定的调节作用。企业研究并熟悉法律环境，既保证自身严格依法管理和经营，也可运用法律手段保障自身的权益。各个国家社会制度不同、经济发展阶段和国情不同，体现统治阶级意志的法制也不同，从事国际市场营销的企业，必须了解有关国家法律制度和有关国际法规、国际惯例，并在实践中严格遵循。

**3.公众利益集团**

公众利益集团指代表一定公众利益的民间组织，如消费者协会、老年协会、旅游者俱乐部、环境保护组织等。这些集团能够影响立法倾向和执法尺度，因而也被称为压力集团。对企业营销活动有直接影响的公众利益集团主要有消费者权益保护和环境保护等方面的团体。

小案例 2-1　　欧盟全面禁止含双酚A塑料奶瓶进口

从2011年6月1日起，欧盟全面禁止任何含双酚A的塑料奶瓶流入其27个成员国。欧洲消费者联盟向欧盟施加压力，要求将当下仅针对含双酚A婴儿塑料奶瓶的禁售令范围扩大，除包括所有与婴儿有直接接触的含双酚A的产品外，另有12大类含双酚A的消费品被列为重点关注的对象，他们提出2～3年内在欧洲停止销售所有含双酚A的产品。这项要求若被欧盟委员会接受，将直接影响中国相关企业的对欧出口。

双酚A是一种化学物质，主要用于生产聚碳酸酯（PC）、环氧树脂等多种高分子材料。这些材料主要是做饮水机桶、婴儿奶瓶、太空杯、塑料餐具以及食品罐、易拉罐等产品的包装内壁。因为其耐用、结实以及抗酸腐蚀性强，所以其应用范围已经扩展到了CD光碟、地板物料以及医疗设备等多个领域。

由于有超过10年的研究表明，长期接触双酚A与出生缺陷、癌症和早熟等一系列健康问题都有潜在联系，欧盟在2010年11月25日决定，从2011年3月起禁止生产含有双酚A的塑料奶瓶，从2011年6月起禁止进口或在市场上销售含双酚A的塑料奶瓶。

这一禁令的发布对出口塑料奶瓶的企业造成了直接影响。以外贸重镇宁波市为例，2010年全年，宁波出口至欧盟的食品接触塑料制品批次超过16 000多批，重量超过8.51万吨，涉及金额超过2.56亿美元，其中塑料婴儿奶瓶类制品出口重量超过1 500吨，金额接近1亿元人民币。随着这条禁令的实施，这些企业要么更换材料，要么转投其他市场。

欧盟消费者联盟促使欧盟委员会依据“预防原则”，将双酚A列入《化学品注册、评估及许可规例》（REACH）内的候选清单，定性为高度关注物质（SVHC）。中国环氧树脂行业在线分析员表示，相关产品一旦被列入禁止含双酚A的产品目录，出口企业必须注册REACH，这将直接增加企业的出口成本。根据公开资料，每一种化学物质的检测费用约需要8.5万欧元。

资料来源　李银莲.欧盟全面禁止含双酚A塑料奶瓶进口［N］. 中国经营报，2011-05-28.

### 2.2.6 社会文化环境

社会文化是指一个国家或地区的民族特征、价值观念、宗教信仰、教育水平、风俗习惯、伦理道德、审美观念等的总和。人类在某种社会中生活，必然会形成某种特定的文化。社会文化深远地影响着人们的生活方式和行为模式，消费者的任何欲望和购买行为都深深地印有社会文化的烙印。

社会文化使生活在同一社会文化范围的成员的个性具有相同的方面，它是购买行为的习惯性、相对稳定性的重要成因。企业在从事市场营销活动时，应重视对社会文化的调查研究，并做出适宜的营销决策。社会文化所包含的内容很多，下面仅就与企业营销关系较为密切的社会文化因素进行讨论。

**1.价值观念**

价值观念是指在某一种环境下人们所形成的对事物的普遍态度或看法。它是一个社会文化最核心的内容，也是支配人的行为的最稳固的力量。不同的文化背景下，人们的价值观念差别是很大的，而消费者对商品的需求和购买行为深受其价值观念的影响。一个人的价值观念一旦形成就具有高度的持续性。因此，企业的营销活动尽量不要与消费者的价值观念相冲突。比如，在发达国家，超前消费是司空见惯的事情。一些人为了生活上的享受，采用分期付款、赊销等形式，甚至大举借债。在我国，勤俭节约是民族的传统美德，人们大多攒钱购买商品，而且大多局限在货币的支付能力范围内，量入为出。因此，对于不同的价值观念，企业营销人员应采取不同的策略。对于乐于变化、喜欢猎奇、富有冒险精神、较激进的消费者，应重点强调产品的新颖和奇特之处；而对一些注重传统、喜欢沿袭传统消费习惯的消费者，企业在制定促销策略时应把产品与目标市场的文化传统联系起来。

**2.宗教信仰**

宗教信仰是指文化倾向和戒律。不同的宗教信仰有不同的文化倾向和戒律，它影响着人们认识事物的方式、价值观念和行为准则，并进一步影响着人们的消费需求和消费行为。例如，印度教视牛为神明，教徒不吃牛肉，与牛相关的产品也不使用。宗教活动对人们的消费行为产生重要影响，进而对市场营销的影响力也很大。企业倘若忽视这些宗教习惯，必然会触犯宗教禁忌，失去市场机会。这就要求企业充分了解不同地区、不同民族、不同消费者的宗教信仰，提供适合其要求的产品，制定适合其特点的营销策略。

**3.教育水平**

教育水平是指消费者受教育的程度。一个国家、一个地区的教育水平与经济发展水平往往是一致的。不同的文化修养表现出不同的审美观，购买商品的选择原则和方式也不同。受教育程度，不仅影响消费者的收入水平，还直接影响消费者对商品的鉴赏能力、购买的理性程度和其他方面，进而影响企业营销策略的制定和实施。例如，在文盲率高的地区，用文字形式做广告，难以收到好效果，而用电视、广播和当场示范表演的形式，则容易为人们所接受。又如，在教育水平低的地区，适合采用操作使用、维修保养都较简单的产品，而在教育水平高的地区，则需要先进、精密、功能多、品质好的产品。另外，企业的分销机构和分销人员受教育的程度等，也对企业的市场营销产生一定的影响。

**4.风俗习惯**

风俗习惯是人们根据自己的生活内容、生活方式和自然环境，在一定的社会物质生产条件下长期形成并世代相袭而成的一种风尚和由于重复、练习而巩固下来并变成需要的行动方式等的总称。它往往在饮食、服饰、居住、婚丧、节日及人情往来等方面表现出独特的心理特征和行为方式。企业在开拓国外的新市场时应入境而问禁，入国而问俗，入门而问讳。了解目标市场消费者的禁忌、习俗、避讳、信仰、伦理观念等，是企业开展营销的重要前提。例如，开展营销时，经常要与数字打交道，企业不能忽视这些细节："8"在我国不少地区被认为是幸运的数字；在中、日、韩等一些东方国家，一些人把"4"视为预示厄运的数字。

**5.消费潮流**

社会文化多方面的影响，使消费者产生共同的审美观、生活方式和情趣爱好，从而导致社会需求的一致性，这就是消费潮流。消费潮流在服饰、家电和一些保健品方面，表现得最为突出。消费潮流在时间上有一定的稳定性，但有长有短，有的可能几年，有的可能几个月；还有一定的地域性，同一时间内不同地区的流行商品品种、型号、颜色等可能不尽相同。

总之，市场营销的宏观环境主要包括以上六大方面。这些对企业来说，都是不可控制的因素，企业只有设法适应这些环境，而不能改变这些环境，这是市场营销学的传统观点。但是，近年来美国有些著名学者提出了不同的见解，修正和发展了传统的营销理论。他们认为，企业的营销活动不仅受外部环境的影响和制约，同时通过向外提供产品和服务、传播信息以及开展公共关系活动（如通过游说影响立法，利用宣传报道形成公众舆论）等，也可影响外部环境，使之变得有利于企业达到自己的目标。看似不可控制的环境障碍，有些经过营销人员的不懈努力，也是可以克服的。

## 2.3 企业的微观环境

企业营销管理的任务，就是要不断向目标市场提供对其有吸引力的产品或服务。要想成功地做到这一点，企业的营销管理者不仅要时刻把握目标市场的需求，还要了解企业营销活动的所有微观环境因素。微观环境因素主要包括企业、供应商、营销中介机构、顾客、竞争者和社会公众，如图2-2所示。

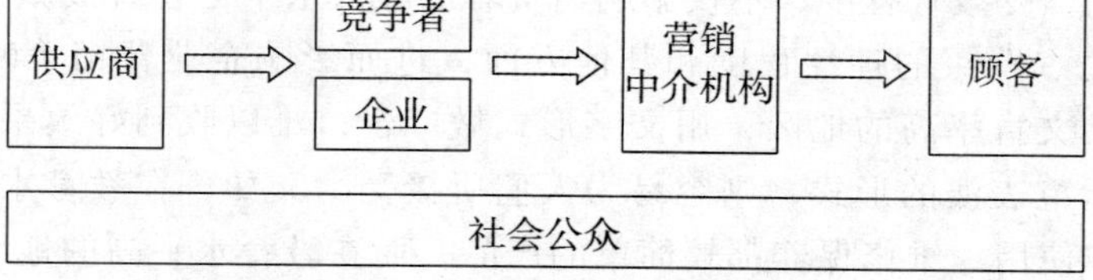


图2-2 企业微观环境

### 2.3.1 企业内部

企业的经营管理活动包括制造、采购、研究与开发、财务、市场营销等业务活动，市场营销部门一般由市场营销副总经理、销售经理、推销人员、广告经理、营销研究经理、营销计划经理、定价专家等组成。营销部门在制定决策时不仅要考虑企业外部环境力量，而且要考虑企业内部环境力量，如图2-3所示。首先要考虑其他业务部门的情况，并与之密切协作，共同研究制订年度和长期计划。其次，要考虑最高管理层的意图，以企业任务、目标、战略和政策等为依据，制订营销计划，报最高管理层批准后执行。

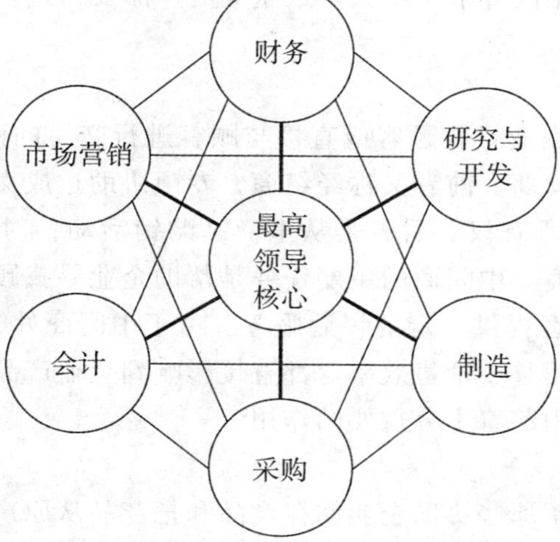


图2-3　企业内部的微观环境

### 2.3.2　供应商

供应商是指向企业及其竞争者提供生产经营所需资源的企业或个人。供应商所提供的资源主要包括原材料、零部件、设备、能源、劳务、资金及其他用品等。供应商对企业营销业务有实质性的影响，它所提供的资源数量和质量直接影响企业产品的数量和质量；所提供的资源价格直接影响产品的成本、价格和利润。企业应尽量选择在质量、价格、运输条件、信贷承诺、风险等方面综合最优的供应商，并尽可能与其保持良好的合作关系，同时也应通过建立多个供应渠道来增加选择上的自由度，以减少由于供应商在供货上的变化而带来的危害。因此，企业营销管理人员必须对供应商的情况有比较全面的了解。

供应商的威胁手段一是提高供应产品价格，二是降低供应产品数量或服务的质量，两者都会导致购买企业利润下降。如果供应行业集中由几家公司控制，又有替代品竞争，与供应商讨价还价的能力就要强些。作为购买者，企业首先要保证所购买产品或服务的质量，在质量一定的情况下，货比三家，寻求相对价格较低的产品或服务。这就要求购买者充分掌握供应商的信息，了解供应商的竞争状况，选择信誉好、交货及时、定价合理的供应商；避免依靠单个供应商，以分散风险；有区别有重点地对待不同的供应商。这样，购买者会在交易中享有优惠价格，而且能在受到供应商威胁时进行有力的反击。

### 2.3.3　营销中介机构

营销中介机构是指服务于企业营销活动，为企业融通资金、推销产品，以及提供运输、储存、咨询、保险、广告等种种服务的单位和个人，包括中间商、物流配送机构、营销服务机构和金融机构等。它们与企业构成一种协作关系，是企业进行营销活动不可缺少的中间环节，绝大多数企业的产品要经过营销中介机构才能到达目标顾客手中。

**1. 中间商**

中间商是指协助企业寻找顾客或直接与顾客进行交易的商业企业，分为两类：代理中间商和商人中间商。前者又称经纪商，专门协助达成交易，推销产品，但不拥有所经营的商品的所有权。后者是从事商品购销活动，对其经营的商品有所有权，如批发商、零售商。中间商的主要任务是帮助企业寻找顾客，为企业的产品提供销售渠道，并为顾客提供一定的售后服务。由于中间商处于生产者和顾客之间，所以它的服务质量、信誉、销售效率等都直接影响到企业产品的销售。因此，中间商在企业的营销活动中起着十分重要的作用。

**2. 物流配送机构**

物流配送机构是指那些协助企业储存产品和把产品从原产地运往销售目的地的仓储公司和运输公司等。它包括包装、运输、仓储、装卸、搬运、库存控制和订单处理等方面，基本功能是调节生产与消费之间的矛盾，弥合产销时空上的背离，提供商品的时间和空间效用，以利适时、适地和适量地将商品供给消费者。在我国，更多地采用中间商和物流配送机构相结合的方式，也就是中间商除分配产品外，还同时负责储存和运输。无论采用哪种方式销售产品，企业都要考虑储存成本、运输费用、安全性和交货期等因素。

**3. 营销服务机构**

营销服务机构是指为生产企业提供营销服务，协助开拓产品市场及销售推广的各种机构，如市场调研公司、营销咨询策划公司、广告代理公司以及各种广告媒介等。我国的营销服务机构起步较晚，但发展速度很快，市场调研、营销咨询、广告策划等公司如雨后春笋般涌现。一些大中企业自己建立有关的机构来承担营销服务机构的职能，但对于大多数中小企业来说，营销服务机构是企业营销不可缺少的。企业在营销活动中面对众多的服务机构，要从中进行比较，谨慎选择，看它们中间谁最具创造性、服务质量最好、价格最合理等，从而选择适合本企业并能有效提供所需服务的机构。

**4. 金融机构**

金融机构是指对企业营销活动提供资金融通、结算或保险服务的各种金融企业，包括银行、信托公司、保险公司等。金融机构不直接从事商业活动，但对工商企业的经营发展至关重要。在市场经济条件下，企业的所有交易都不同程度地依赖金融机构来完成，企业的财产和货物要通过保险机构取得风险保障，企业的营销活动因贷款成本的上升或信贷来源的限制而受到严重的影响。因此，企业必须与金融机构建立密切联系，以保证资金来源和运用渠道顺畅以及交易灵活多样。

### 2.3.4　顾客

顾客是企业的服务对象，是企业产品的直接购买者或使用者。顾客的需求是企业营销努力的起点和核心。企业与市场营销渠道中各种力量保持密切关系的目的就是有效地向其目标顾客提供产品和服务。

顾客从不同角度有不同的分类标准。按购买者和购买目的，可以将目标顾客（市场）分为消费者市场、生产者市场、中间商市场、政府市场、国际市场五类，如图2-4所示。

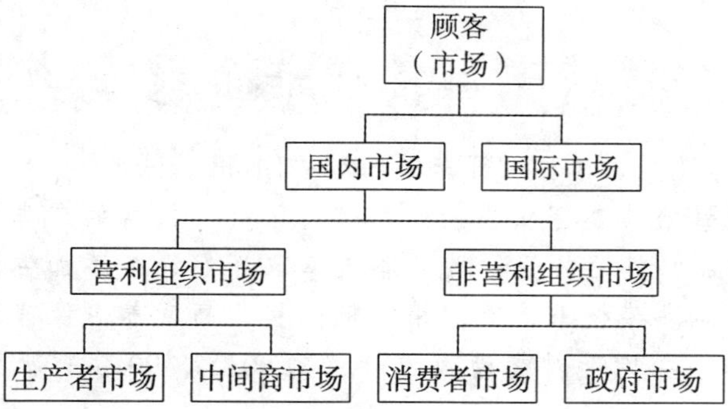


**图2-4　市场类型**

企业应按照顾客及其购买目的的不同来细分目标市场，顾客不断变化和不断进步的消费需求，要求企业提供不断更新的产品。因此，认真分析目标顾客需求的特点和变化趋势是企业极其重要的基础工作。

### 2.3.5　竞争者

竞争者是指与企业存在利益争夺关系的其他经济主体。营销观念表明，企业要想在市场竞争中获得成功，就必须比竞争者更有效地满足消费者的需要与欲望。企业的营销活动常常受到各种竞争者的包围和制约，因此企业必须识别各种不同的竞争者，并采取不同的竞争对策。竞争者包括：

**1.愿望竞争者**

愿望竞争者是提供不同产品以满足不同需求的竞争者。消费者的需求是多方面的，且很难同时得到满足，在某一时刻可能只能满足其中某一个需求。如汽车公司可将房地产公司作为竞争者，因为消费者若购房可能就无力购买汽车了。

**2.一般竞争者**

一般竞争者是提供不同产品以满足同一需求的竞争者。这类竞争者之间的竞争是在决定需求类型之后的次一级竞争，也称平行竞争。如汽车公司还可将摩托车、自行车制造商作为竞争对手。

**3.产品形式竞争者**

产品形式竞争者是满足同一需求的不同形式产品的竞争者。消费者在决定了需要的属类产品之后，还必须决定购买何种产品。如选择买汽车，则有轿车、客车及货车之分；就算选择轿车，还有微型、中型与大型等类别可供选择。

**4.品牌竞争者**

品牌竞争者是满足同一需求的同种产品形式但品牌不同的竞争者。这是最常见和最显在的竞争。如消费者特别偏爱上海大众的汽车，则该品牌的产品在竞争中就赢得了最后的胜利。

小案例2-2 娃哈哈啤儿茶爽

"上课喝酒?""你out了!""开车喝酒?""你out了!"

这是2008年娃哈哈集团推出新品"啤儿茶爽"饮料的广告词。啤儿茶爽是一个什么样的产品？娃哈哈说：啤儿茶爽萃取天然绿茶添加香浓麦芽，采用混比充气，二位一体灌装技术，零酒精，低热量，高营养，像啤酒一样酷爽，像绿茶一样健康……主要针对充满叛逆性格的80后、90后的新型人类，而且以女性为主。

这种似酒非酒、似茶非茶的饮料一上市，必然面临激烈而残酷的市场竞争。啤儿茶爽是啤酒吗？从容器瓶的外观和液体的色泽来看，酷似，但它没有啤酒必须含有的酒精，而且掺入了绿茶。那啤儿茶爽可以取代啤酒吗?显然对啤酒市场构不成威胁。啤儿茶爽是绿茶吗？它在绿茶里加入了啤酒所含有的麦芽，好像绿茶也不是啤儿茶爽的竞争品类。那啤儿茶爽可以取代茶饮料吗？其特殊的目标人群决定了它也不能动摇茶饮料的地位。有啤酒味的茶毕竟不是所有人都喜欢，而纯正的绿茶饮料和红茶饮料，的确符合广大消费者的需求。正因为啤儿茶爽说不清自己到底是什么，当然也就无法明确自己的竞争对手是谁。事实上，啤儿茶爽无意间陷入了与众多啤酒和饮料品类为敌的境况中。这就意味着，啤儿茶爽是向所有的饮料开战。这也意味着，娃哈哈是在打一场四面树敌、异常艰难的战争。显而易见，娃哈哈不可能针对所有饮料品类制订整体性的竞争方案，也不可能针对各个饮料品类分别制订竞争方案。2010年4月，啤儿茶爽就下架了。

资料来源 佚名.谜一样的"啤儿茶爽"凸显娃哈哈品牌战略困局[EB/OL].[2018-06-22]. http://www.chinanews.com/life/news/2009/04-29/1668806.shtml.

### 2.3.6 社会公众

社会公众是指对企业实现营销目标的能力有实际或潜在利害关系和影响力的团体或个人。社会公众可能有助于增强一个企业实现营销目标的能力，也可能妨碍这种能力。企业面临以下几种重要社会公众：

**1.金融公众**

金融公众是指影响企业融资能力的金融机构，如银行、投资公司、证券经纪公司、保险公司等。

**2.媒体公众**

媒体公众是指互联网、报纸、杂志、广播、电视等具有广泛影响力的大众传播媒体。媒体对企业的影响是不言而喻的。作为一种最有力的新媒体，互联网的开放性使企业直接面临来自公众的压力，任何顾客都有可能在互联网上发泄对企业的不满，而且这种不满将以光速传向全球各地。

**3.政府公众**

政府公众是指负责管理企业营销活动的有关政府机构。企业的发展战略与营销计划，必须和政府的发展计划、产业政策、法律法规保持一致，要注意咨询有关产品安全卫生、广告真实性等的法律问题，倡导同业者遵纪守法，向有关部门反映行业的实情，争取立法有利于产业的发展。

**4.社团公众**

社团公众是指保护消费者权益的组织、环境保护组织及其他群众团体等。这些非营利性的社会团体在我国的社会经济生活中发挥越来越大的作用，成为监督企业市场行为的一支重要力量。

**5.地方公众**

地方公众即企业附近的居民群众、地方官员等。例如，受传统计划经济体制的影响，我国部分企业是中央企业或省属企业，这就和驻地形成一种奇特的关系，这种关系处理得好，对企业和地方的经济发展均有好处，反之则会成为双方发展的障碍。大企业应当任命一位社区关系主管，来负责处理、协调与当地社区的关系，如参加会议、回答问题及赞助有意义的社区事业等。

**6.一般公众**

一般公众是指上述各种公众之外的社会公众。一般公众不是以组织形式对企业采取行动，但企业的形象却影响其对企业产品和营销活动的态度。许多企业通过集资、捐款及其他公益活动，在一般公众中树立其社会大家庭中好成员的形象。

**7.内部公众**

内部公众是指企业内部的公众，包括董事会、经理、企业员工等。企业的营销计划，需要全体员工的充分理解、支持和具体执行。经常向员工通报有关情况，介绍企业发展计划，发动员工出谋划策，关心员工福利，奖励有功人员，增强内部凝聚力，提高员工的责任感和满意度，进而传播并影响外部公众，有利于塑造良好的企业形象。

所有这些公众，均对企业的营销活动有着直接或间接的影响，处理好与广大公众的关系，是企业营销管理的一项极其重要的任务。

## 2.4 市场营销环境分析

市场营销环境不是一成不变的，环境的变化给企业活动带来威胁和机会。企业要使市场营销活动顺利开展，必须善于发现对企业发展有利和不利的因素，使企业能够利用机会，避开威胁，提高对环境的适应性。因此，企业在决策时，应分析营销环境对企业生存的影响及其程度，抓住有利机会，并降低威胁因素给企业带来的损失。

### 2.4.1 环境分析与营销对策

**1.市场机会矩阵分析法**

市场机会是指有可能对企业的市场营销管理及活动产生有利的、有优势的或有吸引力的影响的要素和力量。分析评价市场机会可采用市场机会分析矩阵，如图2-5所示。它主要考虑两个方面：一是市场机会的潜在吸引力的大小（赢利性）；二是市场机会带来的成功的可能性（企业优势）。

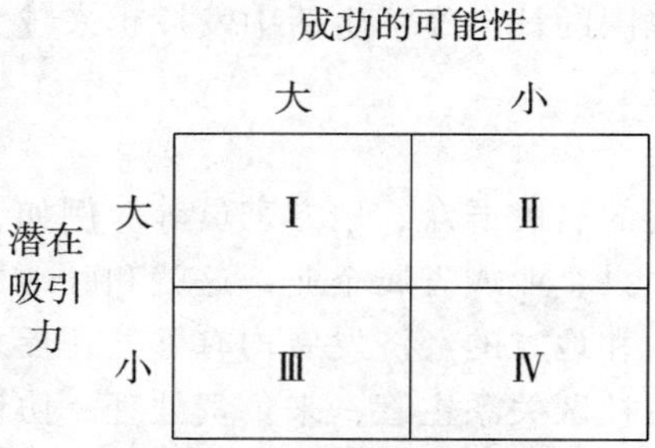


图2-5 市场机会分析矩阵

第Ⅰ象限，有最好的营销机会，其潜在吸引力与成功可能性都较大，企业应当把握并全力发展这一机会。

第Ⅱ象限，虽然成功可能性较低，但一旦出现就可以为企业带来很大的潜在利益。

第Ⅲ象限，虽然潜在利益不大，但出现的概率却很大，因此需要企业充分关注，并采取相应的营销措施与对策。

第Ⅳ象限，潜在吸引力与成功可能性都较低。对企业来说，主要是密切观察其发展变化，积极改善自身条件，审慎地开展营销活动。

有效地捕捉和利用市场机会，是企业营销成功和发展的前提。只要企业能够密切关注营销环境变化带来的市场机会，适时地做出恰当的评价，并结合企业自身的资源和能力，及时将市场机会转化为企业机会，就能够开拓市场、扩大销售，提高企业产品的市场占有率。

**小案例2-3　“非典”带来的机会**

2003年4月16日，WHO宣布，一种新型冠状病毒是SARS的病原，并将其命名为SARS冠状病毒（SARS-coronary virus，SARS-CoV）。该病毒很可能来源于动物，由于外界环境的改变和病毒适应性的增加而跨越种系屏障传染给人类，并实现了人与人之间的传播。首发病例，也是全球首例，于2002年11月出现在广东佛山，并迅速形成流行态势。2002年11月—2003年8月5日，29个国家报告临床诊断病例8 422例，死亡916例。

2004年1月5日，中国照明第一品牌“真善美”首度正式向外界宣布，推出全球第一个抗菌开关。“真善美”抗菌开关出世，引起业界震荡。“奇胜”“梅兰日兰”等品牌在接受记者采访时纷纷表示，传统电工开关插座只是满足人们的生活需要，未来电工和照明企业将纷纷开发抗菌产品，抗菌产品将代表中国照明产业未来趋势。

据南方医院传染科有关专家介绍，病菌传播的方式是多种多样的，人们在日常交往中也会互相传播病菌，在交谈、拥抱、握手等过程中，可能已经将病菌带给了对方。手成了病菌的载体和“储藏室”。开关作为人们日常接触的小家电，其表面也成了“藏污纳垢”之地。在人们触摸开关的一刹那，也许病菌已经沾染在手指上了，或者，已经把从室外带回的病菌通过手指沾染在开关表面了。病菌通过开关时刻威胁着人们的健康。

据统计，2002年全世界因病菌传染造成的死亡人数为1 650万，占当年全部死亡人数的31.2%，因此，抗菌成为人类捍卫生命的重要手段。

据真善美公司总经理曾春辉介绍，在“非典”期间“真善美”技术开发人员就开始研究系列光化照明和抗菌开关两大产品。据介绍，“真善美”抗菌开关具有很强的除菌效果，该产品已申请专利。有关技术人员告诉记者，该产品的面板和按键里添加了一种具有光半导体特性的复合抗菌材料，其纳米活性成分能够高效杀灭和清除细菌及其残骸，同时还能分解细菌分泌的毒素。经测试，对大肠杆菌、鼠伤寒沙门氏菌、金黄色葡萄球菌，除菌效果达到90%以上，适用于家居及公共建筑物。

资料来源　佚名.照明巨头首度扛起健康大旗[N].解放日报，2004-01-12.

**2.环境威胁矩阵分析法**

环境威胁是指市场环境中不利于企业营销活动的因素及其发展趋势。例如，能源危机对汽车行业形成威胁；限制性法律对烟酒业造成威胁等。企业若不能及时对此采取相应的策略，不利趋势将影响企业的市场地位。分析环境威胁时主要采用环境威胁分析矩阵来进行，如图2-6所示。具体方法是结合两方面来考虑：一是环境威胁对企业的影响程度，即严重性；二是环境威胁出现的概率大小，即可能性。

出现概率

| 影响程度 | 大 | 小 |
| --- | --- | --- |
| 重 | Ⅰ | Ⅱ |
| 轻 | Ⅲ | Ⅳ |

图 2-6　环境威胁分析矩阵

第Ⅰ象限，环境威胁的影响程度重、出现的概率大，企业必须严密监视和预测其变化发展趋势，并及时采取措施应对环境因素。

第Ⅱ象限，环境威胁出现的概率小，一旦出现却会给企业营销带来极大的危害，应予以关注并预防。

第Ⅲ象限，环境威胁虽然对企业影响不大，但出现的概率很大，因此也应当给予关注，随时准备应对措施。

第Ⅳ象限，环境威胁的影响程度轻、出现的概率低，对其只需进行必要的追踪观察以监测其是否有向其他象限因素变化发展的可能。

**3. 市场机会与环境威胁矩阵组合分析法**

一般情况下，企业面临的营销环境都是机会与威胁并存、利益与风险并存的综合环境，单纯的威胁环境与机会环境是极少见的。因此，分析市场营销环境时，还必须同时分析营销机会和营销威胁，即分析综合营销环境。

企业可以用市场机会与环境威胁矩阵来分析，可得出四种不同类型的环境，如图 2-7 所示。

威胁水平

| 机会水平 | 低 | 高 |
| --- | --- | --- |
| 高 | （1）理想环境 | （2）冒险环境 |
| 低 | （3）成熟环境 | （4）困难环境 |

图 2-7　市场机会与环境威胁矩阵组合

（1）理想环境，即高机会低威胁环境。这种环境是企业难得的好环境，企业应当及时抓住机遇，开拓市场，创造良好的经济效益。

（2）冒险环境，即高机会高威胁环境。这种环境既存在较大的利益又面临较大的风险，企业必须加强调查研究，进行全面的环境分析，发挥企业的优势，审慎决策，降低风险，争取利益。

（3）成熟环境，即低机会低威胁环境。这是一种较为平稳的环境，企业一方面要正常运营以取得平均利润，另一方面要积蓄力量，进入理想环境。

（4）困难环境，即低机会高威胁环境。这是风险大于机会的环境，企业必须想办法扭转局面，如果大势已去，无法扭转，则必须果断决策，转移目标市场，重新定位以求发展。

面临不同的威胁及机会环境，企业营销部门要制定恰当的营销对策，慎重行事。有需求未必有市场，有市场未必有顾客，或者虽然有顾客，但目前又未必是一个好市场，种种机会也许是个陷阱，而看上去是陷阱的也许是个好机会。

### 2.4.2　SWOT分析

**1.SWOT分析法的基本理论**

SWOT分析法是企业最常用的一种市场营销环境分析法。SWOT分析法，又称为态势分析法或优劣势分析法，即基于内外部竞争环境和竞争条件的态势分析，将与研究对象密切相关的企业自身的竞争优势（strength）、竞争劣势（weakness）、机会（opportunity）和威胁（threat）等，通过调查列举出来，并依照矩阵形式排列，然后用系统分析的思想，把各种因素相互匹配起来加以分析，从中得出一系列相应的结论，而结论通常带有一定的决策性。

**2.竞争优势**

竞争优势是指一个企业超越其竞争对手的能力，或者指企业所特有的能提高企业竞争力的东西。竞争优势可以是以下几个方面：

（1）技术技能优势：独特的生产技术，低成本生产方法，领先的革新能力，雄厚的技术实力，完善的质量控制体系，丰富的营销经验，上乘的客户服务，卓越的大规模采购技能。

（2）有形资产优势：先进的生产流水线，现代化车间和设备，丰富的自然资源储备，吸引人的不动产，充足的资金，完备的资料信息。

（3）无形资产优势：优秀的品牌形象，良好的商业信用，积极进取的企业文化。

（4）人力资源优势：在关键领域拥有专长的职员，积极上进的职员，很强的组织学习能力，丰富的经验。

（5）组织体系优势：高质量的控制体系，完善的信息管理系统，忠诚的客户群，强大的融资能力。

（6）竞争能力优势：产品开发周期短，强大的经销商网络，与供应商良好的伙伴关系，对市场环境变化的灵敏反应，市场份额的领导地位。

**3.竞争劣势**

竞争劣势是指某种企业缺少或做得不好的东西，或指某种会使企业处于劣势的条件。可能导致内部劣势的因素有：

（1）缺乏具有竞争意义的技能、技术。

（2）缺乏有竞争力的有形资产、无形资产、人力资源、组织资产。

（3）关键领域里的竞争能力正在丧失。

**4.SWOT分析法的应用**

根据SWOT分析法对优势、劣势、机会与威胁进行分析后，企业可总结出SWOT分析表，具体如表2-1所示。

表2-1 **SWOT分析表**

| 外部环境 / 内部环境 | 机会(O) | 威胁(T) |
| --- | --- | --- |
| 优势(S) | SO | ST |
| 劣势(W) | WO | WT |

（1）SO策略。这是企业最理想的状况，企业能够依靠内部优势，利用外部机会，把握良机。

（2）WO策略。企业虽面临良好的外部机会，但受到内部劣势的限制，应当采用扭转型战略，充分利用环境带来的机会，设法清除劣势。

（3）ST策略。企业利用内部优势，规避外部威胁，将企业的优势扩大到最大限度，将威胁降到最低。

（4）WT策略。企业内部存在劣势，外部面临威胁，要设法降低弱点和避免外来的威胁。

## 本章小结

市场营销环境是指影响企业营销能力和营销效果的参与者和影响力，由企业营销管理职能外部的因素和力量组成，这些因素和力量影响管理者成功地保持和发展同其目标市场顾客交换的能力。

市场营销环境可分为微观市场营销环境和宏观市场营销环境。

微观市场营销环境，是指与企业紧密相连，直接影响其营销能力的各种参与者，主要包括企业、供应商、营销中介机构、顾客、竞争者和社会公众。

宏观市场营销环境，是影响企业微观环境的巨大社会力量，主要包括人口环境、自然环境、经济环境、政治法律环境、社会文化环境、技术环境。

分析营销环境的目的在于找出营销环境的机会和避免环境带来的威胁。SWOT分析法主要对企业的优势和劣势、威胁和机会进行全面评估，使企业能够客观公正地分析企业的内在环境，了解现实环境中会影响到企业发展的关键因素，使企业能够利用机会，避开威胁，提高对环境的适应性，制定出企业未来的经营战略。

## 复习思考题

1.市场营销环境的含义、特征及构成是什么？

2. 市场营销环境对企业发展的影响作用有哪些?

3. 我国人口环境的变化有哪些主要趋势? 请分析一下近年来人口环境因素变化对我国旅游业的影响。

4. 消费者支出模式的变化有什么规律?

5. 新技术革命对市场营销有什么重要影响?

6. 请用SWOT分析法剖析某一行业的某一企业的营销环境。

## 案例分析题

### 中国人口老龄化蕴含巨大商机

国家统计局最新发布的数据显示，2016年中国60周岁及以上人口达2.3亿人，占总人口的16.7%。根据民政部门预计，2020年60岁及以上老年人口将达2.55亿左右。国际上通常把60岁以上人口占总人口比例达到10%作为国家或地区进入老龄化社会的标准，中国已经全面进入老龄化社会。

由于中国经济稳步上升，养老金不断提高，以及中国人一直有储蓄的习惯，老年人的可支配收入越来越多，消费能力也得到一定的增长。过去受中国传统观念影响，多数老年人把钱留给儿女，现在老年人的观念开始发生变化，在养生和旅行等方面都愿意付出不低的消费。

老年人在消费上有一些共性：消费自主性强，追求实用性、习惯性消费，就近消费，结伴消费。多年的购买经验使得他们对自己的选择深信不疑，选购商品时，他们喜欢凭过去的经验、体会来评价商品的优劣，并对老牌子的商品、名牌商品有深刻的记忆。与年轻人喜欢追求个性不同，老年人考虑的重点并不是商品的样式，他们把商品的实用性放在首要位置。几十年的生活习惯促成了老年人的习惯性消费，他们喜欢买用过的商品。并且，由于老年人对新事物的了解程度低，接受能力也不如年轻人，所以他们对不了解的商品不会轻易购买，不易产生冲动性消费。

随着生活水平的提高，越来越多的老年人在注重身体锻炼的同时，也很重视精神娱乐，所以在老年人用品上应该继续发掘更多的娱乐产品，改善老年人孤闷生活的现状。日本在玩具方面开发出了许多适合老年人的新功能，如在电动玩具游乐场常见的“打击鳄鱼”上附加了测量血压的功能，由于其兼具娱乐和运动功能，不仅适合脑中风患者使用，将来还可能被养老院采用。而在这个方面我国投入较少，这是一个被忽视的市场。

老年消费者用于隔代子女的消费仅次于满足自身需要的消费，并且老年人在对第三代人的消费上显得尤为大方，他们往往不太注重产品的价格等因素，甚至出现倾向于购买高价格产品的趋势。所以，将老年商品和儿童商品放在一起或许会促进老年人消费。

随着中国人口老龄化的加剧和人们生活水平的不断提升，未来老年人对于老龄用品的需求将不断增加和细化，老年人消费市场将引来空前的发展机遇。

资料来源　郑旺.人口老龄化趋势日益加重，其中暗藏的商机你发现了吗？[EB/OL].[2018-06-13]. http://www.sohu.com/a/166620533_449073.

讨论题：

分析人口老龄化对某一行业及其中某一企业的影响，运用SWOT分析法进行分析，并提出相应的对策。

# 第3章 消费者市场与购买行为分析

**学习目标**

- 掌握消费者行为模式
- 明确研究消费者行为模式的意义
- 了解影响消费者行为的因素
- 掌握消费者购买决策的过程

**引　例　　新媒体营销时代的网红青春小酒——江小白**

近年来，一个针对年轻人的白酒品牌异军突起，迅速火遍大江南北，它就是“江小白”。有人说，“江小白卖的不是白酒，是文化”。江小白是谁？第一次听说的人，可能会以为这是个人名，其实它是江小白酒业旗下的一款白酒，企业赋予了它一个拟人形象：戴着眼镜，一身年轻打扮的文艺男生，名叫江小白。从该酒的形象设计和广告语“我是江小白，生活很简单”都可以看出，江小白主打年轻市场，特别是80后、90后初试白酒的年轻人群。

江小白不仅口味独特，它与传统白酒的区别更重要的还体现在产品的包装上：它的瓶身设计别致，瓶子上会印上各种不同的语录，或是表达情感，或是发表对生活的见解，这种白酒瓶就是江小白特有的“表达瓶”。消费者还可以DIY，将自己的语录印到瓶身上。通过瓶身设计可以看出，江小白并没有走传统白酒的高端路线，而是更加接地气，重视与消费者的互动，从它的微博和客服以及经常举办的酒会等各种活动都可以发现，江小白试图用年轻的思维打入现代年轻人中去，因此，得到了许多年轻消费者的青睐，从2011年发展到现在，其成绩已经让同行刮目相看。

江小白酒的品质并不能与现在的知名大厂相提并论，但它取得成功靠的并不是酒本身，而是江小白公司聪明的品牌策略。江小白结合目标市场和产品特性，确立了“情绪释放，社交回归”的品牌定位，而现在年轻人最需要的也就是释放自己的情绪，借酒不仅能消愁，也能认识更多的朋友，丰富了使用场景。对年轻人来说，酒有了更多的作用，江小白凭借其亲民的形象，成为年轻人的“朋友”。消费者可以把想说的告诉他，也可以听他的精彩台词；消费者不仅可以喝到酒，还可以通过瓶身的语录获得更多的人生感悟。另外，消费者还可以通过江小白表达瓶传达自己的心声，这是传统白酒没有做到的。

除此之外，江小白还经常进行组合销售，将酒与下酒菜搭配售卖，或者赠送卫衣、文化衫等礼品，让消费者感受到江小白的温暖，使品牌形象更加丰满立体。江小白还经常组织线下活动。不同于传统白酒的餐桌社交功能，江小白看到了年轻人更丰富多彩的社交需求，组织各种线下酒会吸引消费者前来，白酒没有了以往的稳重、成熟形象的限制，成为年轻的时尚消费品，俘获了追求个性和精彩人生的年轻人的心。

资料来源　萌面笨博士．新媒体营销时代的网红青春小酒——江小白品牌案例分析［EB/OL］．［2018-06-26］．http://baijiahao.baidu.com/s?id=1581198359373901765&wfr=spider&for=pc.

市场营销的目的是满足消费者的需求。消费品生产经营企业发现消费者的需求，选择并满足市场需求，从而使消费者对产品和服务感到满意，进而培养消费者对企业品牌的忠诚度，以此来实现企业的经营目标。因此，企业必须分析和研究消费者的需求及其影响因素，研究消费者的购买行为及其特点，才能有效地开展市场营销活动。

## 3.1 消费者市场与购买行为

### 3.1.1 消费者市场的含义与特点

#### 1. 消费者市场的含义

消费者市场又称最终消费者市场、消费品市场，是指为满足生活消费需要而购买产品和服务的所有个人和家庭所构成的市场。企业无论是否直接为消费者服务，都必须研究消费者市场，因为只有消费者市场才是终端市场；其他市场，如生产者市场、中间商市场等，虽然购买数量很大，但仍然要以最终消费者的需要和偏好为转移。因此，消费者市场是一切市场的基础，是最终起决定作用的市场。

#### 2. 消费者市场的特点

受制于各种主观与客观因素的影响，消费者的需求呈现多样性，但仔细研究消费者市场，不难发现消费者需求的共性。

（1）需求的多变性。随着社会的发展和科技的进步，消费者的需求不会停留在原有的水平上，势必会不断更新与扩展。同时，由于各种因素的影响，消费者对产品和服务的需求也会经常变化。例如，随着手机科技含量的提高，消费者对手机的需求水准也会不断提高，同时也可能会在不同品牌中进行更换。

（2）需求的差异性。由于在性别、年龄、喜好、阅历、背景、受教育程度、购买力、家庭影响力等方面有所不同，所以消费者即使在相同的时间段和相同的市场，在选择消费品上也会呈现不同的差异。

（3）需求的零散性。与组织市场相比，消费者市场存在消费者分布广、批量少但交易频繁的特点。

（4）需求的可诱导性。从消费行为进行分析，消费者在购买商品时受到个人心理等因素的影响较多。同时，由于专业性不强，他们选购商品的时候就容易受外界刺激如促销宣传的影响。

### 3.1.2 消费者购买行为分析

消费者购买行为是指人们为满足需要而寻找、选择、购买、使用、评价及处置产品与服务时介入的过程活动。完整的购买行为包括七个“W”和一个“H”共八个要素。对于特定的消费者而言，在进行交易之前，他首先要对这八个要素进行决策。

**1.Who——谁要买**

“谁要买”是指某一具体购买行为的发起者，而不是指购买行为的实施者。一方面，“谁要买”包含一个决策问题，即“谁”产生了购买需要，该主体对该需要在心理上有一个明确的认知、判断和决定；另一方面，作为购买行为的发起者，“谁要买”对由此产生的一系列购买行为与购买决策产生许多影响，有些影响是决定性的。

**2.Why——为什么购买**

“为什么购买”是指发起者的购买动机。购买行为是购买动机的实现方式，购买动机对购买行为产生决定性影响。“为什么购买”有两层含义：其一，购买者的购买动机；其二，具体商品使用者的动机。如果购买者与使用者是同一个主体，那么购买动机与使用动机是一致的；如果不是同一主体，其购买动机与使用动机往往不同。

**3.What——购买什么**

“购买什么”是指交易的对象，即消费者购买的具体商品或服务。“购买什么”是买卖双方利益的连接点。如果说影响“谁要买”与“为什么购买”的决定因素是内在因素，那么影响“购买什么”决策的则是内外因素的共同作用。

**4.How——如何购买**

“如何购买”是指消费者的购买方式，其核心的决策问题是支付方式、交易方式和代理方式。支付方式包括现金支付、信用卡支付、支票支付；交易方式包括现货贸易、期货贸易、易货贸易，批发、零售、团购等；代理方式是指委托谁完成购买行为。“如何购买”这一决策本身又包含多个决策，影响每一决策的因素也各不相同。

**5.Where——何地购买**

商品的交易场所有许多类型，包括网络、商品交易市场、各种商场和超市等。影响“何地购买”的决策因素大致有三个方面：一是消费的对象；二是交通的便利程度，因为交通成本是购买成本的一部分，购买者通常选择交通便利、交通成本较低的场所购买；三是消费者的信誉，网上购买是相对方便的，但其安全性往往受到怀疑。

**6.When——何时购买**

消费者做出决定后，并不一定马上付诸行动。决定“何时购买”的因素通常有四个：一是需求的紧急程度，在通常情况下，紧急的商品是需要尽快购买的；二是商家的促销与产品的生命周期，在产品降价时往往能够吸引更多的购买者；三是购买者可自由支配的时间，个体消费者通常是利用可以自由支配的闲暇时间来完成购买行为的；四是购买者的支付条件，在购买大件商品时，购买者的支付能力往往决定了购买时机。

**7.Who——谁参与购买**

“谁参与购买”主要涉及两个方面的问题：一是“要谁来购买”；二是“要谁来决策”或“要谁来参谋”。由于个体消费者在交易过程中往往处于弱势，为了避免这种弱势，购买者在购买时往往会选择一些“强势”个体参与。通常来讲，配偶、同事、朋友、专家、名人等最容易成为参与购买的人。

**8.For whom——为谁购买**

“为谁购买”中的“谁”是商品或服务的使用者或接受者。“为谁购买”对购买决策的影响表现在对消费对象的选择方面。当消费者为别人购买商品时，无论是受别人的委托还是交往需要，都会考虑使用者的生理特征、心理特征与社会特征，以便满足使用者的需要。

上述购买行为的8个要素是相互关联、相互影响的。一方面，每个要素自身都涉及一个决策问题；另一方面，每个要素、每个决策都会对整个购买行为产生影响。因此，从一定意义上讲，购买决策是由一系列决策构成的，是一系列决策共同作用的产物。

### 3.1.3 消费者购买行为模式

在消费者购买行为模式研究中比较有代表性的是约翰·沃森（John B. Watson）的刺激-反应模式，如图3-1所示。按照这一模式分析，从营销者的角度出发，许多企业的市场营销活动都可以被视作对购买者行为的刺激，如产品、价格、销售地点和场所、各种促销手段等。这些是企业对购买者的外部环境刺激，也是“市场营销刺激”。除此之外，购买者还容易受到其他方面的外部刺激，如经济、技术、政治和文化等方面。所有这些刺激，进入购买者的“暗箱”后，购买者根据自己的特征处理这些外来的信息刺激，经过一系列心理活动，产生了人们看得到的购买者反应：购买还是拒绝，或是表现出需要更多的信息。购买者一旦决定购买，其反应便通过其购买决策过程表现在购买选择上，比如品牌的选择、购物门店的选择、购买时间的选择和购买数量的选择等。

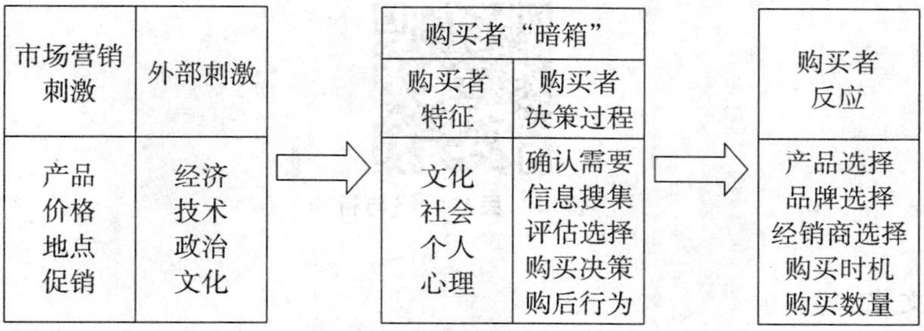


图3-1 消费者购买行为模式

## 3.2 影响消费者行为的因素

消费者的购买行为深受文化、社会、个人和心理因素的影响，如图3-2所示，且每种因素对消费者购买行为的影响程度都有所不同。下面分别阐述这四个方面因素的具体内容及其对消费者购买行为的影响。

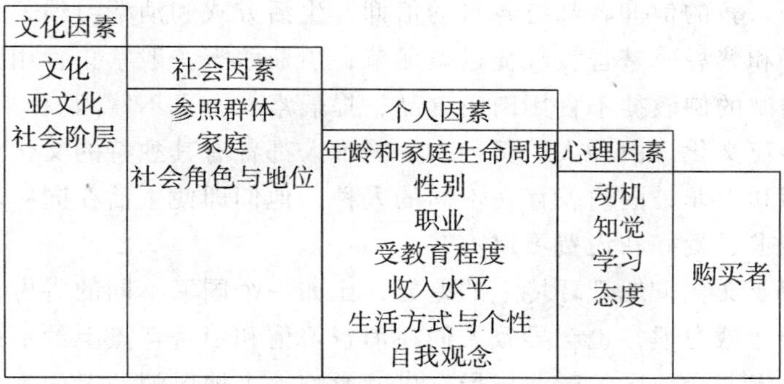


图3-2 影响消费者行为的因素

### 3.2.1 文化因素

文化是人们在长期的社会实践中形成的历史现象的沉淀，同时它又处于不断变化之中。它既包括全体社会成员共同的基本核心文化，同时也包括不同风俗习惯和宗教文化等的亚文化。

**1.文化**

文化是生物在其发展过程中逐步积累起来的与自身生活相关的知识或经验，是其适应自然或周围环境的体现。文化包含生活方式、文学艺术、行为规范、思维方式、价值观念等。文化有着多样性、时限性、区域性和流动性等特点。就文化对个人的影响来看，它提供了人们看待事物、解决问题的基本观点、标准和方法，规范群体成员的行为。文化能以多种方式作用于消费者购买决策，能影响消费者进行信息搜集和价值判断，也能左右消费者对特定商品的购买决策。文化虽然无法支配人们的需要，但可以支配人们满足需要的方式。

小资料 民族性格与行为

**2.亚文化**

亚文化属于局部的文化现象，一个大文化范围内可能包含若干个不同的亚文化群，比如：

（1）民族亚文化。全世界不少国家都是由不同民族构成的。不同的民族，都可能各有其独特的风俗习惯和文化传统。民族文化在研究消费者购买行为时就是一个重要依据。

（2）宗教亚文化。不同的宗教群体，具有不同的文化倾向、习俗和禁忌。宗教能影响人们的行为，也能影响人们的消费观。如基督教、伊斯兰教和佛教是世界三大宗教，这些宗教的信仰者都有各自的信仰、生活方式和消费习惯，从而形成对不同商品的偏好和禁忌。基督教教徒过圣诞节；伊斯兰教一般禁止食用猪肉及其有关的制品等；虔诚的佛教徒不食用肉类食品，提倡素食，也不饮酒。

（3）种族亚文化。白种人、黄种人、黑种人都各有其独特的文化传统和文化风格。比如美国和南非，国内就存在不同的人种，他们即使生活在同一城市，也会有自己特殊的需求、爱好和消费习惯。

（4）地域亚文化。地理环境上的差异，比如一个国家不同的省份、县市之间由于长期形成的地域习惯，也会导致人们在消费习俗和消费特点上的不同。自然地理环境不仅能决定一个地区的产业格局，也能影响一个地区消费者的生活方式、生活水平、购买力的大小和消费结构，从而在不同的地域可能形成不同的商业文化。

**3.社会阶层**

社会阶层是由具有相同或类似社会地位的社会成员组成的相对持久的群体，是一种普遍存在的社会现象。通过研究社会阶层，可以了解不同阶层的消费者在购买、消费、沟通、个人偏好等方面具有哪些独特性，哪些行为是各社会阶层成员所共有的。比如：休闲娱乐上的差异；支出模式上的差异；信息接收和处理上的差异；购物方式上的差异等。对于某些产品，社会阶层提供了一种合适的细分依据或细分基础，依据社会阶层可以制定相应的市场营销战略。为此，首先是运用相关变量对社会阶层分层并搜集消费者在购买动机、产品使用、产品的社会含义等方面的数据。其次是确定应以哪种社会阶层的消费者为目标市场。这既要考虑不同社会阶层作为市场的吸引力，也要考虑企业自身的优势和特点。再次是根据目标消费者的需要与特点，为产品定位。最后是制定市场营销组合策略，以达到定位目的。

需要注意的是，不同社会阶层的消费者由于在职业、收入、教育等方面存在明显差异，因此即使购买同一产品，其趣味、偏好和动机也会不同。比如同样是买牛仔裤，劳动阶层的消费者可能看中的是它的耐用性和经济性，而上层社会的消费者可能注重的是它的时尚感和自我表现力。事实上，对于市场上的现有产品和品牌，消费者会自觉或不自觉地将它们归入适合或不适合哪一阶层的人消费。例如，在中国汽车市场，消费者认为名贵跑车更适合上层社会消费，而经济家用型轿车则更适合普通人群消费。这些都表明了产品定位的重要性。当然也有一种情况，就是处于某一社会阶层的消费者也可能会在某些方面试图模仿或追求更高社会阶层的生活方式。

**小资料　美国七种主要社会阶层的划分**

### 3.2.2　社会因素

在购买决策过程中，人们常常会受到参照群体、家庭、社会角色与地位等因素的影响。

**1.参照群体**

参照群体指的是消费者在其购买决策的形成过程中用以参照、比较的个人或群体。参照群体可以分为直接参照群体和间接参照群体。直接群体指的是与消费者有直接联系的正式或者非正式群体，比如职业协会或者同学、同事、朋友等。间接群体指的是消费者与此群体或个人没有直接联系但受其影响。间接群体包含倾向群体和厌恶群体。倾向群体指的是消费者所推崇的一些人，比如娱乐明星或者体育明星；厌恶群体则恰恰相反，指的是消费者厌恶或者反对的一些人，这些人对消费者的吸引力为负值，消费者与这些人的消费观念通常是对立状态。

参照群体概念在营销中的运用可以表现在以下方面：

（1）明星效应。对大部分人来说，明星代表了一种理想化的生活模式。正因为如此，企业花巨额费用聘请明星来促销其产品。研究发现，用明星做支持的广告较不用明星的广告评价更正面和积极，这一点在青少年群体上体现得更为明显。运用明星效应的方式多种多样，如可以用明星作为产品或企业形象代言人；也可以用明星做证词广告，即在广告中引述广告产品或服务的优点和长处，介绍其使用该产品或服务的体验；还可以采用将明星的名字使用于产品或包装上等做法。

（2）专家效应。专家是指在某一专业领域受过专门训练，具有专门知识、经验和特长的人。医生、律师、营养学家等均是各自领域的专家。专家所具有的丰富知识和经验，使其在介绍、推荐产品与服务时较一般人更具权威性，从而产生专家所特有的公信力和影响力。当然，在运用专家效应时，一方面应注意法律的限制，如有的国家不允许医生为药品做证词广告；另一方面，应避免公众质疑专家的公正性、客观性。

（3）"老客户"效应。营销中有句话：老客户推荐一句抵过业务员推销十句。运用满意顾客的证词来宣传企业的产品，是广告中常用的方法之一。由于出现在荧屏上或画面上的代言人是和潜在顾客一样的普通消费者，使受众感到亲近，从而使广告诉求更容易引起共鸣，所以部分企业在电视广告中展示普通消费者或普通家庭如何用广告中的产品解决其遇到的问题，如何从产品的消费中获得乐趣等，就是"老客户"效应的运用。

参照群体对消费者的影响程度还要取决于消费行为与群体的相关性、消费者个人对于群体的忠诚度、消费者个人在消费过程中的自信程度和知识经验等相关因素。

**2. 家庭**

家庭是由婚姻、血缘或收养关系所组成的社会组织的基本单位。家庭有广义和狭义之分。狭义的家庭是指一夫一妻制构成的单元；广义的家庭则泛指人类进化的不同阶段上的各种家庭利益集团，即家族。从社会设置来说，家庭是最基本的社会设置之一，是人类最基本、最重要的一种制度和群体形式。从关系来说，家庭是具有婚姻、血缘和收养关系的人们长期居住的共同群体。家庭是最重要的相关群体，对消费者个人的价值观念、审美意识、生活方式及消费观念的形成影响最大。家庭成员在购买过程中的角色各不相同。在消费者购买过程中，每个家庭成员可能扮演五种不同的角色，即发起者、影响者、决策者、购买者和使用者。家庭对购买决策的影响主要表现为四种情况：（1）丈夫做主型：传统男权主义家庭。（2）妻子做主型：女权主义家庭。（3）共同做主型：民主式家庭。（4）各自做主型：现代白领女性家庭或者夫妻有矛盾时期。

**3. 社会角色与地位**

社会角色是指与人们的某种社会地位、身份相一致的一整套权利、义务的规范与行为模式，它是人们对具有特定身份的人的行为期望，它构成社会群体或组织的基础。角色不仅是社会地位的外在表现，也是人们的一整套权利、义务的规范和行为模式。角色是人们对于处在特定地位上的人们行为的期待，也是社会群体或社会组织的基础。社会角色的不同必然在一定程度上影响消费者的购买行为。

角色影响着人们的消费行为，主要表现在以下三方面：一是在社会中人们扮演的角色不同，其消费行为自然有一定差别，如经理和普通员工的消费行为会明显不同；二是角色能够决定和影响个人的消费态度和消费习惯，如教师会把书和书架作为家庭陈设的主要部分；三是不同的角色要求同一个人表现出不同的购买行为。在扮演不同的角色时，人们会采取与角色相适应的消费行为。例如，一个女人做主妇时和做公司经理时对商品的选择标准会有很大的不同。研究表明，一个人承担的角色越多，其选购商品的标准差异越大，购买行为越复杂。

### 3.2.3 个人因素

消费者的购买决策亦受到若干个人因素的影响。这些个人因素包括年龄和家庭生命周期、性别、职业、受教育程度、收入水平和生活方式与个性等。

**1. 年龄和家庭生命周期**

年龄对于消费者购物的地点、使用产品的方式和消费者对营销活动的态度有重要影响。事实证明，消费者的年龄通常是决定其需求的真正因素，不同年龄的消费者对消费的欲望有所不同。年轻的消费者一般有更强的物质性，消费意愿强烈，他们往往具有一种时代感和自我意识，而且更容易受周围环境的影响，通常带有“跟风”的消费心理，特别是很多年轻人喜欢追求名牌产品，喜欢用此来炫耀自己的身份与地位。而年老的消费者因为消费观念比较成熟，再加上人生阅历相对丰富，他们的计划性消费明显要大于冲动性消费，并且，在购买产品时往往更注重商品的实用性和合理的价格。值得注意的是，目前包括我国在内的世界上的大多数国家都面临着人口老龄化的问题。根据全国老龄工作委员会的预测，中国老年产业的规模到2020年和2030年分别将达到8万亿元和22万亿元。未来10～15年是养老产业快速发展的黄金年代。老年消费市场的爆发，将在一定程度上扭转现在完全以年轻人为主的市场推广主流导向。这必然会导致更多新的、针对老年人的细分市场的出现。同时，由于不同年龄段的人群在信息获取、心态与行为方面的趋同，心理年龄相对于生理年龄对于消费者的消费行为影响更大，所以营销人员不但要注意消费者的生理年龄，还应兼顾其心理年龄。

小资料　中国新消费时代的特征

家庭生命周期是反映一个家庭从形成到解体呈循环运动过程的范畴。消费者的家庭状况因为年龄、婚姻状况、子女状况不同，可以划分为不同的生命周期阶段。在生命周期的不同阶段，消费者的行为呈现出不同的主流特性。

（1）单身阶段：处于单身阶段的消费者一般比较年轻，几乎没有经济负担，消费观念紧跟潮流，注重娱乐产品和基本的生活必需品的消费。

（2）新婚夫妇：经济状况较好，具有比较大的需求量和比较强的购买力，耐用消费品的购买量高于处于家庭生命周期其他阶段的消费者。

（3）满巢期（Ⅰ）：指最小的孩子在6岁以下的家庭。处于这一阶段的消费者往往需要购买住房和大量的生活必需品，常常感到购买力不足，对新产品感兴趣并且倾向于购买做广告的产品。

（4）满巢期（Ⅱ）指最小的孩子在6岁以上的家庭。处于这一阶段的消费者一般经济状况较好但消费慎重，已经形成比较稳定的购买习惯，极少受广告的影响，倾向于购买大规格包装的产品。

（5）满巢期（Ⅲ）：指夫妇已经上了年纪但是有未成年的子女需要抚养的家庭。处于这一阶段的消费者经济状况尚可，消费习惯稳定，可能购买富余的耐用消费品。

（6）空巢期（Ⅰ）：指子女已经成年并且独立生活，但是家长还在工作的家庭。处于这一阶段的消费者经济状况最好，可能购买娱乐品和奢侈品，对新产品不感兴趣，也很少受到广告的影响。

（7）空巢期（Ⅱ）：指子女独立生活，家长退休的家庭。处于这一阶段的消费者收入大幅度减少，消费更趋谨慎，倾向于购买有益健康的产品。

（8）鳏寡就业期：尚有收入，但是经济状况不好，消费量减少，集中于生活必需品的消费。

（9）鳏寡退休期：收入很少，消费量很小，主要需要医疗产品。

由于消费者在家庭生命周期的不同阶段的欲望和购买行为有一定的差别，企业可以制订专门的市场营销计划来满足处于某一或者某些阶段的消费者的需要。

**2. 性别**

在现实生活中，男性消费跟女性消费存在一定的差异。现在，女性不仅已成为主导中国日用消费品市场消费观念的主力军，而且日益成为中国耐用消费品市场的一支主导消费力量。相对于男性消费者，女性消费者不够理性，购物目的常常不够明确，容易被促销商品所吸引，但消费决策不够快速果断，在消费时容易受直观感觉和他人观念的影响。

**3. 职业**

由于所从事的职业不同，人们的价值观念、消费习惯和行为方式存在着较大的差异。职业的差别使人们在衣食住行等方面有着显著的不同。譬如，通常不同职业的消费者在衣着的款式、档次上会做出不同的选择，以符合自己的职业特点和社会身份。

**4. 受教育程度**

不同文化程度的消费者在消费行为上也各不相同。受教育的程度部分地决定了人们的收入和职业，进而影响人们的购买行为。同时，它也影响人们的思维方式、决策方式以及与他人交往的方式，从而极大地影响人们的消费品位和消费偏好。受教育程度高的消费者对精神上的需求与健康卫生需求要高于一般物质的需求，文化程度较低的消费者则相对更多地集中在物质生活的消费上。

**5. 收入水平**

消费者的收入水平在很大程度上影响着消费者的购买行为。一般情况下，高收入水平的消费者消费能力和购买欲望能成正比，而且更注重产品的质量与品牌效应。高收入消费者有能力购买自己感兴趣的产品，他们的消费比较随心所欲，而低收入消费者在消费过程中则需要考虑较多问题，如购买感兴趣的新产品后是否还能维持日常开支等。低收入的消费者在购买时商品可能更多考虑商品的价格问题，而消费时也更关注商品的实际效用。

**6. 生活方式与个性**

生活方式是个体在成长过程中，在与社会因素相互作用下表现出来的活动、兴趣和态度模式。生活方式包括个人和家庭两个方面，两者相互影响。

生活方式与个性既有联系又有区别。一方面，生活方式在很大程度上受个性的影响。比如，一个性格内向的消费者，其生活中一般不可能有较多跳伞、蹦极之类的活动。另一方面，生活方式关心的是人们如何生活、如何花费、如何消磨时间等外在行为，而个性则侧重从内部来描述个体，它更多地反映个体思维、情感和知觉特征。如果在市场细分过程中只是以个性区分市场，会使目标市场过于狭窄。因此，营销者应先根据生活方式细分市场，然后再分析每一细分市场内消费者在个性上的差异。这样可使营销者识别出具有相似生活方式的消费者市场。

研究消费者生活方式通常有两种途径：一种途径是直接研究人们的生活方式；另一种途径是通过具体的消费活动进行研究。

小案例3-1　　宝马的个性定位

不同消费者有着不同的个性，不同个性的消费者对产品有着不同的需求。有些消费者甚至把产品品牌作为自我个性的延伸。企业创建品牌的关键是了解消费者的个性——他们的自尊、希望和追求、动机、行为。宝马在创建品牌时，正是不折不扣照此去做的。宝马从消费者的个性心理出发，确定了三大细分市场，分别向其提供3、5、7系列车型。

宝马3系列是宝马车中最便宜的系列。据分析，这一车型的买主具有以下特点：年轻的白领，具有高收入潜力和积极的生活方式，是独立的思想者，攀比心理不强，希望拥有一个能表现自我的品牌。根据购买者的这种个性，创建品牌个性和价值时，宝马公司为宝马3系列确定了以下内容：年轻、动感、快乐和运动性。

宝马5系列针对的客户具有以下特点：年龄在30岁以上，居中层或中层以上的管理职位，喜欢挑战，在同类人群中观念超前，寻找一个既能提供良好性能和驾驶体验又能体现豪华设计特点的品牌。因此，与该系列相适应的品牌价值是：创新、专业和有个性。

宝马7系列针对的客户具有以下特点：男性，居高级经理或以上职位，是本行业中的成功人士，具有独立性。其相应的品牌价值被选定为：高档、独立和自主。

**7. 自我观念**

自我观念是个体对基于自身特性的知觉、了解和感受的总和。自我观念回答的是“Who am I”的问题，它是个体自身体验和外部环境综合作用的结果。一般来说，消费者将选择那些与其自我观念相一致的产品与服务，避免选择与其自我观念相抵触的产品和服务。所以，研究消费者的自我观念对企业显得尤为重要。

消费者的自我观念大致分为三种类型：①实际的自我观念；②理想的自我观

念；③期待的自我观念。期待的自我观念即消费者期待在将来如何看待自己，它是介于实际的自我与理想的自我之间的一种形式。由于期待的自我折射出个体改变"自我"的现实机会，对营销者来说它也许较理想的自我和现实的自我更有研究价值。

在很多情况下，消费者购买产品不仅仅是为了获得产品所提供的功能效用，而是要获得产品所代表的象征价值。比如对于购买保时捷、宾利汽车的消费者来说，其显然不是为了购买一种单纯的交通工具。对拥有者而言，这些产品所具有的含义是它们能够向别人传递关于自我观念的很重要的信息。而能够表现自我观念的象征品应具有三个方面的特征：首先，应具有使用时的易见性，也就是这些产品在使用过程中容易被人看到。其次，应具有差异性，即不是每个消费者都有购买能力。试想，如果每个人都可以拥有一辆保时捷跑车，那么这一产品的象征价值就所剩无几了。最后，能表达使用者的品位，能在某种程度上体现使用者的特别形象，比如，高档酒类、汽车、珠宝等产品均具有上述特征，因此，它们很自然地被人们作为传递自我观念的象征品。

### 3.2.4 心理因素

人的行为是受其心理活动支配和控制的。在市场营销活动中，虽然消费者的需求千变万化，购买行为千差万别，但都建立在心理活动过程的基础上。消费者心理活动过程，是指消费者在消费决策中支配购买行为的心理活动的整个过程。影响消费者心理活动过程的主要因素有动机、知觉、学习和态度等。

**1.动机**

人的行为是由动机支配的，而动机是由需要引起的。需要是人们对于某种事物的要求或欲望。就消费者而言，需要表现为获取各种物质需要和精神需要。由于需要是抽象的，本身不一定能够引起个体行为，所以动机成为解释人类行为的最重要的概念。动机是驱使人们满足需要、达到目的的内在驱动力，它能够引导人们去探究满足需要的目标。

美国社会心理学家亚伯拉罕·马斯洛（A. H. Maslow）在其1943年出版的《人的动机理论》一书中首次提出了人类的需求层次论，他对人类行为的动机进行概括，提出了迄今为止最具影响力的社会行为理论，如图3-3所示。

生理需要，是人类生存最基本的需要，如衣、食、住、行等。

安全需要，是保护自己身体和情感免受伤害的需要，包括对现在和将来的安全需要。这样就会对安防设备、人寿保险和财产保险产生一定的市场需求。

社交需要，包括友谊、爱情、归属及接纳等方面的需要，这必然推动对参加社交场合的服饰、馈赠的礼品等方面的消费需求。

尊重需要，包括自尊、自主等内部尊重和地位、认可、关注等外部尊重。这容易产生对能象征自己身份与地位的高档消费品等方面的需要。

自我实现需要，是成长与发展、发挥自身潜能、实现理想的需要，是一种追求个人能力极限的内驱力，包括胜任感和成就感等。这容易产生继续提升学历等方面的需要。

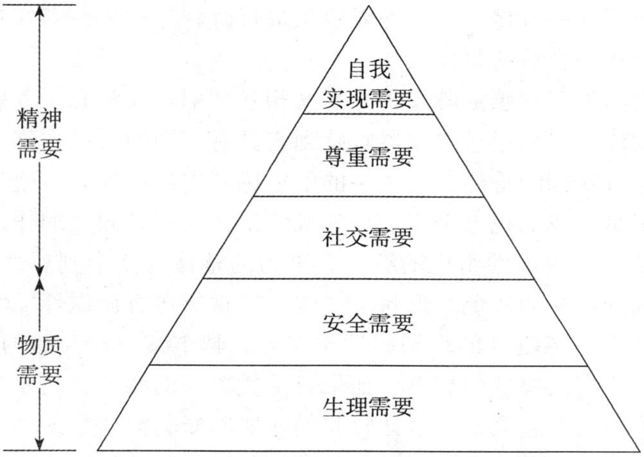


图3-3 人的需求层次

人的需要可以分为两级，生理的需要和安全的需要属于低级需要，注重的是物质层面的满足，而社交的需要、尊重的需要和自我实现的需要属于高级需要，注重的是精神层面的满足。一般而言，需要的满足是按照从低到高的层次依次实现的，但也有跨越层次实现的情况。总之，需要的层次性由人的需要的迫切性来决定其高低顺序排列。

消费者购买动机是指消费者为了满足某种需要，产生购买商品的欲望和意念。购买动机可分为两类：

（1）生理性购买动机。生理性购买动机指人们因生理需要而产生的购买动机，如饥思食、渴思饮、寒思衣，又称本能动机。其包括：①维持生命动机；②保护生命动机；③延续和发展生命动机。生理动机具有经常性、习惯性和稳定性的特点。

（2）心理性购买动机。心理性购买动机是指人们由于心理需要而产生的购买动机。根据对人们心理活动的认识，以及对情感、意志等心理活动过程的研究，可将心理动机归纳为以下三类：①感情动机，指由于个人的情绪和情感心理方面的因素而引起的购买动机。根据感情不同的侧重点，可以将其分为三种消费心理倾向：求新、求美、求荣。②理智动机，指建立在对商品的客观认识的基础上，经过充分的分析比较后产生的购买动机。理智动机具有客观性、周密性的特点，在购买中表现为求实、求廉、求安全的心理。③惠顾动机，指对特定的商品或特定的商店产生特殊的信任和偏好而形成的习惯重复光顾的购买动机。这种动机具有经常性和习惯性等特点，表现为嗜好心理。

人们的购买动机不同，购买行为必然是多样的、多变的。这就要求企业营销人员深入细致地分析消费者的各种需求和动机，针对不同的需求层次和购买动机设计不同的产品和服务，制定有效的营销策略，这样才能获得营销成功。

2.知觉

所谓消费者知觉，是指消费者将由外部输入的各种各样的刺激加以选择使其有机化，并作为有意义的首尾一贯的外界映象进行解释的过程，即知觉是人对所感觉到的东西经过分析综合后的整体反映。

消费者知觉与消费者感觉既紧密联系又相互区别。知觉必须以感觉为基础。例如有这样一个物体，我们通过视觉器官感到它具有圆圆的形状、红红的颜色，通过嗅觉器官感到它有特别的香味，通过手的触摸感到它硬中带软，通过口腔品尝到它的酸甜味道，于是，我们把这个事物反映成苹果。这就是知觉的作用。因为任何客观事物都是由若干个别属性组成的综合，事物的整体与其个别属性是不可分割的。消费者只有感觉到商品的颜色、形状、气味、轻重等各方面属性，才有可能形成对该商品的整体知觉。感觉到的个别属性越充分、越丰富，对商品的知觉就越完整、越正确。这就好比盲人摸象的故事，如果只是凭单一的感觉，大家会各有各的片面见解，只有有机地联合起来，通过知觉我们才能判断其究竟是怎样的。值得注意的是，知觉不是感觉数量上的简单叠加，它所反映的是事物个别属性之间的相互联系，是建立在各个个别属性内在联系基础上的事物的完整映象。此外，知觉是在知识经验的参与下，对感觉到的信息加以加工解释的过程。没有必要的知识经验，就不可能对客观事物的整体形象形成知觉。因此，知觉是比感觉更为复杂的心理活动，是心理活动的较高阶段。现实当中，消费者通常以知觉的形式直接反映商品等消费对象，而不是孤立地感觉它们的某个属性。因此，与感觉相比，知觉对消费者的影响更直接，也更为重要。知觉的形成与否决定消费者对商品信息的理解和接受程度；知觉的正误偏差制约着消费者对商品的选择比较；经知觉形成的对商品的认知，是购买行为发生的前提条件。

不同的人对同一件事的知觉也许是不一样的，比如在商场里，面对一个总是跟在身边滔滔不绝地介绍其产品的业务员，张三先生可能感到这个业务员的行为过分，并对此感觉厌烦；而李四先生可能认为该业务员的介绍有利于自己更全面地了解这个产品，进而产生购买欲望。这是因为消费者的知觉过程受到消费对象特征和个人主观因素的影响，从而表现出某些独有的活动特性，具体表现在选择性、理解性、整体性、恒常性等方面。

（1）知觉的选择性。消费者并非对所有刺激都有所反应，而是有选择地把其中一部分刺激作为信息加以接收、加工和理解，这种在感觉基础上有选择地加工处理信息并加以知觉的特性，就是知觉的选择性。有研究表明，平均每天显现在消费者眼前的广告信息众多，但被感知的广告却很少，而产生实际效果的就更少了。引起消费者知觉选择的原因包括：首先，源于感觉和人脑信息加工能力的限制，通常只有达到足够强度的刺激才能为消费者所感知，例如色彩鲜明、对比强烈、重复运动、新奇独特、与背景反差明显等，往往容易首先引起消费者的知觉选择。其次，消费者自身的需要、态度、偏好、个性等，对知觉选择也有直接影响。

（2）知觉的理解性。知觉是在知识经验的参与下形成的。消费者在以往的生活实践中积累了一定的商品知识和经验，借助这些知识和经验，消费者才能对各种感觉到的信息加以选择和解释，认知为可以理解的确定的事物。如果缺乏必要的知识经验，消费者就不能形成对商品的正确知觉。例如很多高科技的新产品，可能很多普通人并没有接触过或了解过，那么这些产品一旦上市，很多人在面对它们的时候很难进行准确判断。知识经验的不足将直接导致消费者对商品的知觉迟缓和肤浅。当然这一现象在网络科技高速发展的今天得到了很大改观，例如很多人可以通过网络针对欲购买的商品查找相关资料，以此来帮助其了解这些商品。

（3）知觉的整体性。心理学研究表明，尽管知觉对象由许多个别属性组成，但是人们并不把对象感知为若干个相互独立的部分，而是趋向于把它知觉为一个统一的整体。

（4）知觉的恒常性。由于知识经验的参与和整体知觉的作用，人们对客观事物的认知更加全面深刻。即使知觉的条件发生变化，知觉的印象仍能保持相对不变，即具有恒常性。例如，有些老字号品牌之所以能长期保有市场份额，而不被众多的新产品、新企业所排挤，重要的原因之一就是消费者已经对它们形成恒常性知觉，在各种场合条件下都能准确无误地加以识别，并受惯性驱使连续进行购买。

**3.学习**

正如前文所述，知觉的理解性是依靠知识经验的参与而形成的。由于市场环境的不断变化，新的品牌、新的产品不断出现，其中有的产品是消费者都闻所未闻的，那么消费者必然会通过各种方式搜集有关信息，以此来帮助自己做出正确的判断。学习是指由于经验引起的个人行为的改变，即消费者在购买和使用商品的实践中，逐步获得和积累经验，并根据经验调整自己购买行为的过程。学习是通过驱策力、刺激物、提示物、反应和强化的相互影响、相互作用而进行的。

“驱策力”是诱发人们行动的内在刺激力量。例如，某消费者重视身份地位，尊重需要就是一种驱策力。这种驱策力被引向某种刺激物——高级名牌西服时，驱策力就变为动机。在动机支配下，消费者需要做出购买名牌西服的反应。但购买行为的发生往往取决于周围的“提示物”刺激，如看了有关电视广告、商品陈列，他就会完成购买。如果穿着很满意的话，他对这一商品的反应就会加强，以后如果再遇到相同诱因时，就会产生相同的反应，即采取购买行为。如反应被反复强化，久之，就成为购买习惯了，这就是消费者的学习过程。

企业营销要注重消费者购买行为中“学习”这一因素的作用，通过各种途径给消费者提供信息，如重复广告，目的是加强诱因，激发驱策力，将人们的驱策力激发到马上行动的地步。同时，企业提供的商品和服务要始终保持优质，这样消费者才有可能通过学习建立起对企业品牌的偏爱，形成购买本企业商品的习惯。

**4.态度**

态度是指人从自身出发主观对某一事物所持有的正向或反向的评价、感受或倾向。消费者态度是由情感、认知和行为构成的综合体。态度有助于消费者更加有效地适应动态的购买环境，使之不必对每一新事物或新的产品、新的营销手段都以新的方式做出解释和反应。消费者态度对购买行为有重要影响。态度影响消费者的学习兴趣与学习效果，并影响消费者对产品、商标的判断与评价，进而影响其购买行为。态度一般通过购买意向来影响消费者购买行为，但是态度与行为之间在很多情况下并不一致。造成不一致的原因，有主观规范、意外事件、购买能力、情境因素等。态度在人群中具有认同的特性，一般对于自己熟悉的或有过切身体会的事物，人们的态度就较坚定，不易改变。消费者态度的改变包括两层含义：一是态度强度的改变；二是态度方向的改变。

## 3.3 消费者购买行为与决策

消费者购买决策是指消费者谨慎地评价某一商品、品牌或服务的属性并进行选择、购买能满足其某一特定需要的商品的过程，同时将购买动机转化为购买活动。

### 3.3.1 消费者购买决策过程的参与角色

人们在购买的决策过程中可能会扮演以下角色中的全部或者部分：

发起者：首先提议或有购买某种产品或服务的意向的人。

影响者：有形或者无形地影响着购买决策的人。

决策者：做出买不买、怎么买等决策的人。

购买者：实际执行购买任务的人。

使用者：实际消费或者使用产品的人。

**小案例3-2　消费者购买决策过程的参与角色**

小东是一名中学生，他的同学每个人都有一辆山地车，他们总是对小东骑着一辆老式自行车上学怪言怪语。在他们的刺激下，小东也想买一辆山地车，但他明白，如果直接向父母提出要求，可能会被否决。

小东在仔细思量后，先做外婆的思想工作，对外婆说了一大通理由，什么学习的重要性、安全性、效率等，他终于说服了外婆。晚上一家人坐在一起吃饭的时候，小东对外婆使了使眼色，外婆就对小东父亲说：是不是应该考虑给孩子买一辆山地车了？小东的父亲非常为难，如果说不行，可能会让老人很没面子，但如果说行，经济上是一个问题。

小东的父亲经过一番思想斗争后说："行，那我们就买吧。"这时在小东家吃饭的小东的舅舅可能会说："要买自行车？这个好办，我在某自行车厂认识一个朋友，可以买到很便宜的。"没过两天，他就从厂里把自行车买回来了。

在这个案例中，小东的外婆是影响者，小东的父亲是决策者，小东的舅舅是购买者，而小东才是真正的使用者。如果小东的外婆、父亲、舅舅都置之不理，小东也不会骑上新的山地车。所以，企业营销人员在销售产品时，必须了解影响消费者购买行为的几个角色，以此为突破口，找出让消费者接受企业产品的理由。

消费者若只有个人参与购买，则五种角色均由一人扮演；若是以群体参与购买，营销人员比较关注的是决策者。比如几个人去商场购买衣服，有经验的业务员会仔细观察，若顾客选择试衣时比较果断，从更衣室出来只顾自己照镜子，比较少问旁人意见，则这位试衣服的人比较有主见，通常自己就是决策者，那么业务员应重点向此人推荐。反之，顾客从挑选衣服开始就不停问别人意见，从更衣室出来先不急着照镜子，而是先问别人意见，则这位试衣服的人通常自我观念不强、自信度不高，总是被咨询的那个人则是影响者，甚至是决策者。

### 3.3.2　消费者购买决策过程

消费者决策过程是介于营销战略和营销结果之间的中间变量。也就是说，营销战略所产生的营销结果是由战略与消费者决策过程的相互影响所决定的。只有消费者感到产品能满足某种需要，并觉得物有所值才会去购买，企业才能达到营销效果。图3-4表示的就是消费者决策过程的一般模式。

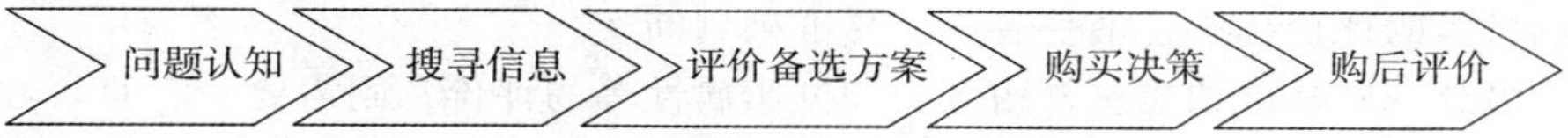


图3-4　消费者决策过程的一般模式

**1.问题认知**

消费者认识到自己有某种需要时，就是其决策过程的开始，也是购买活动的起点。这种需要可能是由内在的刺激引起的，也可能是受到外界的某种刺激引起的，例如看到同事在炫耀刚买的新款苹果手机，自己也想购买；或者是内外两方面因素共同作用的结果。因此，营销者应注意不失时机地采取适当措施，安排诱因以唤起和强化消费者的需要。

**2.搜寻信息**

消费者的需要不是都能立刻满足的，更多的时候消费者需要寻找一定的信息，这个时候大多数消费者会回忆起少数几个可以接受的备选品牌。这些可接受的品牌，是在随后的内、外部信息搜寻过程中消费者进一步搜集信息的出发点。因此，营销者非常关注他们的品牌是否落入大多数目标消费者的考虑范围。

消费者内部信息，即储存在记忆中的信息，可能通过以前的搜集或个人经验主动获得，也可能经低介入度学习被动地获得。除了从自己的记忆中获得信息，消费者还可以从四种主要的来源获得外部信息：

（1）个人来源，如家庭和亲友。

（2）公众来源，如消费者协会、政府机构。

（3）商业来源，如销售人员、广告。

（4）经验来源，如产品的直接观测与试用。

消费者在购买某一商品前，应进行较为广泛的外部信息搜集，但也要考虑信息的获取是需要成本的。搜集信息除了花费时间、精力和金钱外，消费者通常还要放弃一些自己所喜欢的其他活动。所以，消费者进行外部信息搜集止于一定的水平。

**3.评价备选方案**

消费者得到的各种有关信息可能是重复的，甚至是互相矛盾的，因此还要进行分析、评估和选择，这就有了一个比较评价的筛选过程。顾客对自己所要购买的产品或者服务会列出一系列自己认为重要的属性，并以各种属性的重要性作为决定取舍的标准。通常情况下，产品的属性是购买者所考虑的首要问题；不同消费者对产品的各种性能给予的重视程度和评估标准有所不同。

评价标准是消费者针对特定问题而考虑的各种特性和利益。其是消费者根据特定消费问题，用来对不同品牌进行比较的依据。消费者应用的评价标准的数量、类型和重要程度因消费者和产品类别的不同而不同。在运用评价标准制定营销策略时，关键的一步是衡量以下三个问题：消费者应用了哪些评价标准；消费者在每一标准上对各个备选对象的看法如何；每个标准的相对重要性如何。对于像价格、尺寸和色彩等的评价标准，消费者很容易准确判断。

对另外一些标准如质量、耐久力和健康属性等的评价，则需要一定的学习和调查了解。评价的对象不仅是产品，还可能是服务，选择合适的经销商也是评价的内容之一。

**4.购买决策**

购买决策包含产品属性决策、产品种类决策、产品品牌决策、购买时机决策、购买数量决策、购买地点决策、付款方式决策等。消费者对商品信息进行比较和评选后，已形成购买意图，然而从购买意图到决定购买之间，还要受到两个因素的影响：

（1）他人的态度，比如某个同学要购买高档手机，如果家人坚决反对，他的购买意向就会降低。反对态度越强烈，或持反对态度者与购买者关系越密切，修改购买意图的可能性就越大。

（2）意外的情况，如果发生了意外的情况，例如涨价或者选购时销售人员服务态度恶劣等，则很可能改变消费者的购买意图。

**5.购后评价**

购后评价通过两方面体现：购后的满意程度；购后的活动。消费者购后的满意程度取决于消费者对产品的预期性能与产品使用中的实际性能之间的对比。用函数表示为：

$$S=f(E,P)$$

其中：S表示消费者满意程度；E表示消费者对产品的期望；P表示产品的可感知性能。若$P>E$，则消费者会很满意；若$P=E$，则消费者会基本满意；若$P<E$，则消费者会不满意。

购买后的满意程度决定了消费者的购后活动、消费者是否会重复购买该产品、消费者对该品牌的态度，并且还会影响到其他消费者，形成连锁效应。

### 3.3.3 消费者购买行为类型

由于受到诸多因素的影响，不同的消费者购买决策过程的复杂程度不同。根据主要原因，即品牌差异程度与消费者介入程度的不同，美国营销学者阿萨尔（Assael）把消费者购买行为分成四种类型，如图3-5所示。

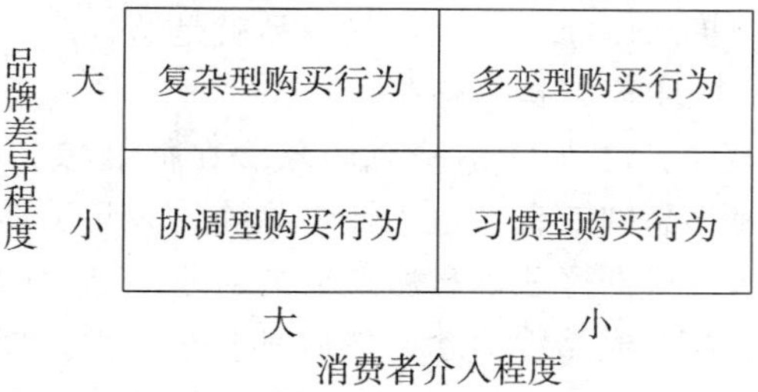


**图3-5 消费者购买行为类型**

**1.复杂型购买行为**

复杂型购买行为是指面对不常购买的贵重物品，由于产品品牌差异大，购买风险大，消费者需要有一个学习过程，以广泛了解产品的性能、特点，从而对产品产生某种看法，最后再决定购买。对于复杂的购买行为，营销者应制定策略帮助购买者掌握产品知识，通过媒体和各种渠道宣传本品牌的优点，发动商店营业员和购买者的亲友们影响最终购买决定，简化购买过程。

**2.协调型购买行为**

协调型购买行是指对那些品牌差异不大的产品，消费者不经常购买，但购买时又有一定的购买风险，所以，消费者一般要比较、看货，只要价格公道、购买方便、机会合适，就会决定购买。如购买椅子，虽然也要看它的款式、颜色，但一般差别不太大，消费者有喜欢的就会买回来。购买之后，消费者也许会感到某些不协调或不够满意，这也许是因为商品的某个方面不够称心，也许是因为听到别人称赞其他种类的商品。但在使用过程中，消费者会通过更多的了解，并寻求种种理由来减轻、化解这种不协调，以证明自己的购买决定是正确的。针对这种购买行为类型，营销者应注意要提供完善的售后服务，并向消费者提供有关产品评价的正面信息，使其在购买后相信自己做出了正确的选择。

**3.多变型购买行为**

有些商品品牌之间有明显差别，但消费者并不愿意在选择上面多花时间，而是不断变化他们所购商品的品牌。如在选购点心之类的商品时，消费者未必愿意花很长时间来选择和估价，下次买时再换一种新口味。这样做往往不是因为对产品不满意，而是为了寻求多样化。比如购买饮料，上次购买的是可乐，这次购买的是雪碧。这种品种的更换并非对上次购买的不满意，而是想换换口味。

对于多变的购买行为，市场领导者和挑战者的营销策略是不同的。市场领导者力图通过占有货架、避免脱销和提醒购买的广告来鼓励消费者形成习惯性购买行为，以此来保持原有的较高的市场占有率。而挑战者则以较低的价格、折扣、赠券、免费赠送样品和强调试用新品牌的广告来鼓励消费者改变原习惯性购买行为。

**4. 习惯型购买行为**

对于价格低廉的、经常性购买的商品，消费者的购买行为是最简单的。这类商品中，各品牌的差别极小，消费者对此也十分熟悉，不需要花时间进行选择，一般随买随取就行了。例如买米、盐和油之类的商品就是这样。

对习惯性购买行为的主要营销策略是：

(1) 开展大量重复性广告加深消费者印象。在低度参与和品牌差异小的情况下，消费者并不主动搜集品牌信息，也不评估品牌，只是被动地接受包括广告在内的各种途径传播的信息，根据这些信息所造成的对不同品牌的熟悉程度来选择。购买过程是：由被动的学习形成品牌信念，然后是购买行为，接着可能有也可能没有评估过程。因此，企业必须通过大量广告使顾客被动地接受广告信息而对品牌逐渐熟悉。

(2) 利用价格和各种促销手段来吸引消费者试用。由于产品本身与同类其他品牌相比难以找出独特优点以引起顾客的兴趣，就只能依靠合理价格与优惠、展销、示范、赠送等销售促进手段吸引顾客试用。一旦顾客了解和熟悉了某产品，就容易经常购买，最终形成购买习惯。

(3) 增加购买参与程度和品牌差异。在习惯性购买行为中，消费者只购买自己熟悉的品牌而较少考虑品牌转换，如果竞争者通过技术升级和产品更新将低度参与的产品转换为高度参与并扩大其与同类产品的差距，将促使消费者改变原先的习惯性购买行为，寻求新的品牌。提高参与程度的主要途径是在不重要的产品中增加较为重要的功能和用途，并在价格和档次上与同类产品拉开差距。

## 本章小结

本章主要论述了消费者市场的含义与特点，消费者市场的购买对象，消费者购买行为模式，影响消费者行为的因素，消费者购买行为与决策。

消费者市场又称最终消费者市场、消费品市场，是指为满足生活消费需要而购买产品和服务的所有个人和家庭所构成的市场。其呈现出消费者市场的多样性，包括需求的多变性、差异性、零散性和可诱导性。按照耐用程度和使用频率，消费者的购买对象可以分成耐用品和非耐用品。消费者的购买行为深受文化、社会、个人和心理因素的影响。其中，文化因素包括文化与亚文化；社会因素包括参照群体、家庭、社会角色与地位；个人因素包括年龄和家庭生命周期、性别、职业、受教育程度、经济状况、生活方式、个性和自我观念；心理因素包括动机、知觉、学习和态度。

人们在购买的决策过程中可能会扮演不同的角色：发起者、影响者、决策者、购买者和使用者。消费者购买决策过程是由问题认知开始的，然后搜寻信息、评价备选方案、产生购买决策以及购后评价。根据品牌差异与消费者介入程度的不同，消费者购买行为可以分成四种类型：复杂型、多变型、协调型和习惯型。营销人员的任务是了解消费者在购买过程中不同阶段的行为特点，制订有效的营销方案以促进消费者购买并提高购后满意度。

## 复习思考题

1. 影响消费者购买行为的因素有哪些？它们又是如何影响消费者的购买行为的？

2. 简述参照群体在消费者购买行为中的作用。

3. 马斯洛的需求层次论怎样运用于营销研究？

4. 消费者知觉的性质如何影响消费者的购买行为？

5. 消费者的购买行为类型有哪些？分别有什么特点？

## 案例分析题

### 麦肯锡：中国数字消费者行为演变的五大关键趋势

咨询公司麦肯锡在2017年夏季达沃斯论坛期间发布的《2017中国数字消费者研究》中称，在持续6年的快速增长后，中国电子商务总交易量增长放缓：从2011年74%的增速下降至2017年的19%的预计值。但数字化零售仍有相当潜力可挖。企业应当一方面整合在线渠道和实体店的特色，另一方面通过业务模式和客户体验创新，扩大消费者对品类的需求，并引导他们购买符合个性化需求的产品。

趋势一：线上线下相融合的全渠道购物成为主流消费方式

线上线下相融合的全渠道购物已成为主流消费方式。93%的受访者在购买消费电子产品时会先在线上研究再到实体店体验。同时，实体零售店对于全渠道体验至关重要：在96%的消费电子产品销售中，消费者要么线下体验线上购买，要么直接就在实体店购买。麦肯锡表示，品牌商不应视实体展示厅为威胁，而应好好加以利用。对消费电子产品而言，如果消费者在线研究之后，又到实体店体验，那么购买该品牌的概率高达80%，且其中41%的人会选择就在实体店购买。根据调查，68%的受访购物者“希望”或“非常希望”在线下单、门店提货，57%希望能在实体店刷二维码上网查看商品，56%希望能在线上查看店内库存，但只有31%、24%和18%的受访者曾经尝试过这些。

趋势二：消费者期待随时随地随性进行“场景触发式购物”

中国消费者不仅看重全渠道购物的灵活性，还希望能乘兴之所至，随时随地随性购物。麦肯锡将此称为“场景触发式购物”。比如，看到电视节目上嘉宾穿的时装，或在微信聊天时得知新的美容产品，瞬间就被点燃的购物欲望。场景式购物的一个关键特征是顾客能即时买到心仪的商品。研究显示，1小时内送达货品不但能增加销量，还能大幅提高客户满意度。在使用过O2O送餐服务的受访者中，36%表示对非餐饮类的即时送货服务兴趣浓厚。传统平台电商的“次日达已经足够快”的理念也正在被打破，各大品牌商可借鉴甚至利用O2O送餐平台的半小时内高效送货服务，通过加快商品配送提升冲动消费的转化率。

趋势三：嵌入B2C电商、以社交媒体为中心的消费者互动

中国消费者一直是社交媒体的爱好者。根据调查，经常使用社交媒体的受访者比例从2015年的82%上升到了2017年的85%，微信的社交应用已经吸引了超过9亿用户。除了联络朋友、玩游戏和阅读新闻，社交媒体还迅速成为重要的购物渠道，人们可轻松在社交媒体上选购和下单。研究显示，社交媒体增加了用户10%的购物时间。由于体验欠佳等原因，虽然70%受访的微信用户表示愿意在自己喜爱品牌的官方微信电商渠道购物，但仅有31%受访的微信用户在微信上买过商品。有63%的受访用户认为，微信的组货、服务及配送等基础功能均逊于其他渠道。一旦品牌商决定改善这些已成为平台电商的标准配置功能，社交电商有望成为新增长点。

趋势四：超出标准产品和常规服务的需求不断增加

受访的中国消费者表示，除了购物体验要符合自己的行为模式，也希望产品能满足个人需求和彰显品位。一些消费者抱怨定制自己想要的商品几乎不可能，而标准的现成商品和常规服务又无法满足需求。这点在服装品类尤为明显，因为购买服装主要考虑的就是合身与风格，消费者希望品牌商提供可以定制的剪裁、颜色、图案、材质等。而在另外一些情况下，他们并不需要定制产品，而是需要满足特定使用要求的服务。例如，只是短期租用的商品，或是短期试用，视情况再决定是否购买。

趋势五：数据驱动的深度个性化

希望需求被了解和得到个性化服务，是消费者的一贯需求。然而现实中的所谓“个性化推送”往往成为“垃圾信息轰炸”。98%的受访社交媒体用户都在社交媒体上收到过广告，但只有18%的人认为收到的推荐“投其所好”。有些消费者还对线下购物体验颇有不满：店员通常既不懂顾客的需求，也不懂产品，因此基本帮不上什么忙。在调查中，只有10%的消费者在店铺得到了个性化的服务或建议。

对于当今中国消费者而言，线下线上购物的界限越发模糊，毕竟消费者想要的不过是便利、个性化、灵活和透明的购物体验。企业应当整合在线渠道和实体店的特色，引导消费者购买符合他们特定需求的产品。

资料来源　王玮，卜览，廖念玲，等. 重新定义新零售时代的客户体验［EB/OL］.［2018-06-27］. http://www.mckinsey.com.cn/wp-content/uploads/2017/06/China-iConsumer-Survey-2017_CN_FNL.pdf.

讨论题：

1.从这份报告可以看出，数字化消费者的行为对哪些行业产生了威胁？又给哪些行业提供了机会？

2.分析数字化消费者为什么会出现报告中的行为，背后可能的原因是什么。

# 第4章 组织市场与购买行为分析

**学习目标**

- 了解生产者市场、中间商市场、政府和非营利组织市场的含义、基本特征和购买类型
- 掌握生产者购买决策的参考者
- 掌握影响生产者购买决策的主要因素
- 了解生产者购买决策过程各阶段的特征

**引　例**　**从苹果公司，我们能学到哪些采购经验**

苹果公司选择和管理供应商的方式是该公司取得成功的重要因素之一。苹果公司在选择新的供应商时重点评估其产品质量、技术能力和规模，成本次之。要成为苹果公司的供应商绝非易事，竞争非常激烈，原因在于苹果公司的认可被视为对制造能力的认可。

在苹果公司最新的供应商名录上，可以看到156家公司，其中包括三星、东芝和富士康。富士康以作为iPhone手机的主要组装公司而著称。然而，这些供应商的背后还有代表苹果公司向这些供应商供货的数百家二级和三级供应商。苹果公司几乎控制了这一复杂网络的各个部分，利用其规模和影响力以最好的价格获得最佳产品并及时向客户供货。此外，苹果公司还通过观察供应商制造难以生产的样品考验每一家工厂——此阶段的技术投资由供应商负责。苹果公司还有其他要求用以增强其对投入、收益和成本的控制。比如，苹果公司要求供应商从其推荐的公司那里购买材料。

随着时间的推移，苹果公司已经同这些供应商建立了强大的合作关系，同时，还投资于特殊技术并派驻600名自己的工程师帮助供应商解决生产问题、提高工厂的效率。与此同时，苹果公司一直寻找其他方法以丰富供应商队伍并提高议价能力。很少有买家能有像苹果公司那样的业务范围或同样的需求。但是，苹果公司在选择、谈判和管理中采用的战略能够为任何从中国采购的公司提供一些经验。我们认为，最主要的五大经验如下：

1.拜访工厂

买家需要确定供应商是否有能力及时满足订单要求以及是否有能力生产高质量

的产品。工厂拜访还能够使买家了解供应商的员工人数和他们的技能水平。评估供应商的无形资产，包括供应商的领导能力以及增长潜力。比如，当要求供应商提供样品时，买家要提供非常具体的要求，并派驻自己的工程师监督生产流程以便了解样品是由供应商内部生产的而不是从他处采购的。

2.谈判和监督并用

同一种产品使用不止一家供应商，以改善买家的议价能力并降低风险。为合同开展谈判时，成本和质量都要重视。为有缺陷的产品建立检查机制并且为延迟交货谈判一个折扣。下单后，派本地代表拜访工厂并且在不同的阶段检查产品，以便能够介入和矫正缺陷。发货前的检查非常重要，因为由于税收原因向中国退回有缺陷的产品代价非常高。买家应该密切监督供应商的表现。在建立合作关系的最初阶段，这一点尤为重要。

3.了解供应商的供应商

供应链的能见度对于尽量减少有缺陷的产品和侵犯知识产权的风险以及控制成本来说非常必要。许多公司的实力也许比不上苹果公司，但各公司必须了解采购的产品中使用的不同材料的出处，因为供应商为了节省成本经常会更换他们自己的供应商，了解这一点尤其重要。

4.准备好提供帮助

公司确定供应商名录中的优质供应商后，要准备好同这些供应商分享提高产品质量的想法，以便提高供应商所售产品的利润。这样做可以向供应商表明，降低成本（比如通过使用更便宜的材料）不是持续提高利润的唯一方法。公司还可以考虑培训等其他方法以提高供应商的员工的技能水平。

5.经常沟通

第三方报告和年度拜访不足以建立合作关系，而建立一个包括反馈在内的成熟的沟通机制则势在必行。这样可以避免误解的发生，同时在问题演变成危机前就把问题解决掉。理想的状态是，公司应当向供应商派驻一个具备业务知识和专业技能的现场团队，以便对供应商的工厂进行定期拜访，而不仅仅是当出现问题时才去拜访。如果目前无法采取这种做法，则要增加公司的总部工作人员拜访供应商的频率。

资料来源 奥康纳. 从苹果公司我们能学到哪五大采购经验？[EB/OL]. [2018-06-27]. http: //money.163.com/14/0912/08/A5U90S0R00253G87.html.

同消费者市场相对应的是生产者市场。生产者市场亦称产业市场或工业市场，原指除商业以外的一切生产性行业。近年来以菲利普·科特勒为代表的市场营销学者认为一切商业转售者市场及其购买行为和生产者市场及其购买行为具有相同的特点，所以在分析时，应该把它们视为同一种类型。另外，这类市场还包括一些非营利性组织和政府市场。人们通常把这些市场总称为组织市场。组织市场由于其主体的性质和购买的目的与消费者市场有很大的不同，所以对其购买行为有必要进行特定的分析和研究。

## 4.1 组织市场概述

### 4.1.1 组织市场的定义和类型

组织市场的规模很大，往往是消费者市场规模的几倍。所以，组织市场一直是企业十分关注的市场。

**1.组织市场的定义**

组织市场是指购买商品和服务以用于生产性消费，以及转卖、出租，或用于其他非生活性消费的企业或社会团体。组织市场和消费者市场的主要区别在于：购买者主要是企业或社会团体而不是个人或家庭消费者；目的是用于生产或转卖以获取利润，以及其他非生活性消费，而不是为了满足个人或家庭的生活需要。

**2.组织市场的分类**

由于组织市场的购买者购买目的不同，其购买行为特征也必然不同，所以有必要对其进行分类，以进行进一步的分析与比较。一般根据购买者的主体特征将组织市场划分为：

（1）生产者市场。生产者市场，指购买产品或服务用于其他产品或服务，然后销售或租赁给他人以获取利润的单位和个人。组成生产者市场的主要产业有工业、农业、林业、渔业、采矿业、建筑业、运输业、通信业、公共事业、金融业、保险业和服务业等。

（2）中间商市场。中间商市场也称为转卖者市场，指购买产品用于转售或租赁以获取利润的单位和个人，包括批发商和零售商。

（3）非营利性组织市场。非营利性组织，泛指具有稳定的组织形式和固定的成员，不属于政府机构和私人企业而独立运作，发挥特定社会功能，不以获取利润为目的，而以推进社会公益为宗旨的事业单位与民间团体。非营利性组织市场是指为了维持正常运作和履行职能而购买产品和服务的各类非营利组织所构成的市场。

（4）政府市场。政府市场是指为了执行政府职能而购买或租用产品的各级政府部门。政府是特殊的非营利组织。政府通过税收、财政预算掌握了一部分的国民收入，形成了潜力极大的政府采购市场。而且，由于政府购买的总额巨大，其支出的增加和削减往往会对一国的经济发展和产业发展造成极大的影响。

### 4.1.2 组织市场的特点

**1.购买者少，购买数量大**

组织市场上的购买者比消费者市场上的购买者要少得多。例如美国固特异轮胎公司的订单主要来自通用、福特、克莱斯勒三大汽车制造商，但当固特异公司出售更新的轮胎给消费者时，它就要面对全美1.71亿汽车用户组成的巨大市场了。组织市场不仅买主人数少而且其购买次数也少。一家生产企业的主要设备要若干年才购买一次，原材料与零配件也大都只签订长期合同，文具纸张等日用品常常是几个月集中购买一次，购买次数少就决定了每次采购量将十分巨大。这种情况在生产比较集中的行业里更为明显，通常少数几家大企业的采购量就占该产品总销售量的大部分。

**2.购买者在地域上相对集中**

由于资源和区位条件等原因，各种产业在地理位置的分布上都有相对的集聚性，所以组织市场的购买者往往在地域上也是相对集中的。例如，中国的重工业大多集中在东北地区，石油化工企业云集在东北、华北以及西北的一些油田附近，金融保险业在上海相对集中，而广东、江苏、浙江等沿海地区集聚着大量轻纺和电子产品的加工业。农业生产更会由于地理位置、气候、地貌等条件的不同而出现对农用物资需求的显著差异，如位于华北、东北平原的农垦企业由于土地平坦可以进行机械化耕作，因此需要大型的农业机械，而南方丘陵地带或山区，则需要的是小型的农业机械；福建不是棉花产区，因此农垦企业对专门用于防治棉铃虫的杀虫剂就没有需求，而这种杀虫剂在华北等产棉区却有着大量的需求。这种地理区域的集中有助于降低产品的销售成本，也使得组织市场在地域上形成了相对的集中。

**3.衍生需求、需求波动大**

组织市场上的购买需求最终来源于对消费品的需求，企业之所以需要购买生产资料，归根到底是将其作为劳动对象和劳动资料以生产出消费资料。例如，由于消费者有购买皮包、皮鞋的需求，生产企业需要购买皮革、钉子、切割刀具、缝纫机等生产资料。因此，消费者市场需求的变化将直接影响组织市场的需求。有时消费品需求仅上升10%，就可导致生产这些消费品的企业对有关生产资料的需求增长200%；若需求下降10%，则可导致有关生产资料需求的全面暴跌。这种现象在经济学上被称为“加速原理”，这导致许多企业营销人员促使其产品线和市场多样化，以便在商业波动周期中实现某种平衡。

**4.需求缺乏弹性**

组织市场的需求受价格变化的影响不大。皮鞋制造商在皮革价格下降时，不会打算采购大量皮革，同样，皮革价格上升时，他们也不会因此而大量减少对皮革的采购，除非他们发现了皮革的替代品。由于厂商在短期内不能对其生产方式做更多变动，如通过增加固定资产投资来扩大生产规模，因此需求在短期内缺乏弹性。对占项目总成本比例很小的业务用品来说，其需求也往往是缺乏弹性的。例如，皮鞋上的金属鞋孔价格上涨，几乎不会影响其需求水平。

**5.实行专业购买**

相应地，组织机构在购买其所需要的商品时往往是由具有专门知识的专业人员负责，其采购过程比个人消费者市场更加复杂和系统。组织机构的采购人员大都经过专业训练，具有丰富的专业知识，清楚地了解产品的性能、质量、规格和有关技术要求。因此，供应商应当向他们提供详细的技术资料和特殊的服务，从技术的角度说明本企业产品和服务的特点。

**6. 直接采购**

组织市场的购买者往往向供应方直接采购，而不经过中间商环节，价格昂贵或技术复杂的项目更是如此。

**7. 影响购买的人多**

与消费者市场相比，影响组织市场购买决策的人较多。大多数企业有专门的采购组织，重要的采购决策往往由技术专家和高级管理人员共同做出，其他人也直接或间接地参与，这些组织和人员形成事实上的“采购中心”。供应商派出的销售代表不仅应训练有素、有丰富的专业知识，还应具备很强的人际交往能力，善于同买方的采购人员和采购决策参与人员打交道。

**8. 销售访问多**

由于组织市场参与购买决策过程的人多，因此需要更多的销售访问来获得订单，有时销售周期可达数年以上。有调查显示，工业销售平均需要4～4.5次访问，从报价到产品发放通常以年为单位。

**9. 互惠购买原则**

另外一种在消费者营销过程中不会发生但在组织营销过程中常见的现象是互惠现象。由于生产资料的购买者本身总是某种产品的出售者，因此，当企业在采购时就会考虑为其自身产品的销售创造条件。但这种互惠购买的适用范围是比较狭窄的，如果甲企业需要乙企业的产品，而乙企业并不想购买甲企业的产品，就无法实现互惠购买了。这样的双边互惠购买往往会演进为三角互惠或多角互惠。例如，甲企业向乙企业提出，如果乙企业购买丙企业的产品，则甲企业就购买乙企业的产品，因为丙企业以向乙企业推销其产品作为购买甲企业产品的条件——这就是三角互惠。虽然这类现象极为常见，但大多数经营者和代理商却反对互惠原则，并视其为不公平竞争行为。

**10. 租赁或分期付款**

一些价格较高的产品，用户通常需要融资才能购买到，所以采购者不直接购买而采用租赁或采用分期付款的方式获得所需设备，如飞机、重型建筑设备等。通过租赁或分期付款的方式，承租人可以在获取最新设备和更好服务的同时，获得节约成本和税务优惠等好处。当然，分期付款对销售者来说资金压力比较大，如果控制不力的话，易产生不良债务。

## 4.2 生产者市场的购买行为

在组织市场中最重要的组成部分就是生产者市场。对生产者购买行为特征的认识和掌握有助于对其他组织市场购买者的认识。

### 4.2.1 生产者购买行为的主要类型

根据生产者购买行为的复杂程度和采购决策项目可以把生产者的购买行为分为以下三种类型：直接重购、修正重购和新购。

**1. 直接重购**

直接重购指采购方按即定方案不做任何修订直接进行的采购业务。这是一种重复性的采购活动，按一定程序办理即可，基本上不用做新的决策。在这种情况下，采购人员的工作只是从以前有过购销关系的供应商中，选取那些供货能满足本企业的需要和能使本企业满意的供应商，向他们继续订货。入选的供应商应该尽最大的努力保持产品和服务的质量，以巩固和老客户的关系；落选的供应商则应努力做一些新的工作，消除买方的不满，设法争取订单。

**2. 修正重购**

修正重购指购买者对以前已采购过的产品通过修订其规格、价格、交货条件或其他事项之后的购买。这类购买较直接重购要复杂，购销双方需要重新谈判，因而双方会有更多的人参与决策。在原采购名单外的供应商则把修正重购看成是一次机会，如果他们提供了较好的条件则有可能得到一些新的业务。

**3. 新购**

新购指购买者第一次购买某种产品的购买行为，这是最复杂的购买类型。新购的成本费用越高，风险越大，参加决策的人数就越多，所需信息量也越多，制定决策的时间也越长。由于购买者还没有一个现成的“供应商名单”，对所有的供应商都是机会，也是挑战。供应商应设法接触主要的采购影响者，并向他们提供有用的信息和协助。

在直接重购的情况下，购买者所做的决策数量最少；在新购时，他们所做的决策数量最多。购买者必须决定产品规格、价格限度、交货条件与时间、服务条件、支付条件、订购数量、可接受的供应商以及可供选择的供应商。不同的决策参与者会影响每一项决策，并将改变进行决策的顺序。

### 4.2.2 生产者购买决策的参与者

购买类型不同，购买决策的参与者也不同。直接重购时，采购部门负责人起决定作用；新购时，企业高层领导起决定作用；在确定产品的性能、质量、规格、服务等标准时，技术人员起决定作用；在供应商选择方面，采购人员起决定作用。这说明在新购的情况下，供应商应当首先把产品信息传递给买方的技术人员与高层领导，而在买方选择供应商的阶段应当把产品信息传递给采购部门负责人。

采购组织的决策单位叫作“采购中心”（buying center），其定义为：所有参与购买决策过程的个人和集体。他们具有某种共同目标并一起承担由决策所引发的各种风险。采购中心包括购买组织中的全体成员，他们在购买决策过程中可能会形成五种不同的角色，如图4-1所示。

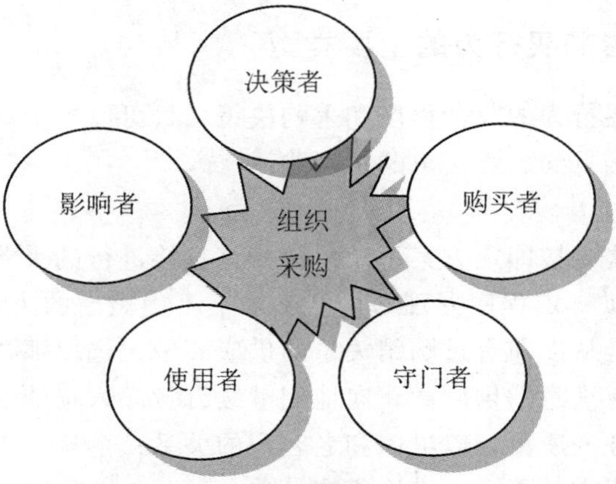


图4-1 生产者购买决策的主要参与者

1.使用者

使用者指生产者用户内部将使用这种产品或服务的成员。在很多情况下往往是由使用者首先提出购买建议，并协助确定产品规格。

2.影响者

影响者指影响购买决策的人。他们协助确定产品规格和购买条件，并提供对采购方案进行评价的情报信息，影响采购选择。技术人员大多是重要的影响者。

3.决策者

决策者指一些有权决定产品需求和供应商的人。在重要的采购活动中，有时还涉及主管部门或上级部门的批准，构成多层决策的状况。

4.购买者

购买者指正式有权选择供应商并安排购买条件的人。购买者可以帮助制定产品规格，但主要任务是选择供应商和与其进行交易谈判。在较复杂的购买过程中，高层管理人员也一起参加到交易谈判中。

5.守门者

守门者是指有权阻止销售员或信息员与采购中心成员接触的人。其主要是为了控制采购组织的一些信息不外露。例如，采购代理人、接待员和电话接线员都可以阻止推销员与用户或决策者接触。

在任何组织内，采购中心的大小及构成会随购买的产品类别不同而发生变化。显然，参与购买一台重要机器设备的决策人数肯定会比参与购买办公文具的人数要多得多。营销人员必须了解客户的以下信息：谁是主要决策的参与者？他们影响哪些决策？其影响决策的程度如何？他们使用的评价标准是什么？只有在摸清客户的这些情况之后，才能有针对性地采取促销措施。

### 4.2.3 影响生产者购买决策的主要因素

生产企业采购人员在做出购买决策时受到许多因素影响。有些营销人员认为经济因素是最重要的，而另一些人又认为采购者对偏好、注意力、避免风险等个人因素反应敏感。实际上在生产者市场的购买决策中，经济因素和个人因素对采购人员的影响一样重要。一般来说，如果所采购的商品效用和价格差异较大，经济因素就会成为采购人员所考虑的主要因素；如果商品效用和价格差异很小，个人因素的影响就可能增大。一些采购人员会根据个人所得利益的大小以及个人的偏好来选择供应商。

影响生产者购买行为的因素可以归为四类：环境因素、组织因素、人际因素和个人因素，如图4-2所示。

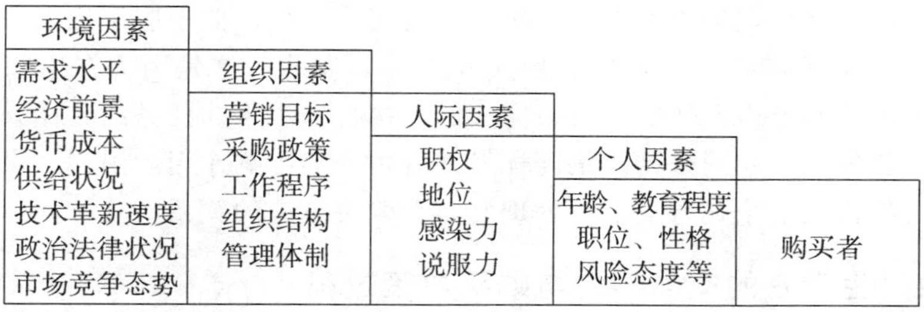


图4-2 影响生产者采购行为的主要因素

**1.环境因素**

环境因素指生产者面对的宏观环境因素，包括国家的经济前景、市场需求水平、技术发展、竞争态势、政治法律状况等。例如，从经济因素来看，在经济衰退时期组织购买者会减少对厂房设备的投资，并设法减少存货。营销人员在这种环境下刺激采购是无能为力的，只能在保持或扩大自己的市场占有率上做艰苦的努力。假如对国家经济前景看好或国家扶持某一产业的发展，有关生产者用户就会增加投资及原材料的采购和库存，以备生产扩大之用。从技术因素看，技术的进步将导致企业购买要求的改变，彩电、手机、计算机等产品的升级换代，导致生产企业所需的原材料和机械设备有了很大变化。

**2.组织因素**

每一采购组织都有其具体目标、政策、程序、组织结构及系统，营销人员必须尽量了解这些问题。例如：生产者用户的经营目标和战略是什么？为了实现这些目标和战略，他们需要什么产品？他们的采购程序是什么？有哪些人参与采购或对采购发生影响？

组织内部采购制度的变化也会对采购决策产生很大影响。例如，对于大型百货商厦来说，是采用集中采购的进货方式还是将进货权下放给某个商品部或柜组，其采购行为就会有很大差别；一些组织会用长期合同的方式来确定供应渠道，另一些组织则会采用临时招标的方式来选择其供应商。又如，源于日本的“准时生产系统”（just in time production systems），即适量及时进货，零库存、供量100%合格的生产系统，它的兴起大大地影响了组织采购政策。

**3.人际因素**

采购中心通常包括一些具有不同地位、职权、感染力和说服力的参与者。一些决策行为会在这些参与者中产生不同的反应，如意见是否容易取得一致，参与者之间的关系是否融洽，是否会在某些决策中形成对抗等。供应商的营销人员应当了解每个人在购买决策中扮演的角色是什么、其相互之间的关系如何等，利用这些因素促成交易。

**4.个人因素**

购买决策过程中每一个参与者都带有个人动机、直觉和偏好，这些因素受到参与者的年龄、收入、教育程度、专业文化、个性以及对风险的态度的影响。组织市场购买行为虽然往往表现为组织与组织之间的交易关系，似乎应该比消费者购买行为更为理性，而不涉及个人情感，但实际上并非如此。这是因为在组织采购过程中，每一个步骤都是由具体的人员去完成的。执行组织采购任务的具体人员的个性与情感对于其做出相应的采购决策同样发挥着重要的影响作用。因此，供应商应了解客户采购决策人的个人特点，并处理好与采购决策人的关系。

### 4.2.4 生产者的交易导向与购买决策过程

生产者的交易导向是生产者在进行交易时所秉承的指导思想。它不仅体现生产企业的企业文化，同时也体现具体采购人员的价值观念。

**1.生产者的交易导向**

生产者采购的基本原则是用一定成本获得最高的效益（经济、技术、服务和社会效益等）或以最低的成本获得既定的效益，即经济学当中的“利润最大化”原则。营销人员的任务是给目标客户提供尽可能高的消费价值。围绕着采购的基本原则，生产者有三种交易导向：购买导向、采购导向和供应链管理导向。

（1）购买导向。购买导向指购买者注重短期交易和态度强硬的战术，认为买卖双方是一种“零和博弈”，一方的所得必然是另一方的损失。因此，在商品性能和质量既定的情况下，购买者会拼命地讨价还价，并且不断地寻找新的供应商，试图获得更低价格的商品。持这种观念的购买者与供应商之间的交易行为是不连续的，关系是不友好甚至是敌对的。他们通常采取两种策略：一是标准化采购；二是多来源采购，力求压低价格，减少风险。

（2）采购导向。采购导向指购买者更加关注订立长期合同以保证原材料的不间断供应，认为买卖双方并不是一种“零和博弈”，而是“正和博弈”，双方都可以在交易中获得利益。持有这种导向的购买者在交易中的目标是力求获得“双赢”，他们通过建立一套与更多小型供应商保持良好合作关系的制度与方法，更好地管理询价、转换及进行成本控制来寻求节约，同供应商一起分享节约的利益，而不是单纯压低供应商的价格以降低成本。

（3）供应链管理导向。供应链管理导向指购买者把采购工作视为从原材料开始到用户结束的整个价值链中的重要环节，制订精益求精的计划，力求与供应商建立更加紧密的伙伴关系，让供应商参与产品设计与成本节约过程，通过拉动需求而不是推动供应来增加价值，关注如何改进从原材料到用户的整个价值链。

**2. 生产者的购买决策过程**

一般认为，生产者完整的购买决策过程可分为八个购买阶段（见表4-1），但是具体过程依不同的购买类型而定，直接重购和修正重购可能跳过某些阶段，新购则会完整地经历各个阶段。

表4-1　　生产者购买决策过程

| 购买阶段 / 购买类型 | 新购 | 修正重购 | 直接重购 |
|---|---|---|---|
| ①问题识别 | 是 | 可能 | 否 |
| ②需要说明 | 是 | 可能 | 否 |
| ③明确产品规格 | 是 | 是 | 是 |
| ④寻找供应商 | 是 | 可能 | 否 |
| ⑤征求供应建议书 | 是 | 可能 | 否 |
| ⑥选择供应商 | 是 | 可能 | 否 |
| ⑦签订合约 | 是 | 可能 | 否 |
| ⑧绩效评估 | 是 | 是 | 是 |

资料来源　科特勒. 营销管理［M］. 梅清豪，译. 上海：上海人民出版社，2003：250.

（1）问题识别。问题识别是生产者购买决策的起点。当生产者认识到了某个问题或某种需要可以通过得到某一产品或服务解决时，便开始了采购过程。问题识别由两种刺激引起：①内部刺激。如企业决定推出一种新产品，需要购置新设备或原材料来生产这种新产品；企业原有的设备发生故障，需要更新或需要购买新的零部件；已采购的原材料不能令人满意，企业要物色新的供应商。②外部刺激。这主要指采购人员在参观了某个商品展销会后产生了新的采购主意；接受了广告宣传中的推荐；接受了某些推销员提出的可以供应质量更好、价格更低的产品的建议。可见，组织市场的供应商应主动推销，经常开展广告宣传，派人访问用户，以发掘潜在需求。

（2）需要说明。在提出了某种需要之后，采购者便着手确定所需项目的总体特征和需要的数量。标准化产品易于确定，而非标准化产品应由采购人员和使用者、技术人员乃至高层经营管理人员共同协商确定。在此阶段，组织营销者可通过向客户描述产品特征的方式向他们提供某种帮助，协助他们确定其所属公司的需求。

（3）明确产品规格。这一阶段需要说明所购产品的品种、性能、特征、数量和服务，写出详细的技术说明书，并以此作为采购人员的采购依据。买方通常会委派一个专家小组从事这项工作，卖方也应通过价值分析向顾客说明自己的产品和价格比其他品牌更理想。未列入买方选择范围的供应商可通过展示新工艺、新产品把直接重购转变为新购，争取打入市场的机会。

（4）寻找供应商。寻找供应商指生产者用户的采购人员根据产品技术说明书的要求寻找最佳供应商。为此，他们会从多处着手，如咨询商业指导机构；查询网络信息；打电话给其他公司，要求推荐好的供应商；观看商业广告；参加展览会等。因此，在这一阶段供应商应利用一切机会宣传自己，扩大自己的知名度和美誉度，同时争取尽量多的和客户接触的机会。生产者用户的采购人员通常会拒绝那些生产能力不足、声誉不好的供应商；而对合格的供应商，则会登门拜访，察看他们的生产设备，了解其人员配置。最后，采购者会归纳出一份合格供应商的名单。

（5）征求供应建议书。征求供应建议书指购买者邀请合格的供应商提交供应建议书。有时供应商只需寄送一份价目表或指派一名销售代表就可以满足客户对所购买项目的信息需求。但是，当所需产品复杂而昂贵时，采购者就会要求待选供应商提交内容详尽的书面建议。购买者在依据供应商提供的信息对供应商进行淘汰后，会请余下的供应商提出正式供应建议书。因此，生产企业营销人员必须善于调研并精于撰写建议书的内容。建议书不仅是技术文件，也是营销文件。营销人员在口头表示意见时，要能取信于人，他们必须始终强调公司的生产能力和资源优势，以在竞争中立于不败之地。

（6）选择供应商。选择供应商指生产者用户对供应建议书加以分析评价后，确定供应商。评价内容包括供应商的产品质量、性能、产量、技术、价格、信誉、服务、交货能力等属性，各属性的重要性随着购买类型的不同而不同。生产者用户在做出决定前，还可能与较为满意的供应商谈判，以争取较低的价格和较好的供应条件。生产者还会决定使用多少供应商。有时他们偏好一家大供应商，以保证原材料供应和获得价格让步；有时他们同时保持几条供应渠道，以免受制于人，并促使卖方展开竞争；有时他们把每年的大多数订单给排序第一的供应商，其余给第二供应商，第一供应商会努力保住现有位置，处于第二的供应商则会努力扩大份额，其他供应商也会尽量以优惠的价格争取机会。

（7）签订合约。签订合约指生产者根据所购产品的技术说明书、交货时间、退货条件、担保书等内容与供应商签订最后的合同。通常情况下，如果双方都有着良好信誉的话，一份长期有效合同有助于建立一种稳定的关系，从而避免重复签约的麻烦。如果供应商答应在一个特定的时间之内根据需要、按协议的价格条件持续供应产品给买方，存货由卖方保存，这种采购计划就被称为“无存货采购计划”。这种长期有效合同会导致买方更多地向一个供应商采购，并从该供应商处购买更多的产品。卖方也愿意接受这种形式，因为可以与买方保持长期的供货关系，增加业务量，抵御新竞争者。

（8）绩效评估。绩效评估指生产者用户对各个供应商的绩效加以评价，以决定维持、修正或中止供货关系。绩效评估有以下三种方法：询问使用者；按照若干标准加权评估；把绩效差的成本加总，修正包括价格在内的采购成本。供应商必须关注该产品的采购者和使用者是否使用同一标准进行绩效评估，以保证评估的客观性和正确性。

小资料 传统工业品营销创新的突破口

## 4.3 中间商市场的购买行为

中间商市场指由所有为了将商品转卖或出租给别人以获取利润而购买商品的个人和组织构成的市场。它包括各类批发商和零售商。中间商在地理分布上比生产者分散，比消费者集中，生产者市场的大部分特征中间商市场也具备。中间商的购买行为与购买决策，同样受到环境因素、组织因素、人际因素和个人因素的影响。尽管如此，中间商的购买行为与决策仍有一些独特之处。

### 4.3.1 中间商购买行为的主要类型

**1.购买新产品**

购买新产品即中间商第一次购买某种从未采购过的新产品。在这种情况下，中间商可根据其市场前景的好坏、买主需求强度、产品获利的可能性等多方面因素，决定是否购买。其购买决策过程的主要步骤与生产者购买大致相同，也是由认识需求、确定购买需求、确定产品规格、寻找供应商、征求报价、选择供应商、正式采购和绩效评估八个阶段构成。

**2.修正重购**

修正重购即中间商对将要购买的品种已经确定，但对原有供应商不满意，或中间商并不想更换供应商，但试图从原有供应商那里获得更为有利的供货条件，如更及时的供货、更合适的价格、更积极的促销合作时所进行的采购。如果同类产品的供应增多或其他供应商提出了更有诱惑力的价格和供货条件，中间商就会更换供应商或要求现有供应商打折、增加服务、给予信贷优惠等。他们想更换供应商时，往往会把这些作为施加压力的手段。

**3.直接重购**

直接重购指中间商的采购部门按照过去的订货目录和交易条件，继续向原先的供应商购买产品。中间商会对以往的供应商进行评估，选择那些满意的供应商作为直接重购的对象。

### 4.3.2 中间商购买过程的参与者

中间商购买过程参与者的多少与商店的规模和类型有关。在小型便利商店中，店主亲自进行商品选择和采购工作。在大公司，有专人或专门的组织从事采购工作，重要的项目有更高层次和更多的人员参与。这些人和组织分别扮演着一种或几种角色，像生产者用户那样形成了一个事实上的“采购中心”。以连锁超市为例，参与购买过程的人员和组织主要有商品经理、采购委员会、分店经理等。

**1.商品经理**

商品经理是连锁超级市场公司总部的专职采购人员，分别负责各类商品的采购任务，搜集不同品牌的信息，选择适当的品种和品牌。有些商品经理被赋予较大的权力，可以自行决定接受或拒绝某种新产品或某些新品牌；而有些商品经理权力较小，只是负责审查和甄别，然后向公司的采购委员会提出接受或拒绝的建议。

**2.采购委员会**

采购委员会通常由公司总部的各部门经理和商品经理组成，负责审查商品经理提出的新产品采购建议，做出是否购买的决策。由于商品经理掌握信息和提出建议，所以商品经理事实上具有决定性作用。采购委员会只是起着平衡各种意见的作用，在新产品评估和购买决策方面产生重要影响，并代替商品经理向供应商提出拒绝购买的理由，充当二者之间的调解人。

**3.分店经理**

分店经理是连锁超市下属各分店的负责人，掌握着分店一级的采购权。美国连锁超市各个分店的货源有2/3是由分店经理自行决定采购的。即使某种产品被连锁超市总部的采购委员会接受，也不一定被各个分店接受，这加大了制造商的推销难度。

### 4.3.3 中间商购买决策过程

中间商购买决策过程与消费者购买决策过程有相似之处，但也有许多不同，可以说没有一个统一模式。中间商实际购买的典型过程一般可分为以下几个阶段：

**1.提出需要**

提出需要指中间商认识自己的需要，明确所要解决的问题。中间商认识需要也如同生产者一样由两方面的刺激引起，即内在需要和外在刺激。

（1）内在需要。内在需要是指中间商通过销售业绩分析，通过对产品组合的宽度、深度进行分析，对那些利润较低或无利的产品进行撤货或者更换。

（2）外在刺激。外在刺激是指由于竞争对手率先推出花色品种更好、性价比更优的产品，迫使中间商必须选择更具竞争力的产品，对以往的产品目录重新进行审定。

**2.确定需要**

确定需要指中间商根据自己的产品组合策略确定所需产品特性及需要量，如产品的可靠性、耐用程度、价格和其他必备的属性，并按其重要性加以排序。

**3.说明需要**

这一过程是进一步对所需产品的规格型号等进行详细的技术说明，如产品的品种、规格、质量、价格、数量和购进时间等，并形成书面材料作为采购人员采购时的依据。

### 4.物色供应商

这一过程是指采购人员根据采购说明书的要求通过多种途径搜集信息，然后对供应商的生产、供货、人员配备及信誉等方面进行调查，从中选出理想的供应商作为备选。

### 5.征求供应建议书

征求供应建议书指向合格的备选供应商发函，请其尽快寄来供应建议书，如果是复杂、贵重产品的新购买，更需详尽的材料。卖方企业为得到订单，在这一阶段要特别注意提供详尽的书面申请，除对产品详加介绍外，还要强调本企业的生产能力和资源条件等。

### 6.选择供应商

中间商采购中心的成员将对各供应商提供的报价材料一一评价，经过比较，做出选择。他们通常特别重视以下因素：（1）交货能力；（2）产品质量、规格；（3）价格；（4）企业信誉及历来履行合同情况；（5）维修服务能力；（6）技术和生产能力；（7）财务状况；（8）对客户的态度；（9）地理位置。采购中心成员可通过对每位供应商在上述诸方面的表现评分，从中选出最具吸引力的供应商。此外，多数中间商不愿仅依靠单一的供应商，而是选取若干供应商，然后将其中较大的份额给予它们中的一个，这样，买方企业不会仅依赖一个供应商，而卖方企业为争得较大份额，则不得不竞相提供优惠条件。

### 7.签订合约

选定供应商后，买方即正式发出订单，订单上写明所需产品的规格、数量、交货时间、退货条款、保修条件等。双方签订合同后，合同或订单副本被送到进货部门、财务部门及企业内其他有关部门。

### 8.绩效评价

产品购进使用后，采购部门将与使用部门保持联系，了解该产品使用情况、满意与否，并考察比较各供应商的履约情况，即对各个供应商的绩效加以评价，以决定今后对各供应商的态度，如维持、修正或终止供货关系。

## 4.3.4 影响中间商购买行为的主要因素

中间商的购买行为同生产者市场一样，也受到环境因素、组织因素、人际因素和个人因素的影响。此外，采购者个人的购买风格也具有不可忽视的影响。狄克森（Roger A. Dickinson）把采购者个人的购买风格分为七类：

### 1.忠实采购者

这是指长期忠实地从某一供应商处进货的采购者。这种采购者对供应商是最有利的，供应商应当分析能使采购者保持“忠实”的原因，采取有效的措施使现有的忠实采购者保持忠实，同时将其他采购者转变为忠实的采购者。采购者忠实于某一渠道的原因有多种：首先是利益因素，对供应商的产品质量、价格、服务和交易条件感到满意或未发现更理想的替代者；其次是情感因素，长期合作，感情深厚，有过在困难时期互相帮助的经历，即使对方偶尔有不周之处也不计较，即使其他供应商的产品质量和交易条件与之相同或略优，也不愿轻易更换；最后是个性因素，该采购者认识稳定，习惯于同自己熟悉的供应商打交道，习惯于购买自己熟悉的产品。

2.随机型采购者

这类采购者事先选择若干个符合自己的采购要求、满足自己长期利益的供应商，然后随机地确定交易对象并经常更换。他们喜爱变换和不断地尝试，对任何供应商都没有长期的合作关系和感情基础，也不认为某一供应商的产品和交易条件优于他人。对于这类采购者，供应商应在保证产品质量的前提下提供理想的交易条件，同时增进交流，帮助其解决业务和个人方面的有关困难，加大感情投资，使之成为忠实的采购者。

3.最佳交易采购者

最佳交易采购者指力图在一定时间和场合中实现最佳交易条件的采购者。这类采购者在与某一供应商保持业务关系的同时，还会不断地搜集其他供应商的信息，一旦发现产品或交易条件更佳的供应商，就立刻更换供应商进行购买。他们一般不会成为某一供应商的长期顾客，除非该供应商始终保持着其他竞争者无法比拟的交易条件。这类采购者理智性强，不太受情感因素支配，关注的焦点是交易所带来的实际利益，供应商若单纯依靠感情投资来强化联系则难以奏效，最重要的是密切关注竞争者的动向和市场需求的变化，随时调整营销策略和交易条件，提供比竞争者更好的产品、更多的利益。

4.创造性采购者

创造性采购者指经常对交易条件提出一些创造性的想法并要求供应商接受的采购者。这类采购者有思想，爱动脑，喜创新，常常提出一些新的、尝试性的交易办法，在执行决策部门制订的采购方案时，最大限度地运用自己的权限，按照自己的想法去做，对于交易中的矛盾分歧能提出多种解决方案以使双方接受，如果实在无法调和，则更换供应商。对于这类采购者，供应商要给予充分尊重，对好的想法给予鼓励和配合，对不成熟的想法也不能讥笑，在不损害自己根本利益的前提下，尽可能地接受他们的意见和想法。

5.追求广告支持采购者

追求广告支持采购者指把获得广告补贴作为每笔交易的一个组成部分，甚至是首要目标的采购者。这类采购者重视产品购进后的销售状况，希望供应商给予广告支持，以扩大影响，刺激需求。这种要求符合买卖双方的利益，在力所能及或合理的限度内，供应商可考虑给予满足。

6.斤斤计较采购者

斤斤计较采购者指每笔交易都反复地讨价还价，力图得到最大折扣的采购者。这类采购者自认为非常精明，每笔交易都要求对方做出特别大的让步，一些蝇头小利也不放过，只选择价格最低或折扣最大的供应商。与这类采购者打交道是比较困难的，让步太多则无利可图，让步太少则丢了生意。供应商在谈判中要有耐心和忍让的态度，以大量的事实和数据说明自己已经做出了最大限度的让步，争取与之达成交易。

**7.琐碎采购者**

这类采购者每次购买的总量不大，但品种繁多，重视不同品种的搭配，力图实现最佳产品组合。供应商与这类采购者打交道会增加许多工作量，如算账、开单、包装和送货等，应当提供细致周到的服务，不能有丝毫厌烦之意。

## 4.4 政府市场与非营利组织市场的购买行为

### 4.4.1 政府市场购买行为分析

**1.政府采购的特点**

同私人或企业采购相比，政府采购具有行政性、社会性、法制性和广泛性等主要特点。

（1）行政性。政府采购决策是一种行政性的运行过程，要严格遵守行政决策的程序和过程，要代表政府的意志，遵循组织原则，并非将经济利益作为唯一的评价标准。

（2）社会性。政府要承担社会责任和公共责任，其包括采购行为在内的所有行为不能只对政府机构负责，而必须对全社会负责，所以其采购行为必然要综合考虑对诸如环境、就业以及国家安全等各方面的影响。同时，政府采购行为的本身也要接受社会的监督。相比企业采购要接受董事会和股东的监督而言，其接受监督的范围要大得多。

（3）法制性。在依法治国的国家中，政府行为的基本特征是必须在法律的范围内运行，所有行为必须符合法律的规范和原则。所以政府采购的对象、程序和操作都必须用法律的形式加以规定并严格执行。

（4）广泛性。政府是对国家和社会实行管理和服务的机构，其涉及的事务范围极其广泛，政治、经济、军事、教育、医疗卫生、资源开发、环境保护，几乎无所不包，所以其采购的领域必然也十分广泛，涉及的货物、工程和服务会和众多的产业有关，从而也给各行各业创造了市场机会。

**2.政府市场购买过程的参与者**

（1）行政部门的购买组织。例如，国务院各部、委、局；省、直辖市、自治区所属各厅、局；市、县所属各科、局等。这些机构的采购经费主要由财政部门拨款，由各级政府机构的采购办公室具体经办。

（2）军事部门的购买组织。军事部门采购的军需品包括军事装备（武器）和一般军需品（生活消费品）。各国军队都有国防部和国防后勤部，国防部主要采购军事装备，国防后勤部主要采购一般军需品。在我国，国防部负责重要军事装备的采购和分配，解放军总后勤部负责采购和分配一般军需品。此外，各大军区、各兵种也设立后勤部负责采购军需品。

小案例4-1　　2012年政府采购LED路灯规模突破亿元大关

2012年，对于LED照明产品的推广来说，可以说是跨越式发展的一年。综观2012年LED照明产品的市场表现，不难看出，LED照明在得到国家财政补贴政策垂青的同时，在政府采购市场的推广也发生了巨大变化，从往年的少人问津逐步蜕变为炙手可热的畅销产品，采购项目大幅增加，采购规模放量增长，成为绿色采购的“排头兵”。

中国政府采购网发布的2012年LED类产品采购情况统计结果显示，2012年LED照明产品在政府采购市场表现得有点“火”，采购项目数量约为200余项，采购规模达到2.62亿元，与往年相比，采购项目数量和采购规模均实现大幅增长。

从采购项目内容来看，主要包括LED路灯、LED室内照明、LED夜景工程照明、墙体景观灯、LED舞台灯光、隧道灯、导航灯、医用观片灯、标志牌、手术无影灯及灯具、主材、维保服务等，其中LED路灯采购表现得最为抢眼。从采购单位来看，城市建设管理部门、学校、医院、体育场所、演出团体等为采购主角。

对于LED照明产品在政府采购市场的强势发力，一位照明行业的专家向记者表示，作为节能环保产品，LED照明产品在政府采购市场发力，是政府采购节能环保政策功能的有力体现，其进一步推动了绿色采购的发展。那么，LED照明产品在政府采购市场缘何日益受到青睐呢？一位曾经负责过LED照明产品采购项目的采购代表认为，这主要有以下几个方面的原因：一是目前各级政府在节能减排方面有较大的责任和压力，采购节能环保产品、实现节能减排目标成为现实所需。二是LED照明产品推广受到消费理念、产品价格等因素影响，在大众消费者中推广仍有难度，而政府部门承担着率先垂范的责任。三是随着LED产业的发展，市场和技术日趋成熟，产品价格有所下降，也降低了市场推广的难度。

除以上原因外，从宏观层面来看，LED照明产品在政府采购市场的强劲发展势头，更得益于国家政策的有力支持。2012年，LED照明产品得到国家财政补贴青睐，首次成为节能产品惠民工程中的重要部分，16亿元财政补贴为LED照明及节能灯推广注入强大的活力。受国家扶持政策的影响，LED照明产业在经历了多年的等待后终于踏上了提速发展的轨道，整个行业焕发出前所未有的生机，LED企业、照明企业以及部分电视企业纷纷瞄准了LED照明这一具有巨大发展潜力的节能环保新兴产业。

此外，为应对气候变化，带动国内LED照明产业的发展，国家发改委在2012年进行了3次大批量的LED照明产品采购，中国普天信息产业股份有限公司、浙江阳光照明电器集团股份有限公司、东莞勤上光电股份有限公司三大企业成为该项目的中标企业和受益者。此举也为LED照明产业的发展起到了推波助澜的作用。

资料来源　佚名．2012年政府采购LED路灯规模突破亿元大关［EB/OL］．［2018-07-19］．http：//www.cnledw.com/info/newsdetail-33223.htm.

**3.影响政府购买行为的主要因素**

政府市场与生产者市场和中间商市场一样，也受到环境因素、组织因素、人际因素和个人因素的影响，但是在以下方面有所不同：

（1）受到社会公众的监督。虽然各国的政治经济制度不同，但是各国政府的采购工作都受到各方面的监督。主要监督者有：①国家权力机关和政治协商会议；②行政管理和预算办公室；③传播媒体；④公民和社会团体。

（2）受到国际国内经济形势的影响。政府在经济高涨时期会增加支出，在经济疲软时期会减缩支出。国家经济形势不同，政府用于调控经济的支出也会随之增减。例如，我国出现“卖粮难”现象时，政府按照最低保护价收购粮食，增加了政府采购支出。美国前总统罗斯福在经济衰退时实行“新政”，由国家投资大搞物资储备和基础设施建设，刺激了经济增长。

（3）受到国际国内政治形势的影响。比如，在国家安全受到威胁或出于某种原因发动对外战争时，军备开支和军需品需求就大；而和平时期用于经济建设和社会福利的支出就大。

（4）受到自然因素的影响。各类自然灾害会使政府用于救灾的资金和物资大量增加。

**4.政府购买方式**

（1）公开招标。公开招标采购就是不限定投标企业，按照一般的招标程序所进行的采购方式。这种采购方式对所有的投标者是一视同仁的，主要看其能否更加符合招标项目的规定要求。由于整个招标、评标过程会耗费大量的费用，所以公开招标一般要求采购项目的价值比较大。

（2）邀请招标。邀请招标采购是指将投标企业限定在一定的范围内（一般必须三家以上），主动邀请他们进行投标。邀请招标的原因一方面是所采购货物、工程具有一定的特殊性，只能向有限范围内的供应商进行采购；另一方面是进行公开招标所需费用占采购项目总价值的比例过大，即招标成本过高。所以，对于采购规模较小的政府采购项目一般会采用邀请招标的方式。

（3）竞争性谈判。竞争性谈判是指采购单位采用同多家供应商同时进行谈判，并从中确定最优供应商的采购方式。不采用招标方式而采用竞争性谈判的采购方式，一般适用于需求紧急，不可能有充裕的时间进行常规性的招标采购，或招标后没有合适的投标者，或项目技术复杂、性质特殊无法明确招标规格等情况下。

（4）单一来源采购，即定向采购。虽然所采购的项目金额已达到必须进行政府采购的标准，但由于供应来源因资源专利、合同追加或后续维修扩充等原因只能是唯一的，就适用于采取单一来源的采购方式。

（5）询价采购。这主要是指采购单位向国内外的供应商（通常不少于三家）发出询价单，让其报价，然后进行比较选择，确定供应商的采购方式。询价采购一般适用于货物规格标准统一、现货货源充足且价格变化幅度较小的政府采购项目。某些急需采购的项目或招标谈判成本过高的项目，也可采用询价采购的方式。

以上采购方式主要是指列入政府采购管理范围之内的采购项目的采购。列入政府采购管理范围主要是指两方面：一是属于法定的“集中采购目录”之内的采购项目；二是达到所规定的采购金额标准以上的采购项目。规定的采购金额标准（通常也称作“门槛价”），是由政府有关部门（一般必须由财政部门参与）根据实际情况规定的。在采购金额标准以下的采购项目，一般不受政府采购有关程序的约束，但也要求采用比价择优的方式。

### 4.4.2 非营利组织市场购买行为分析

**1.非营利组织的类型**

按照不同的职能，非营利组织可分为三类：

（1）履行国家职能的非营利组织，指服务于国家和社会，以实现社会整体利益为目标的有关组织，包括各级政府和下属各部门、保卫国家安全的军队、保障社会公共安全的警察和消防队、管制和改造罪犯的监狱等。

（2）促进群体交流的非营利组织，指促进某群体内成员之间的交流，沟通思想和情感，宣传普及某种知识和观念，推动某项事业的发展，维护群体利益的各种组织，包括各种职业团体、业余团体、宗教组织、专业学会和行业协会等。

（3）提供社会服务的非营利组织，指为某些公众的特定需要提供服务的非营利组织，包括学校、医院、红十字会、卫生保健组织、新闻机构、图书馆、博物馆、文艺团体、基金会、福利和慈善机构等。

**2.非营利组织的购买特点**

（1）限定总额。非营利组织的采购经费总额是既定的，不能随意突破。比如，政府采购经费的来源主要是财政拨款，拨款不增加，采购经费就不可能增加。

（2）价格低廉。非营利组织大多数不具有宽裕的经费，在采购中要求商品价格低廉。政府采购用的是纳税人的钱，更会仔细计算，用较少的钱办较多的事。

（3）保证质量。非营利组织购买商品不是为了转售，也不是使成本最小化，而是维持组织运行和履行组织职能，所购商品的质量和性能必须保证实现这一目的。比如，医院以劣质食品供应病人就会损害声誉，采购人员必须购买价格低廉且质量符合要求的食品。

（4）受到控制。为了使有限的资金发挥更大的效用，非营利组织采购人员受到较多的控制，只能按照规定的条件购买，缺乏自主性。

（5）程序复杂。非营利组织购买过程的参与者较多，程序也较为复杂。比如，政府采购要经过许多部门签字盖章，受许多规章制度约束，要准备大量的文件，填写大量的表格，遇到官僚作风严重的人则更加难办。

**3.非营利组织的购买方式**

（1）公开招标选购，即非营利组织的采购部门通过媒体发布广告或发出信函，说明拟采购商品的名称、规格、数量和有关要求，邀请供应商在规定的期限内投标。有意争取这笔业务的企业要在规定时间内填写标书，密封后送交非营利组织的采购部门。招标单位在规定的日期开标，选择报价最低且其他方面符合要求的供应商作为中标单位。

采用这种方法，非营利组织处于主动地位，供应商之间却会产生激烈竞争。供应商在投标时应注意以下问题：①自己产品的品种、规格是否符合招标单位的要求。非标准化产品的规格不统一，往往成为投标的障碍。②自己的产品能否满足招标单位的特殊要求。许多非营利组织在招标中经常附带提出一些特殊要求，比如提供较长时间的维修服务、承担维修费用等。③中标欲望的强弱。如果企业的市场机会很少，迫切地需要赢得这笔生意以维持经营，就要降低标价；如果还有其他更好的机会，只是来尝试一下，则可提高标价。

（2）议价合约选购，即非营利组织的采购部门同时和若干供应商就某一采购项目的价格及有关交易条件展开谈判，最后与符合要求的供应商签订合同，达成交易。这种方式适用于复杂的工程项目，因为其涉及重大的研究开发费用和风险。

（3）日常性采购，指非营利组织为了维持日常办公和组织运行的需要而进行的采购。这类采购金额较少，一般是即期付款，即期交货，如购买办公桌椅、纸张文具、小型办公设备等，类似于生产者市场的“直接重购”。

## 本章小结

组织市场是指购买商品和服务以用于生产性消费，以及转卖、出租，或用于其他非生活性消费的企业或社会团体。组织市场一般由生产企业、中间商、非营利性组织及政府部门等构成。组织市场的特征是：购买者少、购买数量大；购买者在地域上相对集中；衍生需求、需求波动大；需求缺乏弹性；实行专业购买；直接采购；影响购买的人多；销售访问多；互惠购买原则；租赁或分期付款。

生产者市场把生产者的购买行为分为以下三种类型：直接重购、修正重购和新购。影响生产者购买行为的因素可以归为四类：环境因素、组织因素、人际因素和个人因素。围绕采购的基本原则，生产者有三种交易导向：购买导向、采购导向和供应链管理导向。

中间商的购买类型分为采购新产品、修正重购、直接重购等类型。中间商类别不同，购买决策的参与者也不同。中间商的一般购买决策过程除环境因素、组织因素、人际因素和个人因素外，还受到采购者个人购买风格的影响。

政府市场购买组织一般分为行政部门的购买组织和军事部门的购买组织两类。购买行为受到公众因素、国内外政治因素、国内外经济因素和自然因素的影响。

非营利组织的购买特点主要有限定总额、价格低廉、质量保证、受到控制、程序复杂五个方面。通常的采购方式是公开招标选购、议价合约选购、日常性采购等。

## 复习思考题

1.组织市场有哪些特点?

2.组织市场的购买决策一般会经过哪几个主要阶段?

3.生产者用户的购买类型有哪些?

4.影响政府购买行为的主要因素有哪些?

5.非营利组织有几种类型?主要购买方式有哪些?

## 案例分析题

### 家乐福的采购模式

对家乐福而言,任何标准化尝试都是一项艰难的挑战。在欧洲、亚洲、拉丁美洲,家乐福共设有9 200家分店。1999年家乐福收购其本国竞争对手普莫德集团之后,成为世界第二、欧洲第一零售商。

一、集中配送

家乐福发现某些地区有建立配送中心的迫切需要,但在选择具有熟练配送经验的设施设备服务商的时候没有很大的选择余地。由于其规模庞大,家乐福不仅需要可储存充足产品的基本仓库,而且需要复杂的仓库管理系统。新的物流服务商通过整合零售商、世界其他地区的消费品配送专业技术,开发自己的仓库管理软件,解决了库存管理系统越来越难以适应家乐福日益扩展的商业网络需求的难题,同时方便了与当地客户的联系。

二、经营业绩考核

家乐福在经营中与其配送中心保持紧密联系。每月都要分析评估当月的经营业绩。业绩衡量标准有以下10个:

(1)质量检查。对基本设备和家用电器,家乐福检查所有产品并确定99.99%合格后才运往商店;对纺织品、玩具、快消食品,检查20%的产品并确定99.99%合格后运输。

(2)生产力。以每人每小时计算。

(3)配送时间间隔。以每天实际发车量计算。

(4)规定时间内完成运输任务的能力。实际统计以24小时、48小时或更长时间计量。

(5)平均每车装载量。以车辆最大容量计算。

(6)货车预计接发货物数量及实际接发货物数量。

(7)从供应商处得到的货物数量及需求的货物数量。

(8)运至商店的货物数量及商店的需求量。

（9）货车装载时间。分货车及货物类型计算。

（10）由供应商提供的单一商品和混合商品的数量和比率。

三、库存作业准确率

据主要负责人说，到目前为止，配送中心库存作业准确率非常高。由于采用条码技术，库存管理准确率达99.97%，外向物流订单处理准确率达99.89%。此外，尽管配送中心对商品库存量和商品积压量不能提供确切数字，但库存量和商品积压量确实很少。其中最重要的是，由于现货供应能力、客户服务水平以及库存管理可见度的提高，商品销售量持续增加。

通过集中配送，家乐福实现了拥有少量库存的目标，但增加了存货的项目分类。尤其在那些占地很大的商店，这点很重要，所以商品必须被分类存储在各个货架上。通过条码扫描技术提供的产品信息能保证供应新鲜产品并准确除去原有货架上过期的产品而将指定的产品分配到相应的货架上。

此外，家乐福也保留了从分销中心到商店运输的垂直管理。零售商与5个运输公司直接合作而且以后也将继续保持这种合作关系。

四、精益的采购

家乐福的精益的采购主要表现在以下几个方面：

1.进价调整

各公司一般都会在第一次与家乐福签订合同的同时约定产品的进货价格，如有改动，必须提前书面通知新的供货价格。当商品的进货价格需要调整时，通常的流程是：供货商与家乐福商品部沟通，提交商品价格调整通知，在双方商定的时间内，家乐福总部在系统中更新进货价格、建议零售价、生效日期等。然后，供货商须及时与家乐福门店的部门课长或助理跟进，确认零售价同步调整，避免家乐福门店毛利损失及市场价格影响。

2.价格维护

家乐福设定的经营原则之一是“每日低价”。家乐福一般会按门店覆盖商圈内的最低零售价销售商品。但是，家乐福一般不会低于该商品的进货价格销售，如遇到跌破进货价的情况，门店会知会总部解决。家乐福的商品根据零售价格控制权限，分为绿色单品和红色单品。绿色单品的零售价是固定的，仅总部有权修改；而红色单品在门店即有权修改。

3.回款管理

家乐福与供货商在合同中约定结款方式，如现款结算或月结等。供货商须在给家乐福门店开具增值税发票的当月内，与家乐福相关部门的会计对账，确认家乐福应付款与发票一致。家乐福门店财务部在每月下旬结账日前，提交确认的应付款申请到总部付款中心。家乐福总部付款中心在下月5日前，通知对应银行签发付款，并将付款明细表用快递送到分销商的联络地址。

4.发票处理

供货商与家乐福总部在合同中约定具体商品的发票交付期，比如7天等。供货商在送货后核对家乐福收货单，确认商品数量、供货价格无误，并减除退换商品金额后，开具增值税发票给家乐福门店财务部，增值税发票由相关人员签收备查。

5.费用扣除

如果没有约定，家乐福在回款的时候，可能会直接把相关市场费用扣除，而供货商或分销商直到收到货款才知道。这样将使供货商、分销商和家乐福之间账目处理复杂化。

资料来源　佚名. 家乐福与沃尔玛采购模式比较［EB/OL］.［2018-07-19］. http://blog.sina.com.cn/s/blog_be507bbb0102w40c.html.

讨论题：

1.家乐福是根据哪些变量或属性来评价和选择它的供应商的？

2.国内企业怎样做才能成为跨国零售巨头的供应商？

# 第5章 目标市场营销

学习目标

- 掌握目标市场营销的概念及步骤
- 掌握市场细分的依据与方法
- 理解目标市场选择策略
- 理解市场定位策略
- 理解市场定位策略

**引 例　老冰棍敢卖20块一根，马迭尔凭啥这么贵**

10块钱的冰激凌并不少见，但10块钱的冰棍对消费者来说有点陌生。这个价格是马迭尔的全国统一价。产品取名叫冰棍，水分却没有冰棍多，口味更像雪糕，包装配色和简单排版带着一股古老低调的气息。但这个叫“冰棍”的家伙卖得一点不便宜，一共10种口味，最便宜的一款原味冰棍5元一根，大部分10元一根，最贵的20元一根，而超市里卖的品牌冰激凌也就8块钱左右，雪糕类不超过5块钱。除了价格，北京马迭儿食品公司对马迭尔冰棍的经营位置有苛刻规定，要求不准进入超市、食杂店和住宅区，即便进驻超市也必须有独立的档口，可以是店中店，但不能是超市冷饮区域的一个冰柜，更不能跟其他品牌混在一起。这条规矩意味着马迭尔走的是和八喜、和路雪、雀巢、哈根达斯等高端冷饮品牌完全不一样的路子，后者往往紧挨着排列在大型连锁超市的冷饮柜里。马迭尔冰棍主要针对情侣、年轻的父母，这些人会有冲动性消费，此外还针对消费能力较强的固定消费群体。从其全国门店的销售情况来看，市场还是可以接受的。

资料来源　张亚楠. 老冰棍敢卖20块一根，“外来户”马迭尔凭啥这么贵？[N]. 齐鲁晚报，2016-07-22.

一般来说，企业不可能为全社会所有的顾客服务，购买者数量众多、需求和购买行为也有很大差异。要想从激烈的竞争中脱颖而出，企业要确定自己能够提供有效服务并获取最大利润的市场，而不应试图在整个市场上进行竞争。如今，大部分公司对它们希望吸引的购买者的选择性越来越强。多数公司已经从广泛营销转为目标市场营销。所谓目标市场营销，就是选择与本企业营销宗旨最适应、销售潜力最大、获利最丰厚的那部分市场作为目标，然后采取相应的市场营销手段，打入或占领这个市场。企业的目标市场营销包括三个步骤：市场细分（segmenting）、目标市场选择（targeting）和市场定位（positioning），即STP营销（如图5-1所示）。

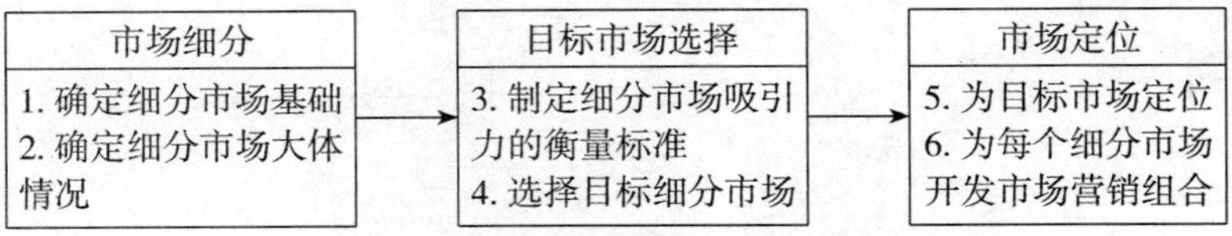


图5-1　目标市场营销的步骤

# 5.1 市场细分

## 5.1.1 市场细分的含义

### 1.市场细分的概念和内涵

1956年，美国市场营销学家温德尔·史密斯（Wendell R. Smith）总结一些企业的营销经验，提出了"市场细分"（market segmentation）的概念。市场细分是根据消费者在需求、购买行为和购买习惯等方面的明显差异性，把某一产品的市场整体划分为若干个买主群的过程。可以从下述几方面理解市场细分概念的内涵：

（1）市场细分的客观依据是现实及潜在顾客对某种产品需求的差异性。比如，由于女性和男性对服装有不同的需求，可以将服装市场细分为女装市场和男装市场。

（2）市场细分不是对产品本身进行分类，而是对同种产品需求各有一定差异的买主进行分类，从而识别具有不同需要或欲望的买主群的活动。

（3）一个买主群就是一个细分市场，亦称为"子市场"或"亚市场"，是整体市场的一部分。每一个细分市场都是由具有类似需求倾向的买主构成的群体。

（4）市场细分是一种存大异、求小同的市场分类方法。消费者受各方面因素影响，需求和购买行为有明显差异，但对某种特定产品而言，各种不同消费者组成了对其某个特性具有偏好的群体。

（5）市场细分的目的是确定目标市场，使企业更有针对性地制定营销战略，成功运用营销组合。

一般来说，经济越发达，市场的划分就越细，其主要原因是消费者的需求差异性更大。

### 2.市场细分的层次

根据细分程度的不同，企业可以采取大众市场营销、细分市场营销、补缺市场营销和微市场营销（如图5-2所示）。

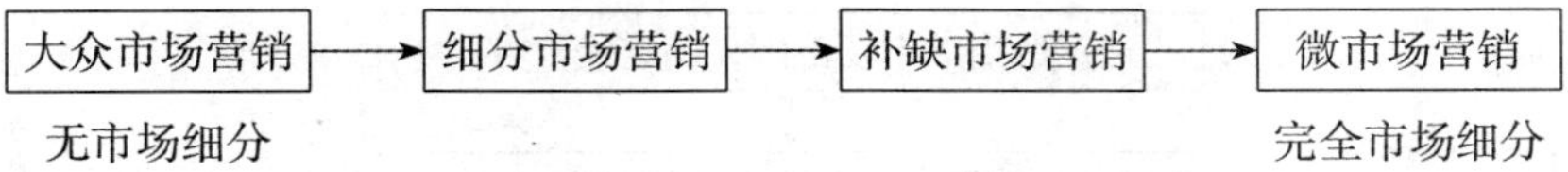


图5-2 市场细分的层次

（1）大众市场营销。大众市场营销（mass marketing），即企业不对市场进行细分，以整个市场中的共性部分作为目标，对所有顾客采用同一种方法大批量生产、分销和促销同一种产品。大众营销战略的主要优势是，由于大量营销，品种少批量大，可降低生产成本和经营成本，提高利润率。随着消费者需求日益多样化和分销渠道膨胀，商家发现已经很难用一种产品或营销方案去迎合多样的购买群体，他们纷纷从大众营销转移到细分市场营销。

（2）细分市场营销。采用细分市场营销（segment marketing）的企业将整个市场划分为几个较大的细分市场，然后为其中的一个或几个子市场提供相应的产品和服务，制定相应的营销策略。这一层次的细分市场由一个市场中有较大区别的购买者群体组成。虽然购买者需要、购买力、购买态度、购买习惯并非完全相同，但企业不会将产品或服务按每个顾客的要求来定做，而是试图将构成市场的某些大细分市场分离出来。属于同一细分市场的购买者，他们的需要被认为十分相似。比如，许多汽车公司就根据不同消费者的收入和年龄组合来细分市场。与大众市场营销相比，细分市场营销能够使企业更有效地展开营销活动。

（3）补缺市场营销。通常，细分市场是整个市场中较大的易识别群体，而补缺市场营销（niche marketing）则将细分市场划分为亚细分市场，关注那些需求没有得到满足的小市场。细分市场较大且通常吸引不少竞争者，而补缺市场较小且吸引着少数竞争者。补缺市场营销人员可以充分地了解该市场消费者的需求，以至于他们愿意支付更高的价格。利用补缺市场营销，小公司能将有限的资源集中在大竞争者忽略的补缺市场上，进而获得丰厚利润和发展。

（4）微市场营销。微市场营销（micro marketing）是指企业根据特定个人和特定地区的需求制定产品和营销策略，包括本地化营销和个性化营销。本地化营销（local marketing）是根据当地顾客群的需求来制订产品和营销计划。如书店往往依据不同的聚居区地理位置，有所侧重地供应各种不同类型的图书。个性化营销（individual marketing）是市场细分的极限层次，也可称为“定制营销”或“一对一营销”，即根据单个消费者的需求和偏好来调整产品和营销方案。随着科学技术的发展，特别是数据库、互联网等技术的不断发展，企业可以考虑实行个性化营销。

**3.市场细分的步骤**

美国营销专家麦克阿瑟认为，企业的市场细分活动一般由七个互相联系的步骤组成（如图5-3所示）。

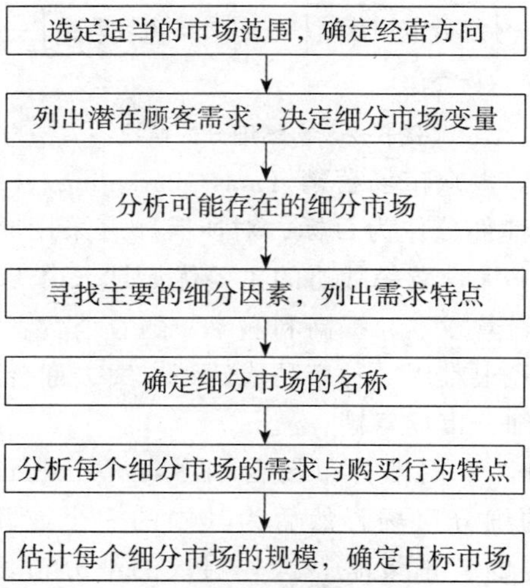


图5-3 市场细分的步骤

### 5.1.2 细分消费者市场的标准

如前所述，一种产品的整体市场之所以可以细分，是由于消费者或用户的需求存在差异性。细分消费者市场的标准指的是决定消费者需求差异的主要变量。这些变量主要有两大类：一类是消费者特征，如地理、心理、人口等；另一类是消费者追求的利益、对产品的动机和反应。表5-1列出了细分消费者市场的主要标准。

**1.按地理标准细分市场**

按照消费者所处的地理位置、自然环境来细分市场，包括根据国家、地区、城市规模、气候、人口密度等方面的差异将整体市场分为不同的小市场。把地理因素作为细分市场的标准是从消费者需求的角度出发的，往往在产品竞争不太激烈、产品差异化明显的时候见效。处于同一地理位置的消费者，受当地地理环境、气候条件、社会风俗、传统习惯的影响，消费者需求有一定的相似性，而处在不同地理环境下的消费者对于同一类产品往往有不同的需求与偏好，他们对企业采取的营销策略与措施会有不同的反应。例如，由于居住环境的差异，城市居民与农村消费者在室内装饰用品的需求上大相径庭。

地理标准易于识别，是进行市场细分时应予考虑的重要因素，但处于同一地理位置的消费者需求仍会有很大差异。比如，在我国北京、上海这样的大城市，流动人口逾百万，这些流动人口本身就构成一个很大的市场。很显然，这一市场有许多不同于常住人口市场的需求特点。所以，企业在选择目标市场时，不能简单地以某一地理特征区分市场，还需结合其他细分变量予以综合考虑。

**2.按人口标准细分市场**

按人口标准细分市场是将市场按人口因素分为多个群体，如以年龄、性别、家

表5-1 细分消费者市场的主要标准

| 细分标准 | 主要变量 | 典型分类 |
|---|---|---|
| 地理 | 世界地区和国家 | 北美、西欧、中东、亚太、中国、加拿大 |
| | 国内地区 | 华东、华南、西南、西北、东北、华中 |
| | 城市规模 | 超大城市、特大城市、大城市、乡镇 |
| | 人口密度 | 城市、郊区、农村 |
| | 气候 | 北部气候、南部气候 |
| 人口 | 年龄 | 儿童、青年、中年、老年 |
| | 性别 | 男、女 |
| | 家庭人口 | 1～2人，3～4人，5人以上 |
| | 家庭生命周期 | 单身、已婚、孤老、其他 |
| | 个人月收入 | 1 000元以下，1 001～2 500元，2 501～4 000元，4001～5 500元，5 500元以上 |
| | 职业 | 专业技术人员、经理、官员、职员、学生、家庭主妇、失业者 |
| | 教育 | 小学以下、中学、大学本科、硕士、博士 |
| | 宗教 | 佛教、伊斯兰教、基督教、天主教、其他 |
| | 种族 | 亚洲人、拉美人、黑人、白人 |
| | 国籍 | 中国、美国、英国、印度、加拿大 |
| 心理 | 社会阶层 | 下层、中层、上层 |
| | 生活方式 | 朴素型、时髦型 |
| | 个性 | 冲动型、交际型、独裁型 |
| 行为 | 购买时机 | 常规购买、特殊购买 |
| | 追求利益 | 质量、服务、经济、便捷、速度 |
| | 使用者情况 | 不使用、以前使用、可能用、第一次用、经常用 |
| | 使用率 | 不使用、少量使用、中量使用、大量使用 |
| | 忠诚度 | 无、中等、强烈、绝对 |
| | 购买准备阶段 | 没听说过、听说过、了解、感兴趣、想买、打算买 |
| | 对产品的态度 | 热心、肯定、不关心、否定、敌视 |

庭规模、家庭生命周期、收入、职业、教育程度、宗教、种族、国籍等为基础细分市场。人口变量是区分消费者群体最常用的基本要素，因为消费者需求、偏好、使

用与人口变量密切相关，比如，只有收入水平很高的消费者才可能成为高档服装、名牌化妆品、高级珠宝的经常买主。另外，人口统计变量比较容易衡量，有关数据相对容易获取，由此企业经常以它作为市场细分的依据。

(1) 性别。由于生理上的差别，男性与女性在许多产品需求与偏好上有显著差别。服饰、化妆品和杂志这类产品一直使用性别作为细分标准。近年来，随着社会的变化，一些厂商也开始利用性别细分寻找新的市场机会。汽车行业过去一直是迎合男性要求设计汽车，现在，随着越来越多的女性参加工作和拥有自己的汽车，这些汽车制造商也研究市场机会，设计具有吸引女性消费者特点的汽车。

(2) 年龄。不同年龄的消费者有不同的需求特点。一些企业依据年龄和人生阶段进行市场细分，生产不同的产品并使用不同的营销策略，以适应不同年龄和人生阶段的消费群体。但企业必须注意到同一年龄层的人群间还存在需求差异，不能简单地仅以年龄进行市场细分。

(3) 收入。高收入消费者与低收入消费者在产品选择、休闲时间的安排、社会交际与交往等方面都会有所不同。比如，同是外出旅游，在交通工具以及食宿地点的选择上，高收入者与低收入者会有很大的不同。正因为收入是引起需求差别的一个直接而重要的因素，在诸如服装、化妆品、旅游服务等领域根据收入细分市场相当普遍。

(4) 职业与教育。这是指按消费者职业的不同、所受教育的不同以及由此引起的需求差别细分市场。比如，农民购买自行车偏好载重自行车，而学生则喜欢轻型的、样式美观的自行车。又如，由于消费者所受教育水平不同，其审美观具有很大的差异，如不同消费者对居室装修用品的品种、颜色等会有不同的偏好。

除了上述方面，经常用于市场细分的人口变量还有家庭生命周期、国籍、种族、宗教等。实际上，大多数公司通常是采用两个或两个以上人口统计变量来细分市场。

**3.按心理标准细分市场**

根据购买者所处的社会阶层、生活方式、个性特点等心理因素细分市场就叫心理细分。

(1) 社会阶层。社会阶层是指在某一社会中具有相对同质性和持久性的群体。处于同一阶层的成员具有类似的价值观、兴趣爱好和行为方式，不同阶层的成员则在上述方面存在较大的差异。很显然，识别不同社会阶层的消费者所具有的不同特点，对于很多产品的市场细分将提供重要的依据。

(2) 生活方式。生活方式是指一个人怎样生活。人们追求的生活方式各不相同，有的追求新潮时髦，有的追求恬静、简朴，有的追求刺激、冒险；有的追求稳定、安逸。生活方式是影响消费者欲望和需求的一个重要因素。人们的生活方式不同，对商品的需求也就不同。一个消费者的生活方式一旦发生变化，他就会产生新的需求。因此，越来越多的企业按照消费者的生活方式来细分市场，并按照生活方式不同的消费者群体来设计不同的产品和安排市场营销组合。生活方式是消费者在一个时期内较稳定的心理行为模式，集中体现了消费者内外各种影响因素的综合作用，在一定程度上弥补了以往因选用的细分标准不科学而导致对各类消费群心理和行为描述不全面的缺陷。所以，它在理论界和实务界得到广泛应用。

（3）个性。个性是指一个人比较稳定的心理倾向与心理特征，它会导致一个人对其所处环境做出相对一致和持续不断的反应。每个人的个性都有所不同。通常，个性会通过自信、自主、支配、顺从、保守、适应等性格特征表现出来。因此，个性可以按这些性格特征进行分类，从而为企业细分市场提供依据。在西方国家，对诸如化妆品、香烟、啤酒、保险之类的产品，有些企业以个性特征为基础进行市场细分并取得了成功。

**4.按行为标准细分市场**

根据购买者对产品的了解程度、态度、使用情况及反应等将他们划分成不同的群体，叫行为细分。许多营销人员认为，行为变量能够更直接地反映消费者的需求差异，是市场细分的最佳起点。按行为变量细分市场主要包括：

（1）购买时机。依据消费者打算购买、实际购买和使用产品的不同时机，将他们划分成不同的群体。例如，城市公共汽车运输公司可根据上班高峰时期和非高峰时期乘客的需求特点划分不同的细分市场并制定不同的营销策略。购买时机细分可以帮助企业确定产品的用途。如今，越来越多的企业都根据顾客的购买需求，在节日推出关于产品的特别广告。

（2）追求利益。消费者购买某种产品总是为了解决某类问题，满足某种需要。然而，产品提供的利益往往并不是单一的，而是多方面的。对消费者进行利益细分，就是要找出不同类型人群所看中的主要利益及能满足他们利益的主要产品功能。对购买手表的人群进行分析后发现，有的人追求经济实惠、价格低廉，有的人追求耐用可靠和使用维修的方便，还有的人则偏向于显示社会地位。

（3）使用者情况。根据是否使用和使用程度细分市场，消费者通常可被分为经常购买者、首次购买者、潜在购买者、非购买者。大公司往往注重将潜在使用者变为实际使用者，较小的公司则注重于保持现有使用者，并设法吸引使用竞争产品的顾客转而使用本公司产品。

（4）使用率。市场可以被分为大量使用者、中度使用者和轻度使用者。大量使用者人数可能并不多，但他们的消费量在全部消费量中占很大的比重。美国一家公司发现，美国80%的啤酒是被50%的顾客消费掉的，另外一半的顾客的消费量只占总消费量的12%。因此，啤酒公司宁愿吸引重度饮用啤酒者，而放弃轻度饮用啤酒者，并把重度饮用啤酒者作为目标市场。

（5）忠诚度。企业还可根据消费者对产品的忠诚程度细分市场。有些消费者经常变换品牌，另外一些消费者则在较长时期内专注于某一个或少数几个品牌。分析产品的忠诚模式，有助于企业了解为什么有些消费者忠诚于本企业的产品，而另外一些消费者则忠诚于竞争企业的产品，进而改良自己的营销活动。

### 5.1.3 细分产业市场的标准

许多用来细分消费者市场的标准，同样可用于细分产业市场，如根据地理位置、追求的利益和使用率等变量加以细分。不过，由于企业与消费者在购买动机与行为上存在差别，所以，除了运用前述消费者市场的细分标准外，还可用一些新的标准来细分产业市场。表5-2中列出了企业在决定目标产业客户时应该考虑的问题。

表5-2 细分产业市场的主要标准

| 主要变量 | 考虑问题 |
|---|---|
| 客户情况 | 购买我们产品的哪些行业值得我们关注<br>我们应该针对什么规模的企业<br>我们应该关注哪些地区 |
| 经营特点 | 我们应该关注顾客的哪些技术<br>我们应该关注大量使用者、一般使用者、较少使用者还是非使用者<br>我们应该关注需要大量服务的客户，还是不需要服务的客户 |
| 购买方式 | 我们应该关注长期采购的企业，还是分散采购的企业<br>我们的目标企业由谁做主，生产人员、财务人员还是营销人员<br>我们应该关注与我们关系已经十分密切的企业，还是去寻找更为合适的企业<br>我们应该关注注重质量的企业，还是注重服务或价格的企业 |
| 形势因素 | 我们应该关注要求快速交货和服务的公司吗<br>我们应该关注产品的某些应用还是全部应用<br>我们应该关注大批量订货还是小批量订货 |
| 个性特点 | 我们是否应该重点关注价值观与我们相似的公司<br>我们应该关注有风险偏好的企业，还是风险回避的企业<br>我们是否应重点关注对供应商忠诚度很高的客户 |

### 5.1.4 有效市场细分的原则

企业可以按照多种方法对市场进行细分，但并非所有的细分都是有效的。成功有效的市场细分应遵循以下基本原则：

**1.可衡量性**

可衡量性是指用来细分市场的标准及细分后的市场是可以识别和衡量的，细分出来的市场不仅范围明确，而且对其规模、购买力和基本情况都能大致做出判断。如果某些细分标准或购买者的需求和特点很难衡量，细分后的市场难以描述，那么市场细分就失去了意义。一般来说，一些带有客观性的变量，如年龄、性别、收入、地理位置、民族等，都易于确定，并且有关信息和统计数据也比较容易获得；而一些带有主观性的变量，如心理和性格方面的变量，就比较难以确定。

**2.可占领性**

细分市场的可占领性主要有两方面的含义：一是足量性，它是指细分市场的大小和利润达到了值得单独营销的程度，即划分出来的细分市场必须是值得采取单独营销方案的最小单位。二是细分后的市场是企业可以用现有的人力、物力、财力去占领的。

**3.可接近性**

可接近性是指细分出的市场是企业营销活动能够通达的市场。企业能够通过一定的广告媒体把产品信息传递给市场中的消费者，或者产品能够经过一定的销售渠道抵达该市场。

**4.稳定性**

细分的市场不但要有一定的市场容量和发展潜力，而且要有一定程度的稳定性。

**5.独特性**

独特性指细分出来的市场在概念上容易区分，对不同的市场营销计划有独特的反应，即用某种特定方法细分出来的各个细分市场，其成员对市场营销计划的反应必须是不同的。

## 5.2　目标市场选择

市场细分为企业找出了各种市场机会。接下来，企业要弄清哪些细分市场值得公司进入，以确定目标市场。在市场细分的基础上，从满足现实或潜在目标顾客的需求出发，并根据企业自身经营条件而选定的特定市场即为目标市场。目标市场选择，是指企业从潜在的几个目标市场中，根据一定的要求和标准，选择其中某个或某几个目标市场作为可行的经营目标的决策过程，主要包括细分市场评估和目标市场确定。

### 5.2.1　细分市场评估

企业对不同的细分市场进行评估时，一般考虑以下三个因素：

**1.细分市场的规模和发展前景**

选定的目标市场必须具有一定规模和发展潜力，才能保证企业获得预期利润。因此，是否具备适度规模成为企业考核细分市场的首要问题，但“适度规模”是个相对的概念。大公司通常重视销量大的细分市场，忽视销量小的细分市场；反之，小公司则较多选择那些看起来不太具有吸引力的小市场，因为在这样的市场中，竞争者较少，企业也具备充分提供服务的能力。细分市场发展通常是一个预测指标，企业一般都想扩大销售额和增加利润，但竞争对手会迅速抢占正在发展的细分市场，使本企业利润减少。要估计细分市场的规模和发展前景，企业必须做好有关数据的收集分析工作。

2. 细分市场的长期吸引力

有的细分市场可能具备理想的规模和发展前景，但从赢利的角度来看未必有吸引力。迈克·波特认为有五种力量决定一个细分市场的长期内在吸引力，企业应就这五种力量对长期赢利的影响做出评估，如图5-4所示。如果企业在其中某些方面受到很大威胁的话，该细分市场也是缺乏吸引力的。

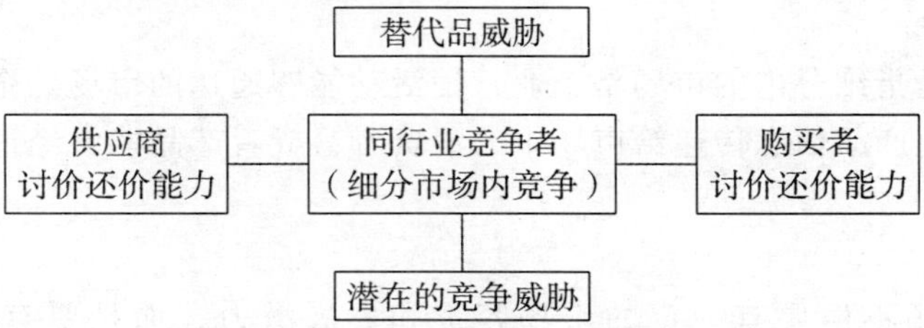


图5-4　细分市场结构吸引力五种力量分析

3. 企业的目标和资源

即使某个细分市场具有一定规模和发展特征，并且其组织结构也有吸引力，企业仍需将其本身的目标和资源与其所在细分市场的情况结合在一起考虑。某些细分市场虽然有较大吸引力，但不符合企业长远目标，因此不得不放弃。这是因为这些细分市场本身可能具有吸引力，但是它们不能推动企业实现自己的目标，甚至会分散企业的精力，使之无法实现主要目标。

即使这个细分市场符合企业的目标，企业也必须考虑本企业是否具备在该细分市场取胜所必需的技术和资源。无论哪个细分市场，要在其中取得成功，必须具备某些条件。如果在某个细分市场中企业在某个或某些方面缺乏必要的能力，并且无法获得必要的能力，也要放弃这个细分市场。即使企业具备必要的能力，也还不够。如果企业确实能在该细分市场取得成功，它也需要发展其优势，以压倒竞争对手；如果企业无法在市场或细分市场创造某种形式的优势地位，它就不应贸然而入。

### 5.2.2　目标市场选择

1. 目标市场选择策略

目标市场选择策略，是指企业对客观存在的不同消费者群体，根据不同商品和劳务的特点，采取不同市场营销组合的总称。共有三种目标市场策略可供选择。如图5-5所示，企业可任选一种市场覆盖策略，即无差异营销、差异性营销和集中性营销。

（1）无差异市场营销策略。无差异市场营销策略指企业以一种产品、一种市场营销组合，试图在整个市场上吸引尽可能多消费者的策略。当企业断定各细分市场之间差异很小时可考虑采用这种市场营销策略。这种策略在同质市场被广泛采用，因为这些市场的需求本身不存在实质性差别；或者即使买方需求存在差别，但企业认为他们有足够的相似之处，可以作为同质市场对待时，也可采用这种策略。

无差异市场营销策略的优点就在于成本低。单一产品线可以产生相对的规模经济效益，存储和运输也比较方便，广告、物流等资源配置都集中在一种产品上，有利于强化品牌形象。我国的解放卡车曾经也是典型的奉行无差异化营销策略的例子。1956年7月13日，第一辆解放卡车CA10型4吨载货汽车驶下总装线。由于当时是计划经济时代，生产不是由市场指导，而是一直按国家计划来进行，企业不能自主决定生产什么车型，所以从CA10系列到CA15系列，“老解放”生产了整整30年，总计生产了1 281 502辆。一直到1986年7月15日，第二代解放汽车CA141才开始垂直换型生产。对于那些被广泛需要的，能够大量生产、大量销售的产品，以及具有垄断性、不易仿制的产品，均可采用这种策略。

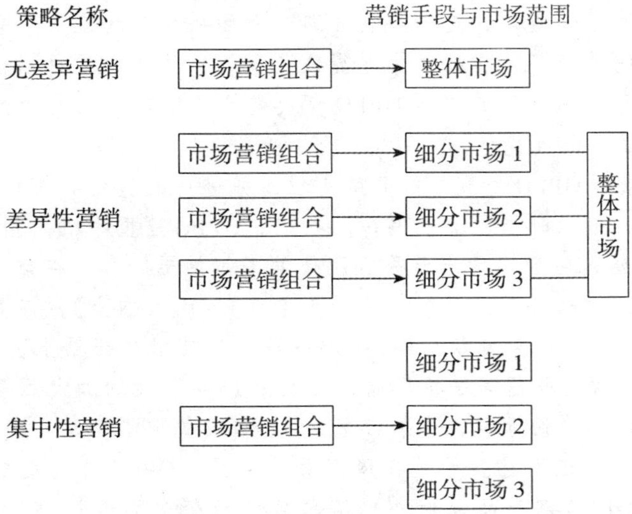


图5-5 三种可替代的市场覆盖策略

（2）差异性市场营销策略。差异化市场营销策略指企业推出多种产品、采用不同的市场营销组合，以满足各个细分市场不同需求的目标市场营销策略。

差异性策略的优点是：小批量、多品种，生产机动灵活、针对性强，使消费者需求更好地得到满足，由此促进产品销售。企业在产品设计或宣传推销上能有的放矢，分别满足不同地区消费者的需求，可增加产品的总销售量，同时可使企业在细分小市场上占有优势，从而提高企业的市场竞争力。由于企业是在多个细分市场上经营，在一定程度上可以减少经营风险，一旦企业在几个细分市场上获得成功，则有助于提高企业的形象及提高市场占有率。

越来越多的企业采用差异性营销，它往往能带来比无差异营销更大的总销售额。但是，差异性营销也会增加企业的经营成本和销售费用，如增加产品的改良成本、制造成本、管理费用、储存费用等。因此，企业在决定是否使用差异性营销策略之前，必须衡量增加的成本与销售额之间的关系。

差异性市场策略的不足之处主要体现在两个方面：一是增加营销成本。由于产品品种多，管理和存货成本将增加；由于企业必须针对不同的细分市场制订独立的营销计划，因而会增加企业在市场调研、促销和渠道管理等方面的营销成本。二是可能使企业的资源配置不能有效密集，顾此失彼，甚至在企业内部出现彼此争夺资源的现象，使拳头产品难以形成优势。

**小案例5-1　　OPPO的差异化营销**

在国产手机厂商中，OPPO不是巨头，它一直本分而独立地生存着。在小米以“性价比”席卷国内市场四五年之后，中国仍然有两家手机品牌即OPPO与VIVO坚守将旗舰机的价位定在3 000元以上。OPPO的高价格、高利润、极高的三四线城市市场占有率，一直是一个谜一样的存在。它的成功源于在品牌、设计、价格、渠道层面扬长避短，走差异化之路。对于手机市场来说，差异化策略在战略上已经被证明是捷径，在战术上显得成长缓慢、风险重重，以前一直是手机巨头们不看好、不想做的，这使得OPPO有效避开了手机巨头的激烈竞争，甚至在一些领域形成了垄断性优势。

品牌差异化：OPPO是最早做品牌定位，并进行大规模品牌宣传的。OPPO的目标用户年轻、追求时尚，女性偏多。所以，OPPO注重手机的拍照与摄像功能，并于2011年开始，重金聘请宋慧乔、莱昂纳多等拍摄广告，在热门娱乐节目及影视上大笔投入，如冠名湖南卫视《快乐大本营》《天天向上》，江苏卫视《非诚勿扰》，东方卫视《中国达人秀》等。OPPO努力为其用户群贴上“国际范”“时尚范”的标签。华为、联想等手机厂商，直到2013年才开始加大品牌建设力度。

设计差异化：确切地说，比拼参数，OPPO难敌中华酷联。同时，OPPO的用户群对参数也不是很敏感。于是在谈产品的时候，OPPO总是更多强调外观设计和用户体验。OPPO将产品设计外包给总部位于荷兰的设计公司Studio Dumbar，并加大在用户体验方面的市场调研，面向用户设计产品。

价格差异化：在运营商话语权主导下，国内手机市场呈现两头大中间小的M形态势。高端产品在4 000元以上的以苹果、三星为主，中华酷联等传统手机厂商在1 500元以下的中低端展开激烈争斗，而中间是OPPO、VIVO、金立等。据ZDC（中关村在线成立的“互联网消费调研中心”的简称）统计，2013年，中兴手机的均价为844元，华为手机的均价为1 386元，酷派手机的均价为814元，联想手机的均价为851元，而OPPO手机的均价是2 490元。前四者2013年销量份额都在前五名之列。销量大户们在中端市场的缺位，减轻了OPPO的发展压力。

渠道差异化：中华酷联等以运营商渠道为主，小米等以互联网渠道为主，OPPO以社会渠道为主，采取厂商渠道一体化模式。运营商渠道竞争最大，同时也容易形成销售规模。OPPO在2008年才开始做手机，起步较晚，无缘运营商渠道。在这种情况下，OPPO扬长避短，专注于其他手机厂商不愿做的社会渠道，以参股方式提高对渠道的忠诚度，尤其是在二三线城市深耕，使得OPPO的高利润成为可能。

资料来源　陈述．OPPO：当差异化优势不再，未来何去何从？[EB/OL]．[2018-07-19]．http：//www.tmtpost.com/158825.html.

（3）集中性市场营销策略。集中性市场营销策略也称密集性营销策略，指企业集中力量推出一种或少数几种产品和市场营销组合手段，对一个或少数几个子市场加以满足的目标市场营销策略。实行这种策略的企业，它们期望的不是在较大的市场上拥有较小的份额，而是在较小的市场上拥有较大的份额。由于生产和营销的集中，企业可以深入了解和占领某一特定细分市场，并取得有利地位。集中性市场营销策略适合经营对象集中、对局部市场了解比较深入、信息反馈快，且在生产和销售方面实行专业化的企业。但该策略风险较大，如果目标市场突然变化或出现强有力的竞争者，企业就可能陷入困境。

集中性市场策略的指导思想是：与其四处出击收效甚微，不如突破一点取得成功。这一策略特别适合于资源力量有限的中小企业。中小企业由于受财力、技术等方面因素制约，在整体市场上可能无力与大企业抗衡，但如果集中资源优势在大企业尚未顾及或尚未建立绝对优势的某个或某几个细分市场进行竞争，成功可能性更大。

集中性市场策略的局限性体现在两个方面：一是市场区域相对较小，企业发展受到限制。二是潜伏着较大的经营风险，一旦目标市场突然发生变化，如消费者趣味发生转移，或强大竞争对手进入，或新的更有吸引力的替代品出现，都可能使企业因没有回旋余地而陷入困境。

以上三种策略各有其优缺点（见表5-3），企业在选择目标市场策略时要考虑企业实力、产品特点、市场特点、产品生命周期和竞争者市场策略等因素，灵活地选择自己的目标市场策略。

表5-3 **目标市场选择策略比较**

| 无差异营销 | 集中性营销 | 差异性营销 |
|---|---|---|
| 单一产品 | 少数性质类同的产品 | 多样化产品 |
| 整体市场 | 少数细分市场 | 所有或多个细分市场 |
| 统一的市场营销 | 专业营销组合 | 差异、针对性营销组合 |
| 经济性好 | 经济性较好 | 经营成本高 |
| 风险大、难适应差异性需求 | 风险较大 | 风险小 |
| 相关性：无差异←——→集中←——→差异化 | | |

**2.目标市场进入模式**

企业对市场经过细分、评估后，可能得出许多可供进军的细分市场，这时企业就要进一步做出市场细分的决策，即决定向哪个市场或多少个市场进军，也就是做出市场覆盖宽度的决策。企业可以考虑5种目标市场模式，如图5-6

所示。

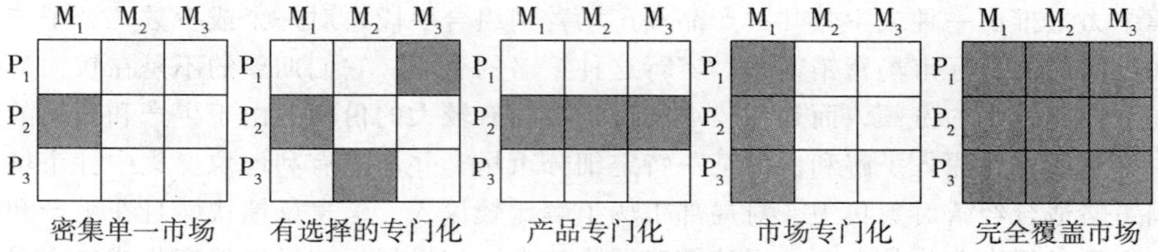


**图5-6 目标市场选择的五种模式**

（1）密集单一市场。密集单一市场是指企业将全部资源集中于某一产品为某一市场服务的目标市场模式。企业通过密集营销，更加了解本细分市场的需要，并树立起特别声誉，可在该细分市场建立巩固的市场地位。另外，通过生产、销售和促销的专业化分工，企业能够获得许多经济效益。比如，美即公司仅凭经营面膜一款产品获得了巨大的市场成功。但是，密集市场营销比一般情况风险更大。如果个别细分市场出现不景气的情况，或者某个竞争者决定进入同一个细分市场，都可能为企业带来巨大经营风险。

（2）有选择的专门化。有选择的专门化指企业选择若干个细分市场，其中每个细分市场都有吸引力并符合企业的要求，企业将其资源分散在这些不同的细分市场为相应的顾客提供产品或服务。各细分市场之间很少有或者根本没有任何联系，然而每个细分市场都有可能赢利。这种多细分市场目标优于单细分市场目标，因为这样可以分散企业的风险，即使某个细分市场失去吸引力，企业仍可继续在其他细分市场获取利润。

（3）产品专门化。产品专门化指企业将全部精力和资源集中于同一产品，为不同的顾客提供同一类产品。例如，显微镜生产商仅向大学实验室、政府实验室和工商企业实验室销售显微镜，而不去生产实验室可能需要的其他仪器。企业通过这种战略，能在某个产品方面树立起很高声誉，但如果产品比如显微镜，被一种全新的显微技术代替，企业就会面临危机。

（4）市场专门化。市场专门化指企业将全部精力和资源集中于某个顾客群，专门为满足该顾客群的各种需要提供不同的产品和服务。例如，企业可为大学实验室提供一系列产品，包括显微镜、示波器、本生灯、化学烧瓶等。企业专门为这个顾客群体服务，而获得良好声誉，但如果大学实验室突然削减经费预算，它们就会减少从这个市场专门化企业购买仪器的数量，企业就会面临危机。

（5）完全覆盖市场。完全覆盖市场指想用各种产品去满足各种顾客群体的需求，即以全面的产品或服务全面进入市场。只有大企业才能采用完全覆盖市场战略，例如像IBM（计算机市场）、通用汽车公司（汽车市场）和可口可乐公司（饮料市场）等。

### 3.选择目标市场营销策略的影响因素

企业选择目标市场前，应考虑的因素主要有：

（1）企业实力。如果企业在人力、物力、财力及信息方面资源不足，能力有限，无力把整个市场作为目标市场，可用市场集中模式，实行集中性营销。如果企业规模较大，技术力量和设备能力较强，资金雄厚，原材料供应条件好，则可采用差异性营销策略或无差异营销策略。实力雄厚的大企业，不仅可以采用差异性市场营销及无差异营销策略覆盖整个市场，其他各种模式也可根据需要采用。

（2）商品的同质性。商品的同质性是指这一类商品提供了类似的功效。对于同质性商品，虽然由于其原材料和加工方式不同而使产品质量存在差别，但这些差别并不明显，只要价格适宜，消费者一般无特别的选择，无过分的要求，因而可以采用无差异营销策略。如果商品设计变化较多，如服装、食品等，价格有显著差别，消费者对产品的质量、价格、包装等常常要反复评价比较，然后决定购买，这类产品就必须采用差异性营销策略。

（3）市场的同质性。市场的同质性是指所有购买者爱好相似，对市场营销刺激的反应也相同。在这种情况下企业可以采用无差异营销策略。如果各消费者群体的需求、偏好相差甚远，则必须采用差异化营销策略、集中性营销策略或市场专门化，使不同消费者群体的需求得到更好的满足。

（4）产品所处的生命周期阶段。产品所处的生命周期不同，采用的市场营销策略也是不同的。当企业把一种新的商品导入市场时，现实的做法是仅强调商品的特点，因此无差异营销最能奏效。当产品进入成熟期或衰退期，无差异营销策略就完全无效，须采用差异性营销策略，才能延长成熟期，开拓市场，维持和扩大销售量，或者采用集中性营销策略来实现上述目标。

（5）竞争对手的目标市场策略。企业生存于竞争的市场环境中，对市场营销策略的选用也要受到竞争者的制约。竞争者采用了差异性营销策略，如本企业采用无差异营销策略，就往往无法有效地参与竞争，很难占有有利的地位，除非企业本身有极强的实力和较大的市场占有率。如果竞争者采用的是无差异营销策略，则无论企业本身的实力大于或小于对方，采用差异性营销策略，特别是采用集中性营销策略，都是有利可图、有优势可占的。

总之，选择适合于本企业的目标市场营销策略，是一项复杂的、随时间变化的、有高度艺术性的工作。企业本身的内部环境，如研究开发能力、技术力量、设备能力、产品的组合、资金是在逐步变化的；影响企业的外部环境因素也是千变万化的。企业要不断通过市场调查和预测，掌握和分析这些变化的趋势，与竞争者的各项条件做对比，扬长避短，把握时机，采用恰当的、灵活的策略，去争取较大的利益。以上因素分析见表5-4。

表5-4 企业目标市场策略选择影响因素分析表

| | 企业实力 | 产品同质性 | 市场同质性 | 产品生命周期 | 竞争者策略 |
|---|---|---|---|---|---|
| 无差异市场策略 | 强 | 高 | 高 | 投入期 | — |
| 差异性市场策略 | 强 | 低 | 低 | 成长期<br>成熟期 | 无差异<br>差异性 |
| 集中性市场策略 | 弱 | 低 | 低 | — | — |

## 5.3 市场定位

### 5.3.1 市场定位的含义

企业在做出目标市场选择之后，还要决定如何定位。1972年，两位美国广告人艾尔·里斯和杰克·特劳斯提出市场定位理论，后流行开来。2001年，该理论被美国营销学会评为有史以来对美国营销影响最大的观念。所谓目标市场定位(market positioning)，就是针对竞争者现有产品在市场上所处的位置，根据消费者或用户对该产品某一属性或特征的重视程度，为本企业产品塑造强有力的、与众不同的鲜明个性，并将其形象生动地传递给顾客，求得顾客认同。

市场定位的实质是使本企业与其他企业严格区分开来，使顾客明显感觉和认识到这种差别，从而在顾客心目中占有特殊位置。它主要包括客户定位（确定企业的目标顾客群）、竞争定位（确定企业相对于竞争者的市场位置）和产品定位（企业用什么样的产品来满足目标顾客群的需求）三方面内容。企业的市场营销策略往往围绕其市场定位制定。

小案例5-2 红罐王老吉的定位

王老吉凉茶发明于清道光年间，至今已有175年，被公认为凉茶始祖，有“药茶王”之称。

2002年以前，红色罐装王老吉（以下简称“红罐王老吉”）在广东、浙南地区销量稳定，盈利状况良好，有比较固定的消费群，红罐王老吉饮料的销售业绩连续几年维持在1亿多元。发展到这个规模后，企业不得不面临一个现实难题——红罐王老吉当“凉茶”卖，还是当“饮料”卖？

在广东区域，红罐王老吉拥有凉茶始祖“王老吉”的品牌，却长着一副饮料化的面孔，让消费者觉得“它好像是凉茶，又好像是饮料”，陷入认知混乱之中。而在浙南，主要是温州、台州、丽水三地，消费者将“红罐王老吉”与康师傅茶、旺仔牛奶等饮料相提并论，没有不能长期饮用的禁忌。加之当地在外经商的人众多，经他们的引导带动，红罐王老吉很快成为当地最畅销的产品。面对消费者这些混乱的认知，企业急需通过广告提供一个强势的引导，明确红罐王老吉的核心价值，并与竞争对手区别开来。

2002年底，加多宝公司找到成美营销顾问公司，经一轮深入沟通后，加多宝公司委托成美先对红罐王老吉进行品牌定位。在研究一个多月后，成美向加多宝提交了品牌定位研究报告，明确红罐王老吉是在“饮料”行业中竞争，竞争对手应是其他饮料；其品牌定位——“预防上火的饮料”，独特的价值在于——喝红罐王老吉能预防上火，让消费者无忧地尽情享受生活：吃煎炸、香辣美食，烧烤，通宵达旦看足球……

2003年，投入4 000多万元广告费后，红罐王老吉年销售额增长近400%，从1亿多元猛增至6亿元，2008年突破120亿元，一举改变了饮料格局，成为中国单罐冠军。

资料来源 佚名. 红罐王老吉品牌定位战略［J］. 哈佛商业评论，2004（11）.

### 5.3.2 市场定位策略选择

企业在选定自己的目标顾客群之后，可供参考的定位策略主要集中在竞争定位和产品定位两个方面。

**1.竞争定位策略**

市场定位是一种竞争策略，显示了产品或者企业与类似产品及企业之间的竞争关系。定位方式不同，竞争态势也不同，共有三种主要的定位方式。

（1）避强定位策略。这种策略是企业避免与强有力的竞争对手发生直接竞争，而将自己的产品定位于另一市场的区域内，使自己的产品在某些特征或属性方面与强势对手有明显的区别。这种策略可使自己迅速在市场上站稳脚跟，并在消费者心中树立起一定形象。由于这种做法风险较小，成功率较高，常为多数企业所采用。但是避强往往意味着企业必须放弃某个最佳的市场位置，也有可能使企业处于最差的市场位置。例如，美国七喜汽水将产品定位于“非可乐型饮料”，避免了与可口可乐和百事可乐的正面竞争，成功在龙争虎斗的饮料市场上占据了老三的位置。

（2）迎头定位策略。这种策略是企业根据自身的实力，为占据较佳的市场位置，不惜与市场上占支配地位、实力最强或较强的竞争对手发生正面竞争，从而使自己的产品进入与对手相同的市场位置。由于竞争对手强大，这一竞争过程往往相当引人注目，企业及其产品能较快地为消费者所了解，达到树立市场形象的目的。这种策略可能引发激烈的市场竞争，具有较大的风险。因此，企业必须知己知彼，了解市场容量，正确判定凭自己的资源和能力是不是能比竞争者做得更好，或者能不能平分秋色。

（3）重新定位策略。这种策略是企业对销路少、市场反应差的产品进行二次定位。初次定位后，如果由于顾客的需求偏好发生转移，或者由于新的竞争者进入市场，选择与本企业相近的市场位置，市场对本企业产品的需求减少，企业就需要对其产品进行重新定位。一般来说，重新定位是企业摆脱经营困境、寻求新的活力的有效途径。此外，企业如果发现新的产品市场范围，也可以进行重新定位。

**2. 产品定位策略**

产品定位是将选择的目标市场与企业产品结合的过程，是将市场定位企业化、产品化的工作。对产品进行市场定位的依据很多，包括产品属性、特色、价格、质量、用途、使用方式，以及目标顾客群的个性、类型等。

（1）根据产品特色定位。构成产品特色的因素很多，企业可以突出产品的某项特殊功能，使它在同类产品中显示出明显的区别和优势，以增强选择性要求。如药物牙膏，有的突出防治牙疼的功效，有的突出防治牙周炎的功效，有的突出防治牙龈出血的功效。

（2）根据顾客得到的利益定位。产品提供给顾客的利益是顾客最能切实体验到的，也可以用作定位的依据。比如，克莱斯勒汽车定位为豪华气派、丰田汽车定位为物美价廉、沃尔沃汽车定位为结实耐用。

（3）根据产品使用场合定位。这是一种为老产品创造新市场定位的好方法。我国曾有一家生产曲奇饼干的厂家，它最初将饼干定位为家庭休闲食品，后来发现不少顾客购买是为了馈赠，于是又将之定位为礼品。

（4）根据使用者类型定位。企业常常试图将其产品指向某一类特定的使用者，并根据这些顾客的看法塑造恰当的产品形象。找出产品的正确使用者会使定位在目标市场上显得更突出。美国米勒啤酒公司曾将其原来唯一的品牌“高生”啤酒定位于“啤酒中的香槟”，吸引了许多不常饮用啤酒的高收入妇女。但企业后来发现，30%的狂饮者大约消费了啤酒销量的80%。于是，该公司在广告中展示石油工人钻井成功后狂欢的镜头，还有年轻人在赛场上冲刺后开怀畅饮的镜头，塑造了一个“精力充沛的形象”，从而成功占领啤酒狂饮者市场达10年之久。

小案例5-3　　云南白药牙膏

2004年云南白药牙膏上市半年就为集团带来了200万元的销售额。负责销售的云南白药集团医药电子商务有限公司副总秦皖民表示：“在牙膏行业我们不具备品牌优势，所以营销思路是不做普通日化，而是以牙膏为载体的保健品。这招叫剑走偏锋，和高露洁、佳洁士不正面出击，不以量胜，而以单支较高的附加值来赢得效益，创造牙膏的保健品神话。”面对高露洁、佳洁士、中华等国内外众多强势品牌，云南白药牙膏作为一支药企生产的标价20多元的高端牙膏，到底是怎么取得如此骄人的成绩的？具体来说，应归功于以下几个方面：

1.市场细分：有不同程度口腔问题的人

云南白药集团推出以“防治牙龈出血”为主要诉求点的白药牙膏，是一次将企业自身的优势和消费者的潜在需求相结合，针对分众市场推出细分产品的很好的尝试。我国80%的消费者都存在不同程度的牙龈出血的情况，市场潜力庞大；在目前的牙膏市场上，尽管有不少品牌的牙膏都具有防止牙龈出血、溃疡等口腔疾病的功效，但是将综合性功效着眼于防止牙龈出血这一点进行诉求的，独云南白药牙膏一家。同时，成年人大多有口腔溃疡，牙龈肿痛、出血、萎缩等口腔问题。这些口腔“小问题”虽然不足以去医院，但大多给人们带来了困扰，人们有快速解决的心理和生理需求，对高端口腔护理产品的需求也越来越强。因此这个领域的竞争环境是相对宽松的。这也为云南白药在未来获得“白药牙膏=防止牙龈出血的牙膏”的强势地位带来了机会。

2.定位：口腔全能膏

随着辛辣饮食、工作压力、电脑辐射、失眠等诸多生活问题的出现，中国人牙龈出血、口腔溃疡、口臭等口腔健康问题日益突出，而云南白药的药物成分对各种口腔问题恰好有显著效果。这些传统牙膏所不能解决的而消费群体又存在巨大潜在需求的“空白点”，恰恰是云南白药牙膏能填补的优势点。以牙膏为载体，将云南白药用于口腔保健，使白药的功效在牙龈、口腔等软组织中发挥其独特功效，是云南白药集团科研专家多年攻坚的成果。事实上，这不是一支普通的牙膏，而是一支能解决多种口腔问题的牙膏。跳出普通牙膏阵营，不让云南白药牙膏姓“牙”，而是作为一支“口腔全能膏”，能综合解决成年人的口腔问题，给大众带来真正口腔健康的一支真正意义上的“非传统牙膏”。

3.优良品质为保证

云南白药牙膏充分借势云南白药“国宝中草药”以及国家赋予它的“国家保密配方”的强大优势，紧握白药这把“尚方宝剑”，强打“国家保密配方”，以白药的独有性、药理的广博性、药效的确切性，充分获得了消费者的信任。云南白药牙膏独创性地含有药物成分，而且是独一无二的“云南白药”。云南白药牙膏在营销传播中精选了“牙龈出血、牙龈肿痛、口腔溃疡”这三大症状，不但吻合老百姓熟知的云南白药“止血、止痛、消炎”的功效，更重要的是消费者有消除这些症状的迫切需求，从而能够给消费者购买云南白药牙膏带来一种“紧迫感”。

4.不菲的价格

上市伊始，云南白药牙膏走的就是高端路线，根据地区不同试销价每支22至24元。在沃尔玛与一些连锁药店，云南白药牙膏的市场零售价基本上就统一在了19.8元/支。按业界的一般说法，一支重量120克的牙膏，价位在6元以上的就属高档牙膏，如高露洁、黑妹、佳洁士等；价位2～6元的是中档牙膏；2元以下的算低档。在品牌多达40多个、品种超过300种的牙膏市场上，它是少有的几个价格在20元左右的牙膏品牌之一。

5.独特的销售渠道

云南白药牙膏在项目运营初期，借鉴了保健品“药店+商超”的渠道模式，利用企业有较好基础的通路——医药品渠道，让牙膏破天荒地摆进了药店。首先从有深厚基础的药店入手，让消费者买得到产品，同时逐步开发商超等其他分销渠道，待整个日化渠道相对成熟后，再将渠道全面理顺、整合，实现了对不同业态终端的高度覆盖。经过3年的市场推广，最初决策的合理性日益凸现，医疗行业、公众对牙周、口腔健康的关注度日趋提升，相关产业市场容量逐步提升，而抢得先机的云南白药牙膏从中受益颇丰。

2006年底，云南白药牙膏的市场销售额累计已飙升至3亿元，成功开拓了功能性牙膏高端市场的新大陆，确立了中国功能性牙膏的品牌地位；2007年底，云南白药牙膏的销售额累计冲破6亿元，一举成为医药产品进军日化领域的成功典范。在口腔保健领域得到客户的普遍认可，对于牙膏产品而言，这在日化领域可谓“奇迹”。在洋品牌占据中国牙膏市场绝对优势的今天，云南白药牙膏凭借其产品内富含的百年国药——云南白药活性成分——而独树一帜，现已进入中国牙膏业十大销售品牌之列，每年销量更是以超过50％的速度增长，这更加促使云南白药集团向新的制高点迈进。同时，云南白药牙膏也面临一些问题：云南白药牙膏是日化消费品还是药品？云南白药牙膏以高端消费者还是以牙龈出血的患者为自己的核心目标消费人群呢？

资料来源　佚名．云南白药牙膏定位窘境［EB/OL］．［2015-06-05］．http：//eliar.blog.163.com/blog/static/13086178520103610404488/.

### 5.3.3　市场定位的步骤

一些企业发现选择市场定位策略很容易，但在许多时候，两家或者更多的企业会有相同的定位，因此，它们不得想办法将自己与其他企业相区别。市场定位工作包括三个步骤：识别可能的竞争优势、确定合适的竞争优势和选择整体定位策略。然后，企业将确定的定位有效地向市场沟通传达。

**1.识别可能的竞争优势**

消费者一般都选择那些给他们带来最大价值的产品和服务，赢得与保持顾客的关键是能够比竞争者提供更多价值。当企业把自己定位为向目标市场提供最大价值时，它就获得了竞争优势。确立竞争优势的方法通常是使自己营销的产品或服务差异化，以便为顾客提供更高价值。为此，企业需要在仔细分析竞争对手的基础上，更好地理解顾客的需要和购买过程，寻找使自己差异化的方法。企业可以通过设计区别于对手的产品和服务，也可以通过雇用和训练比竞争对手好的人员取得竞争优势。如果竞争的产品看起来很相似，企业还可以通过塑造独特的品牌或企业形象使自己不同于竞争对手。

**2.选择合适的竞争优势**

假定企业已经很幸运地发现了若干个潜在的竞争优势，那么它必须选择其中几个竞争优势，据以建立起市场定位策略。企业必须决定建立哪几种优势。有的营销学者认为，在信息泛滥的社会，企业应该针对目标市场大力推广一种利益，宣传自己在这一特性上是最佳的，从而给消费者留下深刻印象。比如，佳洁士牙膏始终宣传它具有防止蛀牙的功能。有的营销学者则认为，企业应该根据一个以上的差异因素定位，特别是有竞争对手在同样的利益上宣称自己最佳时。

总的来说，企业需要避免三种主要的市场定位错误。第一种是定位不足，即根本没有为企业做好定位，购买者对产品只有一个模糊的印象，并未真正地感觉到有什么特别之处。第二种是定位过高，即传递给购买者的企业形象太窄。第三种是定位混乱，由于企业传达给购买者多个无关主题，造成一个混乱的企业形象。

**3.传播选定的市场定位**

一旦选择好市场定位，企业就必须采取切实步骤把理想的市场定位传达给目标消费者。企业所有的市场营销组合必须支持这一市场定位策略，并通过一致的表现和沟通来保持它。当市场营销环境变化调整时，产品定位也应顺势演变。

**小资料　大数据时代企业精准营销策略**

## 本章小结

一般来说，企业不可能为全社会所有的顾客服务，要确定自己能够提供有效服务并获取最大利润的市场，而不是试图在整个市场上进行竞争。如今，大部分企业由广泛营销转为目标市场营销。目标市场营销包括三个步骤：市场细分（segmenting）、目标市场选择（targeting）和市场定位（positioning），即STP营销。

企业的市场营销按照市场细分的不同层次可以分为大众市场营销、细分市场营销、微市场营销和补缺市场营销。细分市场可以采用多种标准，企业应考虑不同因素，尽量选择最佳标准。细分消费者市场的变量主要有两大类：一类是消费者特征，如地理位置、心理、人口等；另一类是消费者追求的利益、对产品的动机和反应。生产者市场的细分标准与消费者市场差不多，但还可以根据产业客户情况、经营特点、购买方式、形势因素和个性特点进行细分。

为了选择出最好的目标市场，企业应该从细分市场的规模和发展前景、细分市场的长期吸引力、企业的目标和资源等三个方面对细分市场进行评估，然后选择三种目标市场策略中的一种进行市场覆盖。

企业在做出目标市场选择之后，还要决定如何定位。市场定位的实质是使本企业与其他企业严格区分开来，使顾客明显感觉和认识到这种差别，从而在顾客心目中占有特殊位置。这主要包括客户定位（确定企业的目标顾客群）、竞争定位（确定企业相对于竞争者的市场位置）和产品定位（企业用什么样的产品来满足目标顾客群的需求）三方面内容。企业的市场营销策略往往围绕其市场定位制定。

## 复习思考题

1.什么是STP营销？

2.按细分层次的不同，企业可以采取哪些营销方式？

3.细分消费者市场的标准有哪些？

4.市场有效细分所遵循的原则有哪些？

5.企业在选择目标市场营销策略时应考虑哪些因素？

6.目标市场营销策略有哪些类型？分别具有哪些优缺点？

7.谈谈你对市场定位概念的理解。

8.搜集案例，并结合案例分析如何进行有效的市场定位。

## 案例分析题

### 大疆无人机为什么能成为世界第一

Research and Markets报告称，2014年全球无人机市场价值6.762亿美元，预期将迅速增长，到2020年达到10.573亿元，复合年增长率为7.73%。业内人士预计，在航空装备无人化、小型化和智能化的趋势下，未来20年中国民用无人机需求有望达到460亿元人民币。

大疆创新已成为全球最大的消费级无人机制造商，这家公司每年要销售出数以千计的售价约1 000美元的四轴飞行器。大疆创新也是首个开拓全球新兴无人机消费品领域的中国品牌。大疆创新竞争对手3D Robotics的创始人克里斯·安德森（Chris Anderson）评价大疆创新说："他们就像无人机的苹果iOS，而我们就像Google Android。"你可能还不知道，从电影《星际穿越》，到美剧《摩登家庭》《国土安全》，再到BBC关于巴西世界杯的纪录片、国内大热综艺节目《爸爸去哪儿》里都有大疆创新开发的无人机的身影。

2006年下半年，还在香港科技大学读研究生的汪滔在深圳成立大疆创新，致力于为无人机工业、行业用户以及专业航拍应用提供性能强、体验佳的产品及解决方案。从2013年1月开始，大疆创新发布携带高清照相机的Phantom系列。据研究机构Frost & Sullivan透露，该公司上市的Phantom摄影无人机使得大疆创新成为全球民用小型无人机领域里的“领导者”。“Phantom”有“幻影”“精灵”的意思，和产品本身优雅的白色流线型外观高度匹配。在国外，利用GoPro运动相机拍摄极限运动已成为时尚，而Phantom拥有挂载GoPro的连接架，让相机有了“上帝视角”，即从天空往下拍摄。成熟的飞行控制系统也是大疆创新的核心技术。其他四旋翼公司看到了大疆创新的成功，开始纷纷跟进，但是持续创新的大疆创新始终走在它们前面。大疆创新很快做出了精准的相机消抖云台，让S800的航拍影像质量达到了电影级别，在好莱坞的电影拍摄者中建立了良好的口碑，也带动了“航拍公司”这个产业的形成。

大疆创新最初只有五六个人，在深圳的民房办公。直升机飞行控制系统可谓小众市场中的小众市场，在英国、德国和美国，都有几人规模的小公司在做。大疆创新很快把这些小公司甩在身后，到2010年，每月销售额已经达到几十万元。也正是在这一年，香港科技大学方面向汪滔团队投资了200万元。

当时多旋翼飞行器已经兴起，大疆创新在新西兰的一位代理商告诉汪滔，他每个月售出200多个云台。云台是安装、固定摄像机的支撑设备，90%的购买者会将云台悬挂到多旋翼飞行器上。比较而言，这位代理商每月只能售出几十个直升机飞行控制系统，这说明多旋翼飞行器市场比直升机市场大得多。大疆创新很快把在直升机上积累的技术运用到多旋翼飞行器上。当时德国有一家名叫MK的公司生产多旋翼飞行器零配件，客户可以自行DIY。基于这一开源项目，中国大陆也有公司生产类似产品。大疆创新进入以后，迅速打响口碑，一年后市场占有率达50%以上。

从2011年开始，大疆创新不断推出新产品，包括WooKong-M（悟空）系列多旋翼控制系统及地面站系统、Naza（哪吒）系列多旋翼控制器、筋斗云系列多旋翼飞行器、禅思系列高精工业云台、风火轮系列轻型多轴飞行器以及众多飞行控制模块。这些面向全球专业用户的产品线，都有一个富有中国传统文化特色的名字。尽管技术含量高，但汪滔想做大家买得起的产品：产品大批量投产，不断投入研发，用塑料壳等便宜原材料进行替代，不断降低产品价格。

迄今为止，大疆创新已经发布了多款具有世界顶尖技术的产品，从飞行器、飞行平台、飞行控制系统到搭载云台，均被广泛用于航拍、影视、农业、地产、消防、救援、能源、遥感测绘、野生动物保护等领域。

资料来源 佚名. 大疆无人机为什么能够成为世界第一？[EB/OL]. [2017-03-16]. http://baijiahao.baidu.com/s?id=1562026109566942&wfr=spider&for=pc.

讨论题：

请用目标市场营销理论分析大疆无人机的成功。

# 第6章 市场营销竞争战略

**学习目标**

- 识别企业的主要市场竞争者
- 掌握市场领导者成功进行防御的措施
- 掌握市场挑战者与市场跟随者的进攻与跟随战略
- 了解市场补缺者能够发挥作用的领域
- 掌握战略合作

**引　例**　**永辉生鲜的竞争优势**

永辉超市是国内生鲜超市龙头企业，依靠“直营+直采”的永辉独特模式，与同业相比在生鲜自营、供应链管理、品类管理、后台系统方面形成差异化优势，具有难以模仿的核心竞争力，成功实现跨区域广泛布局。

永辉超市生鲜销售占总销售比例在40%以上，而一般超市的生鲜销售占比在10%～30%。永辉超市将生鲜作为战略产品来经营。生鲜产品因具有需求面广、购买频率高等特点，是超市集聚客流的最佳武器。永辉凭借生鲜领先这一“撒手锏”，依托“直采为主的采购体系+自营为主的盈利模式”，以及强大的买手团队、标准化的门店管理、优化的信息系统等供应链环节，实现差异化竞争和跨区域扩张。生鲜品类的供应链管理与其他品类相比难度较大，且不同生鲜产品的管理技术存在差异，永辉超市具有先发优势，并经过长期不断的资金投入和经验积累，同行模仿难度较大。

资料来源　徐昊，史琨. 永辉超市调研快报：竞争优势持续显现，多业务拓展迎接发展［EB/OL］.［2018-06-15］. http：//data.eastmoney.com/report/20150707/APPGNNjn7XKdASearchReport.html.

## 6.1 竞争者分析

企业的生命在于竞争，在商品经济条件下，任何企业在目标市场进行营销活动时，不可避免地会遇到竞争对手的挑战，同时也可能自身就是竞争行列的新加入者，或者是试图改变市场地位而展开竞争攻势的老企业。在优胜劣汰的竞争法则面前，市场中的每个企业都是平等的，如何参与竞争并使自己在市场竞争中拥有优势，是企业能否获得营销成功的核心所在。知己知彼，才能取得竞争优势，在商战中获胜。其步骤如图6-1所示。

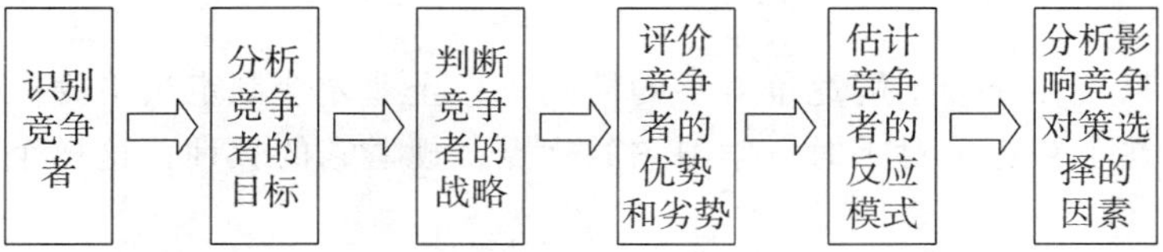


图6-1　竞争者分析的基本步骤

### 6.1.1　识别竞争者

对一个企业来说，识别竞争者似乎是一项简单的工作。麦当劳知道肯德基是其主要竞争者，可口可乐的最大竞争者是百事可乐。然而，企业实际的和潜在的竞争者的范围很广。一个企业更可能被新出现的对手或新技术打败，而不是当前的竞争者。企业面临的竞争对手虽然很多，但归纳起来，主要有以下五类：

**1.同行业中的直接竞争者**

在同一行业中，总有几家值得关注的竞争对手。如果在同一行业竞争的对手越来越多，表明该行业的竞争日益激烈，如果企业的利润在逐渐降低，那么企业应该考虑是否还留在这个行业，未来是否还有发展前景。如果行业中自己的竞争对手很少，市场还远没有开发完，那么企业可以放心地发展，其未来成长的空间还很大。

**2.潜在进入者**

当某一行业前景乐观、有利可图时，会引来新的竞争企业，使该行业增加新的生产能力，并要求重新瓜分市场份额和主要资源。潜在进入者能否进入某行业，并对该行业造成威胁，取决于进入障碍和现有企业的反击强度。另外，某些多元化经营的大型企业还经常利用其资源优势从一个行业侵入另一个行业。这类竞争者最让人捉摸不透，企业应避免与其正面冲突，可以采取与他们合作的方式，实现双赢，也可寻找自己的特色，抓住固定消费群，避免竞争冲击。

**3.替代品企业**

与某一产品具有相同功能、能满足同一需求的不同性质的其他产品，属于替代品。随着科学技术的发展，替代品将越来越多，某一行业的所有企业都将面临与生产替代品的其他行业的企业进行竞争。

**4.供应商**

供应商是企业从事生产经营活动所需的各种资源、配件等的提供者。供应商往往通过提高价格或降低质量等手段，向产业链的下游企业施加压力，以此来获得尽可能多的行业利润。因此，企业应该与供应商建立良好的关系，保持长期合作；密切关注供应商市场变化，多备几个供应商，以免一个供应商出问题，影响运营。

5.顾客

顾客是企业的服务对象，也是企业的竞争对手，因为顾客在购买产品的时候，常常会和企业进行讨价还价。所以，企业在进行产品营销时，应该注意了解消费者的动机。

总之，只有在充分了解竞争对手的情况下，企业才会制定出更为有效的竞争策略。同时，在了解竞争对手时，学习它的优点，规避它的教训，这样企业才会发展得更快更好。

### 6.1.2 分析竞争者的目标

竞争者的最终目标当然是追逐利润，但是每个企业对长期利润和短期利润的重视程度不同，对利润满意水平的看法不同。有的企业追求利润“最大化”目标，不达目的决不罢休。有的企业追求利润“满足”目标，达到预期水平就不会再付出更多努力。企业的战略目标多种多样，如获利能力、市场占有率、现金流量、成本降低、技术领先、服务领先等，每个企业都有不同的侧重点和目标组合。

了解竞争者的战略目标及其组合，了解竞争者对目前盈利的可能性、市场占有率的增长、资金流动、技术领先、服务领先和其他目标所给予的重要性权数，可以判断他们对不同竞争行为的反应。了解竞争者进入新的产品细分市场的目标，若发现竞争者开拓了一个新的细分市场，这对企业来说可能是一个发展机遇，若发现竞争者开始进入本企业经营的细分市场，这意味着企业将面临新的竞争与挑战。对于这些市场竞争动态，企业若了如指掌，就可以争取主动，有备无患。

### 6.1.3 判断竞争者的战略

竞争对手会采取什么样的竞争战略，可以通过迈克尔·波特提出的成本领先战略、差异化战略、集中化战略三种基本竞争战略来判断。企业通常采取上述竞争战略中的某一个。实力雄厚的企业可能既采用低成本战略，又采取差异化战略，不过企业最关心的是那些处在同一行业采用同一战略的企业群体，它们是最直接的竞争者。

战略群体是指在某一特定行业内推行相同战略的一组企业。战略的差别表现在目标市场、产品档次、性能、技术水平、销售范围等方面。区分战略群体有助于认识以下三个问题：

1.不同战略群体的进入与流动障碍不同

比如，某企业在产品质量、声誉和纵向一体化方面缺乏优势，则进入低价格、中等成本的战略群体较为容易，而进入高价格、高质量、低成本的战略群体则较为困难。

2.同一战略群体内的竞争最为激烈

处于同一战略群体的企业在目标市场、产品类型、质量、功能、价格、分销渠道和促销战略等方面差别不大。任何一个企业的竞争行为都会受到其他企业的高度关注，并在必要时做出强烈反应。

**3.不同战略群体之间存在现实或潜在的竞争**

不同战略群体的顾客会交叉，每个战略群体都试图扩大自己的市场，涉足其他战略群体的领地，在企业实力相当和流动障碍小的情况下尤其如此。

### 6.1.4 评估竞争者的优势与劣势

各种竞争者能否执行他们的战略和达到其目标，取决于每个竞争者的资源和能力。在市场竞争中，企业需要分析竞争者的优势与劣势，有针对性地制定正确的市场竞争战略，以避其锋芒、攻其弱点、出其不意，利用竞争者的劣势来争取市场竞争的优势，从而实现企业营销目标。竞争者的优势与劣势通常体现在以下几个方面：

**1.产品**

竞争者产品在市场上的地位、产品的适销性，以及产品系列的宽度与深度。

**2.销售渠道**

竞争者销售渠道的广度与深度；销售渠道的效率与实力；销售渠道的服务能力。

**3.市场营销**

竞争者市场营销组合的水平；市场调研与新产品开发的能力；销售队伍的培训与技能。

**4.生产与经营**

由规模经济、经验曲线、设备状况等因素所决定的生产规模与生产成本水平；设施与设备的技术先进性与灵活性；专利与专有技术；生产能力的扩展；质量控制与成本控制；区位优势；员工状况；原材料的来源与成本；纵向整合程度。

**5.研发能力**

竞争企业内部在产品、工艺、基础研究、仿制等方面所具有的研究与开发能力；研究与开发人员在创造性、可靠性、简化能力等方面的素质与技能。

**6.资金实力**

竞争企业的资金结构、筹资能力、现金流量、资信度、财务比率、财务管理能力。

**7.组织**

竞争企业组织成员价值观的一致性与目标的明确性；组织结构与企业策略的一致性；组织结构与信息传递的有效性；组织对环境因素变化的适应性与反应程度；组织成员的素质。

**8.管理能力**

竞争企业管理者的领导素质、激励能力与协调能力；管理者的专业知识；管理决策的灵活性、适应性、前瞻性。

### 6.1.5 估计竞争者的反应模式

估计竞争者在遇到攻击时可能采取什么行动和做出何种反应，有助于企业正确地选择攻击的对象、因素和力度，实现每一次竞争行动的预期目标。竞争者的反应可能受它对各种假设的影响，也可能受到它的经营指导思想、企业文化和某些起主导作用的信念的影响，还可能受其心理状态的影响。下面仅从竞争者心理状态的角度，列举常见的一些反应类型。

**1.从容不迫型竞争者**

一个竞争者对某一特定竞争者的行动没有迅速反应或反应不强烈。这可能是因为竞争者实力强大，底气十足，沉着应对，或竞争者对市场竞争措施重视不够，未能及时捕捉到市场竞争变化的信息，或竞争者财力有限，顺其自然。企业应调查清楚导致竞争者从容不迫的原因。

**2.选择型竞争者**

竞争者会根据带给自己的威胁大小而选择某个方面进行反击。例如，大多数竞争企业对降价这样的价格竞争措施总是反应敏锐，倾向于做出强烈的反应，力求在第一时间采取报复措施进行反击，而对改善服务、增加广告、改进产品、强化促销等非价格竞争措施则不大在意，认为不构成对自己的直接威胁。

**3.凶狠型竞争者**

竞争企业对市场竞争因素的变化十分敏感，一旦受到来自竞争对手的挑战就会迅速做出强烈的市场反应，进行激烈的报复和反击，势必将挑战自己的竞争者置于死地而后快。这种报复措施往往是全面的、致命的，甚至是不计后果的，不达目的决不罢休。这些反应强烈的竞争者通常都是市场上的领先者，具有某些竞争优势。一般企业轻易不敢或不愿挑战其在市场上的权威，尽量避免与其展开直接的正面交锋。

**4.随机型竞争者**

企业对市场竞争做出的反应通常是随机的，往往不按规则出牌，使人感到不可捉摸。例如，随机型竞争者在某些时候可能会对市场竞争的变化做出反应，也可能不做出反应；他们既可能迅速做出反应，也可能反应迟缓；其反应既可能是剧烈的，也可能是柔和的。

### 6.1.6 分析影响竞争对策选择的因素

进攻谁，回避谁，可根据三种情况来定：

**1.竞争者的强弱**

攻击弱竞争者，在提高市场占有率的每个百分点方面所耗费的资金和时间较少，但能力提高和利润增加也较少。攻击强竞争者，可以提高自己的生产、管理和促销能力，更大幅度地提高市场占有率和利润水平。

**2.竞争者与本企业的相似程度**

多数企业重视同近竞争者对抗并力图摧毁对方，但是竞争胜利可能招来更难对付的竞争者。

**3.竞争者表现的好坏**

根据竞争者的表现好坏，选择相互关系（攻击或结盟）。“好”竞争者的特点是：遵守行业规则；对行业增长潜力提出切合实际的设想；按照成本合理定价；喜爱健全的行业，把自己限制在行业的某一部分或某一细分市场中；推动他人降低成本，加强差异化；接受为他们的市场份额和利润规定的大致界限。“坏”竞争者的特点是：违反行业规则，靠花钱而不是靠努力去扩大市场份额；敢于冒大风险；生产能力过剩仍然继续投资。总之，他们打破了行业平衡。企业应支持好的竞争者，攻击坏的竞争者。

## 6.2　市场竞争战略

波特在其1980年出版的《竞争战略》一书中，提出三种基本竞争战略，即成本领先战略、差别化战略和集中化战略（如图6-2所示）。

| | 成本优势 | 行业优势 |
|---|---|---|
| 行业范围 | 成本领先战略 | 差异化战略 |
| 细分范围 | 集中化战略 | |

图6-2　竞争战略关系

### 6.2.1　成本领先战略

**1.成本领先战略实施条件**

成本领先战略又称低成本战略，即企业的全部成本低于竞争对手的成本，甚至是在同行业中最低的成本。这一战略要求企业在提供相同的产品或服务时，加强成本控制，在研发、生产、营销等领域把成本最小化，使成本明显低于行业平均水平或主要竞争对手，从而赢得更高的市场占有率或更高的利润，成为行业中的成本领先者，如图6-3所示。

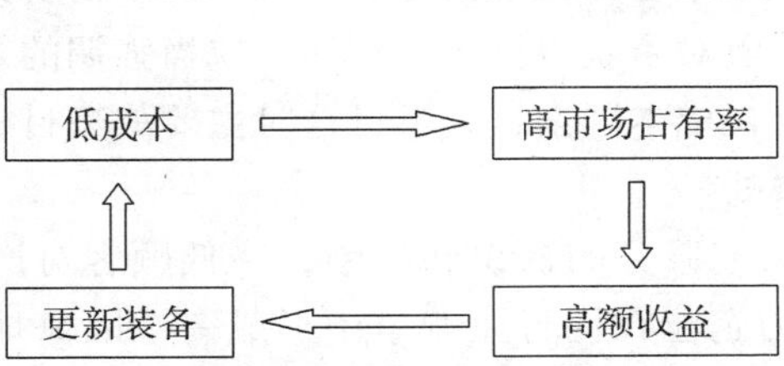

图6-3　低成本的良性循环

实现成本领先战略需要一整套具体政策：经营单位要有高效率的设备、积极降低经验成本、紧缩成本开支和控制间接费用，以及降低研究与开发、服务、销售力量、广告等方面的成本。要达到这些目的，必须在成本控制上进行大量的管理工作。为了与竞争对手相抗衡，企业在质量、服务及其他方面的管理也不容忽视，但降低产品成本则是贯穿整个战略的主线。

**2.成本领先战略的益处**

企业处于低成本地位上，可以抵挡住现有竞争对手的对抗，即竞争对手在竞争中不能获得利润、只能保本的情况下，企业仍能获利；面对强有力的购买商要求降低产品价格的压力，处于低成本地位的企业进行交易时握有更大的主动权，可以抵御购买商讨价还价的能力；当强有力的供应商抬高企业所需资源的价格时，处于低成本地位的企业有更大的灵活性来解决困境；企业已经建立起的巨大的生产规模和成本优势，使欲加入该行业的新进入者望而却步，形成进入障碍；在与替代品竞争时，低成本的企业往往比本行业中的其他企业处于更有利的地位。

**3.成本领先战略的风险**

生产技术的变化或新技术的出现可能使得过去的设备投资或产品学习经验变成无效用的资源；行业中新加入者通过模仿、总结前人经验或购买更先进的生产设备，以更低的成本起点参与竞争，后来居上，这时，企业就会丧失成本领先地位；采用成本领先战略的企业，其力量集中于如何降低产品成本，从而使它们丧失了预见产品的市场变化的能力；企业可能发现所生产的产品即使价格低廉，也不为顾客所欣赏和需要，这是成本领先战略的最危险之处；受通货膨胀的影响，生产投入成本升高，降低了产品成本-价格优势，从而不能与采用其他竞争战略的企业相竞争。

### 6.2.2 差异化战略

**1.差异化战略实施条件**

差异化战略是企业使自己的产品或服务区别于竞争对手的产品或服务，创造出与众不同的东西。一般说来，企业可在下列几个方面实行差异化战略：产品设计或商标形象的差异化、产品技术的差异化、顾客服务的差异化、销售分配渠道的差异化等。

企业实行差异化战略得投入一定的成本费用，一般来说，其产品成本会超过竞争对手的成本，但是，如果差异化价格与竞争对手的平均价格的差额大于这一成本差额，企业还是会比竞争对手获得更多的利润。应当强调的是，产品或服务差异化战略并不是讲企业可忽视成本因素，只不过这时主要战略目标不是低成本而已。

**2.差异化战略的益处**

建立起顾客对产品或服务的认识和信赖，降低顾客对产品或服务的价格发生变化时的敏感程度，为企业在同行业竞争中形成一个隔离地带，避免竞争对手的侵害；顾客对商标的信赖和忠实形成了强有力的行业进入障碍，如果行业新的加入者参与竞争，它必须扭转顾客对原产品的信赖和克服原产品的独特性的影响，这就增加了新加入者进入该行业的难度；差异化战略产生的高边际收益增强了企业对付供应商讨价还价的能力；企业通过差异化战略，使得购买商缺乏与之可比较的产品选择，降低购买商对价格的敏感度，同时，通过产品差异化使购买商具有较高的转换成本，使其依赖于企业，这些都可削弱购买商的讨价还价能力；企业通过差异化战略建立起顾客对本产品的信赖，使得替代产品无法在性能上与之竞争。

**3.差异化战略的风险**

实行差异化战略的企业，其生产成本可能很高。因为它要增加设计和研究费用，选用高档原材料等，如果采取差异化战略的产品成本与追求成本领先战略的竞争者的产品成本差距过大，可能会使得购买者宁愿牺牲差异化产品的性能、质量、服务和形象，而去追求降低采购成本；购买者变得更加精明，他们降低了对产品或服务差异化的要求；随着企业所处行业的发展进入成熟期，差异产品的优点很可能为竞争对手所模仿，从而削弱产品的优势，而这时如果企业不能推出新的差异化，那么由于价格较高而处于劣势，产品差异化优势又不明显，企业就会陷入非常困难的境地。

### 6.2.3　集中化战略

**1.集中化战略实施条件**

集中化战略是集中服务一个特殊的市场补缺，而这个补缺可能是以地理位置、顾客的形态或产品线的区隔作为定义的。集中化战略的目的是很好地服务于某一特定的目标，它的关键在于能够比竞争对手提供更为有效和效率更高的服务。企业能够在特殊的和独特的细分市场上通过集中化成本领先或者集中化差异化战略为顾客创造价值。瑞典的宜家家居就是采用集中化成本领先战略的典范，低成本战略贯穿在企业活动的每一个方面，同时提供了对顾客极具吸引力的服务，如独特的家具设计、店内的儿童游乐场、供顾客使用的轮椅、延长营业时间等。

集中化战略对于实力不强、资源有限的企业有着特别重要的意义。它使这些企业避开在广泛的整体市场上与强大的竞争对手展开正面竞争，而集中资源于自己最具优势或竞争对手最薄弱的部分，营造自己的竞争优势壁垒，从而获得在一个狭窄市场上的竞争优势地位和成功。利用集中化成本领先战略所需的业务活动与行业范围内的成本领先战略所需的业务活动是一致的，利用集中化差异化战略所需的业务活动与行业范围内的差异化战略所需的业务活动也是一致的。

**小案例6-1　　联合利华的集中化战略**

20世纪90年代，联合利华在品牌最多的时候曾达到近2 000个品牌，分属于4个行业的13个类别。1996年，尼尔·费茨杰拉德出任联合利华的CEO。尼尔·费茨杰拉德上任后即着手改变一切，关工厂，砍岗位，减员工，把过了时的老品牌一笔勾销。与此同时，他又通过280亿美元的收购买进大批新品牌，使联合利华的品牌队伍焕然一新。1998年，联合利华以80亿美元出售其特殊化学业务部分，使业务更加集中。

1999年，联合利华提出了新的全球战略，即“增长之路”，包括与消费者再联系、集中优势品牌、探寻新的销售模式和分销方式、建立世界级的供应链、业务结构简单明了、构筑良好的企业文化。集中战略主要体现在行业、产品类别和品牌三个方面。从全球角度看，它采取了集中品牌战略，压缩品牌数量，将公司的品牌由2 000个压缩到400个，并保证一线品牌的增长率；从本土化战略看，它力求在发展全球品牌的同时，保护和发展本土品牌。联合利华销售额的75%来自2 000个品牌中的400个，这400个品牌的年增长率约为4.6%，有很高的利润。如果集中精力发展这400个品牌，必然对公司业务的增长有很大的益处。联合利华压缩品牌规模是根据80/20规律，即企业销售额的80%通常是由20%的商品创造的，这是一条“黄金法则”。

在中国，联合利华实施集中化战略具体表现在：

一是企业集中化。1999年，把14个独立的合资企业合并为4个由联合利华控股的公司，使经营成本下降了20%，外籍管理人员减少了3/4；实施厂址集中化，通过调整、合并，联合利华减少了3个生产基地，节约了30%的运行费用。重组后，联合利华在全国的销售力量得以统一，洗衣粉的生产规模和能力也得到提高。

二是产品集中化。果断退出非主营业务，专攻家庭及个人护理用品，食品，饮料和冰淇淋等三大优势系列，取得了重大成功。

三是品牌集中化。虽然拥有2 000多个品牌，但在中国推广不到20个，而且其都是一线品牌。

资料来源　佚名. 联合利华公司［EB/OL］.［2018-06-15］. http: //wiki.mbalib.com/wiki/%E8%81%94%E5%90%88%E5%88%A9%E5%8D%8E.

**2. 集中化战略的益处**

集中化战略便于集中使用整个企业的力量和资源，更好地服务于某一特定的目标；将目标集中于特定的部分市场，企业可以更好地调查研究与产品有关的技术、市场、顾客以及竞争对手等各方面的情况，做到“知彼”；战略目标集中明确，经济成果易于评价，战略管理过程也容易控制，从而带来管理上的简便。

根据中、小型企业在规模、资源等方面所固有的一些特点，以及集中化战略的特性，可以说集中化战略对中小型企业来说可能是最适宜的战略。

**3. 集中化战略的风险**

由于企业全部力量和资源都投入了一种产品或服务或一个特定的市场，当顾客偏好发生变化、技术出现创新或有新的替代品出现时，就会发现这部分市场对产品或服务需求下降，企业就会受到很大的冲击；在整个行业内竞争的企业可能认为由执行集中化战略的企业所服务的细分市场很有吸引力，从而竞争者打入了企业选定的部分市场，并且采取了优于企业的更集中化的战略；狭窄的竞争性细分市场中的顾客需求可能会与一般顾客的需求趋同，其优势被削弱或消除。

成本领先战略、差别化战略和集中化战略这三种战略是根据产品、市场的不同组合而形成的（见表6-1）。企业可根据自己生产经营的情况，选择所要采用的竞争战略。

表6-1　竞争战略组合

| | 成本领先战略 | 差别化战略 | 集中化战略 |
|---|---|---|---|
| 产品差异化 | 低<br>（主要来自价格） | 高<br>（主要来自特殊性） | 由低到高<br>（价格或特殊性） |
| 市场细分化 | 低<br>（大市场） | 高<br>（众多细分市场） | 低<br>（一个或一些细分市场） |

## 6.3 竞争者位势战略

行业和目标市场相同的不同企业拥有的资源和实力有较大的差别，它们所追求的市场地位也差异较大。竞争战略的核心问题是企业在市场上的相对地位，这种地位显示了企业是否具有竞争优势。一个地位选择得当的企业，即使在行业平均盈利水平不高的情况下，也能有较高的收益率。在一个不完全竞争的市场上，企业一般可分为四种不同的类型：

（1）市场领导者，是指占有最大的市场份额，在价格变化、新产品开发、分销渠道建设和促销战略等方面对本行业其他企业起着领导作用的企业。

（2）市场挑战者，是指在行业中占据第二位次及以后位次，有能力对市场领导者和其他竞争者采取攻击行动，希望夺取市场领导者地位的企业。

（3）市场追随者，是指那些在产品、技术、价格、渠道和促销等大多数营销战略上模仿跟随市场领导者或市场挑战者的企业。

（4）市场补缺者，是指精心服务于市场的某些细小部分，而不与主要的企业竞争，只是通过专业化经营来占据有利的市场位置的企业。

在竞争性市场上处于不同地位的各类企业其竞争战略显然是各不相同的，企业必须根据自身的地位和市场的具体情况制定相应的竞争战略。

### 6.3.1 市场领导者战略

处于市场领导者地位的企业，往往有着行业内比较大的市场占有率，在产品价格变动、新产品开发、市场覆盖率的变化、销售方式的选择等许多方面起着相对支配或者领先的作用。同时，树大招风，领导者企业面临着众多其他企业的竞争威胁。因此，市场领导者企业必须保持高度警惕，采取适当的竞争策略，以维护自己的竞争优势。

一般而言，市场领导者企业要维护竞争优势有以下三种竞争策略（如图6-4所示）：

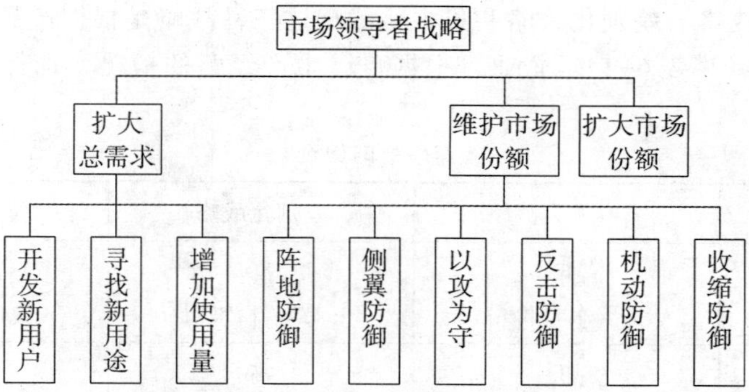


图6-4 市场领导者的三种竞争策略

**1.扩大市场需求总量**

当一种产品的市场需求总是在扩大时，收益最大的往往是处于领导者地位的企业，所以促进产品总需求量不断增长，扩大整个市场容量，是领导者企业维护竞争优势的积极措施。

市场领导者企业可以通过三个途径达到扩大市场需求总量的目的：

（1）开发新用户。每类产品都有吸引新使用者的潜能。消费者可能因目前不知道此项产品，或因其价格不当或无法提供某种性能、型号而拒绝购买该产品。企业可以针对不同情况采取措施，解决潜在购买问题，将其转化为新的实际购买者。企业可以从三种群体中寻找新使用者。比如：当香水还只为一部分女性所使用时，一个香水企业可以说服那些不使用香水的女性也使用香水（市场渗透策略），或说服男性开始使用香水（新市场策略），或销售香水至其他国家（地理扩张策略）。

（2）寻找新用途，即发现并推广现有产品的新用途。事实上在更多情况下，不是企业发现产品的新用途，而是使用者自己将产品拿作他用。比如，凡士林当初只不过用作机器润滑剂，然而数年内使用者便发现了此产品的数种用途，包括用作护肤软膏、药膏和发蜡等。所以说，企业的主要任务是借助定期调查与询问，及时了解用户对本企业产品的使用方法有哪些，并从中得到启示。有关的研究证实，大部分产品新用途开发的构思来自使用者，而非来自企业的研究开发实验室。

（3）增加使用量，即说服人们在每个使用场合使用较多的产品。企业可以采取以下几种手段增加使用量：提高使用频率；增加每次使用量；增加使用场合。比如，法国米其林轮胎公司过去一直都在设法鼓励汽车拥有者每年驾驶更多的里程，以增加轮胎更换次数。它们构想的一个方法就是，以三星系统来评价法国境内的旅馆，并且出版一本旅游指南的书，书中报道大多数最好的旅馆皆在法国南部，这样使得许多巴黎人都到法国南部去度周末。

**2.维护市场占有率**

在市场领导者企业面临的竞争对手中，总会有一个或几个实力相对雄厚者。防止和抵御其他企业的强攻，维护自己现有的市场占有率，是领导者企业守住阵地的有效竞争策略。

市场领导者企业可以通过两个途径达到维护市场占有率的目的：

（1）进攻措施，即在降低成本、提高销售效益、产品创新、服务水平等方面争取能始终处于行业领先地位，同时针对竞争对手的薄弱环节主动出击。

（2）防御措施，即根据竞争的实际情况，在企业现有阵地周围建立不同防线。例如，构筑重点在于保护企业目前的市场和产品的防线；构筑不仅能防御企业目前的阵地，还扩展到新的市场阵地，作为企业未来新的防御和进攻中心的防线等。

**小案例6-2　　杜邦公司不断开发尼龙的新用途**

杜邦公司就是通过不断开发尼龙的新用途而实现市场扩张的。每当杜邦公司的尼龙变成一个成熟阶段的产品时，某些新用途又会被发现。

尼龙首先用于制作降落伞的合成纤维，然后作为制作女袜的主要原料，后来又作为制作服装的原料，再后来又成为生产汽车轮胎、沙发椅套、地毯的原料。每一种新用途都使该产品进入新的生命周期，这一切都归功于杜邦公司为发现产品新用途而不断进行的研究与开发。

#### 3.提高市场占有率

市场占有率与投资报酬率密切相关，一般来说，企业的市场占有率越高，其投资收益率相应就越大。许多企业把市场占有率作为自己的营销目标，领导者企业可以根据经济规模的优势，降低成本，提高市场占有率。

市场领导者企业在采用扩大市场占有率的竞争策略时，必须注意三个问题：引起反垄断的可能性；为提高市场占有率所付出的成本；采用何种营销组合策略。

### 6.3.2 市场挑战者战略

处于市场挑战者地位的企业，一般都具有相当的规模和实力，在竞争策略上有相当大的主动性，它们随时可以向市场领导者企业或其他企业发动进攻。然而，对于市场挑战者企业来说，盲目的进攻是愚蠢甚至有害的，要使自己的挑战获得成功，必须明确企业营销目标和挑战对象，然后选择相当的进攻策略。

#### 1.确定挑战目标

明确企业的竞争对手和主攻方向，是市场挑战者企业获得成功的基础。一般有三种挑战目标可供市场挑战者企业选择：向处于领导者地位的企业挑战，意在夺取其市场份额和产品优势；向与自己实力相当的企业挑战，意在扩展自身市场份额以改变市场地位；进攻力量薄弱的小企业，意在夺取其市场份额或进行兼并，扩充自身实力。

#### 2.选择挑战竞争策略

市场挑战者企业发起挑战是一种主动的攻击行为，进攻方向及具体运用的营销策略是经过认真选择的。

（1）正面进攻。当市场挑战者企业实力明显高于对方企业时，可以采用正面或全面进攻的策略。比如，经营和竞争对手相同的产品，进行价格竞争，或者采用势均力敌的促销措施等。这是集中全力向对手主要市场阵地发动攻击的策略，进攻的是对手的强项而不是弱点，胜负取决于双方力量的对比。

（2）迂回进攻。如果竞争对手的实力较强，正面的防御阵线非常严密，市场挑战者企业可以采用迂回进攻的策略。比如，选择竞争对手忽视的细分市场进攻，或者选择竞争对手产品销售薄弱地区、服务较差的地区进攻。这是集中自己的优势力量攻击对手弱点的策略，成功的可能性更大。

（3）游击进攻。如果挑战者企业暂时规模较小、力量较弱的话，可以采用游击进攻的策略，根据自己的力量针对竞争对手的不同侧面，展开小规模的、时断时续的攻势。比如，进行有选择、有限度的降价，采用突然的强度促销措施，与中间商联合行动等，达到打击对手的士气、争取消费者的目标。这是以小型的、间断性的攻击手段逐渐削弱对手的实力，以占据长久立足点的策略。

### 6.3.3 市场追随者战略

优胜劣汰的竞争法则是无情的，在市场竞争中，持续的正面竞争往往会造成两败俱伤，因此许多企业会避免与市场领导者企业正面发生冲突。同时，对于相当一部分中小企业而言，在产品创新上所需的大量人力、财力、物力以及相应的市场风险，它们无力承担。因此在实际营销活动中，许多企业采用追随策略，从事产品仿造或改良，虽不能取代市场领导者的地位，但不必承担新产品的创新费用，也可获得很高的利润。

一个市场追随者必须知道怎样才能保持现有顾客以及如何争取新顾客加入，以便获得满意的市场份额。市场追随者也是市场挑战者的打击目标，一定要保持成本和产品质量及服务的优势。一般而言，市场追随者企业有三种可供选择的跟随策略：

#### 1.紧密追随

市场追随者企业在进行营销活动的所有市场范围内，都尽可能仿效市场领导者企业，以借助先行者的优势打开市场，并跟着获得一定的份额。但是要注意，所谓的紧密追随并不等于直接侵犯市场领导者企业，那样的话会遭到被追随者凶狠的报复。如1999年，蒙牛刚成立，力量很弱。在2000年时，蒙牛在呼和浩特市的路牌广告上写的是“蒙牛乳业，创内蒙乳业第二品牌”。

#### 2.保持距离追随

市场追随者企业在营销策略的主要方面紧跟市场领导者企业。比如，选择同样的目标市场、提供类似的产品、紧随其价格水平、模仿其分销渠道等。在企业营销策略的其他方面则发展自己的特色，争取和领导者企业保持一定的差异。

#### 3.有选择追随

市场追随者企业根据自身的具体条件，部分地仿效市场领导者企业，择优追随，同时在其他方面自行其是，坚持独创。比如，主动地细分和集中市场、有效地研究和开发等，尽量在别的企业想不到或者做不到的地方去争取一席之地。这类跟随者有可能发展成为挑战者。

### 6.3.4 市场补缺者战略

几乎每个行业都有些小企业，它们专心致力于被大企业忽略的某些细分市场。规模较小且大企业不感兴趣的细分市场称为补缺市场，为规模较小且大企业不感兴趣的细分市场提供专业化服务的企业，称为市场补缺者。

**1.补缺市场的特征**

补缺市场不仅对于小企业有意义，而且对某些大企业中的较小业务部门也有意义，它们也常寻找一个或多个既安全又有利的补缺市场。理想的补缺市场具备以下特征：具有一定的规模和购买力，能够盈利；具备发展潜力；强大的企业对这一市场一般不感兴趣；本企业具备向这一市场提供优质产品和服务的资源和能力；本企业在顾客中建立了良好的声誉，能够抵御竞争者入侵。

**小案例6-3　　维珍：永远的“补缺者”**

维珍集团，英国最大的私人企业，拥有200多家大小公司，涉及航空、金融、铁路、唱片、婚纱、避孕套等行业。维珍产品在所处的每一个行业里都不是名列前茅的老大或老二，而是一只“跟在大企业屁股后面抢东西吃的小狗”。维珍品牌在金融服务业、航空业、铁路运输业、饮料业，被消费者公认为质量高、价格廉，而且时刻紧随时尚的消费趋势。

布兰森曾经说过，如果有谁愿意的话，他可以这样度过一生：喝着维珍可乐长大，到维珍唱片大卖场买维珍电台上放过的唱片，去维珍院线看电影，通过virgin.net交上一个女朋友，和她坐维珍航空去度假，享受维珍假日无微不至的服务，然后由维珍新娘安排一场盛大的婚礼，幸福地消费大量维珍避孕套，直到最后拿着维珍养老保险进坟墓。当然，如果不幸福的话，维珍还提供了大量的伏特加以供选择。

资料来源　佚名. 维珍：永远的“补缺者”[J]. 成功营销，2003（8）.

**2.补缺市场的类型**

（1）自然补缺市场。为了追求规模经济效应，很多大企业一般采用少品种、大批量的生产方式，这自然为中小企业留下了很多大企业难以涉及的“夹缝地带”，这些“夹缝地带”即为自然补缺市场。如万向集团在1980年选择进口汽车维修用万向节，并专注于该业务，于1983年成为中国第一，并保持至今；格兰仕在1992年选择家用微波炉为单一业务，1995年成为中国第一。

（2）协作补缺市场。对于生产复杂产品的大企业来说，不可能使每一道工序都达到规模经济性的要求。大企业为了谋求利润最大化或节约成本，避免“大而全”生产体制的弊端，而与外部企业进行协作，这种协作关系为中小企业提供了空间。

（3）专利补缺市场。拥有专利发明的中小企业，可以运用知识产权来防止大企业染指自己的专利技术、向自己的产品市场渗透，从而在法律制度的保护下形成有利于中小企业成长的专利补缺市场。

（4）潜在补缺市场。现实中，常有一些只得到局部满足或根本未得到充分满足或正在孕育即将形成的社会需求，这就构成了潜在的市场需求空间。

（5）替代补缺市场。它是指那些竞争对手尚未准备充分、尚未适应、竞争力较弱的市场。消费者的需求没有得到很好的满足，正是取而代之的市场机会。

**3. 市场补缺者竞争战略的选择**

市场补缺者发展的关键是实现专业化，主要途径有：

（1）最终用户专业化。企业可以专门为某一类型的最终用户提供服务。例如，航空食品公司专门为民航公司生产提供给飞机乘客的航空食品。

（2）垂直专业化。企业可以专门为处于生产与分销循环周期的某些垂直层次提供服务。例如，铸件厂专门生产铸件，铝制品厂专门生产铝锭和铝制部件。

（3）顾客规模专业化。企业可以专门为某一规模（大、中、小）的顾客群服务。市场补缺者专门为大公司不重视的小规模顾客群服务。

（4）特殊顾客专业化。企业可以专门向一个或几个大客户销售产品。许多企业只向一家大企业提供其全部产品。

（5）地理市场专业化。企业只在某一地点、地区或范围内经营业务。

（6）产品或产品线专业化。企业只经营某一种产品或某一类产品线。比如，某企业专门生产不同花色品种的尼龙丝袜，某造纸厂专门生产水泥包装纸。

（7）产品特色专业化。企业专门经营某一种类型的产品或者产品特色。例如，某书店专门经营“古旧”图书，某企业专门出租儿童玩具。

（8）客户订单专业化。企业专门按客户订单生产特制产品。

（9）质量-价格专业化。企业只在市场的底层或上层经营。例如，惠普公司在优质高价的微型电脑市场上经营。

（10）服务专业化。企业向大众提供一种或数种其他公司所没有的服务。例如，某家庭服务公司专门提供上门疏通管道服务。

（11）销售渠道专业化。企业只为某类销售渠道提供服务。例如，某家软饮料公司决定只生产大容器包装的软饮料，并且只在加油站出售。

## 6.4 合作战略

### 6.4.1 战略合作

战略合作是指企业双方或多方为了自身的生存、发展和未来而进行整体性、长远性、基本性的谋划，并在合作期间实现共赢的一种合作方式。一个企业若是所有商业功能都自己做，并不见得是最有效的方法，即使企业拥有完成某一特定任务的资源，同行中的另一家企业也许更合适完成该项任务，仅仅因为后者在同行中的相对位置为其提供了更好的定位。战略合作能有效地分担风险，让企业更有利于在激烈竞争的环境中生存。例如，20世纪90年代中期，格兰仕与欧美国家和日本的三大跨国公司合作结成战略联盟。格兰仕不花钱就将其微波炉制造工厂全部搬到格兰仕工业区，双方按照协议实现优势互补、互惠互利，合作生产微波炉关键配件。战略联盟使双方在国际市场实现了双赢，这种双赢的合作方式吸引了200多家跨国公司来与格兰仕结成战略联盟。

### 6.4.2　战略合作的优点

战略合作是一种有目的、有计划、具有全球视野的合作思想与行为。

**1.提高企业的知名度**

战略合作可提高企业的知名度，为企业树立实力强大的外部形象，更加有效地吸引消费者和顾客，增加产品销售量，扩大市场占有率。

**2.获得协同效应**

战略合作可以获得协同效应，即 $1+1>2$，实现组织间的信息、资源共享，充分利用现有的生产要素和资源，优化资源配置，节省成本费用，扩大经营规模，更好地获取规模经济效益。在“合作”内部，分工与协作有利于各企业间优势互补，可以形成更有效的专业化分工，发挥规模效益，使产品整体成本降低，从而使“合作”企业实现各自的“低成本”和“专业化”的发展战略。

**3.减少不必要的浪费性竞争**

战略合作可以减少合作企业间不必要的浪费性竞争，维持稳定的竞争格局和态势，并且把着眼于短期的对抗性竞争转化为长期的合作式竞争，使企业在快速变化的市场环境中获取长远的竞争优势。

**4.降低和缓解经营风险**

战略合作可以降低和缓解合作企业的经营风险。现代市场竞争日趋复杂，市场瞬息万变，企业面临的经营风险不断增大。合作企业通过信息沟通、优势互补和风险分摊，提高了成功率，降低了风险损失。

**5.加快企业技术创新步伐**

战略合作可以加快企业技术创新步伐。随着知识经济的发展，科技已成为决定竞争能力的关键变量之一。在技术资产贬值速度加快，技术创新的平均投入水平大幅上升的今天，技术创新面临着更高的技术和资金要求，这些已超出了单个企业的能力范围，因此通过联合各企业的技术资金优势，可以加快技术创新的步伐。

**6.突破市场进入障碍**

战略合作可以有效地突破市场进入障碍。企业不仅可以利用合作伙伴的管理经验和营销渠道，快速进入当地市场，而且可以通过合资、特许经营等方式消除地方和他国政府的法规限制。

**7.提高核心能力**

在实行“合作博弈”的竞争战略时，培养竞争对手不但可以提高自己的核心能力，还是一种“占位策略”，可以遏制竞争对手的扩张意图。战略合作的龙头还可以利用品牌优势，形成领导价。

**小案例6-4　　阿里巴巴与上海国际电影节达成战略合作**

2015年3月27日，上海国际电影节主办机构与阿里巴巴集团在上海联合宣布达成战略合作。双方签订3年合作协议，将利用各自平台的优势资源，集中搭建集新人扶持、服务、创新为一体的新型平台，为电影节和观众创造新的价值与体验。根据协议，阿里巴巴旗下娱乐宝将作为电影节官方指定互动娱乐合作伙伴，淘宝电影也将作为电影节的官方指定售票平台，与电影节展开多维度合作。

资料来源　吴霞，许晓青.阿里巴巴与上海国际电影节达成战略合作［N］.海南日报，2015-03-29（B08）.

### 6.4.3　合作战略的分类

**1.共谋战略**

共谋战略指的是同一行业的数个企业为了谋取高于正常经济利润的收益而采取共同协议产出和定价决策的行为。它的意义在于通过共同协议限定行业的产量，以使产品价格高于相互竞争状态时的价格，从而使共谋企业共同获得高于正常水平的收益。

**2.战略联盟**

战略联盟的概念最早由美国DEC公司总裁简·霍普兰德和管理学家罗杰·奈格尔提出，他们认为，战略联盟指的是由两个或两个以上有着共同战略利益和对等经营实力的企业（或特定事业和职业部门），为达到共同拥有市场、共同使用资源等战略目标，通过各种协议、契约而结成的优势互补或优势相长、风险共担、生产要素水平式双向或多向流动的一种松散的合作模式。

战略合作的方式多种多样，既包括从事类似活动的联合，也包括从事互补性活动的合作，既包括强强联合也包括强弱联合。合作形式可以是签订合约的方式，也可以是组建新型组织的方式，或者是兼而有之。其在范围、形式和时间跨度等方面是多种多样的：既有同上、下游跨国公司的合作，也有同价值链以外跨国公司的合作；既有在研究开发领域的合作，也有在生产和营销领域的合作；既有战略联盟、合资企业等高级形式，也有合作加工、合作营销等普通形式；既有长期合作，也有短期合作。

**3.虚拟经营**

“虚拟”是计算机术语中的一个常用词，引用到企业管理中，实质上就是直接用外部力量整合外部资源的一种策略。例如，20世纪70年代末，耐克的鞋子为了顺利进入国际市场，在爱尔兰设厂进入了欧洲市场并以此躲过高关税，在日本联合设厂打入了日本市场。

小资料　知识产权已成为市场竞争新方式

## 本章小结

企业要想在激烈的市场竞争中立于不败之地，就必须制定正确的市场营销竞争战略，努力取得竞争的主动权。

竞争者分析的基本步骤包括：识别竞争者、分析竞争者的目标、判断竞争者的战略、评价竞争者的优势和劣势、估计竞争者的反应模式、选择对竞争者的策略。

波特提出了三种基本竞争战略，即成本领先战略、差异化战略和集中化战略。

市场领导者的战略主要有扩大市场需求总量、维护市场占有率、提高市场占有率。

市场挑战者的战略主要有正面进攻、迂回进攻、游击进攻。

市场跟随者的战略主要有紧密追随、保持距离追随、有选择追随。

市场补缺者的战略主要有创造补缺机会、扩大补缺份额、保护补缺市场。

战略合作是指企业双方或多方为了自身的生存、发展和未来而进行整体性、长远性、基本性的谋划，并在合作期间实现共赢的一种合作方式。建立战略合作的优势是显而易见的。

## 复习思考题

1. 如何识别竞争者才能收到最好的效果？
2. 市场领导者可采用的市场竞争战略有哪些？
3. 市场挑战者可采用哪些进攻战略？
4. 市场跟随者可分为哪些类型？
5. 理想的补缺市场具备哪些特征？

6. 市场跟随者与市场补缺者有什么异同？其战略要点有什么异同？

## 案例分析题

### 建发国际旅行社泉州分社的竞争与合作战略

建发国际旅行社（简称建发国旅）创立于1994年，为中国旅游知名品牌，2008年度全国国际旅行社百强排名第二十五位，福建省十强国际旅行社第一名，福建省首批5A级旅行社第一名。建发国旅提供国内、出入境及台湾游等综合旅游服务，与国内外主要旅游度假地建立了完善的旅游服务网络，为来宾提供真诚服务。厦门建发旅游集团股份有限公司是中国百大企业集团——建发集团——的控股企业，创建于2003年，集团主要从事饭店、旅行社、旅游交通等旅游业的开发、经营和管理。公司拥有“悦华”高星级酒店管理品牌、“颐豪”商务酒店品牌和“建发国旅”旅游服务品牌。建发国旅泉州分社为其下属公司。

**乡村游的产品竞争战略**

2006年，建发国旅泉州分社（以下简称泉州分社）刚刚成立，当时市场上旅行社的数量众多，游客对老品牌较为信任，同时比较习惯熟人经济的消费模式。泉州分社作为一家新成立的旅行社，在当地也是一家人脉关系薄弱的旅行社，如果按照一般旅行社的经营模式必然要经历较为漫长的发展时期且难于突破。泉州分社根据自身情况，通过认真研究同行的产品，发现市场上的旅游产品同质化现象严重，且产品价格基本在500元以上。根据这一情况，公司决定设计500元以下的旅游产品来打开市场，并快速积累客户。2006年恰逢中国乡村旅游年，泉州分社通过实地踩线，将泉州每个县市的旅游资源分别整合出一条县域级旅游线路，并借助媒体的宣传力量，别出心裁推出乡村旅游线路。由于之前没有任何一家旅行社推出这样的产品，加上乡村游的价格基本保持在100元左右，线路一投放市场就迅速引起消费者的兴趣，每个周末都是游客爆满。这种独家产品和亲民化的价格成为泉州分社进入当地市场的敲门砖，不但树立了品牌形象，迅速积累了客源，而且由此打开了当地市场。

**阳光巴士的成本战略**

泉州分社了解需求，缜密运作，大胆试水，抢先一步，推出了“阳光巴士”。阳光巴士是2007年泉州分社通过对市场消费行为的分析而做出的一个选择，主要面对散客的周边短途游市场。福建作为一个旅游资源丰富的大省，有众多的景区，但短途旅游通常利润较低，对于旅行社来说最大的风险在于车辆费用，一旦收不到足够的游客，旅行社不但赚不了利润，还要承担很大损失，因此为了规避风险，旅行社一般不愿意接受散客短途旅游的报名，只接受团组包团方式。除了在黄金周各大旅行社采用联合收客方式外，旅行社平时一般不敢贸然组织汽车团出游。因此，这一方面造成旅行社利润的流失，另一方面也让游客的出行愿望落空。看到市场的需求后，泉州分社决定独家推出固定时间发团的阳光巴士。之后泉州分社与相关景点、车队、酒店等各个接待单位进行沟通，让各单位看到运作的前景，各单位也希望能够通过泉州分社的运作为他们带来客源，因此也愿意积极协助泉州分社降低成本风险。在得到兄弟单位的大力协助后，加上市场本身就存在巨大的需求，泉州分社在经历前几期的亏损之后，不到一个月的时间就得到市场的积极响应，迅速转亏为盈，在黄金周期间最高峰一天甚至可组织四五十辆巴士同时出游。

**出境旅游——差异化竞争战略**

泉州的经济能力决定出境游的消费潜力，但泉州本土旅行社实力较弱，很难通过自身实力组织整团出游，因此出境旅游基本上是依托省内的福州批发商或者省外一些口岸大社，以散客方式拼过去。游客报名也通常会选择当地一些老牌的旅行社报名，因此泉州分社在成立的前几年基本无法分享到出境游的这块蛋糕。

除了客户资源外，航空公司及境外接待社的支持是出境游很大的决定因素，它们往往更愿意支持长期合作伙伴和订单多的旅行社，作为一家新成立的旅行社，泉州分社很难撼动当地大社的出境游优势。在此情况下，泉州分社并不盲目地急于采用价格战和宣传战的手段，而是采取蓄势待发、集中采购、降低成本策略，使包装出来的产品价格与市场价位形成鲜明对比，并通过各种渠道大力宣传，达到轰动效应。经过几年的运作，泉州分社通过短线产品已经积累了一定的客户基础，但客户并不一定认可泉州分社的出境游实力，因此泉州分社必须保障服务质量和加强客户关系维护，不断提升这些客户的忠诚度，一旦时机成熟，这些客源才可能加入泉州分社的出境游，因此这个阶段泉州分社一直将重心放在提升客户的忠诚度上面，同时也跟航空公司及境外接待社进行接洽。2009年，泉州分社借助市场上台湾游刚刚起步，许多游客尤其是中老年群体对宝岛特别向往的时机，在一个时间段内向航空公司和台湾接待社下了大量的控机位计划，通过这种某个时期内大量采购的方式降低了成本，与同行的价格形成差异化，并通过大篇幅的广告宣传，掀起市场的高潮。此时，泉州分社的忠诚客户也积极加入这个活动，使得泉州分社首次出境游运作大获成功，由此也给合作伙伴带来了很大的信心，它们在各个方面均愿意为泉州分社提供强有力的保障。此后，泉州分社屡次将这种模式运用到其他的出境游市场上，均取得不俗的效果，由此泉州分社确立了出境游的品牌形象，并一举超越市场原来的领跑者。

**异业联盟营销模式——合作战略**

为异业提供专属产品或策划营销方案，借助异业资源达到共赢局面。异业联盟营销模式是指泉州分社通过设计专有线路，为其他行业提供合作伙伴。通过这种营销手段，泉州分社不但与异业结成战略性的合作伙伴关系，同时利用异业伙伴的渠道获取大量的客户资源。这种营销模式有几大好处：一是借助公信力较高的行业，如金融业，可以获取游客较高的信任度，使得产品销售较为轻松；二是通过异业自行组团，泉州分社很轻易就得到相应的客户资源，如房地产公司为增加销量，奖励其意向购房者外出旅游。2009年，房地产市场一度处于低迷的态势，一方面房地产公司不敢轻易降价，担心引起先前购买者的不满，另一方面房地产公司又迫切需要提升客户关系。在此情况下，泉州分社利用台湾游的产品优势，为一家房地产公司做了一次大型的活动策划，一共组织600多名业主前往宝岛。房地产公司也借助媒体进行大篇幅的报道，给泉州分社的品牌形象带来很大的提升作用，也让泉州分社在当地房地产界的知名度迅速提升，很快带来连锁的效应。

资料来源　建发国际旅行社泉州分社.

问题：

（1）建发国际旅行社泉州分社运用了哪些竞争与合作战略？

（2）分析建发国际旅行社泉州分社如何成功运用了这些竞争与合作战略。

（3）试分析如何把握运用竞争与合作战略的程度。

# 第7章 产品策略

**学习目标**

- 掌握产品的定义
- 理解产品概念的五个层次
- 掌握产品组合及其相关概念
- 掌握产品组合策略
- 理解产品生命周期各阶段特点和营销策略
- 了解按创新程度的新产品分类
- 理解品牌概念及内涵
- 掌握品牌策略
- 掌握包装策略

**引　例**　　**《战狼Ⅱ》的成功**

2017年7月上映的《战狼Ⅱ》观影人次超过1.59亿，票房达56.8亿元，创造了中国电影的新纪录。究竟是什么吸引这么多观众走进电影院观看这部电影呢？有的观众说，举着国旗的情节特别震撼；有的观众说，国旗、中国的护照这些东西都是比较振国威的。《战狼Ⅱ》通篇洋溢的爱国主义激情，是这部影片最能打动人心的地方。2011年，利比亚局势动荡，中国通过调动民航飞机、货轮、运输机，租用外籍游轮等多种方式，把3万多名中国公民安全接回了家。2015年3月，中国人民解放军执行了也门撤侨行动，北海舰队某驱逐舰在9天之内先后三进也门，将163名中国同胞以及一些其他国家公民安全、高效地护送至安全地带。这些真实发生的撤侨行动，让大家感受到了中国国力的强盛和对国民高度负责任的态度。在这种真实背景下，《战狼Ⅱ》这部以撤侨为线索的电影可谓正逢其时。吴京是《战狼Ⅱ》的出品人、导演、编剧和主演，他在电影中塑造了一个超级英雄——冷锋。《战狼Ⅱ》让大家看到了一个铁血、阳刚的中国英雄，也看到了以冷锋为代表的一代有担当、责任感和使命感的中国军人，点燃了观众的爱国主义激情、英雄主义激情。深沉的家国情怀与观众对中国英雄的期待，让这部电影在社会上激起了热烈的反响。

资料来源　佚名．“中国式大片”的情怀［EB/OL］．［2018-06-15］．http：//tv.cctv.com/2017/

08/30/VIDEZYOzgLM8sv1pA7DgS2tZ170830.shtml.

产品策略是市场营销4P组合的核心。从社会经济发展看，产品交换是社会分工的必要前提，企业生产与社会需要的统一是通过产品来实现的，企业与市场的关系也主要通过产品来联系。因此，产品策略是企业市场营销活动的支柱和基石。

## 7.1 产品

### 7.1.1 广义产品概念

产品是指能够提供给市场被人们使用和消费并满足人们某种需求和欲望的任何东西，包括有形的物品（如香皂、手机）、无形的服务（如美容、旅游）或者它们的组合。

菲利普·科特勒等营销学者认为，企业在计划为市场提供产品时，需要从五个层次来考虑产品的整体概念（见图7-1）。

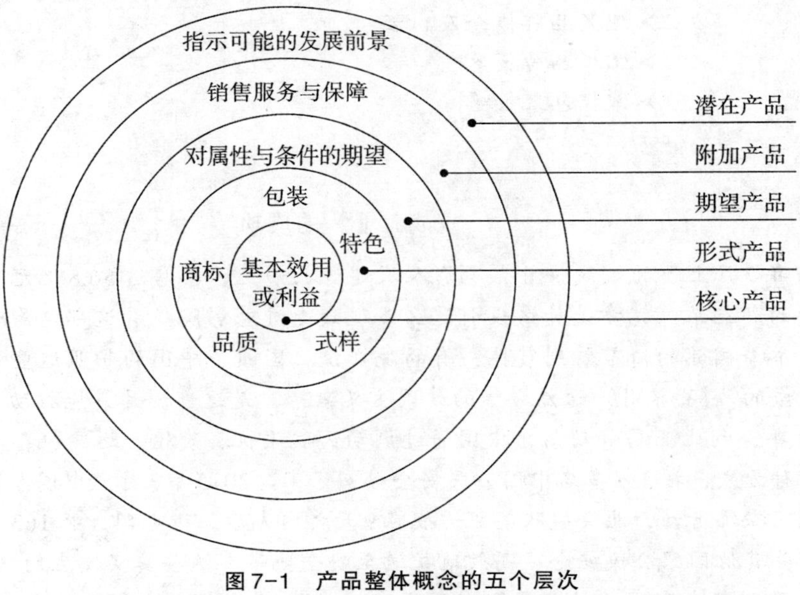


图7-1 产品整体概念的五个层次

第一个层次是核心产品，是产品整体概念的最基本层次，即顾客真正需要的基本效用或利益，向人们说明产品的实质，满足顾客的核心需求。比如，投宿旅馆的客人真正购买的是休息与睡眠。

第二个层次是形式产品，它是实现核心利益所必需的形式，一般通过品质、式样、特色、商标及包装等方面反映出来。比如，旅馆必须提供床、浴室、毛巾、衣柜、厕所等设备设施，顾客才可以休息。形式产品向人们展示了核心产品的外在特征，能满足顾客的不同要求。

第三个层次是期望产品，即购买者在购买产品时通常期望或默认的一组属性和条件。比如，顾客希望旅馆有干净的床、新的毛巾、清洁的厕所、相对安静的环境。

第四个层次是附加产品，即提供超过顾客期望的服务和利益（如销售服务与保障），以便与竞争者相区别。比如，有些旅馆还提供电视机、网络接口、鲜花、美味的晚餐等产品与快速结账等服务，为顾客带来惊喜。现在的许多竞争都发生在这一层次。

第五个层次是潜在产品，即包括附加产品在内的、可能发展成为未来最终产品的潜在状态产品。比如，家庭式旅馆的出现。

### 7.1.2　市场营销学关注的产品决策

从产品整体五层次可以看出，企业需要对利益、品质、包装、特色等多个方面进行设计与决策，才能形成比较完整的产品策略。为了与竞争对手相区别，企业尤其关注对产品品质、品牌、服务的决策。

**1. 产品品质**

产品品质即产品质量，指产品的理化性能、技术指标、使用寿命等内容。对于制造类产品，质量意味着可靠性和耐久性。尤其是以技术为主的产品，改善质量通常意味着产品性能的提高。不少企业就是凭借技术与性能方面的优势从竞争中脱颖而出的。质量还意味着出众的设计，苹果公司的成功便很好地诠释了这一点。

**2. 产品品牌**

品牌是产品形象的一个特定方面。品牌名称和它们传递给消费者的价值，可以区别不同企业的产品。品牌是企业实力的综合反映，可口可乐、谷歌等知名品牌为企业带来了巨大的无形资产与声誉。

**3. 销售服务**

如今，许多产品的差异化建立在销售服务上。它虽然属于附加产品层次，但对实体产品起到增进作用。雷克萨斯就是通过免费提供暂时借顾客使用的汽车以及有时为顾客安排上门取车服务而与其他品牌的豪华车相区别的。

### 7.1.3　产品的分类

在市场营销中，产品是一个广义概念，但在制定营销策略的过程中必须根据不同产品特征制定不同的营销策略，为了科学制定有效的营销策略就必须把产品按特征进行科学的分类。

**1. 耐用品、非耐用品和服务**

这是根据产品的有形性和耐用性来分的。产品的有形性是指产品是否为物质实体，以此将产品区分为实物产品和服务产品两类；产品的耐用性是指产品的耐用程度，由此将产品分为耐用品和非耐用品。两者结合起来，就可将产品分为以下三大类：

（1）耐用品。耐用品是有形的实体物品，并且可以较长时间地使用，如空调、机床等。对于耐用品来说，企业一般更多地采用人员推销的方式，并提供多种服务与保证，如维修、送货服务及分期付款等。同时，由于投资较大，耐用品应当有较高的利润。

（2）非耐用品。非耐用品也是有形的实体物品，通常只能使用一次或数次，如肥皂、香烟、啤酒、糖果等。这类产品消费速度快，购买频率高，因而企业必须广设零售网点，使消费者能在许多地方很方便地购买到所需的非耐用品。企业还应薄利多销，并大力做广告，以吸引消费者试用并形成偏好。

（3）服务。服务是非物质实体产品，是为出售而提供的活动、利益和对需求的满足。也就是说，一项服务是一方能够向另一方提供的任何一项活动或利益，它本质上是无形的，并且不产生对任何物品的所有权问题，它的生产可能与实体产品有关，也可能无关。

**2.消费品分类**

根据产品价值、消费者决策时花费的时间和精力、购买频率等因素，消费品可分为便利品、选购品、特殊品、非渴求品，见表7-1。

表7-1 **消费品分类及比较**

| 比较 / 分类 | 便利品 | 选购品 | 特殊品 | 非渴求品 |
|---|---|---|---|---|
| 消费者购买行为分析 | 频繁购买，很少计划，很少比较，不愿意花精力 | 不经常购买，花较多的精力比较花色、样式和质量 | 愿意花大量的时间和精力去购买，有很高的品牌忠诚度，很少比较 | 对产品了解很少或兴趣低 |
| 价格 | 低 | 比较高 | 高 | 不确定 |
| 分销 | 密集分销 | 选择性分销 | 几家专卖店 | 提高产品知名度 |
| 促销 | 大批量促销 | 提升品牌知名度 | 针对性强的促销 | 提高产品知名度 |
| 实例 | 牙膏、饼干 | 家具、电器 | 劳力士手表 | 人寿保险、百科全书 |

资料来源 杨楠．市场营销学［M］．北京：北京大学出版社，2012．

（1）便利品。便利品是指消费者购买频繁、方便且耗费精力最少的产品。便利品可进一步分为日用品、冲动品和急用品。日用品是消费者经常购买的产品，如牙膏、报刊、食品等。这类产品价格不高，消费者熟悉产品特性及价格，有较稳定的购买习惯。冲动品是消费者受到刺激临时产生冲动所购买的产品，价格不高，如口香糖、饮料、报纸等，一般放在收银台旁方便购买的醒目位置。急用品是消费者在其需求十分紧迫时所购买的产品，如下雷阵雨时行人所购买的雨衣、雨伞。

（2）选购品。选购品通常比便利品价格高，消费者为了获得更高的利益，愿意花费精力对不同品牌产品进行比较后再做出购买决策。选购品可以划分成同质品和异质品。消费者认为同质品的质量基本上是一样的，比如洗衣机、电视机、冰箱等，消费者总是力求购买那些能够满足需求且价格低的产品。相反，消费者认为异质品是基本不同的产品，比如家具、衣服、商品房和大学，异质品的价格、质量、功能差别较大，一般需要为消费者提供更多的信息和咨询服务，让消费者找到最适合的产品。

（3）特殊品。特殊品是指具有独有特征或品牌标记的产品，消费者对其拥有特殊偏好，不愿意接受替代产品，例如钢琴、劳斯莱斯汽车、高档手表等。特殊品的厂商通常利用展示高端风格的广告来维护品牌形象，在分销渠道上往往只选择一个或少数几个代理商来保证服务质量。

（4）非渴求品。非渴求品是消费者未曾听说过或即使听说过一般也不愿主动购买的产品，例如名目繁杂的商业保险、百科全书、烟尘检测仪，以及在推广期的新产品。由于消费者通常不去主动寻求这类产品，因此销售人员要积极寻找潜在购买者，派人直接上门推销，或者直接寄送邮件，或者当面宣传，以达到劝说消费者购买的目的。

**3.工业品分类**

工业品的一个主要特点是其销售往往来自于派生需求，即工业品的销售是源自消费品生产销售的拉动。工业品可分为生产品、资本项目、易耗品和工业服务三种。

（1）生产品。生产品是指完全转化为制造商所生产的产品的那类产品，包括原材料、半制成品和部件。例如，用于生产手机塑料外壳的化工产品就属于原材料，用于福特汽车车门上的铰链就属于部件。生产品的销售取决于价格、质量、送货和售后服务等因素。

（2）资本项目。资本项目是指部分地进入产品成品中的商品，包括装备和附属设备两个部分。装备包括厂房和固定设备，由于这些资产的购买金额巨大，购买者一般直接与供应商接触，需经较长时期的谈判与沟通，采用竞标方式确定资产采购价格。附属设备包括工具和办公设备，这种设备不成为最终产品的组成部分，它们在生产过程中仅仅起辅助作用，销售者通过分销渠道接触到大量购买者，而不直接与购买者交易。

（3）易耗品和工业服务。易耗品是指不构成最终产品的那类项目，比如复印纸、铅笔等。易耗品相当于工业领域内的便利品，顾客人数众多、区域分散且单位价格低，一般通过中间商销售。易耗品一般已标准化，顾客对它无明显品牌偏好，因此价格和服务是影响其销售的主要因素。工业服务是指为工业品购买者提供的保养修理服务、税务或法律咨询服务。服务提供者的声誉是影响其销售的主要因素。

## 7.2 产品组合

### 7.2.1 产品组合及相关概念

#### 1.产品组合、产品线及产品项目

一个企业可能只生产一两种产品，也可能生产多种产品。产品组合是指一个企业生产或销售的全部产品线和产品项目的组合，即企业的业务经营范围。产品线又称产品大类，指一组密切相关的产品项目。这些产品项目以相似的方式发挥功能，销售给相同的顾客群体，通过相同类型的渠道分销，并都属于给定的价格区间。比如，不同型号的电视机、电脑软件、学生的文具等。产品项目是衡量产品组合各种变量的基本单位，指因品牌、性能、规格、价格、款式等不同而区别于其他产品的单个产品。

#### 2.产品组合的宽度、长度、深度和关联度

衡量产品组合通常有四个变量，即宽度、长度、深度和关联度。下面以表7-2中的例子加以说明。

表7-2 某企业的产品组合

| | 服装 | 皮鞋 | 帽子 | 针织品 |
|---|---|---|---|---|
| 产品线的长度 | 男士西装<br>女士西装<br>男休闲装<br>女休闲装<br>风雨衣<br>儿童服装 | 男士凉鞋<br>女士凉鞋<br>男士皮鞋<br>女士皮鞋 | 毛线帽<br>布帽<br>礼帽<br>淑女帽<br>童帽 | 卫生衣<br>卫生裤<br>保暖内衣 |

资料来源 吴健安.市场营销学［M］. 2版.北京：高等教育出版社，2005.

产品组合的宽度是指产品组合中包含的产品线的多少，产品线越多，产品组合就越宽。一般来说，拓宽产品组合的宽度可以分散企业的投资风险。表7-2所示的产品组合宽度为4。

产品组合的长度是指一个企业的产品组合中所包含的产品项目的多少。以产品项目总数除以产品线数目即可得出产品线的平均长度。表7-2所示的产品组合长度为18，平均长度为18÷4=4.5。

产品组合的深度是指产品线中的每一产品项目有多少品种规格。比如表7-2中的男士凉鞋有4种规格和2种颜色，其深度就是8。

产品组合的关联度是指各条产品线之间在最终用途、生产条件、分销渠道或者其他方面相互关联的程度。产品组合的相近程度大，其关联度也就大。产品组合的关联度是企业进行产品多元化应认真考虑的问题。一般来说，加强产品组合的关联

度，有利于发挥企业在相关专业上的经营能力，发挥连带优势，提高企业的声誉。过弱的产品组合关联度会给新产品带来风险。

### 7.2.2 产品组合策略

产品组合不是静态的而是动态的组合，企业的内外部条件不断变化，产品组合也应随之进行调整，增删一部分产品线及产品项目，使产品组合经常达到合理化、最佳化的状态。产品组合策略是指企业根据其目标和市场竞争环境，对产品组合的宽度、长度、深度等进行抉择，使之形成最佳的产品组合。

**1.扩大产品组合策略**

扩大产品组合策略可以通过拓宽产品组合的宽度和加强产品组合的长度与深度来实现。企业的新产品线可以借用企业在其他产品线上的声誉进行推广。产品延伸是产品档次的扩展，是经营范围的扩大。产品线填充是针对产品项目而言的，是在原有档次的范围内增加产品项目。通过扩大经营，企业可以增加利润，满足消费者差异化的需求，防止竞争对手乘虚而入，利用过剩的生产能力等。但是，企业必须根据实际存在的差异化需求来增加产品项目，以动态的观点来认识产品线填充，使新产品项目有足够的销量。一般来说，扩大产品组合，可使企业充分地利用人、财、物资源，分散风险，增强市场应变能力和竞争能力。

**2.缩减产品组合策略**

缩减产品组合策略可以通过缩减产品线或产品项目来实现。当市场不景气或者原料供应紧张时，企业依据市场变化的实际情况，适当减少一部分产品线和产品项目。剔除那些获利小甚至亏损的产品线与产品项目，有利于企业集中资源发展利润率高的项目，促进总利润上升。

**3.产品线延伸策略**

每个企业的产品线只是该行业整体业务范畴的一部分。如果企业超出现有的业务范畴来增加它的产品线长度，就可以称为产品线延伸。产品线延伸策略是针对产品的档次而言的，在原有档次的基础上向上、向下或双向延伸，都是产品线的延伸。

（1）产品线向上延伸策略。企业原来生产中低档或低档产品，如果推出新的高档或中档同类产品，就是产品线向上延伸策略。企业通过向上延伸可获得更丰厚的利润，可以作为正面进攻的竞争手段并提高企业形象，还可以完善产品线，满足不同层次消费者的需要。但是，企业采取这一策略也必须具备一些条件，比如企业原有的声誉比较高，具有向上延伸的足够能力，以及实际存在对较高档次的需求等，否则便容易失败。

（2）产品线向下延伸策略。企业在原来生产高档或中档产品的基础上，再生产中档或低档的同类产品便称为产品线向下延伸策略。在下列情况下，企业可以考虑采用该策略：低端市场增长较快，发展机会较好；利用高档产品的品牌效应，吸引价格敏感型顾客购买较便宜的产品；高端市场发展缓慢，企业资源闲置；弥补市场空白或者反击竞争对手在高端市场的进攻。但向下延伸的产品线策略可能给人以“走下坡路”的不良印象，刺激竞争对手进行反击，还可能形成内部竞争的局面，必须付之一套相应的营销组合策略。

（3）产品线双向延伸策略。原来生产中档产品的企业同时扩大生产高档和低档的同类产品。采用这种策略的企业主要是为了取得同类产品的市场地位，扩大经营，增强企业的竞争能力。但企业应注意只有在原有中档产品已取得市场优势，而且有足够资源和能力时，才可进行双向延伸，否则还是单向延伸较为稳妥。

**小案例7-1　　小米公司推出“红米”手机搅局低端智能手机**

2013年7月31日，小米公司推出了定价799元的低价大屏智能手机“红米”。说起低端手机，不少人会联想起廉价、体验差，甚至粗制滥造。正是由于这一原因，不少网友得知小米推出低端手机的消息后，惊呼小米是在“自毁形象”。雷军却公布这款799元的手机配有视网膜屏幕、四核处理器，键盘经过30万次按键实验，SD卡、USB、耳机接口都经历过3 000次的拔插实验，红米的每一样硬件标准，都与小米一样经受严格的把关。千元以下智能机占总体销量的61%，是智能手机成交量最高的价格区间。雷军要的是用户规模和用户价值，只做中端产品是不够的。向上面对苹果与三星的垄断，难度太大，也许会有高利润，但是绝对出不了大规模。所以，向下是最佳选择。小米此前1 500元到2 000元的中端偏高用户定位，本质上都具有同一个特点——注重性价比。此次小米瞄向低端市场，其用户同样瞄准“性价比”这一目标，与原来的目标客户群并不矛盾。

资料来源　孙奇茹.“红米”搅局低端智能手机［N］. 北京日报，2013-08-01（10）.

## 7.3　产品生命周期策略

在现代市场营销学中，产品生命周期是一个重要的概念。通过对产品生命周期的研究，企业可以更好地了解本企业产品的发展趋势，根据产品生命周期各阶段特征，有效地利用营销组合策略，使企业在动态市场环境中更好地发展。

### 7.3.1　产品生命周期概念

产品生命周期是指一种产品在市场上出现、发展到最后被淘汰的过程，是产品的一种更新换代的经济现象。它是产品的市场寿命、经济寿命，而不是指产品的使用寿命、自然寿命。企业虽然知道产品生命周期，但通常不能预测这个周期的确切情况。产品生命周期的长短受众多因素影响，包括产品本身的性质、特点，竞争激烈程度，科学技术的发展速度，企业营销的努力程度等。从总趋势来看，产品生命周期正在日益缩短。

产品生命周期被分为导入期、成长期、成熟期与衰退期四个阶段。大多数关于产品生命周期的讨论，都把典型的产品市场生命历程描绘成一条钟形曲线（见图7-2）。把产品生命周期划分成不同阶段，一方面反映了产品在不同时期存在着不同特点，另一方面说明了不同阶段应该采用不同的营销策略。某一产品在不同市场中所处的生命周期阶段往往不同，它在A市场处于成熟期，而在B市场可能正处于导入期。对产品生命周期及其阶段进行准确划分要等到产品退出市场之后，但这时已没有营销意义了。为此，企业必须了解自己产品目前所处的阶段，并采取相应的营销策略。图7-2中的产品生命周期仅是一条理论曲线，每个产品的实际生命周期曲线则不完全相同。

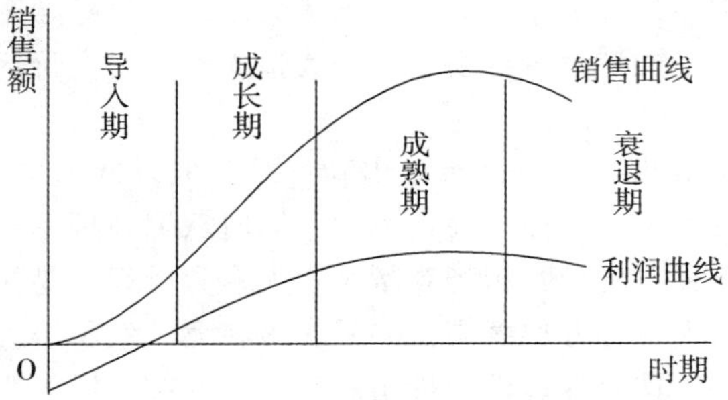


图7-2 产品生命周期曲线

## 7.3.2 产品生命周期各阶段特点和营销策略

### 1.导入期的特点与营销策略

（1）导入期特点。当新产品首次进入市场的时候，导入期便开始了。处于导入期的产品销量小且销售额增长缓慢。这主要是因为消费者对产品感到陌生或受到原有消费习惯的影响，只有极少数求新者购买，多数人观望，或者不知道新产品的上市；生产者暂时无能为力或为避免风险而不愿大批生产；中间商对新产品销售前景不明，不想贸然经营等。这个阶段的销量少，而分摊的开发新产品的成本和促销费用大，有的新产品还可能因需要改进而增大成本，因此导入期产品的利润低甚至亏损。完全创新的产品和含有高新技术的换代新产品在导入期竞争者较少甚至没有竞争者。

（2）导入期营销策略。上市的新产品不一定都能走完所有的生命周期阶段，还存在夭折的风险。市场预测失误、新产品本身存在缺陷、上市时机选择不当、宣传推广不力、成本核算偏差，以及中间商不给予配合等，都可能使新产品上市后即被市场淘汰。为此，建立新产品的初级需求，努力提高新产品的知名度，乃是这一阶段的策略重点。

企业管理层要根据设定的产品定位选择新产品推出策略，当只考虑价格和促销两个营销变量时，共有四种策略可以选择，如图7-3所示。

| 价格水平＼促销水平 | 高 | 低 |
| --- | --- | --- |
| 高 | 快速掠夺策略 | 缓慢掠夺策略 |
| 低 | 快速渗透策略 | 缓慢渗透策略 |

**图7-3 导入期可供选择的四种策略**

①快速掠夺策略，即企业以高价格高促销力度推出新产品的策略。企业以高价配合大规模的促销活动，先声夺人占领市场，达到迅速增加销售量和获利的目的。适合采用这种策略的市场环境是：潜在市场潜力巨大；目标顾客求购心切，愿出高价购买；企业由于受潜在竞争者威胁，急需大造声势，以高价优质树立信誉，取得优势。

②缓慢掠夺策略，即企业以高价推出新产品，但以低水平的促销活动相配合。企业采取这一策略的目的在于减少促销费用，同时获取高额毛利。对符合下列条件的市场采用这一策略便可奏效：市场容量小；大多数顾客容易接受该产品；产品有特点，能吸引目标消费者，并愿意高价购买；潜在竞争威胁小。

③快速渗透策略，即企业以低价推出新产品，并配合以大规模的促销活动。这是一种渗透式的竞争策略，其目的在于先发制人，快速占领市场，取得最大市场占有率。对符合下列条件的市场可以采用这一策略：市场容量大；潜在顾客对产品不了解，对价格敏感；扩大产量能有效降低成本；存在潜在竞争。

④缓慢渗透策略，即以低价和低水平的促销推出新产品。这一策略是以低价刺激市场尽快接受该产品，又以低水平促销来减少费用。采用这一策略的条件是：市场容量大；潜在顾客容易了解该产品，且对价格比较敏感；不存在潜在竞争。

**2.成长期的特点与营销策略**

（1）成长期特点。成长期的标志是销售额迅速上升，这一阶段是产品生命周期中销售增长率最高的阶段。这是因为早期采用者喜欢该产品，保守的顾客受其影响也开始购买，促使销售额不断增长。销售额的增加降低了单位产品的成本，也减少了促销费用的分摊，而且这时已不再分摊或少量分摊新产品的研制费用，因而利润迅速增加。产品被消费者接受且销量显著增加吸引了竞争者，使他们看到了大规模生产和盈利的机会，因此竞争者日渐增多是这一时期的主要特点。

（2）成长期营销策略。如果一项新产品度过导入期进入成长期，说明这是一个成功的产品，它已摆脱了夭折的风险。但是必须看到，这并不等于创新产品的企业能成功地利用这一产品长期获利，因为众多竞争者可能最终把创新产品的企业挤出市场。为此，成长期产品的策略重点应放在尽可能长地维持市场成长，创立名牌并提高顾客偏爱度上。具体的策略有：

①改善产品品质。改进产品质量，赋予产品新的特性和款式，可以提高产品的竞争能力，满足顾客更广泛的需求，吸收更多的顾客。

②寻找新的子市场。进入新的细分市场，发展销售网点，扩大销售。

③改变营销沟通的重点。把广告、公关的重心从介绍产品转到建立产品形象上来，树立起本企业及其产品的良好形象，提高品牌的知名度与偏爱度。

④适当时机降价。居高不下的价格往往阻挡了很大一部分消费者需求的实现，适度降低价格，争夺对价格敏感的潜在顾客。

**3.成熟期的特点与营销策略**

（1）成熟期特点。一个产品的销售增长率在达到某一点后逐步下降，就进入了相对成熟阶段。成熟期产品的销售额大、利润高，达到整个产品生命周期的最高峰。这个阶段的持续时间一般长于前两个阶段，大多数产品都处于生命周期的成熟阶段。成熟期仍可分为三个阶段：缓慢增长，只有少量滞后的顾客在这时进入市场；销售增长率接近或等于零，这时市场处于饱和状态；缓慢下降，一部分消费者开始转向购买替代新产品。成熟期存在行业内生产过剩的威胁，迫使各个企业都采用最有效的竞争手段来维持市场占有率，导致最激烈的市场竞争。

（2）成熟期营销策略。成熟期的营销策略重点应放在延长市场生命周期、提高竞争力上，通过获得竞争优势维持大量销售，从该产品中获得尽可能多的利润。具体可采用以下策略：

①改进市场策略，即增加使用者的人数和每个使用者的使用率。为了促使更多的人使用本企业的产品，可以采用各种促销手段使未使用过这种产品的人也购买它；也可以设法进入那些虽然使用这种产品，但并未使用过本企业产品的新细分市场；或者吸引竞争者的顾客试用本企业产品。比如，强生公司将婴儿爽身粉和洗发水定位在成人市场上，从而找到新消费市场。为使顾客增加使用率，企业可以采取以下途径：提高顾客使用频率；增加每次使用量；给产品增加新用途。

②改进产品策略，即改进产品的品质或服务后再投放市场。企业可从三个方面改进产品：一是提高质量，使本企业的产品更可靠、更经济、更耐用、更安全等；二是增加特性，使本企业的产品具有其他同类产品所没有的新特性；三是更新款式，包括采用新的造型、花色、外观设计等，增加产品的美感。

③改进营销组合策略。产品进入成熟期后，必须重新设计营销因素组合方案以适应激烈的市场竞争形势，对产品因素及价格、渠道、促销等非产品因素加以整合。

**4.衰退期的特点与营销策略**

（1）衰退期特点。当某一品牌或品种的产品的销售额明显下降或急剧下降时，说明这种产品已进入衰退期。销售额下降的主要原因是出现了更新的产品、消费者对这种产品已不感兴趣或过度竞争。伴随销售额的下降，利润也在下降或出现亏损。

（2）衰退期营销策略。这一阶段营销策略的重点是通过定期审查产品的销售额、市场份额、成本和利润情况，识别处于衰退阶段的产品，然后再做出维持、收获或是放弃的决定。具体有：

①继续经营策略。企业继续使用过去的营销策略，将销售量维持在一定水平上，待到时机合适，再完全退出市场。

②集中策略。把企业能力、资源集中在最有利的子市场和渠道上，从中获取更多的利润，放弃那些没有盈利机会的市场。这样有利于延长产品退出市场的时间，让衰退期产品发挥余热，为企业创造更多的利润。

③放弃策略。当现有产品无潜在市场机会或者新一代产品已经上市且前途看好时，企业应当机立断放弃老产品，把生产条件、经营渠道、广告宣传等资源转移到新产品上。

## 7.4 新产品开发

### 7.4.1 新产品概述

#### 1.新产品的概念

1997年国家经济贸易委会员颁布的《新产品新技术鉴定验收管理办法》规定：新产品是指用新技术原理、新设计构思研制生产，或结构、材质、工艺等某一方面有所突破或较原产品有明显改进，从而显著提高了产品性能或扩大了使用功能，并对提高经济效益具有一定作用的产品。从营销的角度来看，企业的产品只要在功能或形态上得到改进或与原有产品产生差异，并为顾客带来新的利益，即可视为新产品。

#### 2.新产品开发的必要性

（1）新产品开发是企业生存和发展的关键。近二三十年来，由于电子计算机、系统工程等新兴科学的发展及应用，科学技术和生产力飞速发展，产品生命周期出现缩短的趋势。在20世纪中期，一代产品通常意味着20年左右的时间；而到20世纪90年代，一代产品的概念不超过7年。这给某些行业或企业造成了严重威胁。企业必须利用科技新成果不断进行新产品开发，才能在市场上有立足之地。因此，新产品开发已成为企业生存和发展的支柱。

（2）新产品开发是适应市场竞争的需要。创新是增强企业竞争能力的必要条件。在激烈的商战中，谁拥有新产品，谁就占据市场竞争的有利地位。没有产品开发能力，企业也就没有竞争力。要想在竞争中立于不败之地，企业必须根据市场需求和竞争对手变化，不断推陈出新，给市场注入“新鲜血液”，及时填补市场空白，抢占市场制高点，控制生产、流通和消费的导向权。

（3）新产品开发是企业利润增长的动力。新产品开发成功与否，直接关系到企业的业绩与利润目标能否实现。美国3位学者对美国企业所做的一份调查报告显示，许多主管预期公司未来5年的利润有40%必须来自于新产品。换言之，公司既有的产品在未来5年内对公司利润目标的贡献只有60%左右。新产品上市成功与否是实现利润目标与否的重要变量。

（4）科学技术的发展推动着企业不断开发新产品。科学技术的迅速发展导致许多高科技新型产品的出现，并加快了产品更新换代的速度。科技的进步带来成本更低、性能更加优越的新产品，促使企业运用新的科学技术改造本企业产品，只有这样才能保持企业的竞争能力。

**3.按创新程度划分新产品**

（1）全新型新产品。全新型新产品是创新程度最高的新产品，它运用科学技术的新发明开发生产，具有新原理、新技术、新材质等特征。开发全新型新产品，需要企业投入大量资金，具有很强的开发实力，花费很长的时间，并需要一定的需求潜力，企业承担的市场风险也比较大。调查表明，全新型新产品在所有新产品中只占10%左右。

（2）换代型新产品。换代型新产品指采用新材料、新元件、新技术，使原有的产品的性能有飞跃性提高的产品。企业只需投入较少的资金，费时不长，就能改造原有产品，使之成为换代新产品，具有新的功能，满足顾客的新需要。

（3）改进型新产品。改进型新产品指从不同侧面对原有产品进行改革创新而创造的产品。比如，采用新式样、新包装、新商标改变原有产品的外观而不改变其用途。改进型新产品容易被竞争者模仿。

（4）仿制型新产品。仿制型新产品指市场上已存在，而本国、本地区或本企业初次模仿并投入市场的产品。开发这种产品不需要太多的资金和尖端的技术，因此比研制全新产品要容易得多，但企业应结合市场需要改进，不应全盘照抄。

以上四种新产品中，第一类产品最难，一般企业难以开发，第二、三、四类新产品，多数企业选择和实施较为容易，且能迅速见效。

**小案例7-2　　Apple Watch：能否重新激活智能手表？**

在2014秋季发布会上，苹果官方推出了传说中的“iWatch”——Apple Watch。Apple Watch分三个版本：基本款Apple Watch，更坚硬牢靠的运动款Apple Watch Sport，还有奢侈款的Apple Watch Edition。现在，人们似乎已经形成了一种观念：除了传统智能手机的功能，当今市场上的智能手表并没有其他功能。苹果希望改变人们的这种观念。“到目前为止，消费者对当前市场上的智能手表不感兴趣。这是它们卖不出去的原因。”美国咨询公司Yankee Group副总裁卡尔·霍维（Carl Howe）说。“这表明，现在的智能手表主要只是一种技术解决方案，并没有满足大部分消费者的真实需求。它们只是一种小玩意而已。”“像智能手表这样的新市场必须首先被定义，然后才会有需求。例如，在1900年，没有人真正想要一辆汽车，除了一些怪人。”“现在，因为汽车市场已经被定义，大多数人都想要一辆车。在iPad之前，平板电脑市场也是如此。目前，大多数消费者并不想要一块智能手表，因为还没有一个公司拿出一个能够吸引他们的产品。你既需要一个引人注目的产品，也需要一种创造市场需求的方法。”

苹果的品牌是强大的。它曾经创造了智能手机市场，它同样有可能会创造一个智能手表市场。霍维指出："在iPhone诞生前，消费者对触摸屏手机的需求几乎为零，部分原因是当时的产品很糟糕，但也有部分原因是它们没有很好地解决消费者的真正问题。""苹果所做的就是通过触摸屏将三种产品融为一体。它将iPod、手机和互联网通信设备融合到一种优雅的设备中。"他说："我怀疑苹果今后也许不会以同样的方式对待可穿戴产品。但是，苹果确实会推出一种能满足消费者多种需求的高雅产品。"

### 7.4.2 新产品开发的方式

开发新产品的方式有很多，企业可根据内外部条件适当选择。

**1.独自研制**

独自研制分为三种情况：第一种是从基础理论研究到应用技术研究，再到产品开发研究，全部过程都靠自己的力量进行；第二种是利用社会上基础理论研究的成果，自己只进行应用技术研究和产品开发研究；第三种是利用社会上应用技术的研究成果，自己只进行产品研究开发。很显然，第一种（或包括第二种）如果研制成功，可使企业居于独占新产品的地位，但是需从探讨产品的原理与结构、新材料、新技术开始，需要很雄厚的力量，而且风险较大。所以，企业如以产品更新换代乃至开发全新产品为目标，采用独自研制的方式，一般需要强有力的盈利产品作为财力后盾，它们适用于大型企业。最后一种方式较适合中小企业采用。但总的来讲，独自研制方式是一种独创型的发展新产品的策略，目的是发展有本企业特色的新产品，从而在市场上占据有利地位。

**2.联合开发**

这种方式是将企业内外技术力量结合起来开发新产品。比如，从社会上请专家、教授、研究员、工程师等来企业进行技术指导；或者与科研单位、大专院校组成联合设计小组，共同攻关；或者组成各种形式的科研-生产联合体，共同开发新产品等。多年来的实践证明，这种联合开发、技术协作的形式，是我国企业开发新产品的一种有效的、良好的形式。

**3.技术引进**

这是指通过与外商进行技术合作、补偿贸易，向国外购买专利技术、关键设备等，引进比较先进和成熟的新技术。其优点是，能够利用有限的资金和技术力量，较快地掌握先进的生产技术，缩短与国外产品的技术差距，提高企业的竞争能力，也有利于进入国际市场。但是，由于这种产品的市场往往已为别人率先占领，技术引进的代价也较高，只能有选择地重点引进，引进以后能在一定时间、一定范围内形成产品市场优势才是可取的。所以，应用这种方式时要注意引进的应该是较为先进的技术，对于本企业生产技术水平的提高具有推动和启发作用。采用技术引进方式开发新产品往往是与独自研制相结合的。为尽快吸收国际上的新技术，又发挥企业的独创精神，以技术引进为起点，与本国、本企业的科研成果相结合，创造出技术先进的新产品，可收到花钱少、见效快的效果，有利于对引进技术的消化和进一步研究，更好地发挥引进技术的作用。

**4.仿制**

按照样品仿制国内外的新产品，是迅速赶上竞争者的一种有效的开发新产品的形式。其优点是仿制费用低、成功率高。其缺点是上市落后一步，市场占有率较领先发展新产品的企业要低。但是，如果能在仿制时有所创新，则可收到后发制人的功效。运用此种方式要注意不能违反有关新产品专利权和其他知识产权的法律法规。

对于以上四种方式，企业可单独应用也可并行采用，以利于产品的不断推陈出新。

### 7.4.3　新产品的开发程序

为了成功开发新产品，企业应建立一套科学的新产品开发管理程序。一般企业研制新产品的管理程序大致经历如下八个步骤：

**1.新产品创意**

新产品创意又称构思，是指对新产品的设想。新产品创意的内容包括产品使用目的、基本功能、大致轮廓和大概制造方法等。市场需求是开发新产品的出发点，新产品构思可以来自以下方面：企业内部资源；竞争者；分销商和供应商；杂志；发明等。

**2.创意筛选**

从各种新产品设想方案中，挑选出一部分进行分析、论证，这一过程叫作筛选。在筛选时必须考虑两个重要因素：第一，构思的新产品是否符合企业利润、销售稳定或销售增长、总体营销等方面的目标；第二，企业是否具备足够的实力来开发所构思的新产品，这种实力包括经济和技术两个方面。数据显示，一般企业只有1/4的设想方案可以通过筛选阶段，大约7%的设想方案在经过筛选后形成了新产品并获得成功。

**3.概念发展与测试**

有吸引力的产品构思必须发展成为可测试的产品概念。构思只是一个设想，而新产品概念是企业从消费者的角度对产品构思进行的详尽描述，即将新产品构思具体化，描述出产品的性能、具体用途、形状、优点、外形、价格、名称、提供给消费者的利益等，让消费者能一目了然地识别出新产品的特征。任何一种产品构思都可转化为几种产品概念。一般通过对以下三个问题的回答，可形成不同的新产品概念：谁使用该产品？该产品提供的主要利益是什么？该产品适用于什么场合？比如，某款纯果汁创意可以转化为饮料、保健品等两种不同的产品概念。明确产品概念之后，还需要在消费者中进行测试，以帮助企业修改和充实产品概念的内容。如果产品概念有好几个，更需通过测试从中选出最佳的一个。

#### 4. 制订营销战略计划

对已经形成的新产品概念制订营销战略计划是新产品开发过程的一个重要阶段。营销战略计划包括三个部分：第一部分是描述目标市场的规模、结构和消费者行为，新产品在目标市场上的定位、市场占有率及前几年的销售额和利润目标等；第二部分是对新产品的价格策略、分销策略和第一年的营销预算进行规划；第三部分则描述预期的长期销售量和利润目标以及不同时期的营销组合。

#### 5. 商业化分析

管理部门在产品初步设计的基础上，要对新产品方案进行可行性研究，这是进一步决定产品取舍的重要环节。通过审查销售量、成本和利润计划，可以确定新产品概念在经济效益方面是否符合企业目标。

#### 6. 产品开发

产品开发的任务是把通过商业分析的产品概念交给企业的研究开发或工艺设计等部门，研制开发出实际的产品实体。这一阶段主要包括研制样品和消费试验两项工作。根据美国科学基金会的调查，新产品开发过程中的产品实体开发阶段所需的投资和时间分别占开发总费用的30%、总时间的40%，且技术要求很高，是最具挑战性的一个阶段。

#### 7. 市场试销

新产品试销，是把经过鉴定的样品投入少量生产，按企业所制订的营销战略计划，将产品小范围投放市场，以观测用户的反映，并及时反馈用户意见，对新产品做进一步的改进后再正式销售。这个过程有时要反复多次。在大规模投入生产之前，市场试销可以使营销人员提前了解营销时会出现的具体情况，以重新检验产品和营销计划。但是当开发和推出产品的费用较低，或者管理部门对新产品很了解的时候，企业只需少量的市场测试或根本不用进行市场测试。

#### 8. 正式上市

新产品试销获得成功后，企业就可对产品进行大批量生产。新产品在商业化阶段的营销运作应在以下几方面慎重决策：何时推出新产品；何地推出新产品；如何推出新产品，即企业必须制订详细的新产品上市的营销计划，包括营销组合策略、营销预算、营销活动的组织和控制等。

### 7.4.4 消费者采用新产品的过程

当新产品开发程序完成后，企业的市场营销活动就进入消费者采用过程。它包括潜在消费者怎样认识新产品、试用它们和拒绝采用。1962年，美国学者埃弗雷特·罗杰斯出版《创新扩散》一书，提出研究创新效果的创新扩散理论，认为创新扩散过程就是一个新的观念从它发明创造开始到最终用户的传播过程。

#### 1. 采用过程中的各个阶段

消费者对于新产品的认知与采用一般经历下列五个阶段：

（1）感知阶段：消费者接触新技术、新事物，但知之甚少。

（2）兴趣阶段：消费者对新产品发生兴趣，并寻求更多的信息。

（3）评价阶段：消费者联系自身需求，考虑是否采纳新产品。

（4）试用阶段：消费者小规模试用该产品，观察是否适合自己的情况。

（5）再购买及扩散阶段：消费者接受新产品并重复购买，新产品销售在大范围内实施。

**2.新产品采用者的分类**

按照新产品被消费者采用的时间，新产品采用者可以分为以下几种类型：

（1）创新采用者。任何新产品都是由少数创新采用者率先使用的，他们具备如下特征：极富冒险精神；收入水平、社会地位和受教育程度较高；一般是年轻人，交际广泛且信息灵通。营销人员在向市场推出新产品时，应把促销手段和传播工具集中于创新采用者身上。如果他们采用效果较好，就会大肆宣传，影响到后面的使用者。

（2）早期采用者。他们大多是某个群体中具有很高威信的人，受到周围朋友的拥护和爱戴。正因如此，他们常常去收集有关新产品的各种信息资料，成为某些领域的意见领袖。这类采用者多在产品的导入期和成长期采用新产品，并对后面的采用者影响较大。

（3）早期大众。早期大众的特征是：深思熟虑，态度谨慎，决策时间较长，受过一定教育，有较好的工作环境和固定收入，对意见领袖的消费行为有较强模仿心理。

（4）晚期大众。晚期大众的基本特征是多疑。他们的信息多来自周围的同事或朋友，很少借助宣传媒体收集所需要的信息，其受教育程度和收入状况相对较差，所以他们从不主动采用或接受新产品，直到多数人都采用且反映良好时才行动。

（5）落后采用者。落后采用者思想保守，拘泥于传统的消费行为模式。他们与其他的落后采用者关系密切，极少接触宣传媒体，其社会地位和收入水平最低。因此，他们在产品进入成熟期后期乃至进入衰退期时才会采用。与一般人相比较，落后采用者在社会经济地位、个人因素和沟通行为等三个方面存在着差异。

罗杰斯指出，创新事物在一个社会系统中要能继续扩散下去，首先必须有一定数量的人采纳这种创新事物，这个数量通常是人口的10%～20%。创新扩散比例一旦达到临界数量，扩散过程就起飞，进入快速扩散阶段。因此，最先使用者和早期使用者是企业的营销重点，通过他们的消费示范效应，可以带动产品早日打开销路。

**小案例7-3　　谷歌眼镜的市场扩散**

为什么谷歌眼镜不像其他科技产品那样，发布之后在短时间内就开放预订，然后迅速在全球铺货，而是只供少数开发者和科技爱好者购买？谷歌眼镜具有其他科技产品所不具有的特性，例如谷歌眼镜可以用来打电话、拍照等，因此普通消费者对谷歌眼镜产品的安全、适用性等会怀有疑问。要解决这些疑问，谷歌就必须先让少数人使用谷歌眼镜，然后通过这少部分人告诉普通的消费者，谷歌眼镜是安全的，是一种能让大家的生活更舒适轻松的科技产品。形象点说，就是要找出敢于第一个吃螃蟹的人，然后让大家知道原来螃蟹是可以吃的，而且很美味。

那要选什么人来当第一个吃螃蟹的人呢？谷歌选择的是开发者和科技爱好者。谷歌在2012年的I/O开发者大会上发布谷歌眼镜时，开发者就可以现场预订谷歌眼镜，但是当时不向普通消费者开放预订。而科技爱好者则是谷歌于2013年2月20日筛选出来的，谷歌要求想购买谷歌眼镜的消费者，在Twitter或者谷歌自家社交网络Google+上用不超过50字的内容来表述可以用谷歌眼镜做什么，而且预订价格还高达1 500美元。对于一副未知因素还很多的谷歌眼镜，普通消费者不会乐意花这么多钱去做这样的事，喜欢这样做的人，谷歌知道，一定是科技爱好者。然后，谷歌利用开发者和科技评论员的产品测评，还有在社交网络上进行使用体验分享的形式来为谷歌眼镜做宣传，让普通消费者知道已经有人使用过谷歌眼镜，这样除了能消除大家对谷歌眼镜的疑问外，还可以通过他们来发现谷歌眼镜的不足，不断对谷歌眼镜进行改进，最后才让普通消费者购买。

资料来源　佚名．浅析谷歌眼镜市场化策略［EB/OL］．［2013-07-13］．http：//www.tmtpost.com/48900.html.

## 7.5 品牌策略

### 7.5.1 品牌含义

品牌是指企业给自己的产品所起的商业名字，通常由文字、标记、符号、图案和颜色等要素或这些要素的组合构成，用作一个卖主或卖主集团的标志，以便同竞争者的产品相区别。品牌主要包括品牌名称、品牌标志和商标。

**1. 品牌名称**

品牌名称是指品牌中可以用文字表述的部分。

**2. 品牌标志**

品牌标志是指品牌中可以识别但不能用文字表述的部分，如记号（符号）、图像、图案、色彩等。某一产品的品牌名称与品牌标志的总和就是该产品的品牌。

**3. 商标**

商标是指已获得专用权并受法律保护的一个品牌或一个品牌的一部分。商标具有区域性、时间性和专用性特点。在我国，习惯将一切品牌统称为商标，并按其注册与否分为“注册商标”和“非注册商标”。

品牌是一个商业名称，其主要作用是宣传商品；商标也可以宣传商品，但重要的是，它是一个法律名称，受法律保护。品牌的全部或部分作为商标经注册后，这一品牌便具有法律效力。品牌与商标是总体与部分的关系，所有商标都是品牌，但品牌不一定都是商标。

### 7.5.2 品牌管理

品牌管理工作主要包含品牌设计和品牌策略决策两个方面。

**1.品牌设计**

品牌设计是企业在正确定位自身的基础上，基于正确品牌定义下的视觉沟通。它是一个协助企业发展的形象实体，不仅协助企业正确地把握品牌方向，而且能够使人们正确地、快速地对企业形象进行有效、深刻的记忆。品牌设计包括名称设计和标志设计。

设计良好的品牌名称要能够充分体现产品属性给消费者带来的好处和质量方面的情况，要易读、易认、易记，能够向消费者描绘产品形象及其含义，要独特、鲜明，并让消费者能从中得到愉快联想，要适应全球化需要，同时考虑不同国家、民族在文化上的差异性。

良好品牌标志设计应遵循以下基本原则：突出企业形象，具备独特个性；简洁鲜明，易于传播、理解和记忆；造型优美精致，符合美学原理；既要相对稳定，又要超越时代。

**小案例7-4　　苹果品牌的故事**

Apple（苹果）是美国苹果公司的著名品牌。它的产品以出色的设计、开创性的创新理念、优秀的用户体验获得全球数亿用户青睐，是现代很多年轻人热衷追捧的对象。

当史蒂夫·乔布斯、沃兹尼亚克和罗纳德·韦恩三人决定成立公司时，乔布斯正好旅行回来，他建议把公司命名为苹果电脑。最初的商标（Logo）由韦恩在1976年设计，为牛顿坐在苹果树下看书的钢笔绘画，只在生产Apple Ⅰ时使用。1977年乔布斯决定重新委托广告设计，并配合Apple Ⅱ的发行使用，本次Logo确定使用彩虹色、有一个缺口的苹果图像。这个Logo一直使用至1998年，在iMac发布时做出修改，变更为单色系列，2007年再次变更为带有阴影的金属银灰色，并使用至今。如今，苹果的Logo是全球最有名的Logo之一。这个Logo的简洁设计受到很多人的喜欢，苹果的粉丝们不仅在车上贴上苹果的Logo，甚至把它文在身上。30多年来，它基本上没有什么太大的变化。

**2.品牌命名原则**

一个好名字能时时唤起人们美好的联想，是一个企业、一种产品拥有的一笔永久性的精神财富。品牌命名可以参考以下原则：

（1）合法原则。合法是指能够在法律上得到保护，这是品牌命名的首要前提。

（2）易读易记原则。品牌名只有易读易记才能高效地发挥它的识别功能和传播功能。品牌命名时要做到简洁、独特、新颖、响亮等，比如动感地带、上好佳。

（3）尊重文化与跨越地理限制原则。这是指品牌命名要适应消费者的文化价值观念和潜在市场的文化观念。

（4）无歧义原则。品牌命名可以让消费者浮想联翩，比如金利来。

（5）暗示产品特点原则。根据产品的特点、功能、形态等属性来命名，让消费者从它的名字一眼就看出它是什么产品，比如五粮液、雪碧、佳洁士、创可贴、劲量。

（6）可延伸原则。一个无具体意义而又不带任何负面效应的品牌名，较适合于今后的品牌延伸。如索尼（Sony），不论是中文名还是英文名，都没有具体的内涵，仅从名称上看，消费者不会联想到任何类型的产品，这样，品牌可以扩展到任何产品领域。

**3.品牌策略**

（1）品牌使用策略。按是否需要给产品建立一个品牌，可以将企业的品牌策略分为使用品牌和不使用品牌两种。

使用品牌，可能给企业增加成本费用，但也有很多的好处。对于制造商来说，有了品牌名称就更容易处理订单并发现问题；注册商标对产品的独特性提供法律保护，不然，就容易被竞争者仿制；品牌化有利于吸引忠实的和潜在的顾客；品牌忠诚使制造商在竞争中得到某些保护，并使他们在实施市场营销计划时具有较强的控制能力；品牌化有助于制造商细分市场。不同的品牌对应不同的细分市场；强有力的品牌有助于树立企业形象，使它更容易推出新品牌和获得分销商与消费者的信任。对消费者来说，品牌能帮助他们识别各种商品，从而更有效地选择和购买商品；借助品牌，消费者可以得到相应的服务便利，如更换零部件、维修服务等；品牌能有效地维护消费者利益。消费者购买商品时根据对品牌的印象来抉择，可以避免上当受骗；一旦商品出现问题，消费者可以凭商品品牌要求生产者和销售商赔偿损失，并将此品牌公之于众，以免更多消费者受骗。好的品牌（名牌）对消费者具有强烈的吸引力，深受消费者的喜爱。名牌产品在品质上优于一般产品，具有极为鲜明的商品个性，能在消费者的心目中树立起颇有品位的形象，并能满足消费者的精神需求。

不使用品牌策略也称为无品牌策略。该策略适用于以下三种情况：一是产品技术要求简单，不同生产厂家产品同质，消费者没有必要凭品牌去购买；二是小范围的地产、地销商品，习惯只注明产地或厂家，也可使用未注册商标；三是企业临时性加工或一次性生产的产品。

（2）品牌归属策略。对于使用谁的品牌，企业共有四种策略可供选择：生产者使用本企业品牌称为生产者品牌；生产者把商品卖给中间商，使用中间商品牌称为中间商品牌；生产者的产品同时使用生产者品牌和中间商品牌称为联合品牌；一些企业出资获得使用另一家企业品牌的权利称为特许，被使用的品牌通常具有较高的声望和知名度，并且往往与购买品牌使用权的企业不属于同一个行业。比如，迪士尼电影中的卡通品牌就被特许给众多玩具、书包、水壶等儿童用品厂商使用。现在越来越多的营利和非营利组织将自己的名称许可经营出去以获得额外的收入，同时提高品牌知名度。

①生产者品牌，也称为制造商品牌，即产品的制造商拥有的品牌。产品的设计、质量、特色都由厂商决定，如海尔、安踏、IBM等。

②中间商品牌，是由零售商或批发商创建并拥有的品牌。零售企业通过搜集、整理、分析消费者对于某类商品的需求信息而开发出新产品，在功能、价格、造型等方面提出设计要求，自设生产基地或者选择合适的生产企业进行加工生产，最终用自己的商标注册该产品，并在本商店销售该品牌。例如，沃尔玛有40个系列的自有专卖品牌，其中23个是全球性的。其自有品牌的品类有近20万种。例如，惠宜（Great Value）有食品、日用消费品，Equate有个人护理、保健用品，Penmans有正装及商务休闲服装、服饰用品，等等。使用中间商品牌的优势：找到无力创立品牌或不愿自设品牌、生产能力过剩的厂家，减少生产成本和流通费用，因而以较低的价格提高商品竞争力，获得较高的利润；中间商可以把显著的陈列位置留给自己的品牌并保证有更充足的备货。

（3）品牌统分策略。企业在决定使用品牌后，对于全部产品都使用一个品牌还是使用几个品牌面临选择：

①统一品牌，指企业所有的产品都统一使用一个品牌。比如，飞利浦公司的所有产品（包括音响、电视、灯管、显示器等）都以“Philips”为品牌，松下公司的所有产品都统一使用“Panasonic”为品牌，“金利来”品牌涵盖了该公司的所有产品。企业采用统一品牌策略，有助于显示实力，提高企业威望，树立企业形象；可以带动新产品顺利上市；能够节省广告费，加强宣传效果。但是它不适合于原有声誉、形象一般或较差的企业，只适合价格、品质和目标大致相似的商品。

当企业所创建的品牌具有强大品牌资产时，一个受人注意的好品牌名称，能给予消费者对新产品即刻的认知并较容易被消费者接受，企业更容易进入一个新的产品领域，同时节约大量广告费，而在正常情况下使消费者熟悉一个新品牌名称则花费较大。当然，这样也有风险，新产品可能使买者失望从而丧失对企业其他产品的信任；原有品牌名称可能不适用于新产品；过度延伸会使品牌失去在消费者中的特定定位，出现品牌稀释现象，消费者不再把品牌与一个特定的产品或类似的产品相联系。

②分类品牌，指企业在分类的基础上对各类产品使用不同的品牌。比如，将产品分为服装类、食品类、家庭用品类，并对每一类别设计不同的品牌名称及标志。美国最大的零售商西尔斯公司就是采取这样的策略，它的家用电器、妇女服饰、家具等产品分别使用不同的品牌。这种策略特别适用于生产与经营产品种类繁多的大企业，由于它们所涉及的领域吃、穿、用俱全，如果两类产品之间的差距很大，则绝不能使用同一品牌。有些企业虽然生产或销售同一类型的产品，但是为了区别不同的质量水平，往往也分别使用不同的品牌名称。

③个别品牌。个别品牌是指企业对各种不同的产品分别使用不同品牌。采用个

别品牌策略，能够用品牌把不同产品的特性、档次、目标顾客的差异区别开来，使某一产品的失败不至于影响其他产品，并且不断开发的新产品采用新的品牌，可以给人一种蒸蒸日上的印象。但是，单一品牌成本费用高，包括商标设计及品牌命名、注册与参展、宣传推广等多种费用。

④多品牌。多品牌是指企业同时为一种产品设计两种或两种以上互相竞争的品牌。比如，宝洁公司生产的洗发水分别用“飘柔”“海飞丝”“潘婷”等品牌。使用多品牌策略为建立不同的产品特色和迎合不同的购买动机提供了一条途径；每一种品牌都有一些忠实的拥护者；企业可以为不同地区或国家建立独立的品牌，这或许是为了适应不同文化或语言的需要；建立多种品牌还能使企业稳固占据零售商的货架，有助于企业获得较高的市场占有率。但是，企业的促销费用升高，每种品牌可能只获得一小部分市场份额，而且每一种利润都不高，同时要面临来自自身产品的竞争。所以，企业在采用本策略的时候，要注意各品牌市场份额的大小及变化趋势，及时撤销市场占有率过低的品牌，以免自身品牌过度竞争。

**小案例7-5　　百丽（Belle）国际的多品牌策略**

“20世纪90年代初，我们只有百丽（Belle）一个品牌。”一位在百丽国际工作了10多年的老员工还记得，当时他们和董事长邓耀、CEO盛百椒挤在深圳某居民楼一套三室一厅的房子里办公，根本谈不上管理、供应链。“但是在那个时候，两个老板对品牌就有着强烈的意识。他们认为皮鞋要卖出好价钱，一定要有好的品牌。”

这样的品牌意识贯穿了百丽国际的整个发展历程，令其从一开始就有意地摆脱OEM（代工）的制造路线，用品牌铺垫出高起点。2000年，百丽国际开始推行多品牌战略，其后推出的品牌越来越多。目前百丽国际拥有百丽、天美意、思加图、他她等13个自有品牌以及Bata和BCBG等多个特许使用品牌。此外，百丽国际同时也是耐克、阿迪达斯、锐步、彪马、卡帕、美津浓、李维斯等运动休闲服饰品牌的分销商。

据中国行业企业信息发布中心（CIIIC）编制的统计数字，以销售收入计，百丽国际连续10年成为中国女装鞋中的第一品牌。百丽国际的每个品牌都有自己的设计师队伍，各品牌的风格以主设计师为核心，基本上每个品牌都自主设计，彼此之间不会共享创意，以保持各品牌风格的独立性。

⑤企业名称与个别品牌相结合。企业对其不同的产品分别使用不同的品牌，而且各种产品的品牌前面还冠以企业名称。在各种不同新产品的品牌名称前冠以企业名称，可以使不同的产品保持自己的特色，具有相对的独立性。例如，曾经的柯达公司给其不同的胶卷命名为“柯达万利”胶卷、“柯达金奖”胶卷、“柯达至尊”胶卷。海尔集团的冰箱依据其目标市场定位的不同而分别命名为“海尔双王子”“海尔小王子”“海尔帅王子”。

（4）品牌延伸策略。品牌延伸策略是指企业尽量利用已成功的品牌来推出新产品或改进型产品。自20世纪80年代以来，品牌延伸受到了西方企业的喜爱。许多企业都将它看作一种有效的营销手段。运用品牌延伸策略，可以大量减少促销新品牌所需的费用，而且能使新产品被消费者很快接受。需要注意的是，如果利用成功品牌推出的新产品消费者不认可的话，也可能削弱原有品牌的市场声誉。

（5）品牌再定位。随着市场的发展，消费者的需求不断变化，企业必须定期分析品牌的优劣势，一旦品牌定位不再适合市场实际，就必须及时对品牌定位进行调整。品牌再定位是指因某些市场因素的变化而对品牌进行重新定位，目的是使品牌适应新的时代、新的需求和新的环境，同时也可给人以创新的感受。企业在进行品牌再定位决策时，要认真考虑将品牌转移到新市场所需的费用与收益。

**小案例7-6　王致和在德胜诉夺回商标权**

德国巴伐利亚州高等法院2009年4月23日二审裁决“王致和”商标侵权案中方胜诉。根据裁决书，法院要求德国欧凯公司（Okai，以下简称“欧凯公司”）停止使用“王致和”商标，并撤回其在德国专利商标局注册的“王致和”商标。法院是按德国《反不正当竞争法》判决王致和集团胜诉的，一纸判决终于结束了3年的跨国诉讼。这也是中国加入世界贸易组织后，中华老字号首次在海外维权获得成功。

2006年7月，由于拓展德国市场的需要，王致和集团到德国注册商标时发现，王致和腐乳、调味品、销售服务三类商标和标识已被德国欧凯公司抢注，该公司抢注的“王致和”商标的外观与国内王致和完全一样，这是王致和商标第一次在国外被抢注。而欧凯公司是由德籍华人开办的百货公司，主要经营来自中国的食品，它曾是王致和产品在德国的销售代理商。2007年1月，王致和集团与欧凯公司协商未果后，决定在德国提起诉讼，追讨商标权。2007年11月14日，德国慕尼黑地方法院一审宣判，王致和集团诉德国欧凯公司恶意抢注商标案，王致和集团胜诉。欧凯公司向巴伐利亚州高等法院提出上诉。2009年1月22日，巴伐利亚州高等法院开庭审理此案。据介绍，王致和集团对该标识享有著作权。中国和德国都加入了《保护文学艺术作品伯尔尼公约》，根据该公约的约定，在一国享有版权的，在其他成员国中同样享有版权。同时，欧凯公司的抢注行为明显是一种不正当竞争行为，违反了德国的《反不正当竞争法》。这起跨国诉讼让王致和集团加快了海外扩张的步伐，王致和商标已遍布40余个国家和地区。据国家工商行政管理总局的不完全统计，国内有15%的知名商标在国外被抢注，其中超过80个商标在印度尼西亚被抢注，近100个商标在日本被抢注，近200个商标在澳大利亚被抢注，每年商标国外抢注案件超过100起。据国家工商行政管理总局商标局的数据，在20世纪80年代，中国出口商品商标被抢注的就有2 000多起，造成每年约10亿元无形资产流失。中国有不少老字号品牌如“狗不理”“北京同仁堂”“六必居”“海信”等商标在国外遭到抢注，不仅影响了老字号的声誉，也给企业走出国门设置了贸易壁垒。

资料来源　周文天.王致和在德胜诉夺回商标权［N］．东方早报，2009-04-24.

## 7.6 包装策略

### 7.6.1 包装的含义和种类

1.包装的含义

传统上包装被认为是一种附带的营销决策。静态的包装概念指产品的容器和外部包扎。动态的包装概念指设计并生产容器或包扎物将产品盛放或包裹起来的一系列操作过程。企业应进行包装管理，包装决策主要是基于成本和生产两方面考虑。

包装的主要功能是包裹和保护产品，便于运输、携带、储存和使用。随着自助服务销售数量的增加，包装成为一项重要的营销工具。它必须吸引顾客注意，描述产品的功能特色，给顾客以信心，使产品在顾客心目中有一个好印象。

2.包装的种类

产品包装按照它在流通过程中的不同作用，可以分为运输包装和销售包装两种。运输包装又称外包装或大包装，主要用于在储运、装卸过程中直接保护商品，或通过保护销售包装而达到保护商品的目的。销售包装又称内包装或小包装，不仅保护商品便于储运，而且更重要的是便于经营者展示商品和消费者识别、选购、携带、使用商品。

### 7.6.2 产品包装策略

产品包装在产品营销上有相当大的作用，企业对产品的包装工作要给予足够的重视。可以采用的包装策略有：

1.类似包装策略

类似包装策略指企业生产经营的所有产品在包装外形上都采取相同或相近的图案、色彩等共同特征，使消费者通过类似的包装联想起这些商品是同一企业的产品，具有同样的质量水平。这种策略有助于企业节省设计和印刷成本，增加企业形象在消费者面前的曝光率，客观上达到宣传企业产品的效果。

2.等级式包装策略

等级式包装策略指企业对自己生产经营的不同质量等级的产品分别设计和使用不同的包装。这种做法适应了不同需求层次消费者的购买心理，便于顾客选购。这种做法的优点是一个产品的失败不会影响企业的整体形象，但成本比较高。

3.组合包装策略

组合包装策略是指企业将几种有关联性的产品组合在同一包装物内的做法。这种做法便于消费者选购、携带和使用，并能通过产品搭配扩大销售。但是，它通常适用于存在一定相关性的小商品，比如化妆品就经常采用这一策略。企业需要注意的是，产品的搭配不要引起消费者的反感，或者损害消费者的利益。

**4.再使用包装策略**

再使用包装策略是指包装物在被包装的产品消费完毕后还能移作他用的做法。这一策略利用了消费者一物多用的心理，诱发消费者的购买行为，既使顾客得到额外的使用价值，又在包装物再使用过程中发挥广告宣传作用。

**5.附赠品包装策略**

附赠品包装策略是指在包装物内附有赠品以诱发消费者重复购买的做法。采用这种策略能够增加购买者的兴趣，吸引顾客重复购买。但是赠品要制作精良，不可粗制滥造，否则不但起不到促销的作用，还会影响产品或企业的形象。

**6.改变包装策略**

改变包装策略即产品的内在质量不变，而对产品包装的外形、材料、图案、质量等进行更新或改变，以适应市场需求变化或吸引顾客购买的策略。包装的更新就像产品的更新一样，能够给消费者耳目一新的感觉。

**小资料　电商时代商品包装设计的变化**

## 本章小结

产品策略是企业4P营销组合中最重要也是最基本的要素。企业在进行产品决策前，首先要正确理解产品概念。核心产品、形式产品、期望产品、延伸产品和潜在产品是正确理解产品概念的五个层次。为了与竞争对手相区别，企业尤其关注对产品品质、品牌、服务的决策。

企业生产的全部产品称为产品组合。产品组合是指一个企业生产或销售的全部产品线和产品项目的组合，即企业的业务经营范围。产品线又称产品大类，指一组密切相关的产品项目。产品项目是衡量产品组合各种变量的基本单位，指因品牌、性能、规格、价格、款式等不同而区别于其他产品的单个产品。产品组合通常用长度、宽度、深度、关联度等四个指标来描述。企业需要动态地对产品组合策略进行调整，可以采用扩大产品组合策略、缩减产品组合策略和产品线延伸策略。

产品生命周期是指一种产品在市场上出现、发展到最后被淘汰的过程。完整的产品生命周期可分为导入期、成长期、成熟期和衰退期四个阶段。产品在不同生命周期阶段的营销关注重点不同。

为了在竞争中取得优势，企业应注重对新产品的开发和扩散，根据不同类型消费者对于新产品的反应进行营销活动设计。按照创新程度，新产品可以分为全新型新产品、换代型新产品、改进型新产品和仿制型新产品。为了成功开发新产品，企业应建立一套科学的新产品开发管理程序。按照新产品被采用的时间，新产品采用者可以被分为创新采用者、早期采用者、早期大众、晚期大众、落后采用者。

品牌是指企业给自己的产品所起的商业名字，通常由文字、标记、符号、图案和颜色等要素或这些要素的组合构成，用作一个卖主或卖主集团的标志，以便同竞争者的产品相区别。品牌主要包括品牌名称、品牌标志和商标。品牌管理工作主要包含品牌设计和品牌策略决策两个方面。品牌策略包括品牌使用策略、品牌归属策略、品牌统分策略、品牌延伸策略和品牌再定位。此外，企业还要对产品包装进行设计与决策。

## 复习思考题

1.什么是产品整体概念？

2.什么是产品组合的长度、宽度、深度和关联度？

3.企业可以通过哪些途径实现产品组合优化？

4.什么是产品生命周期？各个阶段的特征与主要营销策略是什么？

5.新产品开发的主要程序有哪些？

6.品牌策略主要有哪些？

7.企业可以采用的包装策略有哪些？

## 案例分析题

### 时尚电商 Stitch Fix

创办于2011年的时尚电商Stitch Fix表现不俗，2016年的收入有7.3亿美元，还连续3年实现盈利。该公司由哈佛商学院毕业生卡特琳娜·莱克（Katrina Lake）创办，她将数据和造型师结合在一起，为用户挑选衣服。客户根据自己的身材尺寸、预算和风格填写他们的喜好调查表。公司定期发送5件个性化的服装和配饰给客户，客户可以以折扣价购买其中的若干件商品或将商品退回去。Stitch Fix已与600多家女性时尚品牌商和30多家男士品牌商展开合作，它还将为身材娇小的人、孕妇和身材偏胖的人等特殊人群提供服装。

其模式最大的特点是：私人造型师为顾客搭配衣服。首先，顾客填写风格偏好问卷。然后，造型师挑款，收取造型费20元。顾客按时收到盒子（Fix），里面有5件衣服和搭配方法。顾客试穿后，确定购买或退回，造型费可冲抵服装费用。可以看出，Stitch Fix靠的是私人造型师挑款，这意味着对人工的依赖比较重。造型师对于Stitch Fix来说很重要，它的口号就是“Your Online Personal Stylist”（你的在线私人造型师）。目前，它的5 700名员工中，有3 400名造型师和75名数据研究人员。如何维护一支这么庞大的造型师队伍？答案只有一个：兼职。Stitch Fix的所有造型师都是兼职，他们通过后台界面，接受客户的造型任务，并给出自己的造型单品和建议。造型师是在家工作的，这样就不占用公司场地。同时，对造型师的管理不是松散的。Stitch Fix会定期举办培训，把造型师聚在一起。另外，公司有营销活动时，也会请造型师参加。

Stitch Fix不仅是一家时尚公司，更是一家技术公司。它的成功算法运营功不可没。在Stitch Fix技术博客的“算法之旅”频道中，数据科学家们尽可能用群众能看懂的语言和动态图片，描述算法如何参与全运营流程的计算和优化。比如：当顾客提出一个订购邀请后，匹配哪个仓库最高效，最能满足这个顾客的需求？如何分析顾客的造型问卷结果，并将结果匹配给最合适的造型师？造型师使用的造型后台，界面如何呈现效率最高？选好造型单品后，用什么路线从仓库取出最快？如何通过分析购买数据发现最受欢迎的款式，优化库存，提高购买率？如何从社交媒体和订购回执上进行语义分析，发现流行趋势？如何利用从各触点收集的数据进行顾客需求的预测，并在需求发出前备好库存？以上只是Stitch Fix官网披露的部分内容，其目的只有一个：提高运营效率，降低成本。Lake表示：“没有任何一家服务商可以提供真正个性化的零售体验，而且价格还如此优惠，只有Stitch Fix做到了。”

资料来源　①佚名．Stitch Fix创始人谈如何做“时尚界的技术异类”[EB/OL]．[2018-06-15]．http：//news.ef360.com/a/20170526/10002291.html.②佚名．StitchFix订阅卖衣年销7.3亿　中国能复制它的算法+时尚模式吗[EB/OL]．[2018-06-15]．http：//www.china-ef.com/20171123/618763.html.

讨论题：

1.Stitch Fix卖给顾客的产品是什么？

2.中国企业是否可以复制Stitch Fix的商业模式？为什么？

# 第8章 定价策略

**学习目标**

- 了解影响产品定价的主要因素
- 掌握定价方法
- 掌握常用的定价技巧和策略
- 熟悉企业对价格变动的应对策略

**引　例　　谁会接受“降价手术”**

一位留美归来的年轻医学教授在一座大城市里开了家医院。为了打造民营医院的品牌，教授聘请了很多著名的医学专家坐诊，还不断提升护士、护工的服务水平。但是，由于不是公立医院，患者总对医院的治疗效果抱着怀疑态度，不敢前来就诊。看到医院总是冷冷清清，教授很着急，到处收罗改变现状的营销方案。在一个电视节目中，他偶然看到了媒体大肆抨击公立医院手术前收受红包的现象。看到这则报道，教授灵机一动：“既然大家都这么反感手术红包，如果我的医院搞一个‘谢绝红包，手术降价优惠’的活动，不是就能吸引患者光顾了吗？”说做就做，教授的“降价手术”活动很快就在医院铺开了。然而，降价手术并没有为医院带来多少客源，少数愿意接受降价手术的患者，在手术后对手术的效果都似乎颇有微词。其中一位进行了胆结石切除手术的病人，老怀疑医生在手术时把医用棉花留在了他的肚子里，结果患上了神经衰弱。对此，教授万分疑惑：为什么大家宁愿付额外红包，也不愿意接受他货真价实的降价手术呢？

资料来源　佚名. 谁会接受降价手术［EB/OL］.［2018-06-15］. http: //www.ximalaya.com/56204415/sound/86398775/

价格与产品、渠道和促销相比，是企业唯一直接产生收入的因素，是市场营销组合中非常重要并且最难以确定的因素。价格通常是影响商品交易成败的关键因素，同时又直接关系着市场对产品的接受程度，影响着市场需求和企业利润的多少。企业价格的确定，以消费需求为前提，以成本费用为基础，以竞争价格为参照。定价策略的形成过程，体现了科学与艺术的统一。通过本章的学习，学生应认识到价格决策在营销组合中的作用，理解影响定价的因素，掌握定价方法和定价策略，能够根据具体产品进行定价，在了解定价方法的基础上，领会定价的技巧和对价格的适时调整。

## 8.1 影响定价的因素

价格是对产品或服务所收取的金钱，是消费者用来交换拥有或使用产品或服务利益的全部价值量。价格曾经是影响消费者购买选择的主要因素，但是，随着生活水平的提高，非价格因素在消费者选购行为中变得越来越重要了。

任何企业制定价格，都必须根据企业的目标市场战略及市场定位战略的要求来进行。企业定价时应考虑的因素有很多，包括定价目标、产品成本、市场需求、竞争者的产品和价格，以及其他因素等。

### 8.1.1 定价目标

定价目标是企业通过特定水平的价格的制定或调整所要达到的预期销售或盈利目标。它的确定必须服从于企业营销总目标，也要与其他营销目标相协调。概括起来，一个企业的定价目标大致有以下几种：

**1.维持企业生存**

生存是企业发展的第一要义，以维持企业生存作为定价目标，通常是企业处于不利环境中时实行的一种缓兵之计。当市场对企业的能力要求很高，竞争很激烈，企业面临产品大量过剩或消费者的需求改变时，与生存相比，利润就处于相对次要的位置。只要价格能够补偿可变成本和部分固定成本，企业就能避免倒闭，企业的生存便能得以维持。在这种情况下，企业通常制定较低的价格。这种定价目标只能作为特定时期的短期目标。

**2.追求盈利最大化**

追求盈利最大化是企业从事经营活动的最高愿望。盈利最大化是指企业追求一定时间内可能获得的最高盈利额。盈利最大化取决于合理价格所带来的销售规模，因此这一定价目标并不意味着企业要制定最高单价。当企业的产品在市场上处于绝对有利地位时，可以采用这一定价目标。

**3.追求短期利润最大化**

在市场竞争不是十分激烈而市场需求尚未得到较好满足的情况下，较高的价格水平可能有助于快速获取短期利润。但较高的价格水平和盈利水平也可能迅速引至大量的竞争者，从而使企业在未来面临十分严峻的竞争局面，不利于企业的长期利润目标的实现。因此，这一定价目标常常用于某些具有独创性的、技术先进的新产品刚刚投放市场时。

**4.提高市场占有率**

市场占有率是企业经营状况和竞争实力的综合反映，也是体现企业市场地位最核心的指标。与同类企业或产品比较，市场占有率高，表明在竞争过程中，企业拥有一定优势，意味着企业生产和销售的规模大，即便在单位利润水平不高的情况下，企业仍具有较强的盈利能力；反之，市场占有率很低，则可能意味着企业没有明显优势，甚至可能处于十分危险的地位。因此，提高市场占有率是一个十分重要的目标，企业可以通过全部产品或部分产品制定低于行业平均水平的价格实现这一目标。

**5.保持最优产品质量**

有些企业的目标是以高质量的产品占领市场，这就需要以高价来弥补高质量和研发的高成本。这样的产品质优、价优，还应配以优质的服务，通常情况下，在品牌上拥有比较好的知名度和美誉度。

### 8.1.2 产品成本

产品成本是企业中影响产品价格的最基本要素，通常也是企业能够为其产品定价的最低限度，任何企业都不可能脱离自身成本来制定价格。

产品成本包括生产成本、销售成本和利税。生产成本是指企业在产品制造过程中所支付的全部费用，包括固定成本和变动成本。其中，固定成本是指总额不随产量变动而变动的成本，如厂房、机器设备、管理人员的工资等，但是单位产品的固定成本随产量增加而降低。变动成本是指总额随着产量增加而增加的成本，如直接人工费、直接材料费用等。只要生产技术条件不变，单位产品的变动成本是不变的。由以上分析可见，单位产品的成本是随生产量或销量变化的，即在一定范围内，企业产销量增加，单位产品的成本呈下降的趋势。此外，成本还是经验的函数，随着工人生产技术熟练程度的提高，随着管理人员管理水平的提高，成本有降低的可能性。销售成本是在产品销售过程中发生的费用支出。这些成本对企业定价有不同的影响。定价必须能够补偿产品生产和销售过程中的所有支出，并补偿企业为产品承担风险所付出的代价。企业在定价时必须了解自身的各种成本水平，在任何情况下，价格也不应低于产品的变动成本。

企业定价决策的重要内容是确定定价时应以何种成本为依据。就长期而言，产品价格不应低于单位成本，否则企业将难以生存；就短期而言，产品价格必须高于单位变动成本，否则企业的亏损将随着销售量的增长而增加。许多企业试图创造成本优势，只有具备成本优势，才能具有价格优势，从而在市场上获得较大的销售量和较大的利润额。

### 8.1.3 市场需求

市场需求对企业定价有着重要影响，产品的最高价格往往取决于该产品的市场需求。市场机制像一只无形的手，推动价格和供应量、需求量之间达到均衡。当商品的市场需求大于供给时，价格应该高一些；当商品需求小于供给时，价格应该低一些。与此同时，需求又受到价格和收入变动的影响。因价格和收入等因素引起的需求相应变动率称为需求弹性。需求弹性可分为需求的收入弹性、价格弹性和交叉弹性。

**1.需求收入弹性**

需求收入弹性是指因收入变动而引起需求相应的变动率。

有些产品在消费者货币收入增加时会导致对其需求量的更大幅度的增加，则这类产品的需求收入弹性就大，比如耐用消费品、高档食品、娱乐等。

有些产品在消费者货币收入增加时会导致对其需求量的较小幅度的增加，则这类产品的需求收入弹性就小，比如生活必需品。

有些产品在消费者货币收入增加时会导致对其需求量的下降，则这类产品的需求收入弹性就是负的，比如一些低档食品、低档服装等。这是因为当消费者收入增加后，对这类产品的需求量将减少，甚至不再购买这些低档产品，而转向中高档产品。

**2.需求价格弹性**

价格会影响市场需求，一般情况下，市场需求会按照和价格相反的方向变动。价格提高，市场需求就会减少；价格降低，市场需求就会增加。市场需求与价格的关系可以用需求价格弹性来描述。需求价格弹性反映了需求变动对价格变动的敏感程度，它以需求变动百分比与价格变动百分比的比率来衡量。由于不同产品具有不同的需求弹性，定价时应该考虑需求弹性的作用，从其弹性强弱的角度决定企业的价格决策。

需求价格弹性有三种情况：

（1）需求价格弹性等于1。在这种情况下，产品价格变动的幅度与需求量变动的幅度相同，价格变动对销售收入影响不大，企业总的销售收入基本不变。

（2）需求价格弹性大于1，需求富有弹性。在这种情况下，需求量降低的幅度大于价格上涨的幅度，企业的总销售收入会有所减少。

（3）需求价格弹性小于1，需求缺乏弹性。在这种情况下，需求量降低的幅度小于价格上涨的幅度，企业的总销售收入会有所增加。

根据需求价格弹性的情况，企业在定价时可以采用不同的决策。缺乏弹性的商品，适合稳定价格或适当提价。比如质量、性能突出的产品，或者很难找到替代品的产品，企业对其定价时，价格水平较高往往会增加盈利，低价对需求量的刺激效果不大，薄利不能多销，反而会降低收入水平。富有弹性的商品，适合适当降价以扩大销量。企业对其定价时，应适当降低价格，薄利多销会增加盈利，只要增加的生产和销售成本不超过增加的收益，就实际可行，比如我国汽车价格降低引发的需求热潮。

**3.需求交叉弹性**

需求交叉弹性是指具有互补或替代关系的某种产品价格的变动，引起与其相关的产品需求相应发生变动的程度。

需求交叉弹性可以是正值，也可以是负值。如果需求交叉弹性为正值，则这两种产品为替代品，表明一旦产品B的价格上涨，则产品A的需求量必然增加；

相反，如果需求交叉弹性为负值，则这两种产品为互补品，即当产品B的价格上涨时，产品A的需求量会下降。替代品是产品之间由于使用价值相同或相似而可以相互替代或部分替代。互补品是产品之间互为补充，组合在一起共同满足消费者的某种需要。产品大类中某一个产品项目很可能是其他产品的替代品或互补品。

一般而言，在消费者实际收入不变的情况下，具有替代关系的产品之间，某个产品价格的小幅度变化将会使其关联产品的需求量出现大幅度的变动；具有互补关系的产品之间，即使某项产品价格大幅度地变动，其关联产品的需求量也不会发生太大的变化。

### 8.1.4 竞争者的产品和价格

市场的竞争状况是影响企业定价的不可忽视的因素。对于竞争激烈的产品，价格是一种重要的竞争手段，企业必须了解竞争者所提供的产品的质量和价格，考虑比竞争对手更为有利的定价策略，这样才能获胜。市场竞争一般有以下几种情况：

**1.完全竞争**

在完全竞争的市场条件下，企业的数量多而规模小，彼此生产或经营的产品是相同的，买卖双方的交易都只占市场份额的一小部分，所以对这种商品市场价格的影响不大。在这种情况下，买卖双方都只能接受由市场需求和市场供给共同决定的现行价格，任何个别的卖主或买主都不能形成市场的控制力量，企业无须进行市场分析、营销调研。

完全竞争的市场在现实中是不存在的，它主要被用于理论分析。对于某些产品差异性很小、有大量买主和卖主的近似完全竞争的市场，企业的主要竞争策略是降低成本。

**2.垄断竞争**

在垄断竞争的市场条件下，有许多企业和买主，但是各个企业提供的产品或劳务是有差异的。有些产品有实质上的差异，有些是购买者受促销手段影响而在心理上感觉的产品差异。企业根据其“差异”的优势，可以部分地通过变动价格的方法来增加利润。

垄断竞争既有垄断倾向，又有竞争成分。在这样的市场条件下，企业已经不是消极的价格接受者，而是强有力的价格决定者。在这种竞争环境下，企业短期内可以控制价格，定价的高度以购买者愿意为差异化支付的代价为限。但是从长期来看，价格仍然取决于供求关系，因为产品之间有替代关系，而且某些“差异”很容易模仿，使原有企业失去优势。

**3.寡头竞争**

在寡头竞争的市场条件下，市场上只有少数几家企业控制价格，它们之间相互依存和影响，是竞争和垄断的混合产物。由于少数企业共同占有大部分的市场份额，它们有能力控制和影响市场价格，其他企业要求进入这一市场会受到种种阻碍。但是这几家企业也不能随意改变价格，只能相互依存。任何一家企业的降价活动都会导致其他几家企业的迅速而有力的反应，因此难以独自奏效。所以，在寡头竞争的情况下，价格彼此接近，企业的成本意识强。

寡头竞争的形式有两种：

(1) 完全寡头竞争。在这种竞争状态下，由于寡头企业的产品都是同质的（如钢铁、石油等），买方对这种产品并无偏好。每个寡头企业都时刻警惕着其竞争对手的战略和行动，不会轻易地变动价格，所以整个行业的市场价格比较稳定，彼此间激烈的竞争往往表现在广告宣传、促销等方面。

(2) 不完全寡头竞争。不完全寡头竞争也叫差异性寡头竞争，在这种竞争状态下，由于寡头企业的产品都有某些差异（如电视、汽车等），用户认为这些企业的产品是不能互相替代的。每一个寡头企业都努力使自己的产品变成顾客偏爱的品牌，这样就可以将产品的价格定得比较高，从而增加盈利。

**4.完全垄断**

在完全垄断的市场条件下，一个行业中的某种产品或劳务由某家企业独家经营，没有竞争对手。完全垄断通常有政府垄断和私人垄断之分。这种垄断一般有特定条件，如垄断企业可能拥有专利权、专营权或特别许可等，控制了进入这个市场的种种要素，所以能完全控制价格，但是不同类型的完全垄断，其定价策略是不同的。

(1) 政府垄断。由于定价目标不同，产品价格定得高低不同。比如一些和人民生活密切相关的产品，在大多数购买者的财力受到限制的情况下，价格就会定在与成本相等的水平，甚至低于成本线；有的产品价格则可能定得较高，以限制消费。

(2) 私人管制垄断。政府对私人垄断企业的定价加以调节和控制，如美国政府允许私人垄断企业制定其能取得适当收益水平的价格，从而使其能维持和扩大正常生产。

(3) 私人非限制性垄断。政府允许私人企业依照市场情况自由定价。在这种情况下，垄断企业也不敢随意提价，因为怕触犯法律、引起竞争，或者想吸引消费者，往往用低价加速市场渗透。

### 8.1.5 其他因素

企业在制定价格时，经济形势可能对企业的定价策略产生重大影响，如经济增长、经济衰退、通货膨胀和利率等都会影响企业的定价决策。市场营销组合中的其他变数——产品策略、渠道策略、促销策略，以及政府的经济政策，企业本身的生产能力、财务能力等，都会对企业的定价策略产生不同程度的影响。因此，企业必须在产品价值的基础上，认真研究影响定价的各方面因素，才能制定出保证营销目标得以实现的合理价格。

## 8.2 产品定价方法

定价方法是企业为了实现其定价目标所采用的具体方法。企业设定的产品价格受到产品成本、市场需求和竞争状况等因素的影响和制约，因此，可以从这三方面的不同侧重出发，将各种定价方法归纳为成本导向、需求导向和竞争导向三类定价方法。

### 8.2.1 成本导向定价法

成本导向定价法是以成本为基本依据的定价方法，主要包括以下几种定价方法：

**1.成本加成定价法**

成本加成定价法是一种最简单、最基本，也是最常用的定价方法，就是在单位产品成本的基础上，加上一定比例的利润来确定产品的销售价格。而一定比例的利润，就是加成。

成本加成定价法的计算公式为：

P=C（1+R）

式中：P表示单位产品的售价；C表示单位产品的成本；R表示加成率。

假设某产品单位总成本为100元，加成率为20%，那么单位售价为：

100×（1+20%）=120（元）

企业可以根据某一行业或某种产品已经形成的传统习惯来确定加成率。不同的行业、不同的产品、不同的市场、不同的时期，加成率是不同的，甚至同一行业中不同的企业也会有不同的加成率。

成本加成定价法具有简单易行的优点，在市场环境等因素基本稳定的情况下，可保证各行业获得预期的利润率，从而保障生产经营的正常进行。其缺点是忽略了市场竞争和供求状况的影响，缺乏灵活性。当企业的营销产品组合比较复杂，具体产品平均成本不易准确核算，或者企业缺乏一定的市场控制能力时，该方法就不宜采用。

**2.目标利润定价法**

目标利润定价法是企业根据预测的总销量估算总成本，并按预期的投资收益来制定价格的一种方法。目标利润定价法的计算公式为：

销售单价=（总成本+目标利润）÷预期总产量

即企业首先确定一个目标利润，然后加上总成本，再除以总产量，就能得出销售单价。

假设用Q表示销售量，L表示目标利润，P表示价格，V表示单位变动成本，F表示固定成本，根据目标利润=总收入-总成本，有L=QP-QV-F。

当L=0，即总收益等于总成本时，L=0=QP-QV-F，则P=F/Q+V，这就是保本价格的计算公式。当L＞0时，总收益大于总成本，则P=（F+L）/Q+V。

例：某企业总固定成本为300 000元，年预计销售50 000单位，单位变动成本10元。试计算：（1）保本价格；（2）当目标利润为200 000元时，采用目标利润定价法进行定价，价格应定为多少？

解：（1）年预计销售50 000单位，只想保本的话，则保本点价格定为：

P=F/Q+V=300 000÷50 000+10=16（元）

（2）当目标利润为200 000元时，采用目标利润定价法进行定价，价格应定为：

P=（F+L）/Q+V=（300 000+200 000）÷50 000+10=20（元）

利用上述公式，也可以计算保本量，如果以20元的价格出售上述商品，则保本销售量为：

Q=F/（P−V）=300 000÷（20−10）=30 000（个）

目标利润定价法是制造企业应用比较普遍的方法，特别是应用数量、成本、利润分析图，可以清晰地看到企业在不同的产量状态下的收益和利润情况。但是，目标利润定价法的缺陷是先假设销售量是一定的，然后再考虑价格，没有考虑到价格对销售量的影响，而实际情况往往是价格变化将导致销售量发生变化，这样就可能出现达不到预计销量、实现不了目标收益的情况。因此，企业在应用目标利润定价法时，不能完全凭借主观推测产品的销售量。采用目标利润定价法的前提是：产品的市场潜力很大，需求的价格弹性不大，按目标利润确定的价格肯定能被市场接受。企业还应设法降低固定成本或变动成本，以降低其必需的保本销售量。

**3.边际成本定价法**

边际成本定价法又称为边际贡献定价法，即企业在定价时只计算变动成本，略去固定成本，而以预期的边际贡献补偿固定成本并获得收益的定价方法。由于边际贡献会小于、等于或大于变动成本，所以企业就会出现盈利、保本或亏损三种情况。这种定价方法一般在竞争激烈、企业想迅速开拓市场时采用。这时如果采取成本加成定价法，必然会因为价格太高影响销售，出现产品积压，甚至迫使减产、停产。采用边际成本定价法，一般价格要低于成本加成法下的价格，所以容易迅速扩大市场。这种定价方法，在产品必须降价出售时特别重要，因为只要售价不低于变动成本，就说明生产可以维持；如果售价低于变动成本，就是生产越多亏损越多，维持生产就毫无意义。

上例中，单位固定成本为6元（300 000÷50 000），单位可变成本为10元，因此单位成本为16元，意味着单价低于16元就要亏损。现在假设出现一个机会，有人愿意以13元的价格购买企业的产品，企业应不应该抓住这个机会呢？答案是，如果市场竞争激烈，企业的短期目标是生存，而且生产能力过剩，或者固定成本已经收回，则可以利用边际成本定价法，抓住这一机会，因为13元除了可以弥补10元的变动成本之外，还可以弥补3元的固定成本。

### 8.2.2 需求导向定价法

需求导向定价法是一种主要以市场需求强度与消费者价值感受为依据的定价方

法，主要包括以下几种定价方法：

**1.认知价值定价法**

认知价值定价法是企业根据消费者对产品或服务项目的认知价值来制定价格的方法。所谓认知价值，是指消费者对某种产品或服务项目的主观评判和感受。

认知价值定价与市场定位观念相一致。企业在为其目标市场开发新产品时，由于消费者对某些创新型产品缺乏比较的对象，一时对产品捉摸不透：可能企业的利润很低，消费者会认为定价太高；也可能企业的利润高，消费者却认为价格便宜。这里就有一个消费者对产品的“认知价值”问题。认知价值定价法实际上是企业利用市场营销组合中的非价格变数，如产品质量、服务、广告宣传等来影响消费者，使他们对产品的功能、质量、档次有一个大致的“定位”，然后定价。如某企业开发的产品是高质量、豪华型、全面服务的高端产品，只要经过促销宣传使消费者了解到这是一种“高消费”的产品，企业即使定价定得很高，还是能吸引那些对此有“认知”的消费者。当然利用这种定价方法的关键在于，向潜在消费者展示和提供比竞争者更高的价值，并准确计算产品或服务所提供的全部市场认知价值，估计过高或过低对企业都是不利的。

**小案例8-1　凯特比勒公司牵引机的定价**

凯特比勒公司是生产和销售牵引机的企业。它的定价方法十分独特，一般的牵引机价格均在2万美元左右，而该公司却卖2.4万美元，虽然每台高出4 000美元，却卖得比竞争者更多。

当顾客询问凯特比勒的经销商为什么购买凯特比勒公司的牵引机要多付4 000美元时，这个经销商会给顾客算一笔账：

20 000美元，仅相当于竞争者牵引机的价格；

3 000美元，为产品更耐用多付的价格；

2 000美元，为产品更可靠多付的价格；

2 000美元，为公司服务更佳多付的价格；

1 000美元，为保修期更长多付的价格；

28 000美元，凯特比勒牵引机总价值的价格；

-4 000美元，折扣额；

24 000美元，最终价格。

凯特比勒的经销商向顾客揭示了为什么凯特比勒的牵引机贵于竞争者。顾客认识到最后多付了4 000美元，却增加了8 000美元的价值，他最终还是选择了凯特比勒公司的产品。

**2.反向定价法**

反向定价法又称价格倒推法，是指企业以市场需求为出发点，依据消费者能够接受和理解的价格，计算经营成本与利润，然后倒推出产品批发价格或零售价格的定价方法。

一般在两种情况下企业可采用这种定价法：一是为了满足在价格方面与现有类似产品竞争的需要，而设计出在价格方面能参与竞争的产品；二是对新产品，先通过市场调查确定出消费者可接受的价格，然后反向推算出产品的出厂价格。批发商和零售商多采取这种定价方法。

出厂价格=市场可销零售价格×（1-批零差率）×（1-销进差率）

例：消费者对某品牌洗衣机可接受的价格为2 500元，洗衣机零售商的经营毛利为20%，洗衣机批发商的批发毛利为5%。计算洗衣机的出厂价格。

解：零售商可接受价格=消费者可接受价格×（1-20%）

=2 500×（1-20%）=2 000（元）

批发商可接受价格=零售商可接受价格×（1-5%）

=2 000×（1-5%）=1 900（元）

答：该品牌洗衣机的出厂价格为1 900元。

**3.需求差异定价法**

需求差异定价法又称差别定价法，是指企业根据销售的对象、时间、地点的不同而产生的需求差异，对相同的产品采用不同价格的定价方法。同一产品的价格差异并不是因为产品成本的不同而引起的，而主要是由消费者需求的差异决定的。

这种价格差异的基础是：顾客需求、顾客的购买心理、产品样式、地区差别以及时间差别等。采用这种方法定价，一般是以该产品的历史定价为基础，根据市场需求变化的具体情况，在一定幅度内变动价格。这种方法通常有以下四种方式：

（1）顾客差异的差别定价。这是根据不同顾客的消费性质、消费水平和消费习惯等差异，制定不同的价格。如会员制下的会员与非会员的价格差别；学生、教师、军人与其他顾客的价格差别；新老顾客的价格差别；国外消费者与国内消费者的价格差别等。这种定价可以根据不同顾客群的购买能力、购买目的、购买用途的不同，制定不同的价格。

（2）不同地理位置的差别定价。由于地区间的差异，同一产品在不同地区销售时，可以制定不同的价格。例如飞机与轮船上由于舱位对消费者的效用不同而价格不一样；电影院、戏院或赛场由于观看的效果不同而价格不一样。

（3）产品差异的差别定价。质量和规格不同的同种产品，虽然成本不同，但企业在定价时，并不根据成本不同按比例定价，而是按外观和式样不同来定价。这里定价所考虑的真正因素是不同外观和式样对顾客的吸引程度。比如，营养保健品中的礼品装、普通装及特惠装三种不同的包装，虽然产品内涵和质量一样，但价格往往相差很大。

（4）时间差异的差别定价。在实践中，有时同一产品在不同时间段里的效用是完全不同的，顾客的需求强度也是不同的。在需求旺季，商品需求价格弹性小，可以提高价格；在需求淡季，商品的需求价格弹性较大，可以采取降低价格的方法吸引更多顾客。

### 8.2.3 竞争导向定价法

竞争导向定价法是一种以同类竞争对手的价格水平为依据的定价方法。在现代市场营销活动中，竞争导向定价法已被企业广泛采用，主要包括以下几种定价方法：

**1.随行就市定价法**

随行就市定价法又称通行价格定价法，是指企业根据行业的平均价格水平或以市场流行的价格为基础来定价的方法。

在现实的营销活动中，由于“平均价格水平”在人们观念中常被认为是合理价格，易为消费者接受，而且也能保证企业获得与竞争对手相对一致的利润，因此许多企业倾向与竞争者价格保持一致。采用这种定价方法的原因有：成本计算困难；在竞争者不确定时，如果另行定价，则很难了解竞争者对本企业价格的反应；企业期望与同行和平共处，避免引发价格战。在寡头垄断的行业市场中，企业通常选择相近的价格；而在完全竞争市场中，如果产品同质，随行就市是必然的选择，因为提价将失去市场，降价则会引发价格战。但是，应该注意的是，这种定价方法不适合大型企业或是市场领先者采用。

**2.密封竞标定价法**

这种定价法主要用于投标交易方式。一般情况下，在同类同质产品之间，价格相对低的产品更具有竞争力。密封竞标定价法主要用于建筑包工、产品设计和政府购买等方面。

在市场营销活动中，投标竞争的过程往往就是价格竞争的过程，竞争的结果产生实际的成交价格。尽管各供应商在报价时会考虑产品的成本因素，但是预测竞争者的报价却非常重要，特别是在竞争者之间的实力差异不大的情况下。

一般来说，报价高，利润高，但中标机会小，如果因价高而招致败标，则利润为零；反之，报价低，虽中标机会大，但利润低，其机会成本可能大于其他投资方向。因此，报价时既要考虑实现企业的目标利润，也要结合竞争状况考虑中标概率（中标概率的测算取决于企业对竞争对手的了解程度，以及对本企业能力的掌握程度）。最佳报价应该是使预期收益尽可能高的价格。

**3.拍卖定价法**

拍卖定价法是指卖方委托拍卖行以公开叫卖的方式引导买方报价，利用买方竞争求购的心理，从中选择高价格成交的一种定价方法。这种定价方法历史悠久，常常用于出售古董、珍品、高级艺术品、土地或大宗商品的交易中。

以上三种定价方法，企业根据自己的实际情况选择使用。例如，北京华润超市以目标顾客群为定价依据，将门店分为商务区店和社区店。商务区店所面对的顾客更多地注重非价格因素，追求的是商品品质、档次、购物环境、服务水平等，由于这类店的商品结构不同，进口商品和中高档商品占有极大比重，因此定价遵循“高品质、合理定价”的原则，以保持价格的稳定性。社区店则要面对激烈的市场竞争，在价格竞争几近白热化的今天，社区店在保证毛利的前提下，随行就市，以具有竞争实力的价格组合满足目标顾客群的需求。

## 8.3　产品定价策略

企业依据前述的定价方法，可以决定产品的基本价格，也就是说，该价格只是单位产品在生产地点或者经销地点的价格，不一定就是最终的成交价格。企业制定的往往不是一个单一的价格，而是一个覆盖企业产品系列中各种不同产品的定价结构，因此，制定价格不仅是一门科学，而且要讲究策略和技巧。企业要实现其目标，还需要根据不同的市场情况，采用灵活多变的定价策略来调整和修正企业产品的价格。

### 8.3.1　新产品定价策略

在激烈的市场竞争中，企业开发的新产品能否在市场上站住脚，并给企业带来预期效益，定价因素起着十分重要的作用。

**1.撇脂定价**

这是一种高价格策略，又称取脂定价，即将新产品的价格定得高，以便在较短时间内收回投资并获得最大利润。一般而言，撇脂定价策略适用于全新产品、受专利保护的产品、需求价格弹性小的产品、流行产品、未来市场形势难以测定的产品等。

实行撇脂定价策略必须有一定的条件，如图8-1所示。市场上存在一批购买力很强并且对价格不敏感的消费者；这样一批消费者的数量足够多，也就是图中A区间的消费者足够多，企业有厚利可图；暂时没有竞争对手推出同样的产品，本企业的产品具有明显的差别化优势，能使消费者“一见倾心”；当有竞争对手加入时，本企业有能力转换定价方法，通过提高性价比来提高竞争力；本企业的品牌在市场上有传统的影响力。在上述条件具备的情况下，企业就应该采取撇脂定价的策略。

| | | |
|---|---|---|
| 购买力强 | B | 适合撇脂定价法<br>A |
| 购买力弱 | C | D |
| | 对价格敏感 | 对价格不敏感 |

**图8-1　撇脂定价策略的适用条件**

（1）撇脂定价的优点。

①能在短期内取得较大利润，降低投资风险。

②新产品上市之初，可以利用顾客求新心理，以较高价格刺激消费，可以提高

产品身价，创造高价、优质、名牌的形象。

③在竞争加剧时采取降价手段，一方面可以限制竞争者的加入，另一方面也符合消费者倾向低价格的心理。

（2）撇脂定价的缺点。

①由于价格大大高于产品价值，当新产品尚未在消费者心目中建立声誉时，不利于打开市场，有时甚至无人问津。

②如果高价投放形成旺销，极易引起众多竞争者涌入，使市场竞争白热化，从而造成价格急降，使经营者好景不长甚至被迫停产。

**小案例 8-2　　哈根达斯的撇脂定价**

哈根达斯是由美国通用磨坊公司生产的，该产品1961年诞生于美国纽约，年销售额达15亿美元。20世纪80年代中期，哈根达斯进入乳制品业发达的欧洲以及亚洲的日本、中国香港等地，90年代进入韩国、马来西亚、泰国、印度尼西亚，1996年进入中国内地，在上海开设首家专卖店。随后，哈根达斯在全国各地开设连锁分店，以“纯天然原料加工”“高价质优”成为冰淇淋市场的高端品牌。虽然哈根达斯从没有大张旗鼓地做过广告，但是每一个小资的中国人没有不知道它的大名的，“爱她就请她吃哈根达斯”的广告促成多少热恋中男男女女的消费动力，成为人们心目中幽雅、情趣、甜蜜的代表，是冰淇淋消费的圣地。它的价格非常高！一般的冰淇淋球都是30元左右，一些特色的产品如“抹茶”等48～68元，“冰火情缘”之类的套餐一般在120～160元。外带的消费一般平均40～60元/人，餐厅消费平均60～80元/人。哈根达斯之所以贵，是因为它的产品针对独特的消费群体，提供高品质的情感价值。据哈根达斯中国市场的相关负责人透露，在哈根达斯进入的44个国家或地区，哈根达斯走的都是“极品餐饮冰淇淋”路线，瞄准的目标消费者是处于收入金字塔顶峰的、追求时尚的年轻消费者，尤其是情侣等。这类人追求时尚，对价格的敏感性相对较低。

资料来源　KAPLAN D A.哈根达斯的案例：如何打造“高端”形象［EB/OL］. 夏蓓洁，译. ［2018-06-15］. http：//www.linkshop.com.cn/web/archives/2011/177562.shtml.

**2.渗透定价**

这是一种低价格策略，与撇脂定价相反，即在新产品上市初期，以较低的价格吸引消费者，从而很快打开市场。这种定价策略以高市场占有率为主要目标。

实行渗透定价策略必须满足以下条件：首先，该市场必须对价格高度敏感，这样低价才能促进市场的高速发展；其次，生产和分销费用必须能随着销售量的增加而降低；最后，低价必须能抵制竞争，并且采取渗透定价的企业始终保持着自己的低价定位，否则，只能获得暂时的优势。如戴尔公司一贯坚持低生产成本和低分销成本，因此保持了自己的价格优势，成为个人电脑的第一大制造商。

（1）渗透定价的优点。

①由于价格较低，能迅速打开产品销路，扩大销售量，从多销中增加利润。

②低价低利能阻止竞争对手介入，有利于控制市场。

（2）渗透定价的缺点。

①投资回收期较长，如果产品不能迅速打开市场，或遇到强有力的竞争对手，则会给企业造成重大损失。

②可能降低企业产品质量优良的形象。

### 8.3.2　折扣与折让定价策略

企业为了争取顾客、扩大销量而采取的对基本价格做出一定的让步，直接或间接降低价格的行为称为折扣与折让定价，它可以表现为多种形式。

**1.现金折扣**

现金折扣是对现款交易或按期付款的顾客给予价格折扣。买方如果在卖方规定的付款期以前若干天内付款，卖方就给予一定的折扣，目的是鼓励买方提前付款，以尽快收回货款，加速资金周转，减少坏账损失或收账费用。如某企业规定，提前10天付款者，给予2%折扣；提前20天付款者，给予3%折扣。折扣大小一般是根据付款期间的利率和风险成本等因素确定的。

**2.数量折扣**

数量折扣是企业给予大批量购买的消费者的价格优惠，即按照购买数量的多少，分别给予不同的折扣，购买数量越多，折扣越大。数量折扣可以规定消费者一次购买某种商品达到一定数量或金额时，给予其一定的折扣优惠，也可以规定消费者购买某几种商品达到一定数量或一定金额时，按总购买量给予其一定的折扣优惠。数量折扣的目的在于鼓励消费者从一个企业大量购买或集中购买，常用于购买频率高、商品之间相关程度大的日用消费品。例如，消费者在某企业购买某种商品50单位以下，每单位20元；购买50单位以上，每单位19元。

**3.功能折扣**

功能折扣是企业给予中间商不同的价格折扣。折扣大小一般是企业根据各类中间商在市场营销中所担负职能的不同来确定的。如给批发商的折扣较大，给零售商的折扣较小，使批发商乐于大批进货，并有可能进行批转业务。使用功能折扣的目的在于刺激各类中间商充分发挥各自组织市场营销活动的能力，多争取顾客。

**4.季节折扣**

季节折扣是企业向购买非当季商品或服务的顾客提供的价格优惠。有些商品的生产是连续的，而其消费却具有明显的季节性。为了调节供需矛盾，这些商品的生产企业便采用季节折扣的方式，对在淡季购买商品的顾客给予一定的优惠，使企业的生产和销售在一年四季能保持相对稳定。

季节折扣有利于减少库存，加速商品流通，迅速收回资金，促进企业均衡生产，充分发挥生产和销售潜力，避免因季节需求变化所带来的市场风险。

**5.折让**

折让是根据目录价格降价的另外一种形式。如以旧换新折让是给在购买新产品的同时交换旧产品的顾客的价格优惠。在国外汽车行业、中国的高压锅市场以旧换新折让最为普遍。

当产品进入成熟期后，有些企业采用以旧换新的促销策略，鼓励消费者以自己用旧的产品抵一部分现金去购买新产品。以旧换新有利于扩大新产品的销售，促进产品的更新换代；有利于消费者解决存放旧产品的顾虑，树立节约资源的环保形象。

| 小案例8-3 | 自动降价 |
| --- | --- |

美国的波士顿市中心有一家“法林联合百货公司”，在其商场的地下室门口挂着“法林地下自动降价商店”的招牌。走进之后，你会发现货架上的每一件商品除了标明售价以外，还标着该件商品第一次上架的时间，旁边的告示栏里说明，该件商品按上架陈列时间自动降价，陈列时间越长，价格越低。比如某种商品陈列了13天还没有售出，就自动降低20%；又过6天，降价50%；再过6天，降价75%。如果该件产品标价为500元，到第13天只能卖400元，到第19天只能卖250元，到第25天时只能卖125元，如果再过6天仍无人购买，该件商品就被从货架上取下来送到慈善机构去了。

### 8.3.3　差别定价策略

差别定价是指企业按照两种或两种以上不反映成本费用的比例差异的价格销售某种产品或服务。

**1.差别定价的主要形式**

差别定价的主要形式有顾客差别定价、地点差别定价、时间差别定价和产品形式差别定价。具体内容前文已经介绍，此处不再赘述。

**2.差别定价的适用条件**

（1）市场必须是可以细分的，即消费者对产品的需求有明显的差异。

（2）以较低价格购买某种产品的顾客没有可能以较高价格把这种产品倒卖给别人。

（3）竞争者没有可能在企业以较高价格销售产品的市场上以低价竞销。

（4）细分市场和控制市场的成本费用不得超过因实行价格歧视而得到的额外收入。

（5）价格歧视不会引起顾客反感。

（6）采取的价格歧视形式不能违法。

### 8.3.4　心理定价策略

心理定价是指企业针对消费者心理活动的差异来制定价格、诱导消费者购买的价格策略。主要有以下几种形式：

**1.整数定价**

整数定价指企业在定价时，价格取整数，不带尾数。这也是针对消费者心理状态而采取的定价策略，如把一套西装的价格定在500元而非499元。因为现代商品太复杂，在许多交易中，消费者只能利用价格辨别商品的质量，特别是对于一些名店、名牌商品或消费者不太了解的产品，整数价格反而会提高商品的"身价"，使消费者有一种"一分钱、一分货"的想法，从而利于商品的销售。

**2.尾数定价**

尾数定价指企业在定价时，给商品定一个接近整数、以零头结尾的价格。据心理学家分析，消费者一般认为整数价格，如10元、20元、200元等是概括性定价，不准确，而尾数定价可使消费者产生减少一位数的看法，认为这是经过精确计算的最低价格。同时，消费者会觉得企业定价认真，一丝不苟，甚至连一些高价商品看起来也不太贵了。对于价格较低的商品，特别是日用消费品采用尾数定价策略，能使消费者对商品产生便宜的感觉而迅速做出购买决策。当然，尾数定价策略对那些名牌商店、名牌优质产品就不一定适宜。

**3.声望定价**

声望定价指企业在定价时，针对消费者"价高质必优"的心理，对在消费者心目中有信誉的产品制定较高价格。价格档次常被当作商品质量最直观的反映，特别是消费者识别名优产品时，这种心理意识尤为强烈。因此，高价与性能优良、独具特色的名牌产品比较协调，更易显示产品特色，增强产品吸引力，产生扩大销售的积极效果。当然，运用这种策略必须慎重，绝不是一般商品可采用的。

**小案例8-4　低价不好销，高价反抢手**

美国亚利桑那州的一家珠宝店，采购到一批漂亮的绿宝石。由于数量较大，店主担心短时间内销售不出去，影响资金周转，便决心只求微利，以低价销售。本以为会一抢而空，结果却事与愿违，几天过去，仅销售出很少一部分。后来店老板急着要去外地谈生意，便在临走前匆匆留下一纸手令：我走后若仍销售不出，可按1/2的价格卖掉。几天后老板返回，见绿宝石销售一空，一问价格，却喜出望外。原来店员把老板的指令误读成"按1～2倍的价格出售"，他们开始还犹豫不决，就又提价一倍，这才使绿宝石一扫而空。

**4.招徕定价**

招徕定价又称特价商品定价，是指一种有意将少数商品降价以吸引顾客的定价策略。企业一般将商品的价格定得低于市价，并广泛宣传，引起消费者的兴趣，满足消费者购买便宜商品的"求廉"心理。此策略常在经营多品类的超级市场、百货商店使用，其有意将店中的几种商品的价格定得很低，有时甚至低于成本，目的在于招徕顾客，让他们在采购廉价商品的同时也选购其他正常价格的商品。

使用招徕定价必须满足以下条件：

（1）降价的商品应是消费者常用的，最好是适合于每一个家庭使用的物品，否则没有吸引力。

（2）实行招徕定价商品的品种要多，以便顾客有较多的选购机会。

（3）招徕定价商品的降价幅度要大，一般应接近成本或者低于成本，只有这样，才能引起消费者的注意和兴趣，才能激起消费者的购买动机。

（4）招徕定价商品的数量要适当，过多则商店可能出现亏损，过少则无法使消费者产生兴趣。

（5）招徕定价的商品应与因破损而削价的商品明显区别开来。

### 8.3.5 地区定价策略

地区定价是指企业针对不同地区的顾客决定其产品的价格。通常一个企业的产品不仅在本地销售，还要销往其他地区，而产品从产地运到销地要花费一定的运输、仓储等费用。如何合理分摊这些费用，不同地区的价格应如何制定，这些是地区定价策略所要解决的问题。

#### 1.原产地定价

采用原产地定价（简称FOB价格）时，买方以产地价格或出厂价格购买产品，卖方只负责将这种产品运到原产地的某种运输工具（如卡车、火车等）上交货，交货后，从原产地到目的地的一切运杂费用和运输风险全部由买方承担。这种做法适用于销路好、市场紧俏的商品，但不利于吸引路途较远的顾客。

#### 2.统一交货定价

统一交货定价是指企业对卖给不同地区的顾客实行统一的价格，即按出厂价加上相同的运费（按平均运费计算）制定统一交货价。也就是说，对全国不同地区的顾客，不论远近，都实行一个定价，因此，这种定价又称为邮资定价。这种方法简便易行，但实际上是由近处的顾客承担了部分远方顾客的运费，因而对近处的顾客不利，而比较受远方顾客的欢迎。

#### 3.分区定价

分区定价介于原产地定价与统一交货定价之间，是指企业把销售市场划分为远近不同的区域，各区域因运距差异而实行不同的价格，同区域内实行统一价格。对企业来讲，这样可以较为简便地协调不同地理位置用户的运费负担问题，但对处于分界线两侧的顾客而言，还会存在一定的矛盾。

#### 4.基点定价

企业在产品销售的地理范围内选择某些城市作为定价基点，然后按照出厂价加上基点城市到顾客所在地的运费来定价。在这种情况下，运杂费用等是以各基点城市为界由买卖双方分担的。该策略适用于体积大、运费占成本比重较高、销售范围广、需求弹性小的产品。有些公司为了提高灵活性，选定许多个基点城市，按照离顾客最近的基点计算运费。

**5.运费免收定价**

运费免收定价是指企业承担部分或全部运输费用的定价策略。有些企业因为急于和某些地区做生意，负担全部或部分实际运费。采用这种定价策略的企业认为，通过减免买家的运杂费，可以增加销量，提高市场占有率，从而降低平均成本，因此足以抵偿这些费用开支。此种定价策略有利于企业加深市场渗透。当市场竞争激烈或企业急于打开新的市场时常采取这种做法。

### 8.3.6 产品组合定价策略

当产品只是产品组合的一部分时，企业要制定使整个产品组合获得最大利润的价格，而不仅仅是单一产品的价格。产品组合定价策略有以下几种：

**1.产品线定价**

产品线定价又称为产品大类定价。当企业生产的产品大类存在需求和成本的内在关联时，为了充分发挥这种关联的积极效应，企业在定价时，首先确定某种产品的最低价格，以吸引消费者购买产品大类中的其他产品；其次，确定产品大类中的某种产品的最高价格，让它充当品牌形象和投资回报的角色；最后，分别依据其余产品在产品大类中的不同角色而制定不同的价格。例如，服装店将西服的价格定为三种水平：800元、1 000元和1 500元。消费者可以根据价格判断不同西服的质量，并根据自己的需要做出选择。企业需要向消费者说明系列产品的认知质量差异，以使其接受价格差异。

**2.选择品定价**

企业在提供主要产品的同时，还提供各种可选择的次要产品或具有特色的产品。例如，汽车销售商在销售整车时，除提供标准配置之外，还提供汽车的部分组件供顾客选择，如可视倒车雷达、GPS定位仪、手动遮阳布等，此类选择品的价格要比消费者单独到汽车配件市场购买更便宜，并且可与整车相互匹配。

**3.附属产品定价**

必须与主要产品一起使用的产品称为附属产品或补充产品。企业将主要产品价格定得较低，而将附属产品价格定得较高，以从附属产品中获得较高利润。例如，吉列公司将剃须刀架的价格定得很低，将其专用刀片的价格定得较高，从刀片的销售中获得利润。

**4.分部定价**

服务性企业常常采用分部定价策略，即收取固定费用以及另外的可变的附加费用。例如，中国联通的固定电话用户每月至少要付一笔基本费，如果消费超过规定还要增收费用。分部定价的关键是如何确定固定费用和附加费用的比例，通常的做法是，企业将固定费用定得较低，以吸引顾客使用该服务项目，再通过可变的附加费用来获取利润。

5. 产品捆绑式定价

产品捆绑式定价又称为一揽子定价，是指将两种或两种以上的产品或服务作为一个整体包（一揽子服务），以一个特别优惠的价格卖给消费者。如汽车生产商可将一整套配件一揽子销售，售价比分别购买这些配件的价格之和要低。再如，旅游景点套票的价格低于分别购买各个景点门票的价格之和。顾客本来无意购买全部产品，但如果这种捆绑式定价可以让消费者节约相当可观的费用，就能吸引部分消费者购买。

小资料　桶装纯净水的定价策略

## 8.4 价格调整

市场价格的变动是一个常态，企业为了生存和发展，还要根据竞争环境的变化对价格进行合理的调整。在两种情况下企业将调整价格：一是市场供求关系发生变化，企业主动调整价格适应变化；二是竞争者价格变动，企业对此做出适当的回应。

### 8.4.1 价格调整的原因

1. 企业降价的原因

（1）生产经营成本下降。在企业全面提高了经营管理水平的情况下，产品的单位成本和费用有所下降，企业就具备了降价的条件。降价引起的销售额增加会进一步导致成本降低，从而使企业进入良性循环。

（2）提高市场占有率。在企业营销组合的其他各个方面保持较高质量的前提下，定价比竞争者低的话，能给企业带来更大的市场份额。那些仍存在较大的生产经营潜力的企业，调低价格可以刺激需求，进而提高产销量。

（3）市场需求不振。在宏观经济不景气或行业性需求不旺时，降低价格是许多企业借以渡过难关的重要手段。比如，当企业的产品销售不畅，而又需要筹集资金进行某项新产品开发时，可以通过对一些需求价格弹性大的产品予以大幅度降价来增加销售额以达到企业回笼资金的目的。

（4）根据产品生命周期阶段的变化进行调整。这种做法也被称为阶段价格策略。在产品从进入市场到被市场淘汰的整个生命周期的不同阶段，产品生产和销售的成本不同，消费者对产品的接受程度不同，市场竞争状况也有很大不同。阶段价格策略强调根据生命周期阶段特征的不同，及时调整价格。例如，相对于产品在导入期时较高的价格，在其进入成长期后期和成熟期后，市场竞争不断加剧，生产成本也有所下降，下调价格可以吸引更多的消费者，大幅度增进销售，从而在价格和生产规模之间形成良性循环，为企业获取更多的市场份额奠定基础。

（5）应付来自竞争者的价格竞争压力。在绝大多数情况下，反击直接竞争者的价格竞争见效最快的手段就是“反价格战”，即制定比竞争者的价格更有竞争力的价格。

降价是把双刃剑，既有有利的一面，也存在一定的风险。比如，顾客会认为降价产品质量低，或者便宜没好货。低价能买到市场占有率，但是买不到顾客的忠诚，如果市场上出现更具竞争力的品牌，顾客一般会转向价格更低的产品。

**2.企业提价的原因**

提价虽然会引起消费者与经销商的不满，但是成功的提价能够大幅度增加利润。具体来说，企业往往在下述一种或几种情形同时出现时需要提高现有价格：

（1）生产经营成本上升。在价格一定的情况下，成本上升将直接导致利润的下降。因此，在整个社会发生通货膨胀或生产产品的原材料成本大幅度上升的情况下，抬高价格就是保持利润水平的重要手段。

（2）需求压力。在供给一定的情况下，需求的增加会给企业带来压力。对于某些产品而言，在出现供不应求的情况下，可以通过提价来相对遏制需求。这种措施同时也可为企业获取比较高的利润，为以后的发展创造一定的条件。

（3）创造优质优价的名牌效应。为了企业的产品或服务与市场上的同类产品或服务拉开差距，作为一种价格策略，可以利用提价营造名牌形象，充分利用顾客“一分钱一分货”的心理，使其产生高价优质的心理定式，创造优质效应，从而提高企业及产品的知名度和美誉度。

## 8.4.2 不同群体对价格变动的反应

不管是降价还是提价，价格的变动都可能会引起顾客、竞争者和供应商，甚至是政府的关注，企业必须注意到各个方面的反应。

**1.顾客对价格变动的反应**

顾客对企业的提价行为会有这样的反应：普遍都在提价，这种产品价格的上升很正常；产品很有价值；这种产品很畅销，将来一定更贵；企业在尽可能谋取更多的利润。

顾客对企业的降价行为会有这样的反应：产品的质量有问题，式样过时；这种产品不流行了，很快会有替代产品出现；企业财务出现困难，难以经营下去；价格还会进一步下跌。

一般而言，顾客对不同产品价格变动的反应有所不同，对价值高、经常购买的产品价格变动敏感，对价值低、不经常购买的产品价格变动不敏感。对多数顾客而言，不论是出于什么原因降价，只要产品降价就是好事，它毕竟意味着花少量的钱可以买到更多的商品；而对于产品提价，顾客一般会采取缩减消费的行为。

2.竞争者对价格变动的反应

在竞争市场上，企业制定某种价格水平、采用某种价格策略的效果还取决于竞争者的反应。

（1）相向式反应。企业提价，竞争者涨价；企业降价，竞争者也降价。这样一致的行为，对企业影响不太大，不会导致严重后果。只要企业采取合理的营销策略，就不会失掉市场和减少市场份额。

（2）逆向式反应。企业提价，竞争者降价或者维持原价不变；企业降价，竞争者提价或维持原价不变。这种相互冲突的行为，影响很严重，竞争者的目的就是乘机争夺市场。对此，企业要进行调查分析，首先摸清竞争者的目的，其次要估计竞争者的实力，最后要了解市场的竞争格局。

（3）交叉式反应。众多竞争者对企业调价反应不一，有相向的，有逆向的，有不变的，情况错综复杂。企业在进行价格调整时应注意提高产品质量，加强广告宣传，保持分销渠道畅通等。

由于环境是复杂的，竞争者的反应又会对企业的价格调整产生重大的影响，因此企业在变价时必须充分估计每一个竞争者的可能反应。

### 8.4.3 企业对价格变动的反应

1.不同市场环境下的企业反应

一般而言，在同质产品市场上，如果竞争者降价，企业必须随之降价，否则消费者就会购买竞争者的产品而不购买本企业的产品。如果某一企业提价，且提价会给整个行业带来利益，则所有企业会同时提价；若其中一家企业不认为提价对自己有利，则它的不合作态度将促使市场领导者和其他企业撤销提价决定。

在异质产品市场上，企业对竞争者变价的反应有更多的选择余地。这是因为消费者选择供应商时价格不是唯一因素，他们还会考虑服务、质量、可靠性、外观以及其他一些因素，这些因素会降低顾客对较小价差的敏感性。

如果企业决定对竞争者的降价行为采取有效的行动，那么它可能会做出以下几种反应：

（1）降低价格。企业可将价格降低到竞争对手的价格水平，以便与竞争者的价格相匹配。它可以这样做的原因有如下几点：

①随着销量的增加，成本下降。

②市场对价格十分敏感，不降价就会使市场份额下降；市场份额一旦下降，以后就将难以恢复。

（2）维持原价。企业可能会维持原价，这是因为：

①如果降价会使利润减少过多；

②如果不降价，市场份额不会失去太多；

③需要时自己夺回市场份额。

（3）提高认知质量。企业也可以改进产品、服务和沟通方法，强调与竞争者的低价产品相比，自己的产品具有更优的质量。

（4）提高价格并改善质量。较高的质量可以用来证明较高的价格，较高的价格能使企业保持较高的利润。

（5）推出低价进攻性产品。最好的做法是在产品线中增加价格较低的产品，或者单独创立一种价格较低的品牌。当正在丢失的细分市场对价格很敏感且不会对较高质量的说法感兴趣时，这样做就很有必要。

**2.企业变价时应考虑的因素**

面对竞争对手的变价，企业还必须考虑以下因素：

（1）产品生命周期所处的阶段及其在企业产品组合中的重要程度。

（2）竞争者的意图和资源。

（3）市场对价格和价值的敏感程度。

（4）成本费用随着销量和产量的变化而变化的情况等。

图8-2表示企业预计竞争对手减价并对此做出反应的方法。

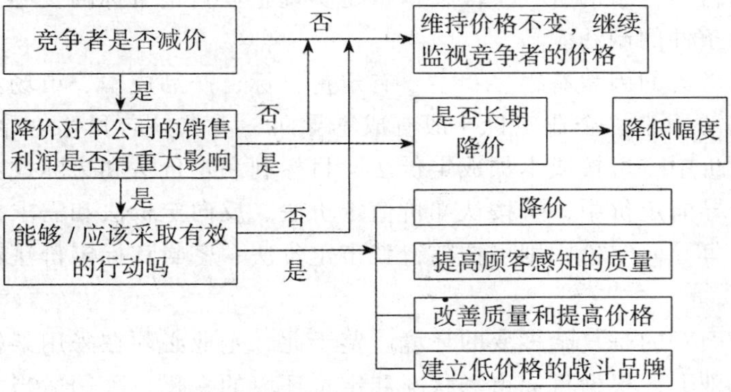


**图8-2　对竞争者调价的估计和反应**

| 小案例8-5　休布雷公司巧定酒价 |
|---|
| 休布雷公司在美国伏特加酒市场上属于营销出色的公司，它所生产的史密诺夫酒，在伏特加酒市场上的占有率达23%。20世纪60年代，另一家公司推出一种新型伏特加酒华尔夫施密特，其质量不比史密诺夫酒低，每瓶价格却比它低1美元。<br>按照惯例，休布雷公司的面前有三条对策可用：<br>（1）降价1美元，以保证市场占有率；<br>（2）维持原价，通过增加公关和促销支出来与竞争对手争夺市场；<br>（3）维持原价，听任其市场占有率降低。<br>由此看出，不论休布雷公司采取上述哪种策略，似乎都输定了。 |

但是，该公司的市场营销人员经过深思熟虑后采取了对方意想不到的第四种策略，就是将史密诺夫酒的价格提高1美元，同时生产两种新品牌的伏特加酒，一种是雷尔斯卡酒，与华尔夫施密特竞争，另一种是波波夫，以低于华尔夫施密特的售价出售。

这一策略，一方面提高了史密诺夫酒的品牌形象，同时使竞争对手的华尔夫施密特沦为一种普通的品牌。结果，休布雷公司不仅渡过了难关，而且利润大增。

## 本章小结

在营销策略组合中，价格具有其他营销组合手段所无法替代的作用。在市场营销活动中，企业定价是一项既重要又困难，而且有一定风险的工作。定价策略在市场营销活动中具有重要地位：价格是调节市场需求、诱导市场需求的重要手段；价格是参与市场营销竞争的有效手段；价格是实现企业营销目标的核心手段；价格受企业营销环境条件的制约。

定价时需考虑的因素有很多，主要有定价目标、产品成本、市场需求、竞争者的产品和价格等因素。企业定价一般有成本导向、需求导向和竞争导向三种方法。在成本导向定价中，可按成本加成定价法、目标利润定价法和边际成本定价法进行定价；在需求导向定价中，可按认知价值定价法、反向定价法和需求差异定价法进行定价；在竞争导向定价中则可按随行就市定价法、密封竞标定价法和拍卖定价法进行定价。

企业定价面对的是复杂多变的环境。鉴于此，企业必须在采用某种方法确定出基本价格的基础上，根据目标市场状况和定价环境的变化，采用适当的策略，保持价格与环境的适应性。新产品定价、折扣与折让定价、差别定价、心理定价、地区定价、产品组合定价等就是一些适应性定价策略。

企业处在一个不断变化的环境中，为了生存和发展，还要根据竞争环境的变化对价格进行合理的调整，有时需要主动降价或者提价，有时又需要对竞争者的变价做出适当回应。

## 复习思考题

1. 企业定价的主要依据有哪些？
2. 什么是成本导向定价法？有哪些具体方法？
3. 什么是需求导向定价法？有哪些具体方法？
4. 常见的定价策略有哪些？
5. 企业发动降价与提价的原因是什么？进行价格调整应该注意哪些问题？

## 案例分析题

### 茅台——定价策略的胜利者

2017年11月16日，贵州茅台股价一举突破700元大关，最高攻至719.96元，公司总市值也突破9 000亿元，市场一片哗然。

贵州茅台为什么这么牛，股价比白酒老二五粮液高出了近十倍？

一、茅台的奢侈化发展

回顾整个高端酒的发展史，不难发现中国高端白酒的发展史直接反映了中国经济的发展状况。以53度飞天茅台为例，茅台的高端性其实并不是黄金十年奠定的，黄金十年只是助推了茅台的奢侈化发展。

飞天茅台的涨价历程中，破100元价位是在1987年，为128元，破300元价位是在2003年，为320元，破500元价位是在2007年，破1 000元价位是在2011年，破2 000元价位是在2012年。飞天茅台的价格异常期间主要是在2011年及2012年两年，这也是中国白酒行业最疯狂的两年，也就是4万亿刺激下造成的异常，其他时间的茅台价格涨幅一直比较稳定。从中华人民共和国成立以来到1990年前，飞天茅台的价格与全国每月平均工资相比，占到了平均工资的10%左右；1990年以后飞天茅台的价格达到了全国每月平均工资的20%，从此茅台酒一直保持在这个价位，其高端性也始终保持不变。茅台走向了神坛，成为中国白酒产业的风向标。

二、相对稳定的商品价格

2017年12月28日贵州茅台酒股份有限公司发布《关于公司生产经营情况的公告》，公告称“2018年起，茅台各级子公司必须按照1 499元/瓶的标准出售飞天53度500ml茅台酒，不助推价格，以保持零售价格的稳定。”众所周知，2017年茅台的限价政策与措施极其强硬。此前，媒体也曾多次爆出茅台惩罚违规经销商的消息。茅台此番选择涨价究竟为何？于企业而言，是松绑解负，让茅台的价值得到正确的反映，巩固茅台的市场地位；于行业而言，是释放活力，提高行业价格“天花板”，使行业竞争充满流动性。茅台涨价之举如同“黯然销魂掌”般蕴含力量，2017年底茅台的涨价也可以看作是为2018年酒业市场的价格竞争定调。2018年控价仍是贵州茅台的主要任务，但从茅台以往的调价行为预测，2018年茅台再次涨价的概率极低。

三、不断增长的消费需求

2017年，贵州茅台酒股份有限公司掌门人袁仁国曾在临时股东大会上对茅台酒的供求做过分析：2012年后，茅台转型，从之前的公务消费占比30%左右降到0.01%，同时，茅台酒每年只有5 000多万瓶出厂，而全国中产阶级有3.5亿人，供需失衡导致市场上茅台酒供应紧张。麦肯锡发布的《中产阶级重塑中国消费市场》报告显示，中国上层中产人群占比将从2012年的14%提高到2022年的54%，白酒有望充分受益于中产阶级的消费升级红利。

资料来源　郭兴．谁会成为价格策略的胜利者［EB/OL］．［2018-04-09］．http：//zgj.china.com.cn/reping/11808.html.

讨论题：

1.你认为造成贵州茅台股价高于五粮液近十倍的原因有哪些？

2.影响茅台价格策略的因素有哪些？

3.茅台的价格策略对你有何启示？

# 第9章 分销渠道策略

**学习目标**

- 掌握分销渠道的含义和类型
- 理解分销渠道的职能与系统结构
- 掌握分销渠道的设计步骤及影响因素
- 掌握分销渠道管理措施的应用
- 了解批发商与零售商

**引 例　　君乐宝携手每日优鲜**

2018年1月12日，君乐宝乳业与每日优鲜在北京签署战略合作协议，双方未来将充分发挥各自优势，在渠道拓展、产品创新等方面展开多领域深化合作。君乐宝“纯享”高端酸奶将借助每日优鲜独特的极速达冷链物流体系送到越来越多的消费者手中，这是君乐宝顺应消费趋势升级进行的一次分销渠道变革的大胆尝试。

作为全国知名品牌，君乐宝低温酸奶拥有纯享、芝士酸奶等明星产品，销量位居行业前列，拥有庞大的消费群体，而生鲜电商领导者每日优鲜则拥有极速达冷链物流和大数据优势。基于此，双方宣布未来将在平台大数据、城市布局以及品牌资源等方面进行合作。

每日优鲜作为新兴的生鲜电商平台，在新零售渠道的探索道路上具备独特的优势。君乐宝与每日优鲜合作，可以说是君乐宝低温酸奶首次大规模“触电”。在签约仪式上，君乐宝乳业集团副总裁、低温事业部总经理屈殿军说：“为了给消费者带来更好的消费体验，君乐宝一直都在进行多种探索和尝试，我们要让最好的产品，用最快的服务，为消费者提供极速的新鲜美味。未来，君乐宝和每日优鲜将针对低温酸奶全力拓展一线市场，稳固二三线市场。”

每日优鲜CFO孙原表示：“每日优鲜与君乐宝合作长达两年多，君乐宝纯享酸奶是每日优鲜乳品中最受消费者欢迎的商品之一，基于以往的信任，本次双方将达成更加深度的战略合作。在后续的合作中，希望每日优鲜能够充分发挥大数据和冷链物流方面的优势，满足更多消费者个性化、场景化的消费需求，从而让每个人随时随地享受食物的美好。”

纯享酸奶是君乐宝与每日优鲜的首款合作产品。屈殿军表示，这次与每日优鲜牵手，将不仅仅是单纯的商品销售，双方将在新零售渠道、品牌、产品上，有更多更深入的资源共享与创新探索。

在新零售渠道上，君乐宝将借助每日优鲜快速配送的优势，利用极速达冷链配送服务体系，将君乐宝纯享酸奶在2小时内送达消费者手中，在为纯享酸奶消费者提供便利的同时，扩大每日优鲜的新渠道影响力。

资料来源 冯启. 新年伊始，乳业大咖全面拥抱新零售［EB/OL］.［2018-03-27］. http: //www.emkt.com.cn/article/663/66359.html.

分销渠道是营销组合中的要素之一，商品和服务只有到达消费者手中才是现实产品，才能实现其价值和使用价值。随着市场竞争日益激烈和商业资本在经济领域中发挥的作用越来越大，传统制造企业在分销渠道上拥有的话语权受到了严重挑战，因此分销渠道策略便成为企业营销策略中最具挑战性的策略。企业只有通过一定的分销渠道，才可能将产品在适当的时间、地点，以适当的价格提供给消费者，从而克服生产与消费间存在的各种矛盾，满足市场的需求，实现企业的市场营销目标。

## 9.1 分销渠道概述

### 9.1.1 分销渠道的含义和职能

#### 1. 分销渠道的含义

根据菲利普·科特勒的定义，分销渠道是指商品或服务从生产者向消费者转移的过程中，取得这种商品或服务的所有权或帮助所有权转移的所有企业和个人。通常，分销渠道包括中间商及处于分销渠道起点和终点的生产者和消费者，但不包括供应商、辅助商等。

分销渠道其实既是一种商品从生产者手中到达最终用户手中的通道，也是一种实现商品交换的过程，同时，渠道也是一种企业之间为实现交易目的而组成的联盟或关系。

#### 2. 分销渠道存在的原因

生产者把部分分销工作交给各类中间商完成，不仅放弃了部分的获利机会，放弃了对如何销售和销售给谁等的控制权，而且还要承受合作中可能出现的各种风险。尽管如此，生产者在权衡利弊后，常常还会选择使用分销渠道，借助于中间商来销售自己的产品。这是因为由中间商所组成的分销渠道有其存在的客观理由。分销渠道无论对于生产者还是消费者都能带来如下一些利益：

（1）减少交易次数。在没有中间商组成分销渠道的情况下，每一个生产者都必须直接与最终消费者进行交易。在分销渠道中增加了中间商以后，由于中间商实行集中采购与配送，从而大大减少了交易次数，提高了交易的效率。生产者和消费者的数目越大，中间商的这个作用就越明显。

（2）减少分销成本，规范交易。由中间商组成的分销渠道更可能实现渠道的专业化。某些类型的中间商或渠道成员往往能比其他企业更好地承担商品流通中的基本功能，从而加快商品在整个分销渠道中流通的速度，降低流通成本。渠道成员的专业化既能提高分销的效率，促使分销成本最小化，也能使交易更加规范化，减少交易风险，提高产品竞争力。

（3）简化交易中的搜寻过程。在一个庞大的商品市场中，买卖双方都会面临一个“双向搜索”问题。无论是生产者还是最终消费者都需要为寻找自己合适的客户或理想产品而进行耗费庞大的搜索工作。在没有中间商的情况下，对大多数生产者而言，想要直接确定合适客户的位置，并把产品送到他们的手中几乎是无法完成的任务。而每一个客户也必须直接搜索众多生产者的销售现场，才能找到自己理想的商品。分销渠道中的中间商通常按不同行业进行组织，并向各自的市场提供相关的市场信息，从而大大简化了买卖双方的搜寻过程，既便利了交易过程，又降低了各类成本和费用。

由于中间商所参与的分销渠道为买卖双方带来了上述利益，从本质上说就是为顾客创造了价值。这正是现代分销渠道生存和发展的根本原因。

**3.分销渠道的职能**

分销渠道应消除生产者与消费者之间分离的矛盾，因此分销渠道应该具备以下职能：

（1）调研。收集和传递有关消费者、市场行情、竞争者及其他市场营销环境的信息。

（2）促销。向市场传递与供应商品相关的各类信息。

（3）接洽。为卖方寻找、物色潜在买主，并和买主进行沟通。

（4）谈判。代表买方或者卖方参加有关价格和其他交易条件的谈判，以促成最终协议的签订，实现产品所有权的转移。

（5）配合。按照买主的要求调整供应的产品，包括分等、分类和包装等活动。

（6）物流。组织产品的运输、储存，保证正常供货。

（7）风险承担。承担与渠道工作相关的全部风险。

（8）融资。为了补偿渠道工作的成本费用而获取与支出资金。

**4.分销渠道的作用**

社会专业化分工的结果是生产者与消费者之间时空距离扩大，因此生产者必须借助一定的渠道才能将产品和服务送达消费者手中，这便是分销渠道最本质的作用。

（1）帮助产品形式效用的实现。生产者制造出产品只是创造了形式效用。在现代社会中，生产者与消费者的不重合使得产品形式效用要得以真正实现，就必须创造地点效用、时间效用和所有权转移效用。而且随着经济的发展、生产力的提高，创造形式效用的相对重要性不断减少，而创造地点效用、时间效用和所有权转移效用的相对重要性日益提高，分销渠道帮助形式效用实现的作用日趋明显。

（2）提高市场交换的效率。生产者把一部分或全部的分销工作交给中间商完成，从根本上是为了提高产品从生产者流向消费者的效率，尽管生产者这样做的代价是放弃了一部分或全部对产品分销渠道的有效控制，但只要生产者从分销渠道中能够得到更多利益，这样做仍然值得。生产者把产品分销工作部分或全部交给中间商是为了利用中间商的经验、网络、资金、专业知识以及规模化经营和社会关系等资产和技能，利用中间商的分销作用提高企业市场交换的效率。

（3）连接生产者与最终消费者。分销渠道是连接生产者与最终消费者的桥梁与纽带，其作用主要有：第一，调节生产者与最终消费者在数量上的不一致。对厂家来说，一次交易只销售一两个产品是没有效率的，它们希望大量销售。中间商可以大批量进货，然后零散销售给最终消费者，起到产品集中和分散的功能。第二，最终消费者在购物时总希望花色品种齐全，有尽可能多的选择。但对于生产者来说，即便是非常大的企业也不可能满足消费者的这种需要，而对于中间商来说，则可以将若干生产者的不同产品集中在同一时间和地点上，方便最终消费者进行选择。此时分销渠道有效地连接了生产者与最终消费者。

### 9.1.2 分销渠道的流程

分销渠道的活动主要包括实体转移、所有权转移、促销、谈判、资金、风险、订货和付款等。这些活动将所有的分销渠道成员连接在一起，形成各种不同类型的流程，包括实物流、所有权流、促销流、谈判流、资金流、风险流、订货流、支付流和信息流。

**1.实物流**

实物流指实体产品或服务从制造商转移到最终消费者的活动和过程。制造商按计划或订单将产品生产出来后，把产品交给代理商或经销商，再由它们运交给零售商，然后由零售商卖给最终消费者。对于大笔的订单，也可以由制造商直接向最终消费者供货。

**小案例9-1　ZARA的高效供应链**

ZARA花巨资设计了自己的一体化灵敏供应链。它将生产基地设在西班牙，只有最基本款式的服装在亚洲等低成本地区生产。ZARA自己设立了20个高度自动化的染色、剪裁中心，而把劳动密集型的工作外包给周边500家小工厂甚至家庭作坊。其把这20个染色、剪裁中心与周边小工厂连接起来的物流系统堪称一绝。这20家染色、剪裁中心和500家代工的终端厂集中在西班牙方圆200英里（约合322千米）的ZARA生产基地。ZARA把这200英里的地下都挖空，架设了地下传送带网络。每天根据新订单，把最时兴的布料准时送达终端厂，保证了总体上的前导时间要求。建设这样一个生产基地，需要投资几十亿欧元。许多品牌服装想模仿ZARA，可是没有这样巨额投资的生产基地。ZARA的成品服装在欧洲用卡车运输，两天内可以保证到达，而对于美国和日本市场，ZARA甚至不惜成本采用空运以提高速度。这种大生产思维，使得ZARA品牌一骑绝尘。

**2.所有权流**

所有权流指商品的所有权从一个渠道成员手中转移到另一个渠道成员手中的活动和过程。在经销的情形下，商品所有权直接由制造商转移到经销商。而在代理的情形下，商品所有权经由代理商的协助由制造商转移到零售商。

**3.促销流**

促销流指一个渠道成员通过广告、人员推销、宣传报道和营业推广等活动对另一个渠道成员或消费者施加影响的过程。制造商会向代理商、经销商、零售商和消费者促销，代理商、经销商和零售商会向消费者促销。

**4.谈判流**

谈判流指在分销渠道中，当产品实体或所有权在渠道成员之间转移时，需要对价格和交易条件进行谈判的活动和过程。谈判流贯穿于整个渠道。产品实体和所有权在渠道成员之间每转移一次，通常就需要进行一次谈判，就会产生相应的谈判流。

**5.资金流**

资金流指伴随着产品所有权的转移所形成的各渠道成员之间的资金融通活动和过程。例如，制造商可能同零售商在商品售出之后结款，这就等于制造商为零售商提供流动资金；相反，如果零售商向制造商预付一定的货款，这又等于零售商为制造商提供了融资机会。

**6.风险流**

风险流指伴随着产品所有权转移的各种风险在各渠道成员之间的转移过程。这种风险包括商品在渠道的流通过程中可能发生的各种有形或无形的损失，尤其是商品过时、报废、遭遇灾害和竞争以及返修率过高等因素所造成的风险。

**7.订货流**

订货流指渠道成员定期或不定期地向供货商发出订单的活动和过程。

**8.支付流**

支付流指商品货款在渠道成员之间的流动过程。

**9.信息流**

信息流指渠道成员之间相互传递市场信息的过程。在分销渠道中，相邻的渠道成员之间会进行双向的信息交流，而互不相邻的渠道成员之间也会有各种信息的交流。

### 9.1.3 分销渠道的类型

分销渠道可以从不同的角度来划分类型。

**1.直接分销渠道和间接分销渠道**

根据生产者与消费者之间是否有中间商介入，分销渠道可以分为直接分销渠道和间接分销渠道。

(1) 直接分销渠道。直接分销渠道是指生产者直接将产品销售给消费者的渠道形式。直接分销渠道的主要形式有上门推销、邮寄销售、电话销售、开设自销门市部、通过订货会或展销会与消费者直接签约供货等。

①直接分销渠道的优点：有利于产、需双方沟通信息；可以降低产品在流通过程中的损耗；可以在销售过程中直接进行促销。

②直接分销渠道的缺点：增加了销售费用，分散企业生产管理的精力。

（2）间接分销渠道。间接分销渠道是指借助中间商实现销售目标的渠道形式。

①间接分销渠道的优点：有助于产品广泛分销；充分借助外部力量，可以缓解企业自身人、财、物等力量的不足；可以开展更广泛、更有效、更直接的促销活动；可以更好地开展企业之间的专业化协作，更广泛地利用社会资源。

②间接分销渠道的缺点：增加流通环节，推高产品成本。采用间接分销渠道，企业无法直接与消费者沟通，不便于直接交流信息并获取一手资料。

**小案例9-2　典型的“轻”公司——PPG**

“我们既不是服装企业，也不是互联网公司，而是一家数据中心，甚至你可以认为是一家服务器公司。”PPG的CEO、创始人李亮这样描述自己的企业。“我们是衬衫行业中的戴尔电脑。”李亮的创业构想来源于供职美国著名邮购和网络公司Lands End的经验。

PPG不用投资建制造厂，将生产、物流环节都外包出去，仅保留设计、质量监控和直销的功能，不开设任何一家门店，只通过邮购目录和网络直销衬衫。PPG的“轻”之处还在于轻型的渠道。在PPG，第一“销售场所”是产品目录和网站，消费者通过网站和产品目录了解PPG产品的款式、颜色、面料等。另一个最重要的渠道是PPG的呼叫中心。通过电话交流，PPG可以直接询问顾客的详细情况，包括地域、年龄、消费习惯、职业等信息，这些都为市场部门进行分析预测，进而反馈到上游的生产、采购环节提供了重要的后台支持。PPG把这种模式引入服装行业，将库存周期从90天缩短到了7天，由此产生强大的价格竞争力，当一件原价300元的衬衫只卖150元时，一个PPG的商业传奇就此产生。

资料来源　柴凤伟. PPG：轻公司的“重”启示［EB/OL］.［2018-06-08］. http://www.9956.cn/college/42035.html.

**2. 长渠道和短渠道**

（1）分销渠道的长度。在产品由生产者向消费者转移的过程中，任何一个对产品拥有所有权或负有推销责任的机构，都构成一个渠道层级，层级的数量就是渠道的长度。不算处于渠道起点的生产者和处于渠道终点的消费者，产品每经过一个直接或间接转移商品所有权的营销机构，就构成渠道的一个层级。中间机构层级的数量是衡量渠道长度的一个指标。

（2）分销渠道的长度类型。一般把生产者直接向消费者销售，即生产者与消费者之间无渠道层级的渠道形式称为零级渠道，又称为直接分销渠道。生产者与消费者之间有一个中间机构或中间商的称为一级渠道，有两个中间机构或中间商的称为二级渠道，有三个中间机构或中间商的称为三级渠道。以此类推，还有层级更多的渠道。层级越多，则长度越长；层级越少，则长度越短。渠道的长短是一个相对的概念，以零级渠道和三级渠道为例，零级渠道的长度最短，三级渠道的长度较长。图9-1为消费品的分销渠道的基本类型。

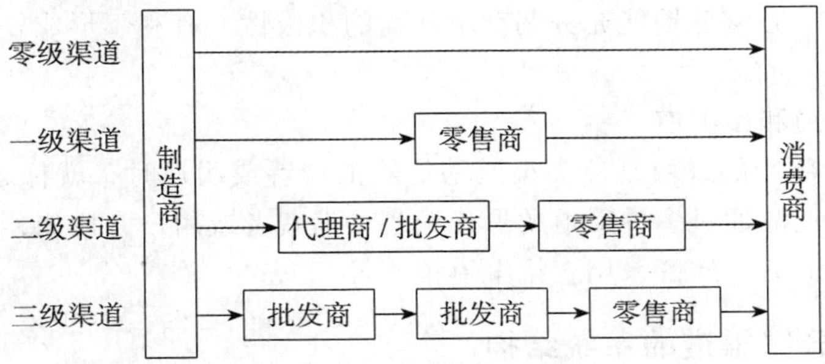


图9-1 消费品的分销渠道

零级渠道主要在分销产业用品上应用比较广泛。产业用品一般用户的数量相对较少，购买批量大，用户对产业用品的规格、品质及相应的服务等有特定的要求，生产者必须直接派出厂里的专业人员去服务用户，如果两者之间有中间环节，会降低对用户的响应效率。此外，也有一些消费品会通过零级渠道分销，主要方式包括上门推销、邮购、电视直销、网络销售等。

一级渠道含有一个中间商，比如企业直接向沃尔玛、大润发等超市供货，通过这些大型超市将自身的产品销售出去。二级渠道含有两个层次的中间商，除了零售商之外，经常还有一个代理商或批发商。而三级渠道在消费品中的应用非常广泛。对于饮料、糖果、包装类小食品等产品，可以通过这种渠道形式，将产品辐射到更广的消费群体中。

企业在选择长、短渠道时，要综合考虑到企业发展的阶段、企业的资源与能力、产品的特点、用户分布等因素。

**3.宽渠道和窄渠道**

（1）分销渠道的宽度。渠道宽度是指渠道的每个层级参与的同种类型中间商数量的多少。同一层级参与的中间商数量越多，渠道越宽，否则就越窄，这也是个相对的概念。一般情况下，企业在选择渠道宽度时，会考虑到企业产品的专业性、产品品牌、消费者购买的便利性等因素。

（2）分销渠道的宽度类型。

①密集分销。密集分销也称广泛分销，指企业采取尽可能多的中间商来分销产品。消费品中的便利品和产业用品中的供应品常采用这种方式来分销，以便消费者能够随时随地买到这些商品。

②选择分销。它是指企业在某一区域范围内，有选择地选取若干个较合适的中

间商来分销产品。这种方式一般在企业重视产品品牌、对市场管理要求较高的情况下采用，比如消费品中的选购品和特殊品。选择分销有利于形成较好的厂商合作关系，维护较为良性的市场竞争环境。

③独家分销。它是指在某个区域范围内，企业只选择一家中间商来销售企业的产品。独家分销一般对厂商双方都有较强的约束，双方签订独家代理合同，企业在区域范围内只对该中间商供货，中间商也只代理经销该厂家的产品，不代理经销竞争对手的产品。独家分销能充分调动中间商的积极性，有利于形成较为稳定的厂商战略合作关系。

**4.单一渠道和多渠道**

当企业全部产品都由某一类渠道销售给消费者或用户时，就称之为单一渠道。多渠道则是指产品通过多种渠道的形式销售给消费者或用户，比如，一地区采用间接渠道销售，而另一地区采用直接渠道销售等。

### 9.1.4 分销渠道的系统结构

构成分销渠道各个环节的机构或者个人称为渠道成员。根据渠道成员的紧密程度，分销渠道的系统结构一般分为传统渠道系统和整合渠道系统两大类型，如图9-2所示。

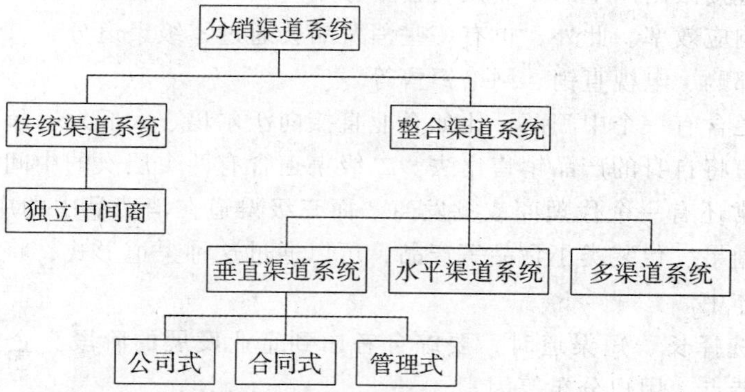


**图9-2 分销渠道的系统结构**

**1.传统渠道系统**

传统渠道系统是指由独立的生产商、中间商和消费者构成的分销渠道。构成渠道的成员有各自的利益诉求，关系松散，没有一个渠道成员对其他成员拥有全部或足够的控制力，管理难度较大，容易产生渠道冲突。但这种渠道系统为渠道成员提供了较大的自由，渠道成员进退灵活，也无须承担太多的义务。实力较弱的中小企业较乐于采用这种渠道结构。

**2.整合渠道系统**

整合渠道系统是指各渠道成员通过一体化整合而形成的分销渠道系统。根据整合的方式不同，可将整合渠道系统分为以下三种类型：

（1）垂直渠道系统。垂直渠道系统是由构成渠道的渠道成员即生产商、批发商和零售商通过纵向联合形成的分销渠道系统。垂直渠道系统能约束处于系统中的渠道成员的行为，减少由于独立成员追求各自的目标利益而引起的冲突，使渠道成员在总体规模经济、提高议价能力中获益。根据渠道成员的联合形式，垂直市场渠道系统又分为三种形式：

①公司式。公司式渠道系统由渠道成员组成一个公司，统一管理控制一系列的生产商、批发商和零售商，控制渠道的若干个环节，甚至控制整个渠道系统，由公司统一经营生产、批发和零售业务。这是一种比较稳定的渠道系统，渠道层次联系紧密，能很好地控制分销渠道的良性运营。这种公司式渠道系统可能由制造商拥有或管理，也可能由中间商直接控制。

②管理式。管理式渠道系统通常由某一个有足够控制能力的企业对整个分销渠道系统进行协调管理，主要是对渠道中的供应、定价等进行控制。比如，食品饮料生产企业娃哈哈集团在分销渠道中有较强的品牌影响力，因此在产品定价、终端陈列、场地活动等各类营销活动中都会得到中间商的鼎力配合。

③合同式。合同式渠道系统是不同层次的生产商和中间商以合同为基础建立的联合渠道系统，如专卖特许授权等。

（2）水平渠道系统。水平渠道系统是由同一层次上的两家或两家以上的渠道成员横向联合、共同开拓市场的渠道系统。这可能是由于单独一家公司营销资源不足、无力单独开拓市场，也可能是由于横向联合能带来显著的协同效应，还可能是由于公司不愿意单独冒风险。水平渠道系统可以是结构比较严谨的公司式的形式，也可以是合作伙伴的形式。例如，上海百联集团就是由一系列百货商店、超级市场和专业商店水平整合而成的大型零售集团。

（3）多渠道系统。多渠道系统是生产商为了进入同一个或不同的细分市场，采用多条渠道的分销系统。采用多条分销渠道有利于扩大产品的市场覆盖面，降低渠道成本，但各渠道间可能会出现冲突，增加渠道管理和控制的难度。采用多渠道分销系统，既可以是生产商通过两条以上的竞争性分销渠道销售同一品牌的商品，也可以是生产商通过多条渠道销售不同品牌的差异性商品。例如，联想的分销渠道包括实体店和网络销售，而实体店又包括专卖店、大型商场、专业商店等不同形式。

**小案例9-3　中美天津史克的分销系统**

中美天津史克的传统药品分销渠道系统由三个层次的批发商构成：一级批发商向大城市供应药品；二级批发商为中等城市服务；三级批发商经营小城镇和农村的业务。当中美天津史克把药品卖给一级批发商时，药品就会流向二级批发商甚至三级批发商，这样，中美天津史克就渗透进了大量市场，也通过参与研讨会和订货会，与二级批发商做生意。中美天津史克还向医院、药房、诊所派出自己的医药销售代表销售药品。

## 9.2 分销渠道的设计与管理

分销渠道的设计与管理是制定和运用分销策略的具体体现，是企业营销决策与管理的重要环节。分销渠道的设计指对分销渠道的层次和宽度进行设计，其设计的中心环节就是确定到达目标市场的最佳途径。在设计完成分销渠道后，必须加强对渠道的管理，积极地激励渠道成员努力工作，协调各分销渠道之间的矛盾与冲突，必要的时候对渠道进行适当的调整。

### 9.2.1 分销渠道设计

#### 1.分销渠道设计的原则

分销渠道管理人员在设计具体的分销渠道时，一般要遵循以下几个原则：

（1）畅通高效原则。畅通高效原则是分销渠道设计的首要原则。设计渠道的目的就在于让商品在流通时间上缩短，在流通速度上加快，在流通费用上降低。所以，有一个畅通高效的分销渠道，才能将商品尽快地送达消费者或用户的手中。企业也只有保持一个畅通高效的分销渠道，才能尽可能降低成本，获得最大的经济效益，赢得更大的竞争优势。

（2）覆盖适度原则。企业在设计分销渠道时，只考虑加快速度、降低费用是远远不够的，还应考虑分销的商品能不能及时零售出去，是否足以覆盖目标市场，因此不能一味地强调降低分销成本，这样可能会导致销售量下降、市场覆盖不足的后果。在选择分销渠道时，也应避免过度扩张铺货，分布范围过宽过广可能造成无法控制和管理的局面，将给企业带来更大的竞争压力。

（3）稳定可控原则。企业分销渠道一经确定，便需要花费相当大的人力、物力、财力去维护和巩固，整个过程往往是比较复杂的，所以就要求渠道成员不要轻易更换，渠道模式更不能随意转换。分销渠道在运营过程当中，因为市场的变化经常出现一些不适，那么企业就要对分销渠道进行适度的调整，以便适应市场的新情况、新变化，保持渠道的适应力和生命力。在调整时，企业应综合考虑各个因素，使渠道始终在可控制的范围内保持稳定的运营状态。

（4）协调平衡原则。企业在选择、管理分销渠道时，不能只单纯追求效益最大化而忽略其他渠道成员的局部利益，应合理分配各个渠道成员间的利益。渠道成员之间只有利益均等，才能风险共担，企业总体目标的实现才能得到保证。

（5）发挥优势原则。企业在选择分销渠道时为了争取在竞争中处于优势地位，要注意发挥自己各个方面的核心竞争优势，将渠道设计与企业的整体营销策略相结合，只有这样，企业才能保持整体竞争优势。

#### 2.影响分销渠道设计的因素

一般情况下，企业在设计渠道时会受到这些因素的影响：

（1）顾客因素。顾客的购买习惯、市场分布的集中程度、需求容量的大小等因素都制约着渠道的设计。如果目标市场分布比较集中，则可选择短而窄的渠道；如果目标市场容量大、购买者多，顾客分布比较分散，则可选择长而宽的渠道，可以通过中间商扩大销售量和范围。

（2）产品因素。

①体积和重量。体积和重量大的产品，可以选择短渠道，反之可选择长渠道。

②单价。单价越高，越适宜选择短渠道；反之，适宜选择长渠道。

③产品式样。式样多变、非标准化的产品通常得由企业的销售员直接推销。

④技术的复杂程度。生产技术复杂，需要安装、调试，对售后服务要求较高的产品，一般适合采用较短的分销渠道，甚至由企业直接销售。

⑤易腐性。易腐、易损的产品适宜选择短渠道；反之，适宜选择长渠道。

⑥时尚性。产品越时尚，越适宜采用短渠道，以加快进入市场的速度。

（3）企业自身因素。

①财力和信誉。较大的、财力雄厚的企业有能力采用尽量短的渠道，甚至建立起自己的分销渠道；中小企业只能建立较长的渠道，借助中间商来分销产品。

②管理能力。有较强营销及管理能力的企业，可以减少中间环节，直接服务于最终顾客。

③企业对渠道控制的意愿及能力。许多大中型企业为了有效管理渠道，愿意花更大的代价建立短而宽的渠道；而一些中小型的企业财力有限，对企业渠道的控制欲望不强。

（4）市场环境因素。

①经济形势。在宏观经济运行良好的时候，企业有更多的渠道选择，而在经济不景气时，企业会免除那些会提高最终售价但又不必要的服务环节，尽量缩短渠道。

②国家法律法规。比如，国家对烟草行业的渠道管制就会影响其渠道选择。

③竞争情况。同行业企业之间的竞争会迫使企业选择相似的分销渠道。企业应在渠道选择上另辟蹊径形成渠道壁垒、渠道优势。

（5）中间商因素。

企业在设计渠道时，应考虑到中间商在销售区域内的资源优势及销售队伍的努力情况。

①中间商的可得性。中间商的可得性即企业能否找到合适的中间商。

②成本。对企业而言，与一些全国性或区域性强势中间商合作有时需要付出较高的成本，企业须考虑其经济性。

③服务。要评估中间商所能提供的服务内容、服务水平是否与企业的分销要求相一致，并以此判定哪些中间商能以最低的成本最有效地完成特定的任务。

**小案例9-4　　王老吉的渠道困境**

2012年6月以来，王老吉已经找到了很多合作伙伴，包括银鹭、统一等企业都已经和王老吉达成了生产合作，但是从6月份王老吉进入的渠道来看，主要还是广药比较熟悉的医药渠道和超市渠道较多，而加多宝的核心渠道和核心市场，王老吉进入的还比较少。比如餐饮渠道，它是加多宝的主要销售渠道，王老吉未来要进入将会面临很大的阻力。从餐饮系统的操作规则来看，一般酒水品牌餐饮系统都是采用买断+并存的模式进行，加多宝在餐饮系统里运作的时间长，很多城市的核心餐饮终端基本都是采用终端排他的方式在做，因此王老吉要想进入这些渠道除非面向新的餐饮渠道或者加多宝非买断终端，否则很难在这个核心渠道里有所作为。

另外，城市的餐饮渠道的运作都由大的经销商掌控着，这些大的经销商一般都与加多宝在早期建立了很好的合作关系，因此王老吉要想进入大经销商体系，除非这些经销商与加多宝决裂，否则王老吉将付出非常昂贵的代价。

再者，在经销商层面，从市场反馈和操作原则来说，加多宝和经销商的合作时间比较长，每个经销商和加多宝在感情上有很强的联系，毕竟凉茶市场是加多宝和经销商做起来的，因此有共同的话语和情感纽带。另外，由于多年的品牌经营与合作，很多经销商和加多宝还有很多未尽的市场利益存在，如各种市场费用的报销和处理，断然中止与加多宝合作，其代价会比较高，而且会背上不好的名声，这对于经销商来说存在名誉和利益的双重损失，因此很难迅速了断。为了完成品牌切换，加多宝经过几年的渠道改造，基本完成了对经销商的排他管理，而且由于受广药的打压，加多宝大幅让利给经销商以及对经销商进行压库，使得经销商很难放弃加多宝而跟广药合作。

这种排他的渠道拦截，使得广药在推动王老吉凉茶的全国化发展时，面临很大的渠道压力，进入各个市场都将面临加多宝的抵抗。

资料来源　邹文武．广药王老吉面临的困境［EB/OL］．［2018-06-08］．http://house.enorth.com.cn/system/2012/07/27/009717153.shtml.

**3.分销渠道设计的步骤**

企业在设计分销渠道时，必须在理想的渠道和适合的渠道之间进行选择，找到更符合企业发展阶段的渠道形式。一般情况下，分销渠道的设计要经过分析消费者需求、建立渠道目标、确定可选择的主要渠道以及评估和选择等几个阶段，如图9-3所示。

**图9-3　分销渠道的设计步骤**

（1）分析消费者对渠道服务的要求。设计分销渠道首先必须分析消费者对产品的渠道偏好。了解消费者希望在哪里、怎样购买企业的产品，以及消费者对渠道的服务内容和水平有怎样的要求。企业只有调查清楚这些问题才能在渠道选择上更好地满足最终用户的需求。因此，企业在选择渠道时，应注意渠道在以下几个方面的表现情况：

①等待时间。顾客等待收到货物的时间。顾客一般较喜欢能快速交货的渠道。

②空间便利。渠道对顾客购买提供的便利情况。

③批量大小。它是指分销渠道每次能提供给顾客的产品数量。

④产品种类。顾客总是希望在便利的渠道中有更多的产品选择的机会。

（2）确定渠道目标。渠道目标就是企业预期各渠道应达到的服务内容与水平。渠道目标是企业整体营销目标的组成部分，它必须与营销目标保持一致，为实现企业战略目标服务。一般来说，企业渠道设计的目标主要有以下几种：

①顺畅。顺畅是分销渠道设计最基本的要求，为了达到这一目标，一般应使渠道扁平化、沟通便利化。

②流量最大化。通过广布网点、提高铺货率，可最大化地增加流量。

③便利。为了使消费者感到便利，企业应使市场分散化，节约消费者的运输成本；同时，提供完备的售后服务，及时为顾客解决问题。

④拓展市场。一般情况下，在进行市场开拓时，大部分企业更侧重于依赖中间商，借助中间商的网络销售产品，待拥有一定的市场份额和稳定的消费者群后，再建立自己的分销网络。

⑤提高市场占有率。在建立起合适的分销渠道后，应特别注重分销渠道的维护，从而逐步扩大市场份额。

⑥扩大品牌知名度。在维护老客户对品牌的忠诚度的同时，进一步争取新顾客。

⑦分销成本最低化。在设计与选择分销渠道时，要考虑到渠道的建设成本、维护成本、改进成本及最终收益。

⑧提高市场覆盖面积和密度。厂家为了实现这一目标，大多采用多家分销和密集分销形式。

⑨控制渠道。制造商可以通过提高自身的管理能力、融资能力，掌握一定的销售经验，建立品牌优势来掌握渠道主动权。

⑩渠道服务创新。例如，延长营业时间，提供主动上门服务，开展网上分销等。

（3）制订各种可选择的渠道方案。在明确渠道目标之后，企业就可确定各种可选择的渠道方案。渠道选择方案涉及三个基本的问题：渠道成员的责任、中间商的类型及数量。

①渠道成员的责任。制造商应明确渠道成员的参与条件和责任，包括制造商的承诺、中间商的区域权利及义务等。

②中间商的类型。企业应明确可实现渠道目标的中间商类型。这可参考同类产品经营者的渠道选择来选择中间商的类型。随着经济环境的变化和竞争的演变，企业会更多地选择更接近消费者的中间商类型（比如零售终端）。

③中间商的数量。不同的产品类型对中间商的数量要求差别较大。比如，信誉较好或从事选购品行业的企业一般会采用选择性分销的策略，在区域范围内只选择数量有限、不相互冲突的中间商。

（4）评估和选择主要渠道方案。在这个阶段，就要对制订的各种主要渠道方案进行评估和选择。一般情况下，企业制订的各种方案都有其合理性，都能将企业的产品送达最终用户的手中，但企业要对各种方案进行取舍，优胜劣汰。评估各种方案的标准有三个：经济性、可控性和适应性。

①经济性。这要求比较每个方案可能达到的销售额水平及其费用水平。经济性是企业考虑最多的因素。企业都会在销售收入和费用水平之间进行权衡，寻求更适应企业发展阶段的方案。比如，企业无论是建立自己的销售团队还是借助代理商的力量拓展市场，其销售费用支出都会随着销售收入的增加而增加，但是增加的速度不同。借助代理商的力量开拓市场，企业前期的费用投入较低，随着销售收入的提高，由于经销商有其独立的利益诉求，企业的费用支出会增加得较快；如果组建自己的销售团队，企业的前期投入较大（人员费用、办公租金等），但随着收入的增加，销售费用支出增长的速度相对较慢。所以，很多企业在刚开拓一个市场时，往往会借助代理商的力量，但当市场达到一定规模时，就会在区域市场内建立销售办事处或分公司，如图9-4所示。

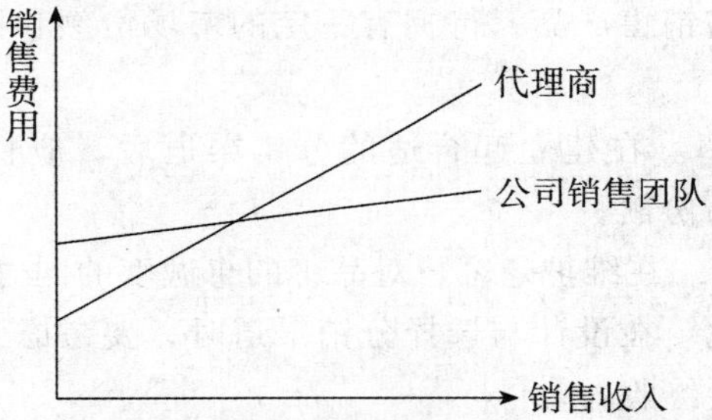


**图9-4　两种渠道方案费用支出比较**

②可控性。可控性要求评估企业对渠道的控制能力。独立的中间商有自身的利益诉求，在一定程度上与制造商存在利益冲突，可控性比较差，存在一定的市场风险。如果渠道越长，渠道的可控性会越差。所以，企业在选择渠道时，要进行各方面的利弊比较和综合分析。

③适应性。在评估各渠道选择方案时，企业还要考虑到自身的应变能力，即是否能适应市场及环境的变化。每种渠道方案都会因为某种固定期限的承诺而失去其弹性。比如，企业经常会与代理商签订一定期限（如3年）的合作协议，那么在固定期限内，即使出现更好的渠道方案，企业也不能轻易选用。

### 9.2.2　分销渠道的管理

分销渠道方案选定之后，企业就需建立、管理分销渠道，包括对分销渠道成员的选择、激励、评估及调整，协调各渠道成员间的矛盾，同时要处理好渠道冲突的问题。

**1.选择渠道成员**

这是指为确定的分销渠道方案选择适合的中间商。不同类型、形式的中间商对企业来说各有其优缺点。企业应综合评估各种中间商的经营理念、协调能力、经营状况、财务支付能力、行业经验、经营产品的范围等。

一般情况下，在一定的地理区域范围内，每个区域、每种类型的中间商都有一定的数量规模。企业会面对很多的选择，在综合评价各中间商的综合实力后，会尽量选择合适的中间商，并不一定会选最优的中间商。对企业来讲，最优的中间商往往意味着厂商地位不平等，中间商拥有较强的主动性，可能会提出苛刻的要求。在分销的过程中，如果没在期限内达到中间商预期的目标，厂家分销的产品可能会被中间商搁置，存在较大的市场风险。

小案例9-5　　爱普生公司如何选择中间商

日本的爱普生公司（Epson）是生产电脑打印机的一家大型企业。在公司准备扩大其产品线时，公司总经理杰克·沃伦对现有的中间商有些不满意，也对他们向零售商店销售其新型产品的能力有一些怀疑，他准备秘密招聘新的中间商以取代现有的中间商。为了找到更合适的中间商，沃伦雇用了一家招募公司，并给其这样的指示：

◆寻找在经营褐色商品（如电视机等）和白色商品（如冰箱等）方面有两层次（从工厂到分销商，再到零售商）分销经验的申请者；

◆申请者必须具有领袖风格，他们愿意并有能力建立自己的分销系统；

◆他们每年的薪水是8万美元底薪加奖金，公司提供375万美元帮助其拓展业务，他们每人再出资25万美元，并获得相应的股份；

◆他们将只经营爱普生公司的产品，但是可以经销其他公司的软件；

◆同时，每个中间商都配备一名培训经理并经营一个维修中心。

招募公司在寻找候选人时遇到了很大的困难。虽然他们在《华尔街日报》上刊登广告（没有提及爱普生公司）后，收到了近1 700封申请书，但大多数不符合爱普生公司的要求。于是，招募公司通过黄页，得到了一份中间商的名单，再通过电话联系，安排与有关人员见面。在做了大量的工作之后，招募公司列出了一份最具资格的人员名单，沃伦与这些人员一一见面，并为其12个配销区域选择了12名最合格的候选者，替换了现有的中间商，并支付了招募公司25万美元的酬金。

由于招募是暗中进行的，因此原有中间商对此事一无所知。当沃伦通知他们须在90天内完成交接工作时，中间商感到非常震惊。他们与爱普生公司共事多年，只是没有订立合同。但是，沃伦必须更换中间商，因为他认为现在的中间商虽然干了很多年，但是缺少经营爱普生新产品和拓展新渠道的能力。

**2.激励渠道成员**

在建立起分销渠道后，渠道成员都会根据共同的利益努力工作。但在运营过程中，中间商在处理制造商与消费者之间的关系时，往往会自觉不自觉地站在消费者那边，而不是制造商这边，中间商为实现销售目标会认为自己是消费者的采购代表，而与制造商讨价还价。因此，要保证中间商的分销工作有效地开展，必须对其进行持续不断的激励。

企业在处理与中间商的关系时，一般采用合作、合伙和经销规划的方式。制造商一方面采用奖励等正面的激励手段，另一方面采取不达预期目标则罚款的制裁措施，力争与中间商处理好合作关系。

在激励中间商的过程中，经常会出现激励过分或激励不足的情况。制造商给予中间商的优惠条件和福利大大超过中间商的努力所得，即为激励过分，这往往会损害制造商的利益。制造商给予的条件过于苛刻，间商再努力也达不到就是激励不足，这就不能达到激励中间商的目的。

**3.评估渠道成员**

对所有的渠道成员都必须定期评估。制造商往往会对中间商的销售绩效定标准，将中间商的实际绩效与这个既定标准进行比较，这就是中间商评估。如果中间商的绩效远超既定标准，可能要考虑标准是否过低的问题；如果绩效与标准相当，寻找可以改进的方面，进一步改善中间商的业绩；如果中间商的绩效多次不能达到既定标准，而原因是在中间商身上，必须要求其短期改进，否则就应该中止合作。

**4.调整分销渠道**

分销渠道经过一段时间的运行之后，往往需要修改和调整。分销渠道很难总在既定的成本下进行最高效的服务产出，随着渠道成本的上升，往往需要对渠道进行调整。渠道成本的上升可能是由于消费者购买方式的变化、现有渠道相对老化等因素。制造商调整分销渠道主要有三种方式：

（1）增减某一渠道成员。做这种调整，需要进行经济增量分析，分析增加或减少某一中间商，将会对企业带来何种影响、影响多大。

（2）增减某一分销渠道。这需要对可能带来的直接、间接反应及效益做广泛的系统分析。

（3）调整整个渠道。这种决策难度最大，要求企业改变大多数的营销策略，会对企业产生深远的影响。

**小案例9-6　　日本丸万打火机渠道独辟蹊径**

在日本，打火机原先一般都在百货商店或在附带卖香烟的杂货店里卖。可是，日本丸万公司在十几年前推出瓦斯打火机时，就把它交由钟表店销售。如今，日本的钟表店到处都是卖打火机的，这在以前是根本没有的现象。钟表店一向被认为是卖贵重物品的高级场所，在这里卖打火机，人们一定会视它为高级品。

摆在暗淡的杂货店或香烟店里蒙着一层灰尘的打火机和摆在闪闪发光的钟表店中的打火机，这两者给人的印象当然是天壤之别了。丸万公司采取在钟表店销售打火机的方式收到了惊人的效果，其打火机十分畅销。由于采取的是反传统的销售渠道，丸万的打火机出尽风头，令人们产生了丸万公司的打火机非常高级的印象，丸万公司的打火机目前风行到世界的每一个角落。

资料来源 居长志，黄松，王文丽.市场营销［M］.4版.北京：高等教育出版社，2014.

**5.渠道冲突**

渠道冲突是渠道关系中的一种常态，其根源在于渠道成员之间既相互独立，又相互依赖的关系。

（1）渠道冲突的表现形式。

①垂直渠道冲突，即同一渠道中不同层次之间的冲突，如制造商与中间商、批发商和零售商之间可能就售价、利润分配方面发生矛盾和冲突。

②水平渠道冲突，即渠道内同一层次成员之间的冲突，如零售商之间对同一产品因售价不同产生的冲突。

③多渠道冲突，即在同一市场内，不同的渠道之间的冲突。比如，雅芳在中国的直销渠道与实体的零售终端存在显著的渠道冲突，大大影响了其在中国的发展。

导致渠道冲突的原因，一是目标和利益，不同的渠道成员或不同渠道之间由于不同的利益诉求而产生冲突；二是授权不明，如销售区域的划分界限不明确；三是预期不同，如不同的渠道成员对营销活动的预期不同而产生冲突。

（2）解决渠道冲突的方法。要解决好渠道冲突，降低其带来的负面影响，可以从以下几个方面人手：

①确立和强化共同的目标。不同渠道成员间存在渠道冲突，但也有共同的目标，如产品市场份额、消费者满意度等目标。生产商要有意识地激发渠道成员的共同目标意识，引导渠道成员追求共同的最终目标。

②在两个渠道成员之间加强交流，比如交换工作人员、加强成员之间的相互了解。

③合作。向渠道成员表达合作诚意，并根据其他渠道成员的意见，合理修订本方的政策以减少冲突。

## 9.3 中间商

中间商是指在生产者与消费者之间，专门从事产品经营业务，促使买卖行为发生和实现的组织和个人。中间商可分为批发商和零售商。掌握这两类主要中间商的类型、特点及未来的发展变化趋势，有助于企业建立起符合目标市场需求、适应企业自身条件的销售网络。

### 9.3.1 批发商

**1.批发商及其职能**

批发是指将商品销售给为了转售或其他商业用途的机构或个人的活动。批发商指从事批发活动的机构和个人。批发是处在制造与零售之间的中间环节，批发商将生产商和零售商的活动联系起来，处于流通环节的中间阶段。在分销渠道中，批发商扮演重要角色，有其独特的价值，这与其相应的职能是分不开的。其主要职能有：

(1) 整买零卖。批发商从制造商处大批量购买产品，然后又根据零售商或用户的需求小批量销售出去。批发商通过整买零卖的价差盈利。对于销量大、消费者分布广的产品来说，批发的功能表现得更显著，批发商的购销行为大大节约了制造商和零售商双方的时间、精力和财务成本。

(2) 分装与货色搭配。制造商由于大规模生产的需要，以及出于运输经济性的考虑，往往采用大包装产品和集件运输。批发商为了满足零售商的需求，往往要将各制造商提供的不同类型、不同货色的商品进行搭配、分拆、重新包装。

(3) 仓储运输职能。由于批发商的地理区域优势，批发商往往能同时为制造商和零售商提供优质的仓储和运输服务，缓解其相应的压力。

(4) 融资职能。一方面可以向零售商提供信贷，为其融通资金；另一方面可以通过提前订货或准时付款为制造商提供融资服务。

(5) 承担风险。批发商在商品运输、存储过程中承担破损、丢失和销售的风险。

(6) 提供信息。批发商熟悉市场行情，掌握供求信息，能向制造商和零售商提供竞品动态、产品技术变化、供求趋势等方面的信息服务。

(7) 咨询服务。比如，可资助零售商培训人员，改善商店布置、财会系统、存货控制系统，提高其经济效益。

**2.批发商的类型**

按照不同的划分标准，可将批发商分为不同的类型。不同类型的批发商，其形式和功能有所不同。按地域划分，批发商可分为地方性批发商、区域性批发商和全国性批发商。按经营中是否拥有所有权及其他标准划分，批发商可分为商人批发商、经纪人和代理商、自营批发机构。

(1) 商人批发商。这是最主要的批发商类型。这类批发商是自己进货、取得产品所有权后再批发出售的商业企业。商人批发商按其提供的服务程度，分为完全服务批发商和有限服务批发商。

①完全服务批发商。这类批发商提供所有的批发职能：库存产品、信贷融资、物流配送、商品购销、协助市场管理等。

②有限服务批发商。有限服务批发商为了降低批发成本、批发价格，往往只提供部分批发服务。

（2）经纪人和代理商。经纪人和代理商是指专门从事购买、销售或两者兼备，但不取得产品所有权的企业或个人。与商人批发商不同，它们不拥有商品所有权，主要职能就是促成交易、获得佣金，因此提供的服务比有限服务批发商少。

经纪人的主要作用是为买卖双方牵线搭桥，由委托方付给它们佣金。它们不存货，不涉及财务，不承担风险，多见于食品、不动产、保险和证券经纪人。

代理商有几种类型，即制造代理商、销售代理商、采购代理商、佣金商等。

（3）自营批发机构。批发的第三种形式，是买方或卖方自设经营批发业务的批发商。有两种主要类型：

①制造商销售机构。制造商为改进其存货控制、销售和促销工作而设立的分支机构或办事处。销售分支机构全面提供本企业的批发业务服务。

②采购办事处。零售商在靠近制造商的区域或大城市设立采购办事处，主要负责为零售商采购商品，也兼做批发业务。

批发商的类型多种多样，这为制造商的渠道建设提供了更多的选择空间。制造商在进入目标市场时，要先确定目标市场中可选择的现有批发商类型，再根据产品及本身的特定要求，选择合适的批发商。

**3. 批发商的变革趋势**

（1）批发商面临来自生产商的压力。随着市场竞争日益激烈，生产商在不断对自身经营管理进行调整的同时，也要求批发商改变传统落后的经营方式，希望批发商主动订货、积极促销，有良好的储存功能，能及时提供新的市场信息等。如果批发商不能适应生产商的需要，就将面临淘汰的危险。

（2）批发商面临来自零售商的压力。现代商品更新换代加快，零售商结构也在不断变化，使得批发业务更加复杂，批发商等客上门的做法已经不能满足零售商的要求。零售商要求批发商调整服务结构，改善服务质量，降低渠道成本，使自己具有较强的竞争优势。同时，零售商规模在不断扩大，它可以直接绕过批发商向生产商订货，这种趋势已经越来越明显。

## 9.3.2 零售商

**1. 零售商及其职能**

零售是指将产品或服务销售给最终消费者用于个人消费及非营利性用途的活动。判断活动是否为零售，主要是看所销售的产品或服务的对象是否为最终消费者，而不是从事销售的机构性质、销售方式、销售地点、数量或价格。而零星从事零售活动的机构或个人并不属于零售商。零售商是指那些主要从事零售活动，主要收入来自零售业务的机构、组织和个人。

零售商的基本任务是直接为最终消费者服务，它的职能包括购、销、调、存、加工、拆零、分包、传递信息、提供销售服务等。在地点、时间与服务方面，方便消费者购买。

**2.零售商的类型**

零售商根据营业有无店面及所有权行使方式，可分为商店零售和无店铺零售两种类型。

（1）商店零售。商店零售是在店铺内销售商品和服务，主要类型有：

①专用品商店。一般经营某一种或几种相关的产品线，产品项目丰富，品种齐全，如花店、书店、五金店、服装店、家具店等都属于专用品商店。专用品商店面积一般不大，但服务客户的范围较广，能提供较专业的服务。

②便利店。一种设在居民区附近的小型商店，其营业时间长，销售的产品种类有限、周转率高，方便顾客作补充式购买。便利店的典型代表是来自日本的7-11连锁店。

③百货商店。百货商店一般经营多条产品线的产品，包括黄金珠宝饰品、手表、服装、婴幼儿用品、化妆品、文具用品、皮具等，各种产品线花色品种齐全，都实行专业化经营。百货商店面积一般较大，多位于人流密集的商业中心。由于品牌缺乏竞争力、价格较高、本身的规模较大、经营压力大，并受到来自专用品商店、购物中心等零售业态的冲击，百货商店逐渐失去其竞争力，进入零售生命周期的衰退期。许多百货商店正通过重新定位、差异化策略面对激烈的竞争。

④超级市场。超级市场简称超市，是规模较大、成本低廉、薄利多销、顾客自我服务的零售经营机构，主要经营食品、家庭日常用品等。超级市场以产品丰富、价格低、顾客自行选购、满足家庭用品一站式购物赢得竞争。为了应对越来越激烈的竞争，超级市场的经营范围越来越广，提供的服务也越来越齐全。

⑤折扣商店。折扣商店是以较低的价格销售标准商品的零售终端。其特点是一般只选择租金较低的位置，商品的品牌是有影响力的大品牌。低价折扣是一种常态的销售形式，提供简易式、货仓式的经营设备服务，产品项目较多。折扣商店经常会面对百货商店降价销售的竞争。现在折扣零售从经营普通商品发展到经营专门商品，经营店面规模也出现越来越大的趋势。

⑥购物中心。购物中心一般在一个相对封闭的区域内规模很大，由几家著名的大店、几百家独立的中小型商店组成，通常提供餐饮、购物、娱乐、休闲等服务。随着经济的发展、人们消费模式的转变，那些能提供更全面的产品项目、涵盖更多服务项目、提供“一站式”服务内容的购物中心越来越有竞争力。

**小案例9-7　武汉新建购物中心占100万平方米　排在全球第一**

2014年，全球购物中心新开业面积为1 140万平方米，高于2013年的1 060万平方米。在世邦魏理仕监测的全球最活跃新建购物中心市场前20排名中，中国城市占据半壁江山，累计贡献570万平方米的落成面积。其中，武汉凭借8个项目、近100万平方米的交付面积拔得头筹。2014年，武汉商业综合体的新增规模创历史之“最”，共有21家商业体开业。据不完全统计，2014年、2015年两年武汉共有31家商业体面市。这31家新商业项目商业面积总和超过270万平方米。

资料来源 孙珺. 武汉新建购物中心占100万平方米 排在全球第一［EB/OL］.［2018-06-15］. http: //www.huaxia.com/hb-tw/jlhz/jcsx/2015/05/4388581.html.

（2）无店铺零售。无店铺零售是指不通过店铺销售产品或服务的零售形式。大多数的商品或服务是通过商店销售的，但是随着电子商务的发展、多媒体技术的应用，无店铺零售的发展速度更快。无店铺零售的主要形式有直接销售、直复营销、自动售货等。

①直接销售。直接销售就是制造商自己或通过推销人员向客户销售产品，主要有集市摆卖、挨家挨户推销、家庭销售等形式。集市摆卖的形式在我国和东南亚地区有着久远的历史，是农民和小生产者集中采用的自销方式，具有一定的市场空间。推销人员也可以直接到客户家中挨家挨户开展推销或在办公室进行销售，也可以邀请几位朋友和邻居到家中聚会，同时推销产品。现在常见的直销模式是一种依靠会员制形式的以销结网、以网促销、按绩效分享产品销售利润的销售方式，典型的公司有安利等。但这种直销方式利益驱动效益明显，有时难以监督，可能会损害下级会员及消费者的利益。

②直复营销。直复营销是使用一种或多种广告媒体进行销售的零售方式。营销人员通过广告介绍产品，客户可通过写信、电话或网络订货，订购的货品一般通过邮寄交货。与普通广告不同的是，直复营销选择使用某种广告媒体的直接目的是扩大销售，而不是树立品牌形象。常见的形式有商品目录营销、直接邮购营销、电话营销、电视营销和网络营销等。其中，基于互联网的网络营销是最新的、发展最快的直复营销方式。

③自动售货。自动售货是通过自动售货机销售产品和服务，主要用于一些冲动购买品（如饮料、香烟、糖果等）。自动售货机向顾客提供24小时售货、顾客自我服务等便利条件。但对消费者来说，也存在售货机损坏无法销售、库存告急、无法退货等不便。另外，自动售货机提供的服务也越来越多，如投币式自动电唱机、投币式游艺机等，银行也通过自动柜员机提供存取款、转账等服务。

**小案例9-8 山西煤老板投资10亿元建全国最大酒业B2C**

一瓶出厂价490元的53度飞天茅台，经手几重流通渠道，终端价格已经达到1 098元！山西煤老板出手10亿元欲建全国最大酒类营销网站酒仙网，并放言要借规模和渠道优势将酒价砍低30%～50%。时尚的B2C模式用在酒类购销上，能否复制淘宝“淘衣服”的神话？酒类行业B2C并不是新鲜事，在酒仙网出来之前，烟酒在线、美酒在线、美酒网等已经有一定的行业知名度。之所以酒仙网的出现令行业震动，完全是因为酒仙网背后财力雄厚的出资方规划的大手笔：计划总投资10亿元，一期投资为1亿元。该网站将采取电子商务与物流配送的方式，计划在3年内建成500家配送网点，5年后力争达到100亿元销售规模。

资料来源　伍静妍．山西煤老板投资10亿元欲建全国最大酒业B2C［N］．南方都市报，2010-09-14．

### 3．零售业态的发展趋势

零售是产品价值得以实现的关键环节，一直以来存在激烈的竞争，因此零售业态也不断处于发展变化之中。

（1）新的零售业态不断推陈出新。随着经济的发展、技术的日新月异，零售方式不断创新。新的零售业态不断威胁传统的零售形式。

（2）各业态之间的竞争日趋激烈。随着新业态的推陈出新，旧的零售业态不甘退出市场，不断变革以满足消费者的个性化需求，因此各业态之间的竞争越来越激烈，如无店铺零售和商店零售之间、实体店和网上商城之间、百货商场和购物中心之间的竞争。

（3）无店铺零售发展迅速。随着多媒体的应用和互联网技术的革新，包括电视购物、邮购、网上商城等多种形式的无店铺销售发展迅速，已经给商店零售带来较大的经营压力。

（4）合并浪潮席卷大、中、小企业，形成超级公司。许多新公司是多行业联合的大企业。一种是零售商中同类公司的合并，其趋势延伸到销售完全不同种类商品的零售公司；另一种是零售商和生产商联合，这种大企业既包括生产商，也包括零售商。

（5）零售业态生命周期缩短。和产品生命周期类似，各零售业态也有生命周期，传统的百货商场正加速衰退，而新兴业态的生命周期变得越来越短。

**小资料　新零售：线上线下融合发展**

## 本章小结

分销渠道是指商品或服务从生产者向消费者转移的过程中，取得这种商品或服务的所有权或帮助所有权转移的所有企业和个人。分销渠道一般应具备调研、促销、接洽、谈判、配合、物流、风险承担和融资等职能。分销渠道的流程包括：实物流、所有权流、促销流、谈判流、资金流、风险流、订货流、付款流和信息流。

分销渠道根据生产者与消费者之间是否有中间商介入，分为直接渠道和间接渠道；根据中间环节层次的多少可以分为长渠道和短渠道；根据生产者同一层级同种类型中间商的数目，可以划分为宽渠道和窄渠道。

分销渠道的系统结构分为传统渠道系统和整合渠道系统两大类型。传统渠道结构是由独立的生产商、中间商和消费者组成的，而整合渠道结构的渠道成员之间联系紧密，根据其纵向、横向的联系形式，包含垂直渠道系统、水平渠道系统和多渠道系统，其中垂直渠道系统有公司式、管理式和合同式三种形式。

分销渠道管理人员在设计分销渠道时，一般遵循畅通高效、覆盖适度、稳定可控、协调平衡、发挥优势等原则。企业在设计分销渠道时会考虑到顾客因素、产品因素、企业自身因素、市场环境因素和中间商因素。一般情况下，分销渠道的设计要经过分析消费者需求、建立渠道目标、确定可选择的主要渠道以及评估和选择等几个阶段。分销渠道方案选定之后，企业就需管理分销渠道，包括对分销渠道成员的选择、激励、评估及调整，协调各渠道成员间的矛盾，处理好渠道冲突的问题。

批发商是常见的中间商，主要靠转售商品盈利。批发商根据划分标准的不同，可以分为不同类型。零售商是将产品或服务卖给最终消费者的机构或个人，有商店零售和无店铺零售两种类型。

## 复习思考题

1.什么是分销渠道？它具有哪些职能？

2.简述分销渠道的类型。分销渠道系统结构是什么？

3.如何设计一个合理的分销渠道方案？

4.分销渠道管理的主要内容有哪些？

5.零售商和批发商应该怎样面对日益变化的市场环境？

## 案例分析题

### 易拍全球艺术品在线交易新模式

易拍全球作为国内首家创新型全球化的艺术品电商交易平台，以互联网为手段，充分整合全球艺术品行业上、下游资源，创建了“在线拍卖”（包括“直播竞拍”和“限时竞拍”两种线上拍卖模式）和“全球艺购”两个交易平台，把全球的拍卖行、艺术品经营机构资源和买家资源聚集在一起，为拍卖公司与艺术品经营机构带来全球的买家资源，为买家提供全球的艺术品和交易平台。

一、艺术品线上交易的新格局

2014年4月，易拍全球与北美艺术品电商Invaluable的国际战略合作全面启动，现在已经有超过5 000家的上游拍卖行、艺术品经营机构的合作资源，以及超过30

万的会员。

易拍全球和拍卖行的合作主要是通过在线拍卖平台，利用互联网实现线上会员与拍卖现场的买家同步进行竞拍，会员可以通过参加直播竞拍、限时竞拍，以及通过易拍全球实现海外代拍等多种拍卖方式，购买到自己称心如意的全球艺术品。画廊和古玩城是另一种合作模式，易拍全球邀请拍卖行将店铺放在易拍全球的“全球艺购”平台上，目前开店等完全是免费的，易拍全球主要是从交易额中提取交易佣金。

二、易拍全球的销售服务

为表明易拍全球对于艺术品真假问题的立场，2013年12月易拍全球就与英国诚信拍卖行协会（AAA）在北京英国驻华大使官邸签订了“诚信联盟·买家保障”的合作协议，又与大象国际推出国内首场“诚信保真拍卖会”。为保障客户的利益，易拍全球选择与有信誉资质的拍卖公司合作，定期向会员发信息推荐这些公司的拍品，确保易拍全球对客户的承诺都得以兑现，以诚信赢得客户的尊重。

针对习惯现场交易的年龄偏大的藏家和对互联网不熟悉的藏家，易拍全球网站的首页上有新手指南，还有一对一的个性化客户服务，易拍全球的客服人员会根据用户的实际情况与要求协助其进行注册、委托拍卖、海外代拍等。易拍全球站在用户的角度来考虑，帮助用户解决线上问题，可谓是艺术品在线交易的“私人订制”。

三、易拍全球线上与线下的融合

易拍全球还出版发行了《艺术商业》期刊。《艺术商业》与易拍全球在全球范围内实现资源共享，旨在为传统艺术品行业带来与商业社会对接的新角度。《艺术商业》拥有强大的专家学者顾问团队，并与各大博物馆、美术馆关系融洽，时刻活跃于市场一线，定期举办沙龙活动，坚持小规模精品化路线，为私人银行VIP客户、商界精英等提供深入、专业的交流渠道。

2016年6月，易拍全球正式成立“易拍全球研究院”，并举行挂牌仪式。该研究院的成立，将对易拍全球的发展起到指导作用。

四、易拍全球的盈利模式

（1）广告费。易拍全球在网站上给客户做一些宣传。

（2）平台服务费。易拍全球向使用易拍全球平台进行在线交易的卖家收取一定的服务费。

（3）会员服务费。易拍全球为客户和会员提供个性化服务，因此会收取一部分中高阶会员的会员服务费。

资料来源 佚名. 易拍全球：打造艺术品在线交易新模式［EB/OL］.［2018-06-15］. http: //www.xinhuanet.com/shuhua/specials/ysjj3.htm.

讨论题：

1.易拍全球是如何借助互联网来打造艺术品销售王国的？

2.易拍全球打造的艺术品在线交易模式对普通商品的线上销售有何启示？

# 第10章 促销策略

**学习目标**

- 了解促销及促销组合的内涵
- 掌握人员推销的基本策略
- 掌握促销广告决策的主要内容
- 了解营业推广的方案设计步骤
- 理解公关促销策略
- 应用促销理论分析企业促销实践中存在的问题

## 引 例 小米手机的促销策略

小米公司于2010年4月正式成立，小米手机定位为高端性能发烧手机。小米公司首次创立了利用互联网的模式开发手机系统、小米发烧友参与开发的前卫研发模式。小米手机作为其旗下三大核心业务之一，借助网上直销的营销方式，成功地打入中国智能机市场。小米手机在促销策略方面也与众不同，主要表现在以下几个方面：

1.广告宣传

（1）电视广告

小米花巨资拿下蛇年春节贺岁套装，主题广告《嘿嘿》于春晚开播前3分钟正式登陆央视一套。同时，小米手机官方微博还展开了“看广告，送小米手机”的微博互动活动。此外，小米手机创始人兼CEO雷军更是出现在了蛇年春晚的录制现场。据称，这也是春晚主办方给予广告大客户的特殊福利之一。此广告在春晚播出之后，小米手机的知名度得到了很大的提升，销量也迅速提高。

（2）网络广告

小米的销售模式是网络直销。为了配合小米的销售模式，它的宣传模式也主要集中在网上。小米的网络广告形式主要有：网络视频、社区及论坛、微博、网站广告、微电影《我们的150克青春》等。

2.公关活动

（1）事件营销

小米手机的前期预热够足、够长、够吊人胃口，这是基于对苹果手机营销套路的学习，也是基于雷军在业内的光环效应。这并不是什么公司都可以效仿的。至于传播手段，小米手机可谓是在互联网中“如雷贯耳”。关于小米手机的新闻、评测、拆机等报道一篇接一篇。

“小米手机是偷来的”这一传闻一直出现，但小米公司并没有对这类传闻予以官方的澄清或者辟谣，这引起了米粉与魅族支持者的口水战。但同时，小米手机又出现在了网民的视线之内，这也给小米手机蒙上了一层神秘的色彩。

（2）新闻发布会

小米手机的创始人雷军，自称是乔布斯的超级粉丝。他凭借自身的名声及号召力，于2011年8月16日在北京召开了一场酷似苹果手机发布会形式的小米手机发布会。以此种形式发布国产手机的企业，小米是第一个！不可否认，小米的这招高调宣传取得了众媒体与发烧友的关注。

（3）新品试用

在小米手机的正式版发布之前，先用秒杀的形式出售工程纪念版手机。2011年8月29日—8月31日这三天内，每天限量销售200部，其价格比正式版手机优惠300元。此消息一出，如何在网上购买小米手机的新闻瞬间传遍网络。同时，小米公司还给出以下限制：只有在8月16日之前在小米论坛达到100积分以上的用户才有资格参与秒杀。这种销售方式是针对此前就关注小米的发烧友们的，能达到非常高的客户精准率。小米手机这一规则的限制，让更多的人对小米手机充满了好奇，越来越多的人想拥有一部小米手机。

资料来源　余家勇. 小米手机的营销策略 [J]. 商情，2016（15）.

促销是现代营销的关键环节之一。在现代营销环境中，企业仅拥有适销对路的产品、吸引人的价格和畅通的销售渠道是远远不够的，其还需要拥有强大的促销实力。市场竞争不仅是产品、价格和渠道的竞争，更是促销的竞争。由于促销是营销组合的重要内容之一，所以要实现企业的营销目标，必须要有正确的促销策略才行。

## 10.1 促销和促销组合

### 10.1.1 促销的含义

促销（promotion）就是营销者向消费者传递有关本企业及产品的各种信息，说服或吸引消费者购买其产品，以达到扩大销售的目的。促销实质上是一种沟通活动，即营销者（信息提供者或发送者）发出各种刺激消费的信息，并把信息传递给一个或更多的目标对象（即信息接受者，如听众、观众、读者、消费者或用户等），以影响其态度和行为。常用的促销手段有广告、人员推销、网络营销、营业推广和公共关系。企业可根据实际情况及市场、产品等因素选择一种或多种促销手段。

**1.促销的主要任务**

从核心和实质上来看，促销就是一种信息沟通，即通过各种各样的手段和方式，来实现企业与中间商、企业与最终用户之间的各种各样的信息沟通。同时，通过信息沟通，最终用户和中间商对企业及有关产品的各种各样的评价又能够传递给企业。

**2.促销的目的**

促销的目的就是通过各种形式的信息沟通来引发、刺激消费者产生购买欲望直至发生购买行为，实现企业产品的销售。

**3.促销的方式**

促销的方式主要有人员促销和非人员促销两类。人员促销就是指企业派出推销人员，直接与消费者进行面对面的沟通，从而说服顾客购买。非人员促销主要是指借助广告、公关和各种各样的促销方式来进行信息沟通，以达到引发、刺激消费者产生购买欲望直至发生购买行为、实现企业产品销售的目的。

一般来说，人员促销针对性较强，但影响面较窄，而非人员促销影响面较宽，但针对性较差。企业在促销时，只有将两者有机结合并加以运用，方能发挥其理想的促销作用。

**4.促销的作用**

促销的作用主要表现在以下几个方面：

（1）传递信息，提供情报。通过促销宣传，可以使顾客知道企业生产经营什么产品、有什么特点、到什么地方购买，以及购买的条件是什么等，从而引起顾客注意，激发其购买欲望，为实现销售和扩大销售做好舆论准备。

（2）突出特点，诱导需求。通过各种促销形式的展现，将产品优于竞争对手之处揭示出来并让消费者知晓，进而产生拉动市场的作用，从而达到诱导需求的目的。

（3）指导消费者，扩大销售。通过各种形式的沟通，让消费者了解产品的一般功能特性、最基本的操作和使用方法，对消费者起到一定的指导作用。

（4）产生偏爱，稳定销售。不断促销可以强化消费者对某个品牌、某个企业的产品的认识、理解和认同，从而产生对某个品牌、某个产品的信任感，这对稳定市场所起到的作用是不可低估的。

### 10.1.2 促销组合的含义

**1. 促销组合的概念**

促销组合是指企业根据促销的需要，对广告（advertising）、销售促进（sales promotion）、公共关系（public relation）与人员推销（personal selling）等各种促销方式进行适当的选择和搭配。促销组合体现了现代市场营销理论的核心思想——整体营销。促销组合是一种系统化的整体策略，上述四种基本促销方式则构成了这一整体策略的四个子系统。每个子系统都包括一些可变因素，即具体的促销手段或工具。一种因素的改变意味着组合关系的变化，也就意味着一个新的促销策略。

在实际促销活动中，是采用一种促销方式，还是采用两种或两种以上的促销方式，需要企业做出选择。如果选择两种或两种以上的方式，就要涉及以哪种方式为主、以哪几种方式为辅的问题。把各种促销方式进行有机搭配和统筹运用的过程就称为促销组合。

**2.推式策略与拉式策略**

在实践中，如果企业的促销组合策略是以人员推销为主，搭配公共关系等其他促销方式，把产品推向市场，即从生产企业推向中间商，再由中间商推给消费者，则这种促销组合策略叫作推式策略。推式策略主要适用于单位价值较高的产品，性能复杂、需要做示范的产品，根据用户需求特点设计的产品，流通环节较少、流通渠道较短的产品，市场比较集中的产品。

如果企业的促销组合策略是运用非人员推销的方式把顾客拉过来，以广告为主，搭配其他的促销方式，则这种促销组合策略叫作拉式策略。也就是说，用广告拉动最终用户和激发消费者的购买欲望。拉式策略适用于单位价值较低的日常用品，流通环节较多、流通渠道较长的产品，市场范围较广、市场需求较大的产品。

实践中，促销组合通常是推拉结合，有推有拉。也就是说，一方面要用广告来拉动最终用户，刺激最终用户产生购买欲望；另一方面要用人员推销的方式向中间商推介，以使中间商乐于经销或代理自己的商品，形成有效的分销链。当然，在进行促销组合的过程中，还要考虑产品的性质，并参照促销预算等有关因素进行组合。

### 10.1.3 影响促销组合决策的因素

企业在制定促销组合策略时，应综合考虑以下几个影响因素：

**1.促销目标**

促销目标是影响促销组合决策的首要因素。每种促销工具——广告、人员推销、销售促进和公共关系——都有各自独有的特性和成本。营销人员必须根据具体的促销目标选择合适的促销工具组合。

**2.产品市场类型**

促销工具的有效性在不同类型的市场上所起作用是不同的，经营消费品的企业一般会把大部分促销投资用于广告，然后是销售促进、人员推销和公共关系等；而经营产业用品的企业通常会把大部分资金用于人员销售，其次是销售促进、广告和公共关系等。所以，企业应该综合考虑市场和促销工具的特点，选择合适的促销工具，使它们相匹配，以达到最佳促销效果。

**3.消费者购买行为阶段**

消费者购买新产品的过程包括知晓、兴趣、评价、试用和采用五个阶段。在知晓和兴趣阶段，广告的效应常常是主要的和不可替代的；在评价和试用阶段，人员推销和销售促进的效应相对更大；在正式采用阶段或消费者重复购买时，广告的提醒效应和与之密切相关的品牌效应又变得相对重要。

**4.产品生命周期阶段**

在产品生命周期的不同阶段，消费者对产品的认知和态度有很大差别，因而各种促销工具的成本效应有较大的差异。在导入期，企业投入较大的资金用于广告和公共宣传，能产生较高的知名度，促销活动也是有效的；在成长期，广告和公共宣传可以继续加强，促销活动可以减少，因为这时所需的刺激较少；在成熟期，相对广告而言，销售促进又逐渐起重要作用，购买者已知道这一品牌，仅需要起提醒作用的广告；在衰退期，广告仍保持在提醒作用的水平，公共宣传已经消退，销售人员对这一产品仅给予最低限度的关注，然而销售促进要继续加强。

**5.其他营销因素**

影响促销组合的因素是复杂的，除上述因素外，本企业的营销风格、销售人员素质、整体发展战略、社会和竞争环境等不同程度地影响着促销组合的决策。营销人员应审时度势、全面考虑才能制定出有效的促销组合决策。

## 10.2　人员推销

人员推销是指企业推销人员直接向消费者推销产品和服务的一种促销活动，是促销组合的重要方式。推销人员是企业一线营销者，他们通过行动，直接面对面地劝说或引导顾客购买产品或服务，扩大企业销售。虽然人员推销是一种传统的促销方式，但在现代市场营销中，这种促销方式仍然十分有效，特别是在交易洽谈和成交手续磋商中，其重要性是其他促销方式无法代替的。企业在促销中必须研究人员推销及其策略。

### 10.2.1　人员推销的含义

根据美国市场营销协会（AMA）的定义，人员推销是指企业通过派出销售人员同一个或一个以上可能成为购买者的人交谈，口头陈述并推销商品，进而促进和扩大销售。人员推销是一项专业性很强的工作，是一种互惠互利的推销活动，它必须同时满足买卖双方的不同需求，解决各自不同的问题，而不能只片面地注意产品推销。尽管买卖双方的交易目的大不相同，但总可以达成一些双方都可以接受的协议。人员推销不仅是卖的过程，而且是买的过程，即帮助顾客购买的过程。推销人员只有将推销工作理解为替顾客购买的工作，才能使推销工作卓有成效，进而达到双方满意的目的。为顾客服务，不仅是推销人员的愿望和口号，也是人员推销本身的客观要求。

### 10.2.2　人员推销的特点

**1.销售的针对性**

与顾客直接沟通是人员推销的主要特征。由于双方是直接接触，在态度、气氛、情感等方面，彼此都能够对其进行捕捉和把握，这有利于销售人员有针对性地做好沟通工作，解除各种疑虑，引导购买欲望。

**2.销售的有效性**

人员推销的又一特点是提供产品实证。销售人员通过展示产品、解答质疑、指导产品使用方法，使目标顾客能当面接触产品，从而确信产品的性能和特点，易于引发消费者的购买行为。

**3.密切买卖双方关系**

在销售人员与顾客直接打交道的过程中，双方会逐渐产生信任和理解，并加深彼此的感情，建立起良好的关系，这容易培育出忠诚的顾客，稳定企业销售业务。

**4.信息传递的双向性**

在推销过程中，销售人员一方面把企业信息及时、准确地传递给目标顾客，另一方面把市场信息，顾客（客户）的要求、意见、建议反馈给企业，为企业调整营销方针和政策提供依据。

当然，人员推销也存在不足，主要表现在：

（1）费用支出较大。由于人员推销直接接触的顾客有限、销售面窄，所以人员推销的开支较多、产品销售成本较大。

（2）对推销人员的要求较高。人员推销的成效直接决定于推销人员素质的高低。尤其是随着科技的发展，新产品层出不穷，对推销人员的要求越来越高。

### 10.2.3 人员推销的形式

第一，企业建立自己的销售队伍，使用本企业的推销人员来推销产品。企业推销队伍中的成员有推销员、销售代表、业务经理、销售工程师等。

第二，企业可以使用企业外专业的推销人员，如代理商、经纪人等，按照其销售额的一定比例付给其佣金。

第三，企业可以雇用兼职的推销人员，在各种零售营业场所，用各种方式促销，如产品操作演示、现场模特、咨询介绍，按销售额的比例支付佣金。

### 10.2.4 销售人员的工作任务

把销售人员的工作仅视为推销商品无可厚非，但未免过于简单。作为企业和购买者之间的纽带，销售人员负有维护双方利益的责任，尽管这些责任有时会发生矛盾。概括地讲，销售人员的工作任务是既要使企业获得满意的和不断增长的销售额，又要培养与顾客的友善关系，并反映市场信息和购买者信息。具体来说，主要有：

第一，积极寻找和发现更多的可能的顾客或潜在顾客；

第二，把关于企业产品和服务方面的信息传递给现有的及潜在的顾客；

第三，运用推销技术（包括接近顾客、展示产品、回答疑义、结束销售等），千方百计推销产品；

第四，向顾客提供各种服务，如向顾客提供咨询服务、帮助顾客解决某些技术问题、安排融资、催促加快办理交货等；

第五，经常向企业报告访问推销活动情况，并进行市场调查和收集市场情报。

### 10.2.5 人员推销决策

销售人员的角色决定了人员推销决策在企业整个市场营销管理决策中的地位和作用。销售人员作为问题的“解决者”，是联系企业和顾客之间独特的纽带。

#### 1.人员推销决策的内容

人员推销决策就是企业根据外部环境变化和内部资源条件，设计和管理销售队伍的过程（如图10-1所示）。具体地说，它包括如下几个方面：

第一，确立人员推销在企业市场营销组合中的地位，为销售人员制定出适当的销售活动组合；

第二，根据企业资源条件和销售预算等确定销售队伍的规模；

第三，根据顾客、产品和销售区域分配资源和时间；

第四，对销售活动（任务）进行组织激励和控制。

由图10-1可以看出，人员推销决策是一个循环的、双向流动的过程。销售队伍的目标决定销售队伍的大小，而销售规模又会限制其目标。同时，销售规模还制约资源和时间在产品、顾客、区域等方面的分配，而在分配过程中，企业会发现市场的销售反应比预期的要大（或小），因此，为了增加利润，企业又把更多（或更少）的资源分配在人员推销上。

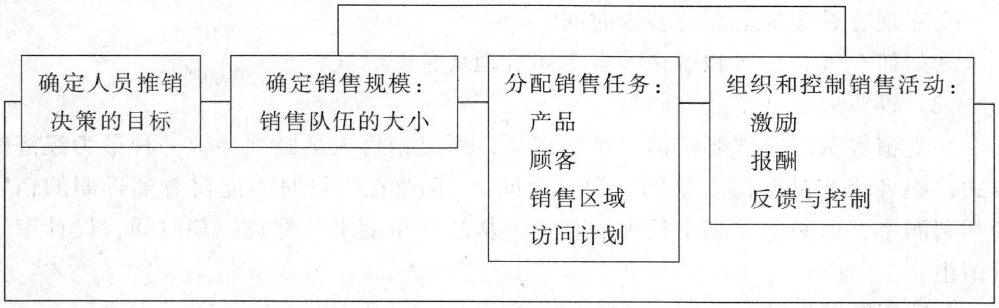


图10-1 人员推销决策结构

人员推销决策的内容可以分为两种：一是战略决策，包括销售队伍的大小、区域设计和访问计划等；二是管理决策，包括对销售人员的招聘、挑选、培训、委派、激励和控制等。

#### 2.人员推销的规模和结构

（1）推销人员的规模。合理确定推销人员的规模，是人员推销管理的首要问题，确定推销人员规模的方法有两种：

一是销售能力分析法。通过测量每个推销人员在不同范围、不同市场潜力区域内的推销能力，计算在各种可能的推销人员规模下，企业的总销售额及投资收益率，从而确定推销人员的规模。

二是推销人员工作负荷量分析法，即根据每个推销人员的平均工作量及企业所需拜访的客户数目来确定推销人员的规模。

（2）人员推销的组织结构。

①产品型结构。将企业的产品分成若干类，每一个推销员（或推销组）负责推销其中的一类或几类产品。这种结构适用于产品结构类型较多并且技术性较强、产品间缺少关联的情况。

②区域型结构。将企业的目标市场分成若干区域，让每个推销人员负责一定区域内的全部推销业务，并定出销售指标。采用这种结构有利于推销人员与顾客建立良好的人际关系，并且有利于节约交通费用。

③顾客型结构。按照目标客户的不同类型（如所属行业、规模大小、新老客户等）组织推销人员，即每个推销员（或组）负责向同一类顾客进行推销活动。采用这种结构有利于推销人员了解同类顾客的需求特点。

④综合型结构。综合考虑产品、区域和顾客等因素，从而组成推销人员队伍。采用这种结构时，每个推销员的任务都比较复杂。

**3.销售任务的分配**

在销售队伍规模既定的条件下，销售人员如何在产品、顾客和地理区域方面分配时间和资源？

（1）时间安排（顾客方面）。

①在潜在顾客身上要花多少时间？

②在现有顾客身上要花多少时间？

③如何在现有顾客和潜在顾客之间合理地分配时间？

（2）资源分配（产品方面）。

一支销售队伍通常要推销一系列产品，所以销售人员必须寻求一种最为经济的方式，在各个产品间配置推销资源（时间）。企业在决策时不能仅看到近期的销售额和利润率，而必须着眼于长远的利益，从战略角度来分配资源和时间，设计市场营销组合。

**4.销售区域设计**

企业委派销售代表入驻一些地区负责产品销售，这些地区通常被称为销售区域（或地区）。区域设计是人员推销决策的重要内容之一。无论是设计新的区域系统，还是调整现有的区域构成，企业都要考虑下述条件：

①区域要易于管理；

②各区域的销售潜量容易估计；

③能够严格控制推销旅途的时间、花费；

④对推销员来说，每个区域的工作量和销售潜量都是相等的，而且足够大。

**5.销售人员的挑选**

企业的销售工作要想获得成功，就必须认真挑选销售人员。这不仅是因为普通销售人员和高效率销售人员在业务水平上有很大差异，而且用错人将给企业造成巨大的浪费。一方面，如果销售人员所创造的毛利不足以抵偿其销售成本，则必然导致企业亏损；另一方面，人员流动造成的经济损失也将是企业总成本的一部分。因此，挑选高效率的销售人员成为管理决策的首要问题。

企业挑选销售人员的标准，大体上表现为如下几点：

第一，感同力，即善于从顾客角度考虑问题，并使顾客接受自己；

第二，自信力，让顾客感到自己的购买决策是正确的；

第三，挑战力，即具有视各种异议、拒绝或障碍为挑战的心理；

第四，自我驱动力，即具有完成销售任务的强烈欲望。

当然，仅有这几点还略显不够，因为在不同的环境下，企业对销售人员素质要求的宽泛程度不尽一致，但是这四个方面是任何一个意欲达到成功的销售人员所必须具备的。

**6.销售人员的招聘与训练**

企业在确定了挑选标准之后，就着手招聘。招聘的途径和范围应尽可能广泛，以吸引更多的应聘者。企业人事部门可通过由现有销售人员引荐、利用职业介绍所、刊登广告等方式进行招聘。此后，企业要对应聘者进行评价和筛选。筛选的程序因企业而异，有的简单，有的复杂，一般可分为初步面谈、填写申请表、测验、第二次面谈、学历与经历调查、体格检查、决定录用与否、安排工作等程序。

训练有素的销售人员所增加的销售业绩要比培训成本更大，而且，那些未经训练的销售人员的工作并不理想，尤其是在顾客自主意识和自由选择度日益增强的今天，如果销售人员不经过系统的训练，他们很难与顾客进行沟通。所以，企业必须对销售人员进行培训。

训练销售人员应注意两个问题：一是训练工作的组织和安排，包括训练所要达到的目标，由谁主持训练工作，在何时、何地从事训练，使用何种教学方法和训练技巧，以及如何评价训练的效果；二是确定训练的内容。它大体上有以下几个方面：

（1）要求销售人员了解企业各方面的情况，如企业历史和经营目标、组织机构状况、主要负责人、财务状况和措施、重要的产品及销量等。

（2）介绍企业的产品情况，包括产品制造过程、品种构成及用途等。

（3）讲述企业目标市场各类顾客和竞争对手的特点，如各类顾客的购买动机、购买习惯、收入状况以及竞争对手的策略和政策等。

（4）演示有效推销的方法，如推销术的基本原理、基本方法和技巧，以及企业为各种产品所概括出的推销要点和推销说明等。

（5）明确推销人员实际工作的程序和责任，包括怎样在现有和潜在顾客间分配时间、合理支配费用、选择销售路线、撰写销售报告等。

**7.销售人员的考核与报酬**

企业必须加强对销售人员的管理，通过监督考核机制，提升销售人员的工作业绩，促进销售任务的完成。对推销人员进行考核评价的主要指标是：销售量增长情况、毛利、每天平均访问次数及每次平均访问时间、每次访问的平均费用、每百次访问收到订单的百分比、一定时期内新顾客的增加数及失去的顾客数目；销售费用占总成本的百分比。

为了提高销售人员的积极性，使其如期完成企业的销售任务，必须设计企业销售人员的激励措施，制定合理的报酬。销售人员远离企业，在一线工作责任重大，具有挑战性和创造性。同时，在外独立完成销售工作精神压力大，所以，他们的报酬一般高于企业其他人员。销售人员的激励措施可以考虑我国企业目前用得较多的几种形式。

推销人员的报酬主要有两种形式：一是销售定额制，即规定销售人员在一年中应销售多少数额并按产品加以确定，然后把报酬与定额完成情况挂钩。二是佣金制，即企业按销售额或利润额的大小给予销售人员固定的或根据情况可调整比率的报酬。佣金制度能鼓励销售人员尽最大努力工作，并使销售费用与现期收益紧密相连，同时，企业还可根据不同产品、工作性质给予销售人员不同的佣金。但是佣金制度也有不少缺点，如管理费用过高、导致销售人员的短期行为等。所以，它常常与薪酬制度结合起来运用。

小资料　推销的3H1F

## 10.3 广告促销

广告一词源于拉丁文adverture，是“吸引人心”或“注意与诱导”的意思，后来演变为英语advertise，含义为“引起别人注意，通知别人某件事”。美国市场营销协会对广告的定义是：“由特定广告主以付费方式对于构思、货物和劳务的非人员介绍及推广”。广告在现代市场营销中占有重要的地位，已经成为企业促销活动的先导。广告促销是指以营利为目的，通过支付一定费用，以各种说服的方式，公开地向目标市场和社会公众传递产品或劳务信息的传播行为。广告促销的概念强调了这些含义：①广告要支付费用；②说服与公开是广告的重要特征；③传递信息、追求盈利是广告的重要目的；④产品或劳务是广告宣传的具体内容；⑤目标市场和社会公众是广告的受众对象；⑥电视、广播、报纸、杂志等是广告的传播媒体。企业进行产品促销应注重对广告及其策略的研究。

### 10.3.1 广告的作用

广告在促销中的作用是多方面的，归纳起来主要有：

**1.传递信息，诱导消费**

传递信息是广告最基本的作用，广告可以帮助消费者了解商品的特点，诱导顾客的需求，影响他们的消费心理，刺激他们的购买行为，创造销售的机会。通过广告，可以有效地沟通企业与中间商及顾客三者之间的关系。

**2.介绍商品，引导消费**

在新产品层出不穷，消费者不易识别和难于选择的情况下，广告宣传能使新产品、新式样、新的消费意识迅速流行，并形成一种消费时尚。广告对商品的有效介绍，可以帮助消费者在众多的同类商品中进行比较和选择。优秀的广告是一种文化消费，可以引导消费走向文明健康。

**3.树立形象，促进销售**

先声夺人的广告宣传和它潜移默化的作用，加深了顾客对企业和产品的记忆与好感。顾客在自觉与不自觉中常常参考广告来购买商品。广告可以在一定程度上展示企业的规模和知名度，在消费者心目中树立起良好的企业形象和品牌优势，以促进销售，巩固和提高市场占有率。

### 10.3.2 广告的种类

根据不同的需要和标准，可以将广告划分为不同的类别。对广告类别的划分并没有绝对的界限，不同的标准和角度有不同的分类方法，主要是为了提供一个切入的角度，以便更好地发挥广告的功效，更有效地制定广告策略，从而正确地选择和使用广告媒介。以下介绍一些较常用到的广告类别。

**1.按广告的内容分类**

（1）产品广告。这是企业为了推销产品而做的广告。它的内容主要是介绍产品，属于告知性的宣传方式。它并不是直接宣传企业的形象，而是通过产品的宣传介绍间接地使人感知生产该产品的企业。从这个意义上说，做好产品广告，不但可以推销产品，还可以帮助企业树立良好的形象。

（2）企业广告。企业形象就是企业的招牌，它构成了企业生存的基石。企业形象树立起来了，企业的产品自然也就不愁销路。企业广告是直接为树立企业形象服务的，有关公共关系和公共利益的广告都属于这类广告。

（3）服务广告。服务广告是以各种服务为内容的广告，如产品维修、人员培训以及其他各种服务活动等。

**2.按广告的目标分类**

（1）开拓性广告。这是一种以介绍、说服为目标的广告，其目的在于诱导消费者产生初次需求，向消费者宣传新产品的质量、性能、花色、品种、用途、价格以及服务等情况，以消除消费者对企业生产和销售的产品的疑虑，加深消费者对这些商品的认识，促使消费者建立起购买这些产品的信心，使产品迅速占领目标市场。

（2）劝导性广告。这是一种竞争性广告，其目的是促使消费者建立起特定的需求，对本企业的产品产生偏好。劝导性广告应着重宣传产品的用途，说明产品的特色，突出比其他牌号的同类产品的优越之处，努力介绍产品的厂牌与商标，使消费者对某种牌号的产品产生偏好，以稳定产品的销售。

（3）提醒性广告。这是一种加强消费者对商品的认识和理解的强化性广告。提醒性广告着重宣传商品的市场定位，以引导消费者产生“回忆性”需求，使企业某一品牌产品在衰退期退出市场之前，仍能满足一部分老顾客（客户）的需求。

**3.按广告的媒体分类**

（1）印刷广告。报纸、杂志是有效的、普遍的传播媒体。报纸广告是现代传播广告信息的重要手段。报纸具有新闻性、可读性、指导性、知识性和记录性等显著特点。报纸广告最大的优点是：读者比较稳定，宣传覆盖率高；传播迅速，反映及时；可自由选择刊登日期；能对产品进行较详细的介绍；制作简单，费用较低。但它也有一定的局限性：保存性较差；报纸内容庞杂，易分散注意力。由于各类报纸的读者对象不同，发行数量和范围不同，其广告效果也不同。因此，企业必须有选择地登载广告。杂志的优点是：促销对象明确，收效率高；保存率和阅读率也较报纸高；广告画面鲜明，易引人注意。最大的缺点是：信息传递的延迟期较长，读者面具有较大的局限性，不同杂志有不同的读者和不同的发行范围。因此，企业选择在杂志上做广告时，必须对目标读者加以研究。

（2）视听广告。电台、电视是视听广告媒体。电台主要是用语言表达来吸引听众，由于它不受文化水平的限制，传播对象较为广泛。电台广告的主要优点是传播及时、灵活性强、不受场所的限制、听众可以自行选择、成本较低。它的局限性是速度快、不便于记忆且无处查阅、广播节目较多且很难使人听清楚。电视广告是当前最有效的传播媒体。它的优点是宣传作用较大，涉及范围广；生动、灵活、形式多样；可以在几天内连续重复播出一个广告，使观众记忆深刻。其缺点是费用高、竞争者多且对象缺乏可选性。

（3）邮寄广告。广告主将印刷的广告物，如产品样本、产品目录、产品说明书、产品通告函等，直接寄给顾客、中间商或代理人。邮寄广告最大的优点是广告对象明确、选择性强、传递性较好、较为灵活；提供信息全面、准确、说服力强、效果显著。局限性是生动性较差，传播面也较窄。

（4）户外广告。户外广告通常有招贴、广告牌、交通广告及霓虹广告等。户外广告经常作为辅助性推广媒体，也有助于开拓营销渠道。其地点多选择在闹市、交通要道或公共场所，一般比较醒目。它的主要优点是利用灯光色彩、美术造型等艺术手段，使广告内容显得鲜明、醒目、美观；内容简明易记，使人印象深刻，既宣传产品，又美化环境。局限性是受空间的限制，不易表达复杂内容，不能动态化。

（5）网络广告。网络媒体是借助互联网这个信息传播平台，以电脑、电视机以及移动电话等为终端，以文字、声音、图像等形式来传播新闻信息的一种数字化、多媒体的传播媒介。网络媒体传播范围最广，具有全球性；保留时间长，一天24小时、一年365天不间断地展现在网上，以供人们随时随地查询；信息数据庞大；开放性强；操作方便简单；交互性、沟通性强，信息互动传播，用户可以获取他们认为有用的信息，厂商也可以随时得到宝贵的用户反馈信息；成本低、效率高；具有强烈的感官性，以图、文、声、像的形式，传送大量感官的信息，让顾客如身临其境般感受商品或服务，并能在网上预订、交易与结算，从而大大增强网络广告的实效。

### 10.3.3　广告决策的主要内容

**1.确定广告目标**

广告目标是广告宣传应该在特定时间内完成的向具体的目标群体做出特定沟通的任务。其实质是要在特定的时间对特定的受众完成特定的信息沟通任务。企业做广告的最终目标是增加销售量和企业利润。

**2.编制广告预算**

为了实现企业的销售目标，企业必须花费必要的广告费用。广告费用的开支是一个关键问题。通常可供企业选择的确定广告预算的方法有以下几种：

（1）承受能力法。承受能力法即根据企业的资金实力来决定广告预算。生产企业的广告预算的计算方法是：从企业产品的市场售价中减去批发商与零售商所得的价差以及本企业的生产成本之后，再确定企业可用于广告的费用比例。

（2）销售额百分比法。销售额百分比法即根据销售额的一定百分比制定广告预算。这种方法使广告费用与销售收入挂钩，简便易行，但它忽视了广告的促销作用，颠倒了二者的关系，忽视了未来市场的环境变化，并且二者比例系数很难确定。

（3）竞争平衡法。竞争平衡法即参考竞争对手的广告费用而定出自己的广告费用，广告预算与竞争者大体相同。这种方法有助于避免广告战的白热化，但它忽视了竞争者广告费用不一定合理这一问题。另外，竞争者与本企业的情况是存在差异的。

（4）目标任务法。目标任务法即根据企业营销的目标和任务确定广告预算。这是一种较科学的方法，但它也会有主观性，因此需要采用上述某些方法对其加以修正。

（5）投资收益法。投资收益法即根据预测的广告投资与所能产生的收益来决定广告预算，但关键是难以确定广告收益。因此，制定广告预算必须综合考虑各种因素，综合运用各种方法以校正这种方法的缺陷。

**3.设计广告信息**

广告的效果并不主要取决于企业投入的广告经费，其关键在于广告的主题和创意。广告主题决定广告表现的内容，广告创意决定广告表现的形式和风格。只有广告内容迎合目标受众的需求，广告表现具有独特型，广告才能引人注意，并给目标受众带来美好的联想，促进销售。

广告的信息决策一般包括3个步骤：

（1）广告主题的确定。广告主题是广告所要表达的中心思想。广告主题应当显示产品的主要优点和用途以吸引消费者。对于同一类商品，可以从不同角度提炼不同的广告主题，以满足不同消费者的需要和同一消费者的不同需要。

广告信息的产生，可以通过对顾客、中间商、有关专家甚至竞争对手的调查获得灵感。西方的营销专家认为，消费者在购买商品时期望从中获得4种不同的利益：理性的、感性的、社会的和自我实现的。产品使用者从用后效果的感受、使用中的感受和附加效用的感受等三种途径中实现以上满足。将上述4种利益和3种途径结合起来，就产生了12种不同的广告信息，从每一广告信息中可以获得一个广告主题。在企业广告活动中，常用的广告主题主要有：快乐、方便、传统、健康、“3B”（宠物、小孩和美女）等。根据国外广告专家的调查结果，广告的主题主要有食欲、健康、快乐、名望、安全、经济等44种。

（2）广告信息的评估与选择。一个好的广告总是集中于一个中心的促销主题，而不必涉及太多的产品信息。“农夫山泉有点甜”，就以异常简洁的信息在受众中留下深刻的印象。如果广告信息过多过杂，则消费者往往不知所云。

广告信息的载体就是广告文案。对广告文案的评价标准有许多，但一般要符合3点要求：其一，具有吸引力，即广告信息要使人感兴趣，引人入胜；其二，具有独特性，即广告信息要与众不同，独具特色，而不要人云亦云；其三，具有可靠性，即广告信息必须从实际出发，实事求是，而不要以偏概全，夸大其词，甚至无中生有。只有全面客观的广告传息，才能增加广告的可信度，才能持久地建立企业和产品的信誉。

（3）信息的表达。广告信息的效果不仅取决于“说什么”，更在于“怎么说”，即广告信息的表达。广告表现的手段包括语言手段和非语言手段。

语言在广告中的作用是其他任何手段所不及的，因为语言可以准确、精炼、完整、扼要地传达广告信息。如铁达时手表的“不在乎天长地久，只在乎曾经拥有”，统一润滑油的“多一份润滑，少一份摩擦”，中国移动通信公司的“我的地盘听我的”等，既简明扼要，又朗朗上口，都取得了意想不到的效果。

非语言就是语言以外的、可以传递信息的一切手段，主要包括构图、色彩、音响、体语等。

进行广告表现，要做到图文并茂，善于根据不同产品的不同广告定位，把语言手段和非语言手段有机地结合起来。

**小资料　常见的广告诉求与广告常用的表述方式**

**4.选择广告媒体**

广告表现的结果就是广告作品。广告作品只有通过恰当的广告媒体投放才能实现广告传播的目标。广播、电视、报纸和杂志是传统的4种大众传播媒体，互联网被称为第五种大众媒体。除大众传播媒体以外，还有招牌、墙体等户外媒体，车身、车站等交通媒体，信函、传单等直接媒体等众多种类。

广告媒体的选择，主要依据下列因素进行：

（1）广告产品的特征。一般生产资料适合选择专业性的报纸、杂志、产品说明书，而生活资料则适合选择生动形象、感染力强的电视媒体和印刷精美的彩色杂志等媒体。

（2）目标市场的特征。主要有以下几种：

其一，目标市场的范围。全国性市场适合选择全国性媒体，如中央电视台、经济日报等；区域性市场适合选择地区性媒体，如广州日报、广州电视台等。

其二，目标市场的地理区域。农村市场需要选择适合农民的媒体，如《南方农村报》等；城市市场则适合选择都市类媒体，如《南方都市报》等。

其三，目标市场的媒体习惯。每种媒体都有自己独特的定位，每类消费者也都有自己的媒体习惯，所以媒体选择要有针对性。如针对中产阶级的广告，适合选择《新快报》等时尚类媒体。

（3）广告目标。以扩大市场销售额为目的的广告应选择时效性、表现性、针对性强的媒体；树立形象的广告则适合选择覆盖面广、有效期长的媒体。

（4）广告信息的特征。情感诉求的广告适合选择广播、电视等媒体；理性诉求的广告适合选择报纸、杂志等印刷类媒体。

（5）竞争对手的媒体使用情况。一般情况下，应尽可能避免与竞争对手选择同一种媒体，特别是同种媒体的同一时段或同一版面。如果中国移动和中国联通的广告登在同一种报纸的同一版面上，或者在电视的同一时段投放，效果就可能大打折扣。

（6）广告媒体的特征。各类广告媒体都有各自的广告适应性，如电视的优势是生动形象、时效性强、多手段传播，但不易保存、费用高；报纸价格便宜、易保存，但不生动等。选择广告媒体一定要对各类媒体的广告属性有充分的把握。

（7）国家广告法规。广告法规对广告媒体的规定是选择广告媒体的重要依据。

**5.评价广告效果**

广告的效果主要体现在3个方面，即广告的传播效果、广告的促销效果和广告的社会效果。广告的传播效果是广告效果的前提和基础，广告的销售效果是广告效果的核心和关键，企业的广告活动也不能忽视对社会风气和价值观念的影响。

（1）广告传播效果的评估。其主要评估广告是否将信息有效地传递给目标受众。这种评估在传播前和传播后都应进行。在传播前，既可采用专家意见综合法，由专家对广告作品进行评定，也可以采用消费者评判法，聘请消费者对广告作品从吸引力、易读性、好感度、认知力、感染力和号召力等方面进行评分。在传播后，可再邀请一些目标消费者，向他们了解其对广告的阅读率或视听率，以及对广告的回忆状况等。

（2）广告促销效果的评估。促销效果是广告的核心效果。广告的促销效果主要测定广告所引起的产品销售额及利润的变化状况。测定广告的促销效果，一般可以采用比较的方法。在其他影响销售的因素一定的情况下，比较广告后和广告前销售额的变化；或者，其他条件基本相同的甲和乙两个地区，在甲地做广告而在乙地不做广告，然后比较销售额的差别，以此判断广告的促销效果等。

（3）广告社会效果的评估。其主要评定广告的合法性以及广告对社会文化价值观念的影响。一般可以通过专家意见法和消费者评判法进行。

**小案例10-1　　OPPO手机广告策略**

OPPO手机的成功之处在于其采用多种广告策略相结合的方式，重点突出了广告创意策略，定位准确，合理运用名人代言，借助名人的声势，提升消费者对产品的认知度，同时将广告以故事情节的形式展现出来，进而引起目标消费群的情感共鸣。

1.OPPO手机广告策略分析

电视广告、平面媒体广告、报纸广告及网络广告等多种媒体相结合的方式，广铺广告攻势，通过多种渠道使消费者尽可能多地了解OPPO系列手机，同时又佐以广告投入策略，提升消费者对品牌的认知度。

2.广告创意策略分析

OPPO在将多种广告策略相结合的前提下，重点突出广告创意策略，以其独特的视觉阐述OPPO手机与其他品牌机的差异性，引发消费者共鸣。

3.独特的销售主题

OPPO Real音乐手机、Ulike Style手机、Find Me智能手机通过自身的品牌内涵突显其独特的销售主题，突出特质和个性，针对不同细分定位市场，更好地吸引了消费者的视线，满足其在情感上的诉求。

4.品牌形象策略

OPPO手机的广告选用名人代言，同时辅以故事情节的形式诠释产品，使消费者更容易理解和接受。

5以辅助手段沟通受众

①设立Find专属网站。

②通过游戏与消费者进行沟通。

③充分运用微博等新的沟通方式。

资料来源　佚名. OPPO促销策略［EB/OL］.［2018-06-15］. https://wenku.baidu.com/view/eab4cdc11a37f111f0855b54.html?from=search.

## 10.4 营业推广

营业推广又称销售促进，是指企业在短期内为了刺激需求而进行的各种促销活动。这些活动可以诱发消费者和中间商进行大量的购买，从而促进企业产品销售额迅速增长。营业推广对促进销售的效果显著，因此它是促销组合的重要方式，是促销策略研究的重点。

### 10.4.1 营业推广的基本特征

**1.非规则性和非周期性**

典型的营业推广不像广告、人员推销、公共关系那样作为一种常规性的促销活动出现，而是用于短期的和额外的促销工作，其着眼点在于解决某些更为具体的促销问题，因而具有非规则性和非周期性的特征。

**2.灵活多样性**

营业推广的方式繁多，这些方式各有其长处与特点，企业可以根据经营的不同商品的特点和面临的不同市场营销环境来灵活地加以选择和运用。

**3.短期效益比较明显**

一般来说，只要营业推广的方式选择运用得当，其效果可以很快地在经营活动中显示出来，而不像广告、公共关系那样需要一个较长的周期。因此，营业推广最适宜应用于完成短期的具体目标。

### 10.4.2 营业推广的作用

**1.可以吸引消费者购买**

这是营业推广的首要目的，尤其是在推出新产品或吸引新顾客方面，由于营业推广的刺激比较强，较易吸引顾客的注意力，使顾客在了解产品的基础上采取购买行为，也可能使顾客追求某些方面的优惠而使用产品。

**2.可以奖励品牌忠实者**

营业推广的很多手段如销售奖励、赠券等通常都附带价格上的让步，其直接受惠者大多是经常使用本品牌产品的顾客，因而他们更乐于购买和使用本企业产品，有利于巩固企业的市场占有率。

**3.可以更好地实现企业有效目标**

这是营业推广的最终目的。营业推广实际上是企业让利于购买者，它可以使广告宣传的效果得到有力的增强，破坏消费者对其他企业产品的品牌忠诚度，从而达到销售本企业产品的目的。

但是，营业推广也存在不足：首先，影响面较小，只是广告和人员销售的一种辅助的促销方式；其次，刺激强烈，但时效较短，是企业为创造声势、获取快速反应的一种短暂促销方式；最后，过分渲染或长期频繁使用容易使顾客对卖者产生疑虑，反而对产品或价格的真实性产生怀疑。为此，企业要合理使用营业推广促销工具，既要有效地发挥它的作用，又要避免它的负面影响。

### 10.4.3 营业推广方式

根据目标市场的不同，营业推广可分为面向消费者、面向中间商、面向企业内部员工的推广。这三种推广方式有着不同的促销方式。

**1.面向消费者的营业推广方式**

面向消费者的营业推广方式的主要作用包括：鼓励老顾客继续使用，促进新顾客使用，培养竞争对手的顾客对本企业的偏爱等。具体可以采用以下方式：

（1）赠送样品。向消费者赠送样品或试用品是介绍新产品最有效的方法，但缺点是费用高。样品可以选择在商店或闹市区散发，或在其他产品中附送，也可以公开广告赠送，或入户派送。

（2）折价券。顾客在购买某种商品时，持券可以免付一定金额的钱。折价券可以通过广告或直邮的方式发送。

（3）包装促销。以较优惠的价格提供组合包装和搭配包装的产品。

（4）抽奖促销。顾客购买一定的产品之后可获得抽奖券，凭券进行抽奖获得奖品或奖金。抽奖可以有多种形式。

（5）现场演示。企业派促销员在销售现场演示本企业的产品，向消费者介绍产品的特点、用途和使用方法等。

（6）联合推广。企业与零售商联合促销，将一些能显示企业优势和特征的产品在商场集中陈列，边展示边销售。

（7）参与促销。让消费者参与各种促销活动，如技能竞赛、知识比赛等，从而获取企业的奖励。

（8）会议促销。各类展销会、博览会、业务洽谈会期间的各种现场产品介绍、推广和销售活动。

**小案例10-2　　万人空巷抢格力**

“万人空巷抢格力”是格力原创的年度促销盛宴，早已成为家电行业的促销活动样板。其特点是：时间短、价格低、购买需要先认筹。其空前促销力度备受市场和消费者喜爱。9年间，“万人空巷抢格力”已从区域性、单品类的让利促销活动演化成全国性、全行业的家电消费狂欢节。“万人空巷”、格力电器工厂巡展已经成为与“双11”比肩的行业标志性营销活动。格力“万人空巷”活动的初衷是在夏天旺季到来之前，利用超低价促销活动刺激计划在夏天购买空调的消费者提前购买，避免消费者都挤在夏季高温时排队购买，同时也缓解厂家的服务压力。格力抢在空调旺季、涨价缺货、安装排队到来前启动市场，创造了“少花钱早享受”的利好选择，有效地刺激了淡季市场需求。

资料来源　洪雷. 为什么每次“万人空巷抢格力”都能这么火？[EB/OL]. [2018-06-15]. http://hn.rednet.cn/c/2018/03/01/4565379.htm.

**2.面向中间商的营业推广方式**

面向中间商的营业推广方式的主要目的是鼓励中间商积极进货和推销，引导零售商扩大经营。其常用的方式有：

（1）批发回扣。企业为争取批发商或零售商多购进自己的产品，在某一时期内给经销本企业产品的批发商或零售商加大回扣比例。

（2）推广津贴。企业为促使中间商购进企业产品并帮助企业推销产品，可以支付给中间商一定的推广津贴。

（3）销售竞赛。根据各个中间商销售本企业产品的实绩，分别给优胜者以不同的奖励，如现金奖、实物奖、免费旅游度假奖等，以起到激励的作用。

（4）扶持零售商。生产商对零售商专柜的装潢予以资助，提供POP广告，以强化零售网络，促使销售额增加；生产商为零售商派遣厂方信息员或代培销售人员。生产商这样做的目的是提高中间商推销本企业产品的积极性和能力。

**3.面对内部员工的营业推广方式**

面对内部员工的营业推广方式主要是针对企业内部的销售人员，鼓励他们热情推销产品或处理某些老产品，或促使他们积极开拓新市场。一般可采用的方法有：销售竞赛、免费提供人员培训、技术指导等。

### 10.4.4　营业推广方案的设计

在企业促销活动中，一个有效的营业推广方案一般要考虑以下五个因素：

**1.确定推广目标**

确定营业推广目标，就是要明确推广的对象是谁，要达到的目的是什么。只有知道推广的对象是谁，才能有针对性地制订具体的推广方案，如是以达到培育忠诚度为目的，还是以鼓励大批量购买为目的。

**2.选择推广工具**

营业推广的方式方法有很多，但如果使用不当，则适得其反。因此，选择合适的推广工具是取得营业推广效果的关键因素。企业一般要根据目标对象的接受习惯、产品特点和目标市场状况等来综合分析并选择推广工具。

**3.推广的配合安排**

营业推广要与营销沟通的其他方式如广告、人员销售等整合起来，相互配合，共同使用，从而在营销推广期间形成更大声势，取得单项推广活动所达不到的效果。

**4.确定推广时机**

选择营业推广的市场时机很重要，如季节性产品、节日产品、礼仪产品，必须在季前、节前做营业推广，否则就会错过时机。

**5.确定推广期限**

推广期限即营业推广活动持续时间的长短。推广期限要恰当，若过长，则消费者新鲜感丧失，产生不信任感；若过短，则一些消费者会来不及接受营业推广的实惠。

## 10.5 公共关系

这里的公共关系（public relations，简称公关）是指市场营销角度的公共关系。美国营销大师菲利普·科特勒对公共关系做了如下定义：作为促销手段的公共关系是指这样一些活动，即争取对企业有利的宣传报道，协助企业与有关的各界公众建立和保持良好关系，树立良好的企业形象，以及消除和处理对企业不利的谣言、传说和事件等。也就是说，公共关系，是指企业与其相关的社会公众之间的联系，这种联系是通过信息沟通实现的。

### 10.5.1 公共关系的本质特征

**1.企业的公共关系是指企业与其相关的社会公众的相互关系**

这些社会公众主要包括供应商、中间商、消费者、竞争者、金融保险机构、政府部门、科技界、新闻界等。可见，在企业营销活动中存在着广泛的社会关系，其不能仅限于与顾客的关系，更不能只局限于买卖关系。良好的社会关系是企业成功的保证之一 。因此，建立和保持企业与社会公众的关系在企业营销活动中具有重要的作用。

**2.企业形象是公共关系的核心**

公共关系的首要任务是树立和保持企业的良好形象，争取广大消费者和社会公众的信任和支持。一个企业除了生产优质产品和搞好经营管理之外，还必须重视创建良好的形象和声誉。在现代社会经济生活中，一旦企业拥有良好的形象和声誉，就等于拥有了可贵的资源，就能获得社会广泛的支持和合作；否则，就会产生不良后果，使企业面临困境。可见，以创建良好企业形象为核心的公共关系涉及企业活动的各个方面，而且是长期不断积累、不断努力的结果。

**3.企业公共关系的最终目的是促进产品销售**

广告等其他活动的目的在于直接促进产品销售，而公共关系的目的在于互相沟通、互相理解，在企业行为与公众利益一致的基础上，争取消费者对企业的信任和好感，使广告等促销活动产生更大的效果，从而最终扩大产品的销路。正因为如此，公共关系也属于一种促销方式，不过它是通过推销企业本身来促进产品销售的。

**4.公共关系属于一种长效促销方式**

公共关系比广告等活动的成本少得多，有时甚至不需支付费用，而其效果却好得多，尤其是对于那些需要使消费者建立信任感的商品。有的消费者对广告存有戒心，使广告显得无能为力，而公共关系活动能消除消费者的疑虑，获取其信赖。

总之，公共关系着眼于企业长期效益，而广告则倾向于产品销售。

### 10.5.2 公共关系的作用

公共关系活动是企业整体营销活动的重要组成部分，是一种“软推销术”。公共关系在企业市场营销活动中的作用主要体现在以下几个方面：

第一，有利于树立企业形象和塑造产品品牌。

第二，有利于建立企业与消费者之间双向的信息沟通。

第三，有利于企业消除公众误解和化解危机。

第四，有利于增强企业内部的凝聚力，协调与外界的关系。

### 10.5.3 公共关系促销的目标

在通常情况下，企业开展公关活动的目标有以下几种：

第一，配合新产品上市。新产品上市前，通过恰当的公关宣传，让消费者和中间商对企业的新产品有足够的了解，提高知名度，扩大声誉。

第二，进行企业转产、改制。

第三，展示企业成果。

第四，消除不良影响。当企业的意图受到误解时，积极的公关活动可以有效地让公众了解企业，密切同消费者的关系，消除他们的误解。当企业的产品或服务经营造成不良后果时，应立即向新闻媒体和有关部门通报情况，解释原因。向受损的消费者赔礼道歉，采取补救措施，积极地承担责任。

第五，改善企业环境。

第六，利用活动、庆典等宣传企业。例如，配合企业组织的展销会、订货会以及开业、挂牌、纪念等庆典组织宣传报道，举办得体适宜的公关活动。企业对体育、教育、福利等公益事业的赞助，公关部门也要大力组织宣传，以扩大企业影响力，提高企业知名度。

### 10.5.4 公共关系决策的主要内容

#### 1.确定公关目标

进行公共关系活动要有明确的目标。确定目标是公共关系活动取得良好效果的前提条件。企业的公关目标因企业面临的环境和任务的不同而不同。一般来说，企业的公关目标主要有以下几类：①在新产品、新技术的开发过程中，要让公众有足够的了解；②在开辟新市场之前，要在新市场所在地的公众中宣传组织的声誉；③在转产其他产品时，要树立组织的新形象，使之与新产品相适应；④参加社会公益活动，增进公众对组织的了解和好感；⑤开展社区公关，与组织所在地的公众沟通；⑥本组织的产品或服务在社会上造成不良影响后，要进行公共关系活动以挽回影响；⑦创造一个良好的消费环境，在公众中普及同本组织有关的产品或服务的消费方式，等等。

**2.确定公关对象**

公关对象的选择就是公众的选择。公关对象取决于公关目标，不同的公关目标决定了公关传播对象的侧重点不同。如果公关目标是提高消费者对本企业的信任度，毫无疑问，公关活动应该重点根据消费者的权利和利益要求进行。如果企业与社区关系出现摩擦，公关活动就应该主要针对社区公众进行。选择公关对象要注意两点：一是侧重点是相对的。企业在针对某类对象进行公关活动时，不能忽视与其他公众的沟通；二是在某些时候（如企业出现重大危机等），企业必须加强与各类公关对象的沟通，以赢得各方面的理解和支持。

**3.选择公关方式**

公共关系的方式是公共关系工作的方法系统。在不同的公关状态和公关目标下，企业必须选择不同的公关方式，以便有效地实现公共关系目标。一般来说，供企业选择的公关方式主要有战略性公关方式和策略性公关方式两类。

战略性公关方式主要针对企业面临的不同环境和不同的公关任务，从整体上影响企业形象，包括建设性公关、维系性公关、进攻性公关、防御性公关、矫正性公关。

策略性公关方式属于公共关系的业务类型，主要注重公共关系的策略技巧，包括宣传性公关、交际性公关、服务性公关、社会性公关、征询性公关。

**4.实施公关方案**

实施公关方案的过程，就是把公关方案确定的内容变为现实的过程，是企业利用各种方式与各类公众进行沟通的过程。实施公关方案是企业公关活动的关键环节。再好的公关方案，如果没有实施，都只能是镜花水月，没有任何价值。

实施公关方案，需要做好以下工作：

（1）做好实施前的准备。任何公共关系活动实施之前，都要做好充分的准备，这是保证公共关系实施成功的关键。公关准备工作主要包括公关实施人员的培训、公关实施的资源配备等方面。

（2）消除沟通障碍，提高沟通的有效性。公关传播中存在着方案本身的目标障碍，如实施过程中语言、风俗习惯、观念和信仰的差异，传播时机不当、组织机构臃肿等多方面形成的沟通障碍，以及突发事件的干扰等影响因素。消除不良影响因素，是提高沟通效果的重要条件。

（3）加强公关实施中的控制。企业的公关实施如果没有有效的控制，就会产生偏差，从而影响公关目标的实现。公关实施中的控制主要包括对人力、物力、财力、时机、进程、质量、阶段性目标以及突发事件等方面的控制。公关实施中的控制一般是由制定控制标准、衡量实际绩效、将实际绩效与既定标准进行比较和采取纠偏措施这四个环节组成。

**5.评估公关效果**

公共关系评估，就是根据特定的标准，对公共关系计划、实施及效果进行衡量、检查、评价和估计，以判断其成效。需要说明的是，公共关系评估并不是在公关实施后才评估公关效果，而是贯穿于整个公关活动之中。

**小案例10-3　　“两会”期间遭危机，阿里公关反应神速**

2017年“两会”期间，全国人大代表、广东唯美陶瓷有限公司（马可波罗瓷砖）董事长黄建平公开表示，他此次打算提交的议案资料总结下来就一句话：“互联网虚拟经济破坏实体经济，网店假冒伪劣产品居多”。

不仅如此，黄建平还点名淘宝，称“目前在淘宝网上搜索关键词‘马可波罗瓷砖’‘马可波罗卫浴’，搜索结果居然足足有五百多家，但是其中经过集团授权的经销商才两家”。

面对这样的“危机”，阿里巴巴的公关反应神速，在“双微”上同步发布了《对人大代表马可波罗瓷砖董事长黄建平三点议题的商榷》的回应。

尊敬的马可波罗瓷砖董事长黄建平代表：

对于您的议题，我们有三点相反观点，与您商榷，供您参考。

1.打假的责任我们承担，但是管理好自己的渠道也要品牌方来承担

数据显示的是，2014年以来，“马可波罗”品牌从未在阿里巴巴平台进行过一次投诉。但在过去半年，我们主动为马可波罗删除了疑似知识产权侵权链接2 353条。

另外，您提到，“马可波罗”仅在天猫开设旗舰店，此外只有两家授权店铺，淘宝网也有众多商家在出售马可波罗产品。我们立即进行查证，发现实际仅在天猫上就有7家店铺拥有广东唯美陶瓷有限公司即“马可波罗”商标持有者的授权。该信息也供您参考。

打假是平台的天生责任，您投诉不投诉我们都会打假。打假难，我们知道管理渠道也难，但是管理好自己的分销渠道，是品牌权利人的第一责任和分内的事情，渠道混乱是中国粗放经济粗放管理出现的现象，需要企业高度重视。我们知道货离开了工厂绝对不等于到了消费者手里，库存积压在下游渠道商手里，寻求网络的销售通路，也是他们自救的一种方法。对此，我们将对品牌权利人的需求提供尽可能的帮助，我们也将不断提升我们的服务和支撑品牌商需求的能力和效率。

2.淘宝网是百分之一百的实体经济，实体经济搞得好有我们的“功劳”

实体经济和虚拟经济的冲突目前是舆论的热点，但我们首先要搞清楚实体经济到底是什么。实体经济的定义是人类通过思想、财富、工具，在地球上创造的生产和流通的商业等经济活动——生产制造是实体的一部分，而以淘宝为代表的流通，则更是实体经济的一部分。

2017年1月4日，李克强总理在国务院常务会议上提醒参会人员要正确认识“实体经济”的内涵：“‘实体经济’是一个相对于‘虚拟经济’的概念，不是仅仅包含制造业，而是涵盖着一、二、三产业。网店是‘新经济’，但直接带动了实体工厂的销售；快递业作为‘新经济’的代表，同样既拉动了消费也促进了生产。这些典型的新经济行业，实际上都是‘生产性服务业’，都是在为实体经济服务，也是实体经济的一部分。”同样是在2017年1月4日的国务院常务会议上，李克强总理说：“人类历史上曾经发生过不少‘流通带动生产’的革命性变化。现在，很多网店直接向工厂下订单、定制化生产，同样带动了大量制造业工厂的发展。”

“培育壮大新经济、发展新动能，不仅是打造经济发展的‘新引擎’，也是在改造提升传统动能，促进实体经济蓬勃发展。新动能与传统动能是不可分割的！新经济、新动能不仅催生了新技术、新业态，也在推动着传统产业改造升级、焕发生机。”

截至2016年12月31日，阿里巴巴累计投资传统产业超过1 000亿元，其中重大投资项目超过20个，我们与苏宁、银泰、三江等进行了深度合作，更与中国最大的商贸集团百联达成战略合作。只有抓住机遇创新，才有可能以全新的形态创造未来。

3.打假实干难于作秀，让我们一起呼吁像打击酒驾一样严打假货

在打假上，“实干”确实远难于“作秀”。要根治制售假货问题，需完善立法、严格执法并加重刑罚力度，让制售假货者付出应有代价。

以阿里巴巴的数据为例：2016年全年，阿里巴巴平台治理部门共认定和处理制假售假案件线索4 495条，案值均高于目前刑法所规定的5万元起刑标准。执法机关接收线索1 184条，截至目前通过公开信息能够确认已经有刑事判决结果的仅33例。制假售假受到刑事处罚的比例不足1%。

阿里巴巴集团认为，制假售假成本太低，是当下社会陷入假货困局的最重要因素。只有让制假售假庞大链条上的每一个犯罪分子受到应有的刑事处罚，才是中国从世界工厂走向自主创新，引领未来发展的可行之路和必经之路。

尊敬的黄建平代表，我们迫切地希望您用您宝贵的议题，关注这些正在发生的事情，如果刑事处罚比例不足1%的事例一再发生，从根本上治理假货也就无从谈起。严格执法、加重刑罚，让每一个犯罪分子无法逃避应有的刑事处罚，让制假售假者不再心存侥幸，才是消费者权益得以维护的必由之路。

资料来源　骏小宝．一年只发14条微博的马云，这次为什么站出来了？[EB/OL]．[2018-06-15]．http://chuansong.me/n/1645315552723.

## 本章小结

促销是指企业通过人员或非人员的方式与顾客沟通产品和服务信息，以激起顾客的购买欲望，影响和促成顾客购买行为的全部活动的总称。促销组合是指进行营销沟通过程的各个要素的选择、搭配及运用，包括广告、人员推销、销售促进和公共关系。

人员推销是指企业推销人员直接向消费者推销产品和服务的一种促销活动。人员推销的特点包括：销售的针对性、销售的有效性、买卖双方关系的密切程度、信息传递的双向性。企业人员推销决策工作包括：人员推销决策的内容、人员推销的规模和结构、销售人员的挑选、销售人员的招聘与训练、销售人员的考核与报酬。

广告促销是指以营利为目的，通过支付一定费用，以各种说服的方式公开地向目标市场和社会公众传递产品或劳务信息的传播行为。广告决策的主要内容包括：确定广告目标、编制广告预算、设计广告信息、选择广告媒体、评价广告效果。

营业推广又称销售促进，是指企业在短期内，为了刺激需求而进行的各种促销活动。营业推广方式包括：面向消费者的营业推广方式，面向中间商的营业推广方式，面对内部员工的营业推广方式。一个有效的营业推广方案一般要考虑：确定推广目标，选择推广工具，推广的配合安排，确定推广时机，确定推广期限。

公共关系即指企业与其相关的社会公众之间的联系，这种联系是通过信息沟通实现的。公共关系的主要决策内容包括：确定公关目标，确定公关对象，选择公关方式，实施公关方案，评估公关效果。

## 复习思考题

1.怎样理解促销组合？

2.简述促销决策的主要内容。

3.促销广告一般分为哪些类型？有哪些可供选择的广告媒体？

4.人员推销在促销活动中的特点是什么?销售人员的基本任务是什么？

5.面向消费者的营业推广有哪些具体方式?面向中间商的营销推广有哪些具体方式?

6.什么是公共关系？它有哪些基本特征？公共关系决策的主要内容是什么？

## 案例分析题

### PPA引发史克危机

2000年10月16日，国家药品监督管理局发布了《关于暂停使用和销售含苯丙醇胺的药品制剂的通知》。通知要求，国内药品生产销售企业暂停生产销售含有苯丙醇胺（PPA）的感冒药。该通知使国内十余个感冒药生产厂家受到影响，中美史克公司首当其冲。在过去10年间，中美史克生产的含有PPA的康泰克、康得两种药品占据感冒药市场40%以上的份额，中美史克处于行业领导者地位，而康泰克也早已成为许多感冒患者的首选药品，其“早一粒、晚一粒，有效缓解感冒困扰”的广告词是消费者耳熟能详的药品广告之一。中美史克公司顿时陷入十分被动的境地，面临着严重的危机。

中美史克公司面对突发的危机处变不惊，有条不紊地采取积极措施解决问题，其鲜明的危机公关意识和成熟的危机公关手段确有可圈可点之处。

1.建立专门机构

2000年10月16日，中美史克公司接到天津市卫生局的暂停生产通知后，立即成立了由10位部门主管组成的危机管理机构，并组建多个管理小组分别负责多方事务的处理工作，如沟通小组负责统一发布有关信息，生产小组负责处理中间产品并尽快调整产品线，市场小组则负责新产品开发。各部门各司其职、各负其责，并由专人进行部门间的工作协调。

2.表明立场态度

危机管理机构成立后，立即确定了统一的应对危机的立场，并于16日上午及时向社会公众发布了其应对政府指令的基本立场，明确表示：维护广大消费者的健康是中美史克公司的一贯原则，公司坚决执行政府暂停令，暂停含有PPA成分的康泰克、康得的生产，通知经销商停止销售，同时停止相关产品的广告促销和市场推广活动。

3.针对不同公关对象的举措

首先，在企业内部，公司于17日召开全体员工大会，向员工通报了事件情况，并表示不会因此事件而裁员，此举赢得了广大员工的理解与支持。其次，为使公司决策得以有效贯彻，中美史克公司急召全国各地销售经理回到天津总部，通过有效的沟通取得他们的谅解，并由他们带着公司《给医院的信》《给消费者的信》回到全国各地，让他们成为公司与客户之间的桥梁。再次，为能及时给不明就里的消费者以明确答复，公司紧急培训了数十名专职接线员，开通专线电话，对问询者给出准确的解释，以解除人们的疑虑。最后，面对事件发生后来自媒体和同行的炒作甚至不公平的宣传，中美史克公司保持了应有的冷静与克制，并积极与新闻界接触，争取机会进行实事求是的客观介绍。

资料来源　佚名．PPA引发史克危机．[2018-06-08]．http：//www.worlduc.com/blog2012.aspx?bid=22064716.

讨论题：

1.如何面对危机公关？

2.分析中美史克对PPA引发危机的处理情况。

# 第11章 市场营销计划、组织与控制

**学习目标**

- 掌握市场营销计划的内涵，了解市场营销计划的内容和制订方法
- 了解市场营销部门的演变及与其他部门的关系，掌握四种组织形式的特点
- 了解市场营销的控制过程，掌握年度控制、赢利能力控制、效率控制、战略控制、市场营销审计的含义与方法

**引　例**　　**大龙锰业的成功**

贵州红星发展大龙锰业有限公司是一家生产电解二氧化锰、为电池生产企业提供原料的上市公司。该公司2002年成立之后，在短短的2年时间里，生产能力就位居全国第二，产品顺利进入南孚、双鹿以及日本松下等知名电池生产企业，产品供不应求，在高档无汞碱性电池原料市场的占有率位列全国第二。可谁又知道这家公司是由已破产关闭的贵州汞矿系统的大龙氯碱镁厂、贵汞铁路专用线、贵汞汽修厂组建而成的。它成功的秘密是什么?为什么它能在短时间内用5 600万元的注册资本，将年销售额迅速扩展到3亿元，利润达5 000万元以上?其最大的成功秘密就是其在市场营销战略上的成功。该公司立足于市场，通过对市场的诊断分析，看到电池无汞化以及碱性电池需求的增长带来的对相关原材料的强劲需求，并诊断出市场缺口近2万吨，且市场需求以每年近30%的速度增长，于是公司迅速做出战略调整，抓住机遇集中资金扩大生产能力，其主导产品电解二氧化锰生产能力从1万吨／年发展到4万吨/年。同时，公司着眼国际市场，提升企业战略高度，除南孚、双鹿、豹王等知名电池生产企业红星产品的占有率已达48%外，日本松下与其签订了正式供货合同，需求超过5万吨的全球最大碱性电池生产企业美国金霸王公司也提出了不低于1万吨的采购需求。该公司市场营销战略的成功有力地推动了企业战略的实施，使其真正实现了以市场为导向、财务管理为龙头、企业文化建设为依托的企业发展战略，并取得了成功。

资料来源　佚名．市场营销战略［EB/OL］．［2018-06-26］．http：//wiki.mbalib.com/wiki/市场营销战略．

市场营销计划不仅是企业部门计划中最重要的计划之一，而且是其他各种计划都要涉及的内容。市场营销活动是由一系列有组织的人员来进行的。市场营销的成功和市场营销计划的实现离不开有效的市场营销组织，因为市场营销的组织结构会影响营销人员的自主权限、沟通效果和合作程度。所以，加强市场营销组织的建设，制订、实施市场营销计划，评估和控制市场营销活动，是市场营销组织的重要任务。

## 11.1 市场营销计划

在现代市场经济条件下，企业正确制订和实施市场营销计划，是实现企业总体任务和目标的重要保证。

### 11.1.1 市场营销计划的内涵

市场营销计划在企业实际工作中，常常被称作市场营销策划，它是指企业有关营销活动方面的具体安排。对于专业的营销公司而言，营销计划也就是公司计划，对于其他经营领域的企业而言，营销计划是公司计划的一个组成部分。

营销计划涉及两个最基本的问题：一是企业的营销目的是什么；二是怎样才能实现这一营销目标。企业在进行营销活动之前，必须计划营销活动的目标及其实施手段。离开营销计划的活动是盲目且脱离实际的，即便完成了也将是混乱和低效率的。

（1）营销计划促使企业内部各部门和全体员工明晰工作方向，并保持相互协调一致；

（2）营销计划使企业集中精力，及时利用机会，降低风险；

（3）营销计划使营销活动按照指定内容实施，避免不必要的浪费，节约营销成本；

（4）营销计划有利于企业加强对营销活动的有效控制。

### 11.1.2 企业市场营销计划的发展和演进

营销计划工作是企业营销工作的重要内容，但并不是每一个企业在初创时都能建立科学、先进的计划体系，企业的营销计划是随着企业规模和管理水平的发展而不断提高、完善的。任何企业，都经历过或正在经历以下四个基本阶段中的一个阶段：

#### 1.无计划阶段

企业在营销管理中没有正式的计划。有的企业因为是新创办的，管理者忙于筹集资金、开发客户、购置设备和原材料、配置人员，所以难以有完整的时间考虑计划的制订，管理者通常全神贯注于日常的经营业务，以维持企业的生存与发展。有的企业的管理者没有认识到计划的重要作用，认为市场变化太快，计划往往落后于实际，没有用，因此一直没有建立正式的计划系统。

**2.年度计划阶段**

管理者认识到制订计划的重要性之后，开始制订年度计划，方法主要有以下三种：

(1) 自上而下的计划。由企业最高管理层为较低的管理部门建立目标和计划，由下属各部门、各单位贯彻执行。这种计划常用于类似军事化管理的组织中。

(2) 自下而上的计划。由企业各基层单位先制订可实现的最佳目标和计划交给高层管理者审批，然后由各部门贯彻执行。这种计划让基层单位参与企业计划的制订，提高了它们的积极性和创造意识。

(3) 上下结合的计划。高层管理者根据企业的整体发展要求确定企业年度目标，下达给下属各单位，各单位据此进行可行性论证和修正，或制订具体的计划，上交高层管理者批准后，就成为正式的年度计划。大多数企业都采取这种计划方法。

**3.长期计划阶段**

从年度计划的制订和实施中，企业最高管理者又进一步认识到，企业不仅要制订年度计划，更要高瞻远瞩，制订长期计划（如五年计划、十年计划）。年度计划是长期计划在每一年的具体化，实现各个年度计划就能保证长期计划的逐步实现。由于企业的环境是不断变化的，所以企业每年都要对长期计划进行适当修正。

**4.战略计划阶段**

由于企业外部营销环境变幻莫测，企业需要发展能够抵抗各种环境冲击的业务组合，使各部门的计划工作相互配合，共同迎接冲击。战略计划就是研究在不断变化的环境面前，应怎样努力提高企业的适应能力，并把握营销的良机。战略计划阶段是企业组织管理规模化、复杂化的一种必然的发展结果，战略计划是创新和理智行为的综合表现。

### 11.1.3 市场营销计划的内容

**1.企业中哪些计划涉及市场营销计划的内容**

在企业的各种计划中，至少有以下八种计划与市场营销密切相关：

(1) 公司计划。公司计划是企业业务的整体计划。它可以是年度的，或是中、长期计划。公司计划的内容包括公司任务、成长战略、业务组合决策、投资决策和现行目标。它不包括各个业务单位的活动细节。

(2) 事业部计划。事业部计划类似于公司计划，它描述事业部计划的成长和盈利率。其内容包括营销、财务、制造和人事战略，在时间上有短期、中期或长期计划。在某些场合，事业部计划是事业部制订的所有个别计划的总和。

(3) 产品线计划。产品线计划描述一条特定产品线的目标、战略和战术，由每一条产品线的经理负责拟订。

(4) 产品计划。产品计划描述一个特定产品或产品种类的目标、战略和战术，由每一位产品经理负责拟订。

（5）品牌计划。品牌计划描述在一个产品种类中某特定品牌的目标、战略和战术，由每一位品牌经理负责这项计划的制订工作。

（6）市场计划。市场计划是发展一个特定的行业市场或地区市场并为它服务的计划。每一位市场经理都应拟订这种计划。与此密切相关的是为重要客户准备的顾客计划。

（7）产品（市场）计划。产品（市场）计划是在一个特定行业或地区市场营销一种特定产品或产品线的计划。例如，一个对某城市的房地产业推销贷款服务的银行计划。

（8）功能计划。功能计划是关于一项主要功能的计划，例如营销、制造、人力资源、财务或研究开发计划。它还描述在一个主要功能下的子功能计划，例如在营销计划下的广告计划、销售促进计划、人员推销计划和营销调研计划。

**2.营销计划包含的内容**

营销计划包含的内容取决于高层管理者想从其下属经理处得到多少详细内容。大多数的营销计划，特别是产品和品牌计划，都包含下列内容：经营摘要、当前营销状况、机会和问题分析、目标、营销战略、行动方案、预计的损益表和控制手段。这些内容列于表11-1中。

表11-1 **营销计划的内容与目的**

| 内　容 | 目　的 |
|---|---|
| (1) 经营摘要 | 使高层管理者迅速了解计划内容而提供的简略概要 |
| (2) 当前营销状况 | 提供与市场、产品、竞争、分配和宏观环境有关的背景数据 |
| (3) 机会和问题分析 | 概述主要的机会和威胁、优势和劣势，以及在计划中必须要处理的产品所面临的问题 |
| (4) 目标 | 确定计划中想要达到的关于销售量、市场份额和利润等领域的目标 |
| (5) 营销战略 | 描述为实现计划目标而采用的主要营销方法 |
| (6) 行动方案 | 回答应该做什么、谁来做、什么时候做，以及需要多少成本等问题 |
| (7) 预计的损益表 | 概述计划预期的财务收益情况 |
| (8) 控制手段 | 说明将如何监控该计划 |

### 11.1.4 市场营销计划方法

市场营销计划方法可以帮助营销管理者认清营销形势，便于其得到各种不同的营销方案，并从中挑选出最佳计划。这些方法包括目标利润计划法（target profit planning）和最大利润计划法（profit optimization planning）。

**1.目标利润计划法**

目标利润计划法分为三步：

第一步，先预测产品下一年度市场规模总量，根据本企业当年的市场份额及市场增长计划，计算出企业下一年度的总销售量。然后按当年的单位产品价格以及劳动力和原材料可能上涨的幅度，计算出下一年度的总销售收入。

第二步，估计下一年度的单位产品变动成本，计算出包括固定成本、利润和营销费用在内的贡献毛收益，用贡献毛收益减去固定成本及目标利润，余下的即为营销活动费用，即营销费用。

第三步，将营销预算分配到各项营销活动中。方法是：在当年分配比例的基础上，根据实际情况的变化进行调整，制订出下一年的分配方案。

**2.最大利润计划法**

最大利润计划法要求管理人员确定销售量与营销组合各因素之间的关系，可利用销售-反应函数（Sales-Response Function）来表示这种关系。所谓销售-反应函数，是指在一定时间内营销组合中一种或多种因素的变化与销售量变化之间的关系。企业管理者可用统计法、实验法或判断法来预测销售-反应函数，将营销支出以外所有的费用从销售-反应函数中扣除，得出毛利函数曲线。然后，计算出营销支出函数曲线，将营销支出函数曲线从毛利曲线中扣除，可得到净利函数曲线，净利函数曲线的最大值即利润最大点，当函数值为正值时，其营销支出为合理值。

## 11.2　市场营销组织

### 11.2.1　市场营销组织的概念

市场营销组织是指企业内部涉及市场营销活动的各个职位及其结构。具体来讲，企业的市场营销组织，就是为了适应营销环境的变化、有效地实现市场营销的战略目标，通过开展市场营销活动，对实现企业市场营销目标有关的业务进行合理分配，配备人员，划分职责权限，明确相互关系，协调企业各部门，形成企业整体营销功能的有机体系。

### 11.2.2　营销组织类型的演变

**1.简单的销售部门**

20世纪20年代前，西方企业业主并不重视市场营销，也没有营销部门这个概念，销售职能多由企业业主本人或雇用一两个推销人员承担。20世纪20年代后期，渐渐出现了简单的销售部门，由销售主管负责管理几个推销人员，并同时兼顾其他营销职能，如图11-1所示。

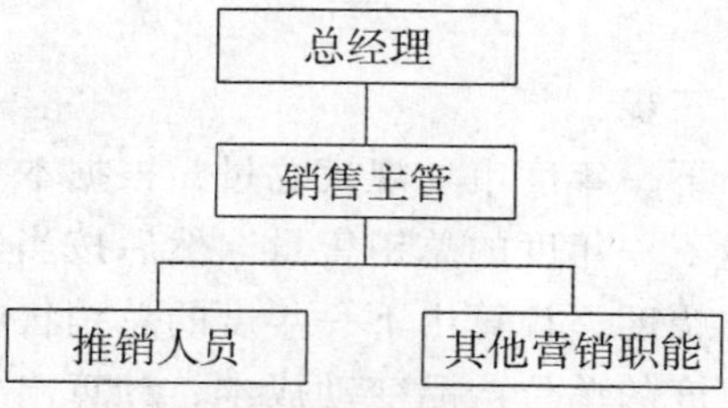


图 11-1 营销组织第一阶段

**2.兼有附属功能的销售部门**

随着企业规模扩大、业务增多，企业除了需要雇用销售人员外，还需要聘请富有经验的营销主管来处理除销售以外的其他营销业务，包括广告宣传、市场调研、销售服务等一些新增加的营销功能，营销组织结构也调整为这种类型，如图11-2所示。

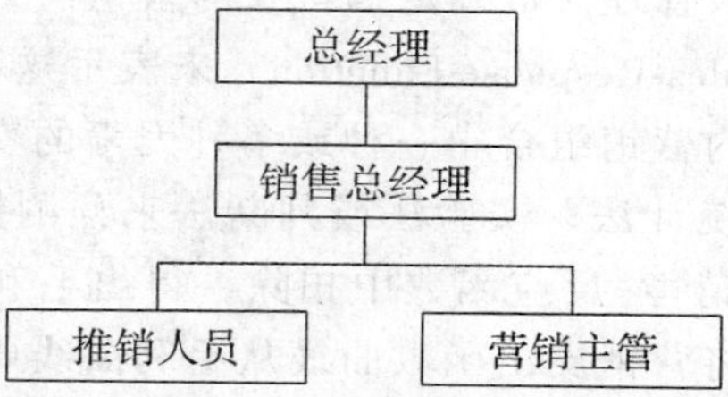


图 11-2 营销组织第二阶段

**3.独立的市场营销部门**

由于市场竞争日趋激烈，营销部门的任务及重要性也不断增强。企业的总经理意识到设立一个相对独立的营销部门将更有利于企业营销工作的开展，这个营销部门应和销售部门具有同等地位，两者之间相互独立、相互平行、相互合作，同时对总经理或常务副总经理负责。其营销组织结构如图11-3所示。

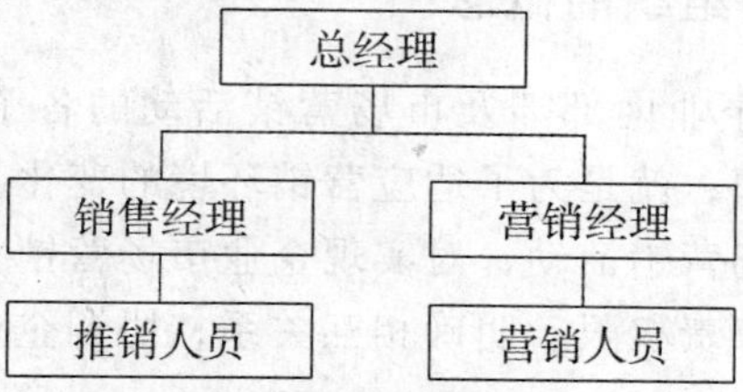


图 11-3 营销组织第三阶段

**4.现代营销部门**

销售部门和营销部门虽然根本目标是一致的，但在实际运作中，仍有着种种难以调和的矛盾，双方都刻意突出自己在企业中的重要性。一般来讲，销售部门经理着眼于眼前利益，擅长完成眼前的实际任务；而营销部门经理则着重于企业长远利益，擅长把握市场的总体变化，策划长期的营销策略。这时，总经理就不得不派一个常务副总经理专职处理、协调这两个部门的工作（如图11-4所示）。现代营销观念的确立，最终导致推销、营销合并为一个职能部门，由营销副总经理直接领导，兼顾两个部门的所有事务，最终形成了现代营销部门。

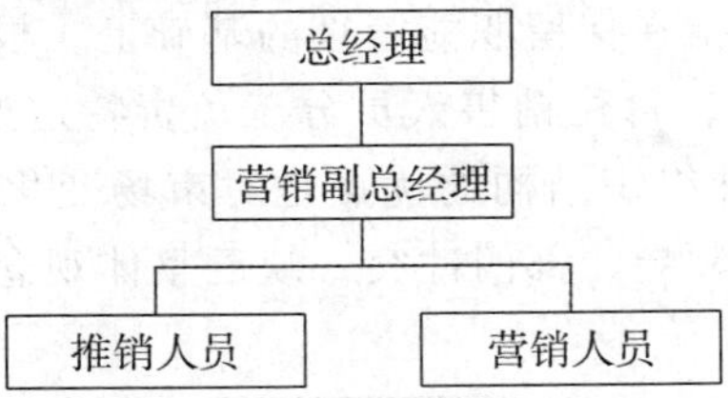


图11-4 营销组织第四阶段

### 11.2.3 市场营销部门的组织形式

营销组织类型多样，各有千秋，企业在组织模式决策中，要充分考虑到不同的市场环境和企业的实际情况，进而选择合适的市场营销组织。下面分析了几种不同的组织类型：

**1. 职能型组织**

职能型组织结构是最常见的市场营销组织形式，即按职能分工，在营销副总经理负责下分设广告与促销、销售、市场调研、新产品和营销行政事务等运作部门，如图11-5所示。这种组织结构的优点是易于管理，分工明确；缺点是营销效益太低，协调困难。它适用于产品品种少或产品营销方式大体相同的企业。

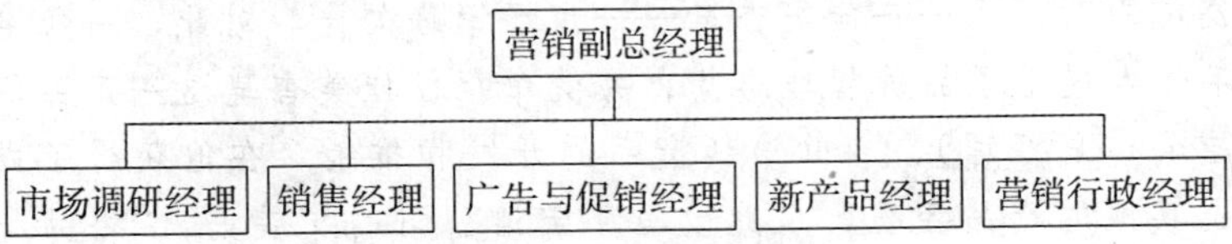


图11-5 职能型组织图

**2. 地区型组织**

地区型组织结构按地理区域来划分工作范围，每个销售人员分工负责一定地域范围内的商品销售工作，如图11-6所示。这种组织结构的优点是可以考虑不同地区主客观环境的差异性，并有针对性地开展营销活动；缺点是可能会引起机构的重复设置，地区与地区之间产生利益冲突等。它适用于市场范围广、销售业务重的企业。

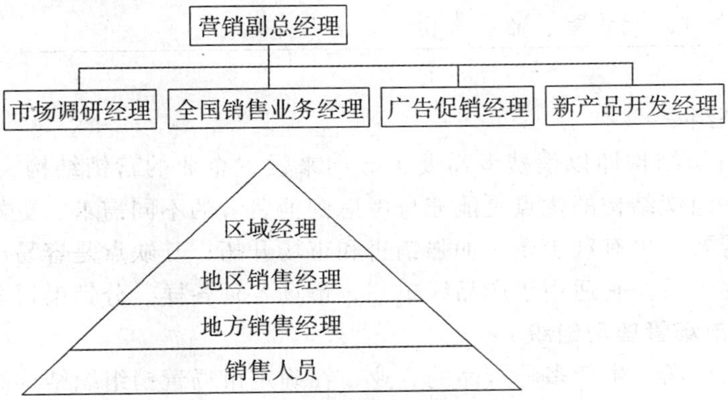


图11-6 地区型组织图

### 3.产品（品牌）型组织

产品型组织结构则是指在保留职能管理的基础上，根据产品（品牌）的类别不同，来划分销售人员职责，每位销售人员分工负责特定产品（品牌）的营销工作，如图 11-7 所示。设立这种组织结构的优点是对市场变化反应积极，能调动销售人员的积极性；缺点是多头领导，部门冲突，缺乏整体观念。它适用于产品组合深且宽的大型企业。

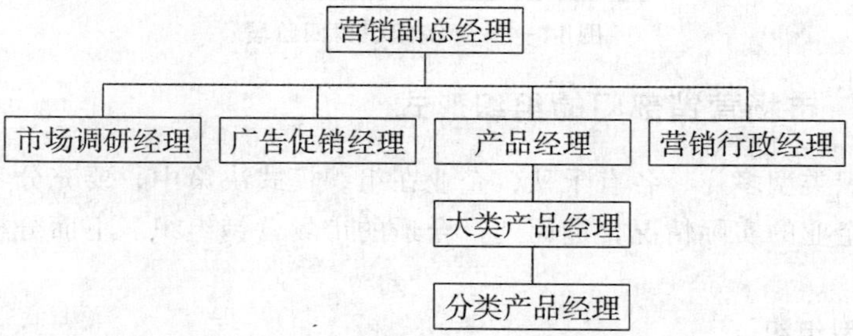


图 11-7　产品（品牌）型组织图

**小案例 11-1　美国宝洁公司最先采用产品（品牌）型营销组织**

产品（品牌）型营销组织始创于 1927 年，最先为美国宝洁公司所采用。当时，宝洁公司的新产品——佳美香皂——市场销路欠佳。对此，一位名叫麦克埃尔罗伊的年轻人提出了品牌管理思想，并受命担任佳美香皂这一产品的经理（后来升任宝洁公司总经理），专管该新产品的开发和推销。在他获得了成功后，公司又增设了其他的产品经理，从此改写了宝洁公司的发展史，“将品牌作为一项项事业来经营”。宝洁要求它旗下的每个品牌都是“独一无二”的，都必须自我建立顾客忠诚度。同类产品的多种宝洁品牌相互竞争但又各有所长，为消费者提供不同的利益，从而保持各自的吸引力。例如，其洗发水品牌各自的承诺不同：“头屑去无踪，秀发更出众”（海飞丝）；“洗护二合一，让头发飘逸柔顺”（飘柔）；“含维生素 B5，令头发健康，加倍亮泽”（潘婷）。在全球范围内，宝洁还有 9 个洗衣液品牌、6 个香皂品牌、3 个牙膏品牌、2 个衣物柔顺剂品牌。《时代》杂志称宝洁是个“毫无拘束、品牌自由的国度”。

### 4.市场型组织

市场型组织结构即以消费者需要为导向来设置企业的营销结构，如图 11-8 所示。设置这种组织结构的优点是能充分考虑到消费者的不同需求，更好地满足不同消费者群的需要，也有利于企业加强销售和市场开拓；其缺点是容易出现权责不清和多头领导的矛盾。它适用于产品线单一、市场各种各样、分销渠道多的企业。

### 5.产品-市场管理型组织

面向不同市场、生产多种产品的企业，在确定市场营销组织结构时经常面临两

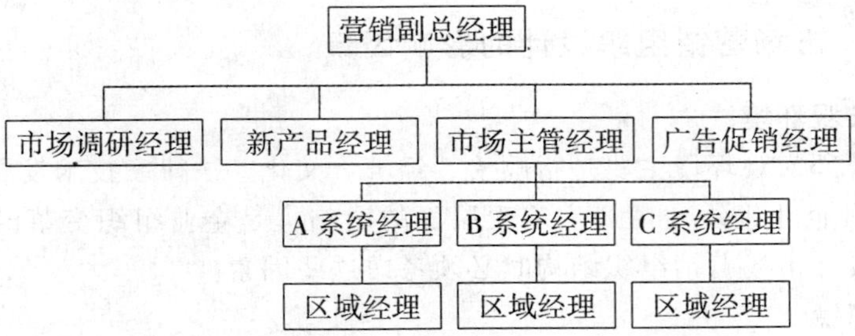


图11-8　市场型组织图

难抉择：是采用产品管理型，还是市场管理型？能否吸收这两种形式的优点，扬弃它们的不足之处呢？因此，有的企业建立了一种既有产品经理又有市场经理的矩阵组织，以求解决这个难题。但是矩阵组织的管理费用高，容易产生内部冲突，于是又产生了新的两难抉择：一是如何组织销售力量——究竟是按每种产品组织销售队伍，还是按各个市场组织销售队伍，或者销售力量不实行专业化？二是谁负责定价，是产品经理还是市场经理？

**小案例11-2　　美国杜邦公司产品-市场管理型的矩阵组织**

美国杜邦公司采用的是一种典型的产品-市场管理型的矩阵组织（如图11-9所示），它是按这种矩阵结构设置营销机构的先锋。杜邦公司的纺织纤维部内分别设有主管人造丝、醋酸纤维、尼龙和涤纶的产品经理，同时也设有主管男式服装、女式服装、家庭装饰和工业用料等市场的市场经理。产品经理负责制订各自主管纤维品种的销售计划和盈利计划，集中精力研究如何改善自己主管纤维品种的盈利状况和如何增加这些纤维的新用途。他们的日常工作之一就是同市场经理接洽，请他们估计该种纤维在他们主管的市场上的销售量。另外，市场经理则负责开发有盈利前景的市场去销售杜邦公司现有的产品和将要推出的新产品，他们必须从市场需求的长远观点出发，更多地注意开发适应自己主管的市场需要的恰当产品，而不仅仅是只管推销杜邦公司的某种纤维产品。在制订计划时，他们需与产品经理磋商，了解各种产品的计划价格和各种原材料的供应状况。各市场经理和各产品经理的最终销售预测总计数应该是相同的。

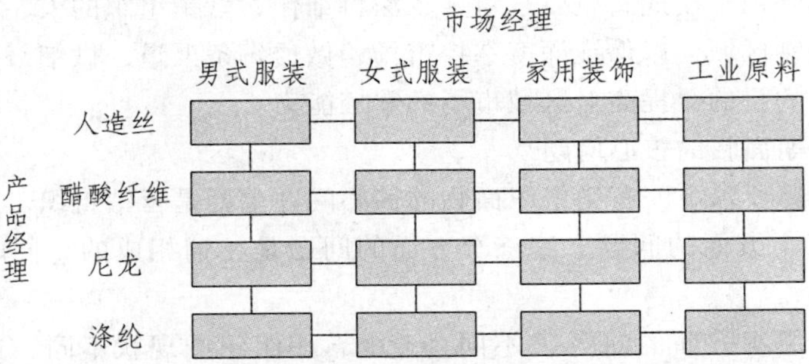


图11-9　杜邦公司纺织纤维部的产品-市场管理型矩阵

### 11.2.4 市场营销组织设计的影响因素

**1.外部宏观环境**

企业的外部宏观环境主要是指政治、经济、文化、法律、技术发展等，这些方面的变化会对企业组织变革产生宏观层面的影响，是企业组织变革潜在的影响因素，企业在设计市场营销组织结构时必须考虑这些因素。

**2.市场环境**

市场环境包括竞争环境和需求环境。竞争环境由目标市场中参与竞争的竞争对手数量和实力决定，需求环境由目标市场消费者的产品需求数量及产品需求类别决定，二者共同决定了企业在目标市场中的份额及利润空间大小。企业要根据自身在目标市场中的地位确定营销战略及组织设计的走向。比如，当市场竞争不激烈时，产品销售相对容易，组织体系只要能较好地管理市场即可，对营销组织的穿透力及营销深度要求不高。在市场竞争加剧的情况下，只有打造一个强有力的营销组织才能确保企业生存与发展下去，这就要求企业营销组织具备极强的穿透力，将营销组织的触角延伸到任何一个细微市场，同时增加营销深度，这也是考验组织管理水平的一把标尺。根据权变理论的观点，外部环境的变化要有配套的内部组织与之相适应才能够确保组织的有效运作。

**3.战略导向**

战略决定组织，战略是组织设计中最重要的影响因素，战略导向是组织变革或组织设计的一面旗帜。什么样的目标决定什么样的行动，什么样的行动要求有什么样的组织与之对应。比如，当年TCL“以速度冲击长虹的规模”，将TCL打造成敏捷型选手，来对抗长虹这个力量型选手。基于竞争对手实际情况确定的竞争营销战略，就要求TCL具备强大的终端控制能力，充分利用渠道下沉与终端拦截等手段，将营销体系的管理重心也下沉，形成多级营销的管理体系，构建出彩电行业的“垂直分销体系”。

**4.营销模式**

营销模式对组织的影响属于策略层面的影响，只有明确企业采用什么样的营销模式，才能明确企业在运作市场的时候配备哪些资源和什么样的管理水平。企业如果采用“深度营销”模式，就要求对市场深耕细作，营销组织的人、财、物等资源都要聚集在关键区域，以保证深度掌控市场，做透每条渠道，做细每个网点，实现终端拦截产品的目的，提高对区域市场的掌控能力。

**5.特定时期面临的核心问题**

在特定战略要求下，营销组织面临的核心问题主要是营销组织、营销管理流程和员工素质三个方面的问题。这三个方面的问题是相辅相成的，同时又是相互制约的。

（1）营销组织方面的问题。不同企业的营销组织的现状不同，这取决于营销策略制定、组织职能划分、部门功能发育及内部协同四个方面，如各管理层级的职能划分是否清晰，决策重心是否满足市场反应速度的需要，客户管理、品牌推广、产品策划及产品管理等市场功能是否健全，内部协同作战能力是否有待加强等。营销组织的现状为营销组织的设计提出了需要改进和完善的地方。

（2）营销管理流程方面的问题。营销组织的有效运作还与营销组织配套的管理制度和流程不可分割，因此营销组织的设计还要充分考虑管理流程中的决策速度和准确度等方面的因素，如是否存在流程跨部门较多而导致沟通与协同难度大，进而影响整体效率等现象。

（3）员工素质方面的问题。营销组织中员工素质的高低，决定着营销组织权力的分配以及管理体系的规范化程度。为保障营销组织体系运转顺畅，因人设岗和因岗设人都是可以的，关键是如何配备最合适的人。

企业管理没有最好只有更好。企业营销组织设计是一个系统工程，也是一个动态过程，涉及的问题比较多。由于影响营销组织设计的因素很多，在应对企业营销组织设计变革的过程中，企业管理者要从多角度系统化地审视企业所面临的问题，关注企业内部组织与外部环境之间的关系，把握住核心问题，有效结合内外部情况，优化组织系统。

## 11.3 市场营销控制

### 11.3.1 市场营销控制的含义

市场营销控制是市场营销管理的基本环节和基本功能之一，由于市场营销计划在实施的过程中总会发生许多预料不到的事件，因此营销部门必须对营销活动进行控制，才可以避免和纠正产生的各种偏差，使全部生产营销活动向着预定目标进行。营销控制是企业有效经营的基本保证。

市场营销控制有四层含义：①营销控制的中心是目标管理，营销控制就是要监督任何偏离计划和目标的情况出现；②营销控制必须监视计划的实施情况；③通过营销控制，判断任何严重偏离计划的情况产生的原因；④营销控制人员必须采取改进行动，使营销活动步入正确的轨道，必要时改变行动方案。

对市场营销活动进行控制，一是要控制市场营销活动本身，二是要控制营销活动的结果。

### 11.3.2 市场营销控制的步骤

市场营销控制是根据营销计划的要求，制定衡量营销绩效的标准，然后把实际的营销工作结果与预定标准进行比较，以确定营销活动中出现的偏差及其严重程度，在此基础上，有针对性地采取必要的纠正措施，以确保营销资源的有效利用和营销目标的圆满实现。

市场营销控制一般包括以下八个基本步骤：

**1.确定控制对象**

确定控制对象，即确定对哪些营销活动进行控制。最常见的营销控制对象包括销售收入、销售成本和销售利润三个方面。其他如市场调查的效果、新产品开发、销售人员的工作效率、广告效果等营销活动也应通过控制加以评价。所以，企业可以根据实际情况对控制对象加以选择。

在确定控制对象的同时，还应确定控制的量，即控制频率。因为不同的控制对象对企业营销成功的重要作用不同，所以应该有不同的控制频率。

**2.制定衡量标准**

一般情况下，企业的营销目标就可以作为营销控制的衡量标准，如销售额、销售增长率、利润率、市场占有率等指标。对营销过程进行控制时，问题就比较复杂，需要建立一套相关的标准，如将一个长期目标转化为各个时期的阶段目标，将战略目标分解为各个战术目标等。由于各企业的具体情况不同，营销目标不同，营销控制的衡量标准也各不相同。

**3.选择控制重点**

企业没有能力也没有必要对营销组织的所有成员、所有的营销活动和营销计划实施的每个环节都进行控制，而必须在影响企业营销成果的众多因素中选择若干关键环节或关键活动等作为重点控制对象。

**4.制定控制标准**

所谓控制标准就是对衡量标准定量化，即以某种衡量尺度表示控制对象的预期活动范围或可接受的活动范围。例如，规定每个推销员每年必须增加多少名新客户，规定推销员每次访问顾客的费用标准等。企业制定的营销控制标准一般应允许有一定的浮动范围，不可绝对化，同时应注意因地制宜，因时制宜，因人而异。例如，推销员的绩效标准要充分考虑到个人之间的差别，主要包括：各个推销员负责的具体产品；各个推销员所负责区域的市场条件和发展潜力；各个推销员所在区域的竞争状况及本企业产品在该市场的地位；推销员所推销产品的广告强度等。

**5.衡量营销绩效**

衡量营销工作成效以预先制定的标准为依据。评价员工的工作热情，可以考核他们提供有关营销创新和市场开拓合理化建议的次数；评价员工的工作效率，可以计量他们提供的市场和顾客的数量与质量；分析企业的盈利程度，可以统计和分析企业的利润额及其与资金、成本或销售额的相对百分比；衡量推销人员的工作绩效，可以检查他们的销售额是否比上年或平均水平高出一定数量等。

**6.找出偏差及其程度**

把预先制定的衡量标准和控制标准与实际结果进行比较，找出偏差，把握好偏差程度。检查的方法有很多种，如直接观察法、统计法、访问法、问卷调查法等，可根据实际需要选择。企业营销信息系统提供的各种信息也可以用作检查对照的依据。

**7.分析偏差原因**

营销执行结果与营销计划发生偏差的情况是经常出现的。原因不外乎两种：一种是实施过程中的问题，这种偏差较容易分析；另一种是营销计划本身的问题。而这两种原因通常是交织在一起的，加大了问题的复杂性，致使分析偏差原因成为营销控制的一个难点。

要想确定产生偏差的原因，就必须深入了解情况，占有尽可能多的相关资料，从中找出问题的症结。例如，营销部门没有完成营销计划，可能只是因为某种产品的亏损影响了整个部门的盈利；推销效率不高，可能是因为推销员的组织结构不尽合理。

**8.采取改正措施**

针对存在的问题，提出相应的改进措施、提高工作效率是营销控制的最后一个步骤。采取改正措施宜抓紧时间。一般来说，其做法有二：一是企业在制订营销计划的同时提出应急措施，在实施过程中，一旦发生偏差可以及时补救；二是企业事先没有预定措施，而是在发生偏差后，根据实际情况，迅速制定补救措施加以改进。

### 11.3.3　市场营销控制类型

市场营销控制并不是一个单一的过程，它分为年度计划控制、盈利率控制、效率控制和战略控制。年度计划控制是按年度计划核查各项工作进展情况，并在必要时采取纠正措施。盈利率控制是检查和确定在各种产品、地区、最终顾客群和分销渠道等方面的实际获利能力；效率控制是寻找能够改善各种营销手段和开支效果的方法；战略控制则是审查企业的营销战略是否抓住了市场机会，以及是否能与不断变化的营销环境相适应。表11-2简要概括了四种营销控制的特点。

表11-2　**市场营销控制的种类及特点**

| 控制种类 | 责任者 | 控制目的 | 方法 |
| --- | --- | --- | --- |
| 年度计划控制 | 高层管理部门<br>中层管理部门 | 检查计划目标是否实现 | 销售分析，市场份额分析，销售-费用分析，财务分析，顾客态度分析 |
| 盈利率控制 | 营销监查人员 | 检查公司在哪些方面盈利，哪些方面亏损 | 产品、地区、顾客群、分销渠道、订货多少等盈利情况 |
| 效率控制 | 直线和职能式结构营销监查人员 | 评价和提供经费开支以及营销开支的效果 | 销售队伍、广告、促销和分配等效率 |
| 战略控制 | 高层管理部门<br>营销审计人员 | 检查公司是否正在市场、产品和渠道等方面寻求最佳机会 | 营销有效性评价手段，营销审计 |

**1.年度计划控制**

年度计划控制的目的是确保企业年度计划中的销售、利润和其他目标的实现。年度计划控制的核心是目标管理。控制的过程分为四个阶段：

①管理部门确定年度计划中的月份或季度目标；

②每月和每季检查销售计划的实施情况；

③及时发现问题，找出偏差原因；

④采取必要的纠偏措施，或增加销售力量，或修改实施方案，或变更计划目标，以缩小计划与实际之间的差距。

年度计划控制主要是对销售额、市场份额和费用率等进行控制。

（1）销售分析。销售分析是将销售目标和实际销售情况进行衡量和评价。销售分析有两种方法：

①销售差异分析。这种方法用来衡量不同因素对销售差异的影响程度。

例如，年度计划规定，在第一季度以1元1件的单价销售4 000件产品，共计4 000元。季度末实际只按每件0.8元的单价销售了3 000件产品，共计2 400元，销售业绩差额为1 600元（4 000-2 400），是销售预期的40%。于是，产生了以下问题：这一业绩差额中有多少是由降价造成的？又有多少是由销售量未完成造成的？这些问题可通过如下计算得知：

由降价造成的差额=（1-0.8）×3 000÷1 600=600÷1 600=37.5%

由未完成销售量造成的差额=1×（4 000-3 000）÷1 600=1 000÷1 600=62.5%

可见，62.5%的业绩差额是因为没有完成规定的销售量指标。因此，应进一步分析未完成规定销售量的原因。

②微观销售分析。这种方法用来衡量导致销售差距的具体地区。

如上例中，该公司在甲、乙、丙三个地区有销售业务，预计销售量分别是1 500件、500件和2 000件，共计4 000件。实际销量分别是1 400件、525件和1 075件，与计划差距分别为-6.67%、+5%和-46.25%。可以看出，丙地区是未达到预计总销量的主要障碍。因此，应进一步查明丙地区销量减少的原因，并加强对该地区营销工作的管理。

（2）市场份额分析。市场份额分析能揭示出企业同其他竞争者在市场竞争中的相互关系。如果企业市场份额提高了，那么企业在与对手的较量中就取得了胜利，反之则说明企业在与对手的较量中处于不利地位。

市场份额分析有四个指标：

①总市场份额。它是指其自身的销售量在全行业总销售量中占有的百分比。

②可占领市场份额。它是指其自身的销售量占其可占领市场的总销售量的比例。

③相对市场份额（与三个最大竞争者比）。它是指企业的销量与三个最大竞争者的总销量之比。例如，一个企业占有市场销量的30%，而它的三个最大竞争对手分别占有20%、10%和10%，那么这家企业的相对市场份额就是30／40=75%。

实力比较雄厚的企业的相对市场份额一般都在33%以上。

④相对市场份额（与领先竞争者比）。它是指企业的销量与领先竞争者的销量之比。企业的相对市场份额上升，表明它正在缩小与市场领先竞争者的差距。

（3）费用率分析（营销费用-销售分析）。企业在年度计划控制中，要确保企业在达到销售计划指标时营销费用无超支。例如，某企业的费用-销售比率为30%，其中包括销售人员费用比率（15%）、广告费用比率（5%）、促销费用比率（6%）、营销调研费用比率（4%）。

管理者应当对各项费用率加以分析，并将其控制在一定的限度内。如果费用率变化不大，处于安全范围内，则不需要采取措施。如果变化幅度过大，或是上升幅度过快，以至接近或超出控制上限，则必须采取有效措施。如图11-10所示，时间15的费用率已经超出控制上限，应立即采取控制措施。有的费用率即使落在安全控制范围之内也应加以注意，如图11-10所示，从时间9起费用率就逐步上升，如能及时采取措施就不至于升到超出控制上限的地步。

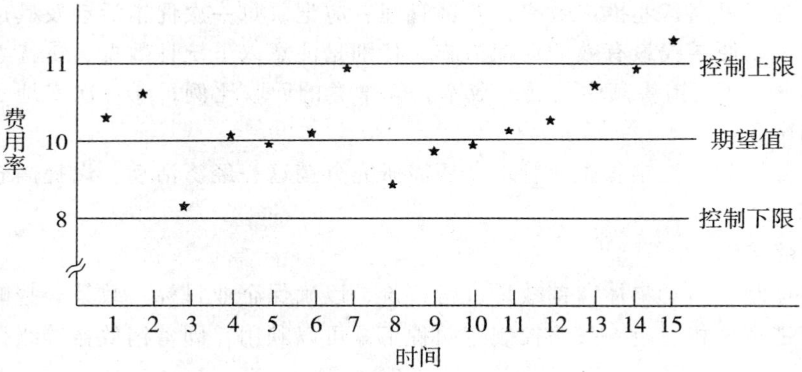


图11-10　费用率控制图

**2.盈利率控制**

除了年度计划控制外，企业还要衡量和评估不同产品、地区、市场、分销渠道和订货批量等方面的盈利水平，使企业管理者在产品、市场或营销活动的扩大、收缩或改进决策方面得以借鉴。

盈利率分析是通过对财务报表的有关数据进行一系列分析处理，把所获利润分摊到不同产品、不同地区、不同渠道或不同市场上，从而衡量每一种产品、地区、市场、分销渠道的盈亏情况。其具体步骤是：①确定功能性费用，即销售、推广、包装、储存、运输等活动引起的各项费用。②将功能性费用按产品、地区、市场、分销渠道进行分配。③根据收入及费用编制利润表，如产品利润表、地区利润表、渠道利润表和市场利润表等。

盈利率分析的目的在于找出妨碍获利的因素，并采取相应措施排除或减弱这些不利因素的影响。由于可采取的措施很多，企业应全面考虑之后做出最佳选择。

**3.效率控制**

效率控制就是企业采用有效的方法对销售队伍、广告、销售渠道等活动进行控制，从而实现综合效率的最大化。

（1）销售队伍效率控制。反映销售队伍效率的关键指标有：①每个销售人员每天推销访问的平均次数；②平均每次推销访问所花费的时间；③每次推销访问的平均收入；④每次推销访问的平均成本；⑤每百次推销访问获得的订单百分比；⑥每阶段新增顾客数；⑦每阶段失去顾客数；⑧总成本中推销成本的百分比。

（2）广告促销效率控制。主要应掌握的统计资料有：①每一种媒体类型、每一种广告工具触及1 000人的广告成本；②每一种媒介工具能够引起人们看到、注意、联想该广告的数量与该媒体观众的百分比；③消费者对广告内容和广告吸引力的意见；④对产品态度的事前、事后衡量；⑤由广告所激发的询问次数；⑥每次调查的成本。

（3）营业推广效率控制。营业推广包括数十种激发顾客的兴趣及试用企业产品的方法。为了提高营业推广效率，营销管理者应记录每一次促销活动及其成本对销售的影响，以便寻找最有效的促销措施。特别是注意以下统计数据：①优惠销售的百分比；②每1元销售额中的展示成本；③赠券的回收比例；④一次实地示范所引发的咨询次数。

（4）分销效率控制。企业管理者还需研究分销这一经济活动，以提高仓储和运送的效率。

**4.战略控制**

战略控制是指对整体营销效果进行评价，以确保企业目标、政策、战略和计划与市场营销环境相适应。战略控制有两种工具可以利用，即营销效益等级评定和营销审计。

（1）营销效益等级评定。营销效益等级评定可从顾客宗旨、整体营销组织、足够的营销信息、营销战略导向和营销效率这五个方面进行衡量。上述五个方面是编制营销效益等级评定表的基础，由各营销经理或其他经理填写，最后综合评定。每一方面的分数都指出了有效营销行动的哪些因素最需要注意，这样，各营销部门便可据此制订校正计划，用以纠正其主要的营销薄弱环节。

（2）营销审计。营销审计是指对一个企业或一个业务单位的营销环境、目标、战略和营销活动所做的全面的、系统的、独立的和定期的检查，其目的在于发现问题和机会，提出行动建议和计划，以提高企业的营销业绩。

营销审计通常由企业主管和营销审计机构共同完成，包括拟订有关审计目标、资料来源、报告形式以及时间安排等方面的详细计划，这样就能使审计所花的时间和成本最少。营销审计的基本准则是，不能仅仅依靠内部管理者收集情况和意见，还必须访问顾客、经销商和其他有关外部团体。

营销审计的内容主要有：

①营销环境审计。分析主要宏观环境因素和企业微观环境（市场、顾客、竞争

者、分销商、供应商和辅助机构）中关键部分的趋势。

②营销战略审计。检查企业的营销目标及营销战略，评价它们对企业当前的和预测的营销环境的适应程度。

③营销组织审计。具体评价营销组织在执行应对预期的营销环境的战略方面应具备的能力。

④营销制度审计。包括检查企业的分析、计划和控制系统的质量。

⑤营销效率审计。主要检查各营销实体的盈利率和不同营销活动的成本效益。

⑥营销功能审计。包括对营销组合的主要构成要素，即产品、价格、分销渠道、销售人员、广告、促销和公共宣传的评价。

营销审计不是只审查有问题的营销活动部分，而是审查整个营销活动的所有方面。营销审计不仅能为陷入困境的企业带来解决问题的办法，也能为富有成效的企业增加效益。

**小案例11-3　　海尔的组织变革**

2013年，张瑞敏为海尔设计了一场来自灵魂深处的革命，海尔集团宣布进入第五个战略发展阶段——网络化战略，决定由过去生产产品的企业向平台型企业转型，对企业组织结构进行革命式的变革。

2014年，张瑞敏发布了《致创客的一封信》，吹响了海尔内部创业的号角。

在张瑞敏的计划中，未来的海尔只有三种人：平台主、小微主和创客。曾经体量巨大的海尔被肢解为上千个小微团体，这些团体主要包括三类：创业小微、转型小微和生态小微。

创业小微是由海尔原有内部员工创立，从海尔集团内部孵化出来的小微公司，目前有200多家。海尔的员工自己有了好的创意和想法时，就可以依靠海尔平台的支持，逐渐发展出独立的小微企业。

转型小微是指由原有海尔事业部，如洗冰空事业部，逐步转型出来的小微公司。这类小微原来有固定的运营模式，也是与原有业务关联性最强的小微形式。

生态小微则是在海尔创业平台上，由供应商、投资人、内部员工等各相关方共同成立的小微公司，这也是海尔生态圈中最多的一类小微，超过2 000家。而海尔的作用是，作为一个资源平台，为所有小微提供各项资源和支持。

生态小微主要引入的是外部资本，也就是聚集在海尔创业平台上的上千家风投；对于内部的创业小微，海尔自身会为这些有创意的员工提供初始资金，包括三个阶段：

（1）创业最初期，与创客签订“对赌协议”，为他们提供天使投资和基本生活费；

（2）项目有起色后，集团为创业者提供超利分成；

（3）当小微赢得相当的市场份额时，集团让渡部分股权，让创业者成为股东，商业模式成熟之后，就会适时引进外部投资者。

这种模式被称为“传统企业+风险资本+创业团队”的组合，与一般风投不同的是，这种模式奉行“共享收益、共担风险”原则。

海尔的人人创客模式把海尔这艘巨型航母拆分成一艘艘舰艇——它们彼此独立，得以灵活作战，同时血肉相连，秉承共同的目标和利益诉求。

资料来源 彭梁洁.张瑞敏：海尔的目标不是要成为跨国公司，而是成为一家互联网公司[EB/OL].[2018-06-26]. http://baijiahao.baidu.com/s?id=1600177602453626462&wfr=spider&for=pc.

小资料　人工智能：给市场营销一个新时代

## 本章小结

市场营销计划、组织与控制是市场营销管理的重要内容。企业在发展中都经历过或正在经历以下四个基本阶段中的一个阶段：①无计划阶段；②年度计划阶段；③长期计划阶段；④战略计划阶段。

营销计划包含的内容有：①经营摘要；②当前营销状况；③机会和问题分析；④目标；⑤营销战略；⑥行动方案；⑦预计的损益表；⑧控制手段。

市场营销计划方法包括目标利润计划法和最大利润计划法。

市场营销组织是指企业内部涉及市场营销活动的各个职位及其结构。

企业营销组织结构大体经历了四个阶段：①简单销售部门；②兼有附属功能的销售部门；③独立的市场营销部门；④现代营销部门。营销组织的基本形式有四种：①职能型组织结构；②地区型组织结构；③产品管理型组织结构；④市场管理型组织结构。市场营销组织设计的影响因素包括：①外部宏观环境；②市场环境；③战略导向；④营销模式；⑤特定时期面临的核心问题。

营销控制是企业有效经营的基本保证。市场营销控制一般包括八个基本步骤，控制的种类分为年度计划控制、盈利率控制、效率控制和战略控制。

## 复习思考题

1.企业营销计划的演变过程是怎样的？

2.营销计划应该包括哪些内容？

3.什么是市场营销组织？营销组织发生过哪些变化？有哪几种基本形式？

4.怎样理解市场营销部门与其他部门之间的关系？如何才能在它们之间建立起和谐有效的关系？

5.影响企业市场营销组织机构设立的因素有哪些？

6.进行年度计划控制的主要步骤有哪些？

7.什么是战略控制？企业进行战略控制主要使用哪些工具？

8.市场营销审计主要包括哪些内容？

## 案例分析题

### 耐克的营销组织变革

耐克（Nike）公司成立于1964年，由一位会计师菲尔·奈特和一位运动教练比尔·鲍尔曼共同创立，现已成为领导性的世界级品牌。当年奈特先生仅仅花了35美元请一位学生设计了耐克的标志，如今那个著名的弯钩标志价值已超过100亿美元。经过50多年的发展，耐克已成为一个商业传奇，它的成功之道人所共知，就是虚拟生产的商业模式。耐克公司以优良的产品设计和卓越的营销手法控制市场，保持持续的、出类拔萃的创新能力，经过其营销组织的不断变革，使“耐克”成为世界顶级运动品牌。

在过去的十几年里，耐克公司大力扩张产品线，并增加了新的品牌。耐克的主力产品原来以篮球鞋为主，后又推出高尔夫运动用品系列，并以老虎伍兹为代言人，同时加强足球鞋的推广，以迎合足球运动人口增加的趋势。耐克公司足球运动用品系列的营业额已高达10亿美元，占有全球25%的市场，在欧洲市场更高达35%的占有率。耐克公司先后并购了高级休闲鞋品牌Cole Haan、曲棍球品牌Bauer、第一运动鞋品牌Converse和滑溜板品牌Hurly，并放手让各品牌独自经营，取得了不俗的成绩。

耐克公司在体育营销方面的成绩是不容置疑的，但是人们对耐克营销方面的质疑也从未停止过。以下几点意见耐克公司也不得不认真考虑：一是随着品牌的扩张，耐克品牌已不再“酷”了；二是耐克在营销上动辄一掷千金的作风，暴露了营销管理上的漏洞；三是耐克在新兴市场上的营销本土化做得不够好，营销效果不理想。

根据耐克公司公布的2017财年财务报告，耐克公司的年营业收入达到344亿美元，同比增长6%，净利润达10亿美元，同比增长19%，每股摊薄收益达0.6美元，同比增长22%，这又是一个创纪录的结果。但是，作为一家股票公开上市的公众公司，增长是永远的压力，华尔街只关注你今后的增长来自哪里。耐克公司的董事长和首席执行官马克·帕克（Mark Parker）充满自信：耐克正面临着前所未有的发展机遇，我们具有将关于消费者的洞察力转化为优势产品的独特能力，这正是耐克成为全球行业领袖的重要原因。

帕克的自信源于耐克的营销组织变革。耐克品牌总裁查理·丹森（Charlie Denson）宣布，耐克将进行营销组织和管理变革，以强化耐克品牌与新兴市场、核心产品以及消费者细分市场的联系。实施这一变革，使耐克从以品牌创新为支撑的产品驱动型商业模式，逐步转变为以消费者为中心的组织形式，通过对关键细分市场的全球品类管理，实现有效益的快速增长。查理·丹森认为，这是一个消费者掌握权力的时代，任何一家公司都必须转向以消费者为中心。这种以消费者为中心的模式已经发挥作用，比如在耐克的专卖店已经有耐克+iPod等的销售组合，以满足追求时尚的青年消费者的需求。

为此，耐克强化了四个地区运营中心，新设立了五个核心产品运营中心。四个地区运营中心分别是：美国区，欧洲、中东和非洲区，亚太区，美洲区。五个核心产品运营中心分别是：跑步运动、足球、篮球、男子训练、女子健康。这是一个矩阵式的管理模式，目标是把企业的资源向关键区域、核心产品集中，去抓住企业最大的市场机会。与传统的矩阵管理不同，其关键是要实现跨地区、跨部门的协同。实际上，耐克公司已经有成功的经验，正是采用这种协同矩阵的管理方式，耐克公司组建了一支专门的队伍，将公司足球用品市场的销售额从1994年的4 000万美元扩大到如今的10多亿美元。查理·丹森说："通过这种方式，我们可以更好地服务于运动员，更好地加深与消费者的联系，更好地扩大我们的市场份额，实现有效益的增长，增强我们的全球竞争力。比如中国的篮球运动市场，就由亚太区运营中心和全球篮球运营中心协同开拓。"

资料来源　佚名. 案例：耐克的营销组织变革［EB/OL］.［2018-06-08］. http://www.doc88.com/p-9853779207893.html.

讨论题：

1. 试分析耐克如何通过营销组织变革来适应市场的需求。

2. 你认为耐克的营销组织变革对我国企业有何借鉴作用?

# 第12章 市场营销新进展

**学习目标**

- 掌握大数据营销的概念和特点，了解大数据营销的作用
- 掌握关系营销的概念和特征，理解关系营销的原则和形态，了解关系营销的基本模式和具体实施方法
- 掌握定制营销的概念和特征，了解定制营销的分类和优势

**引　例　　趣多多：依靠大数据玩转愚人节营销**

趣多多在2014年愚人节的营销活动，创造了6亿多次页面浏览并影响到近1 500万独立用户，品牌被提及的次数增长了270%。可以说，这是一次成功的品牌营销活动，广泛的发声让趣多多的用户关注度得到了一次巨大的提升，诙谐幽默的品牌基因更加深入地进入到用户的意识层面。

趣多多到底做了些什么呢？

1.利用社交大数据的敏锐洞察，精准锁定以18～30岁的年轻人为主流消费群体。

2.聚焦于他们乐于并习惯使用的主流社交和网络平台，如新浪微博、腾讯微博、百度大搜、社交移动APP以及优酷视频等。

3.在愚人节当日进行全天集中性投放，围绕品牌的口号展开话题，全面贯彻实时且广泛的用户沟通机制并深度渗透，使品牌在最佳时机得到有效曝光，也令目标消费者在当天能得到有趣和幽默的体验。

4.联合《今晚80后脱口秀》，将趣多多以“有趣”为主题的品牌定位进一步加以强化。多支短片在趣多多官方微博亮相，主持人王自健和网友的互动也在第一时间和活动主题相呼应。

资料来源　佚名．2个在大数据时代下营销成功的应用案例［EB/OL］．［2015-06-08］．http：//www.thebigdata.cn/YingYongAnLi/9357.html.

## 12.1　大数据营销

2011年，麦肯锡在题为“海量数据，创新、竞争和提高生成率的下一个新领

域”的研究报告中指出，数据已经渗透到每一个行业和业务职能领域，逐渐成为重要的生产因素，而人们对于海量数据的运用将预示着新一波生产率增长和消费者盈余浪潮的到来。据《科学日报》2013年的报道，全世界范围内所有数据的90%都是在过去两年中产生的。市场研究公司IDC2014年发布的报告显示，全球大数据技术及服务市场复合年增长率（CAGR）将达31.7%，2016年收入将达238亿美元，其增速约为信息通信技术（ICT）市场整体增速的7倍之多。大数据每年可为美国的医疗服务业节省3 000亿美元，可为欧洲公共部门管理节省2 500亿欧元。根据IDC的最新预测，到2019年，来自大数据和业务分析的年度全球收入将从2015年的1 220亿美元增至1 870亿美元。其中，服务将占据大数据全部收入的一半以上，其次是软件（如最终用户查询、报告、分析工具和数据仓库管理工具）。“毫无疑问，大数据和分析技术几乎将对各行各业产生重大影响。”IDC项目总监、消费者洞察和分析师杰西卡·格普费特（Jessica Goepfert）表示，“大数据和分析技术可以帮助企业提升利润和性能，增强响应能力，同时提高现有客户满意度，并吸引潜在客户。”

营销管理是艺术与科学的结合——选择目标市场，并通过创造、交付和传播优质的顾客价值来获得顾客、挽留顾客和提升顾客的科学与艺术。其中，“科学”的部分有赖于数据搜集与分析和各种营销数据库的建立。可以说，数据的使用贯穿于整个营销过程的始末，对于营销的效果起着至关重要的影响作用。在营销体系中，大数据带来的影响不仅是数据量几何级的增长，还有从量变到质变的颠覆性变革，大数据从媒体、消费者、广告与营销战略策划、效果评估四个层面影响了传统营销体系，也给营销体系参与机构赋予了新的力量与可能。

### 12.1.1 大数据营销的概念

大数据是指那些大小已经超出了传统意义上的尺度，一般的软件工具难以捕捉、存储、管理和分析的数据。人类对于数据的计量单位已经从位、字节、千字节、兆字节、太字节走向了泽字节甚至尧字节。麦肯锡全球研究所认为，我们并不需要给“什么是大数据”一个具体的尺寸，因为随着技术的进步，这个尺寸本身就在不断增大，而且对于各个不同的领域，“大”的定义也不尽相同，无须统一。自从人类有印刷术以来，过往上千年所有的印刷材料只相当于200PB，而在2011年全球数据使用量已达到了1.8ZB（1ZB约为1PB的100万倍）。据市场研究公司IDC的统计，全球数字信息在未来几年将呈现惊人增长，预计到2020年总量将是2011年的44倍。大数据技术正是从海量的、多样化的数据中，快速获得有价值信息的能力。

大数据营销是在多平台的大量数据和依托大数据技术的基础上，应用于互联网广告行业的营销方式。大数据营销衍生于互联网行业，又作用于互联网行业。依托多平台的大数据采集，以及大数据技术的分析与预测能力，能够使广告更加精准有效，给品牌企业带来更高的投资回报率。

大数据营销是指通过互联网采集大量的行为数据，首先帮助广告主找出目标受众，以此对广告投放的内容、时间、形式等进行预判与调配，并最终完成广告投放的营销过程。

未来的企业市场营销费用的分配，除了部分品牌投放外，多数投放都是由大数据指引的。企业的消费群分布在哪里?企业的潜在用户在哪里?通过大数据，找到他们分布的地方，然后用有创意的投放形式让他们成为企业的粉丝并形成销售。

随着数字生活空间的普及，全球的信息总量正呈现爆炸式增长。基于这个趋势之上的，是大数据、云计算等新概念和新范式的广泛兴起，它们无疑正引领着新一轮的互联网风潮。

### 12.1.2 大数据营销的特点

#### 1.多平台化数据采集

大数据的数据来源通常是多样化的，多平台化的数据采集能使对网民行为的刻画更加全面且准确。多平台采集可包含互联网、移动互联网、广电网、智能电视，以及未来的户外智能屏等数据。

#### 2.强调时效性

在网络时代，网民的消费行为和购买方式极易在短的时间内发生变化。在网民需求点最高时及时进行营销是非常重要的。

#### 3.个性化营销

在网络时代，广告主的营销理念已从“媒体导向”向“受众导向”转变。以往的营销活动需以媒体为导向，选择知名度高、浏览量大的媒体进行投放。如今，广告主完全以受众为导向进行广告营销，因为大数据技术可让他们知晓目标受众身处何方，关注什么位置的什么屏幕。大数据技术可以做到当不同用户关注同一媒体的相同界面时，广告内容有所不同，大数据营销实现了对网民的个性化营销。

#### 4.性价比高

和传统广告“一半的广告费被浪费掉”相比，大数据营销在最大程度上让广告主的投放做到有的放矢，并可根据实时性的效果进行反馈，及时对投放策略进行调整。

#### 5.关联性

大数据营销的一个重要特点在于网民关注的广告与广告之间的关联性。由于在大数据采集过程中可快速得知目标受众关注的内容，以及知晓网民身在何处，这些有价值的信息可让广告的投放过程产生前所未有的关联性，即网民所看到的上一条广告可与下一条广告进行深度互动。

### 12.1.3 大数据营销的作用

#### 1.用户行为与特征分析

只有积累足够的用户数据，才能分析出用户的喜好与购买习惯，甚至做到“比用户更了解用户自己”。这一点才是许多大数据营销的前提与出发点。

2.精准营销信息推送支撑

精准营销总在被提及，但是真正做到的却少之又少，反而是垃圾信息泛滥。究其原因，主要就是过去名义上的精准营销并不怎么精准，因为其缺少用户特征数据支撑及详细准确的分析。

3.引导产品及营销活动投用户所好

如果能在产品生产之前了解潜在用户的主要特征，以及他们对产品的期待，那么产品生产即可投其所好。

4.竞争对手监测与品牌传播

竞争对手在干什么是许多企业想了解的，即使对方不会告诉你，你也可以通过大数据监测分析得知。品牌传播的有效性亦可通过大数据分析找准方向。例如，可以进行传播趋势分析、内容特征分析、互动用户分析、正负情绪分类、口碑品类分析、产品属性分布等，可以通过监测掌握竞争对手传播态势，并可以参考行业标杆进行用户策划，根据用户声音策划内容，甚至可以评估微博矩阵运营效果。

5.品牌危机监测及管理支持

在新媒体时代，品牌危机使许多企业谈虎色变，然而大数据可以让企业提前有所洞悉。在危机爆发过程中，最需要的是跟踪危机传播趋势，识别重要参与人员，以方便快速应对。大数据可以采集负面定义内容，及时启动危机跟踪和报警，按照人群社会属性分析，聚类事件过程中的观点，识别关键人物及传播路径，进而可以保护企业、产品的声誉，抓住源头和关键节点，快速有效地处理危机。

6.企业重点客户筛选

许多企业家纠结的事是：在企业的用户、好友与粉丝中，哪些是最有价值的用户？有了大数据，或许这一切都可以有更多的事实支撑。从用户访问的各种网站可判断其最近关心的东西是否与你的企业相关；从用户在社会化媒体上所发布的各类内容及与他人互动的内容中，可以找出千丝万缕的信息，利用某种规则将其关联及综合起来，就可以帮助企业筛选出重点的目标用户。

7.改善用户体验

要改善用户体验，关键在于真正了解用户及他们所使用的产品的状况，做最适时的提醒。例如，在大数据时代，或许你正驾驶的汽车可提前救你一命。只要通过遍布全车的传感器收集车辆运行信息，在你的汽车关键部件发生问题之前，它就会提前向你或4S店预警，这决不仅仅是节省金钱，而是对保护生命大有裨益。事实上，美国的UPS快递公司早在2000年就利用这种基于大数据的预测性分析系统来检测其在全美60 000辆车的实时车况，以便及时地进行防御性修理。

8.社会化客户关系管理中的客户分级管理支持

面对日新月异的新媒体，许多企业通过对粉丝的公开内容和互动记录进行分析，将粉丝转化为潜在用户，激活社会化资产价值，并对潜在用户进行多个维度的画像。大数据可以分析活跃粉丝的互动内容，设定消费者画像的各种规则，关联潜在用户与会员数据，关联潜在用户与客服数据，筛选目标群体做精准营销，进而可以使传统客户关系管理结合社会化数据，丰富用户不同维度的标签，并可动态更新消费者生命周期数据，保持信息新鲜有效。

**9.发现新市场与新趋势**

基于大数据的分析与预测，企业家可以洞察新市场并把握经济走向。对他们来说，大数据给予他们极大的支持。

**10.市场预测与决策分析支持**

对于数据对市场预测及决策分析的支持，过去早就在数据分析与数据挖掘盛行的年代被提出过。沃尔玛著名的“啤酒与尿布”案例即是那时的杰作。只是在大数据时代，volume（规模大）及variety（类型多）对数据分析与数据挖掘提出了新要求。更全面、更新、更及时的大数据，必然对市场预测及决策分析进一步上台阶提供更好的支撑。似是而非或错误的、过时的数据对决策者来说是灾难。

小资料 “用户画像”精准营销

## 12.2 关系营销

### 12.2.1 关系营销的概念及本质特征

**1.关系营销的概念**

关系营销的概念是由美国营销学者白瑞（L. Beny）于1983年在一篇服务营销的会议论文中首先提出的。所谓关系营销，是把营销活动看成一个企业与消费者、供应商、分销商、竞争者、政府机构及其他公众发生互动作用的过程，其核心是建立和发展与这些公众的良好关系。

**2.关系营销的本质特征**

（1）双向沟通。在关系营销中，沟通应该是双向而非单向的。只有广泛的信息交流和信息共享，才可能使企业赢得各个利益相关者的支持与合作。

（2）合作。一般而言，关系有两种基本状态，即对立和合作。只有通过合作才能实现协同，因此合作是“双赢”的基础。

（3）双赢。关系营销旨在通过合作增加关系各方的利益，而不是通过损害其中一方或多方的利益来增加其他各方的利益。

(4) 亲密。关系能否维持稳定并得到发展，情感因素也起着重要作用。因此，关系营销不只是要实现物质利益的互惠，还必须让参与各方能从关系中获得情感需求的满足。

(5) 控制。关系营销要求建立专门的部门来跟踪顾客、分销商、供应商及营销系统中其他参与者的态度，由此了解关系的动态变化，及时采取措施消除关系中的不稳定因素和不利于关系各方利益共同增长的因素。

### 12.2.2 关系营销的原则

关系营销的实质是，在市场营销中与各关系方建立长期稳定的相互依存的营销关系，以求彼此协调发展。因而，必须遵循以下原则：

**1.主动沟通原则**

在关系营销中，各关系方都应主动与其他关系方接触和联系，相互沟通信息，了解情况，形成制度或以合同形式定期或不定期碰头，相互交流各关系方需求变化情况，主动为关系方服务或为关系方解决困难和问题，增强伙伴合作关系。

**2.承诺信任原则**

在关系营销中，各关系方相互之间都应做出一系列书面或口头承诺，并以自己的行为履行诺言，赢得关系方的信任。承诺的实质是一种自信的表现，履行承诺就是将誓言变成行动，是维护和尊重关系方利益的体现，也是获得关系方信任的关键，是企业与关系方保持融洽伙伴关系的基础。

**3.互惠原则**

在与关系方交往的过程中，必须做到相互满足关系方的经济利益，并通过在公平、公正、公开的条件下进行成熟、高质量的产品或价值交换使关系方都能得到实惠。

### 12.2.3 关系营销的形态

关系营销是在人与人之间的交往过程中实现的，而人与人之间的关系绚丽多彩，关系复杂。归纳起来大体有以下几种形态：

**1.亲缘关系营销形态**

亲缘关系营销形态是指依靠家庭血缘关系维系的市场营销，如以父子、兄弟姐妹等亲缘关系为基础进行的营销活动。这种关系营销的各关系方盘根错节、根基深厚、关系稳定、时间长久、利益关系容易协调，但应用范围有一定的局限性。

**2.地缘关系营销形态**

地缘关系营销形态是指以企业营销人员所处地域空间为界维系的营销活动，如利用同省、同县的老乡关系或同一地区的企业关系进行的营销活动。这种关系营销在经济不发达，交通和通信落后，物流、商流、信息流不畅的地区作用较大。在我国社会主义初级阶段的市场经济发展中，这种关系营销形态仍不可忽视。

**3. 业缘关系营销形态**

业缘关系营销形态是指以同一职业或同一行业之间的关系为基础进行的营销活动，如同事、同行、同学之间的关系。因为他们接受相同的文化熏陶，彼此具有相同的志趣，在感情上容易紧密结合为一个“整体”，可以在较长时间内相互帮助、相互协作。

**4. 文化习俗关系营销形态**

文化习俗关系营销形态是指以企业及其人员之间具有共同的文化、信仰、风俗习俗为基础进行的营销活动。由于企业之间和人员之间具有共同的理念、信仰和习惯，在营销活动的相互接触交往中易于心领神会，对产品或服务的品牌、包装、性能等有相似需求，容易建立长期的伙伴营销关系。

**5. 偶发性关系营销形态**

偶发性关系营销形态是指在特定的时间和空间条件下由于突然的机遇形成的一种关系营销，如营销人员在车上与同行旅客闲谈时可能使某种产品成交。这种营销具有突发性、短暂性、不确定性的特点，往往与前几种形态相联系，但这种偶发性机遇又会成为企业扩大市场占有率、开发新产品的契机，如能抓住机遇，可能成为一个企业兴衰成败的关键。

### 12.2.4　关系营销的基本模式

**1. 关系营销的中心——顾客忠诚**

在关系营销中，怎样才能获得顾客忠诚呢？发现正当需求—满足需求并保证顾客满意—提高顾客忠诚度，构成了关系营销中的三部曲：

（1）企业要分析顾客需求，顾客需求满足与否的衡量标准是顾客的满意程度。满意的顾客会为企业带来有形的好处（如重复购买该企业产品）和无形产品（如宣传企业形象）。有营销学者提出了导致顾客全面满意的七个因素及其相互间的关系：欲望、感知绩效、期望、欲望一致、期望一致、属性满意、信息满意；欲望和感知绩效生成欲望一致，期望和感知绩效生成期望一致，然后生成属性满意和信息满意，最后导致全面满意。

（2）从模式中可以看出，期望和欲望与感知绩效的差异程度是产生满意感的来源，所以，企业可采取下面的方法来取得顾客满意：提供满意的产品和服务；提供附加利益；提供信息通道。

（3）顾客维系。市场竞争的实质是争夺顾客资源、维系原有顾客、减少顾客叛离，而维系顾客要比争取新顾客更为有效。维系顾客不仅需要维持顾客的满意程度，还必须分析使顾客产生满意度的最终原因，从而有针对性地采取措施来维系顾客。

**小案例12-1　蒙牛“你的疑问，我的责任”创新消费者沟通模式**

“你的疑问，我的责任”是蒙牛2013年开启的全新消费者沟通项目，包括线上微信、网页消费者答疑互动平台，以及线下开展的工厂参观活动。在线上，消费者可以通过微信、网页参与提出关于牛奶的一切问题并获得答案。截至2013年10月底，蒙牛共收到问题26 000多条，累计互动55 000多次，消费者提出的主要问题包括质量、产品咨询、建议，其他的主要是与牛奶相关的常识。在线下，蒙牛全国所有的工厂对游客开放，游客可随时通过旅游接待通道联系前往免费参观。据不完全统计，2013年已有28个地区的蒙牛工厂接待了199万多人次参观。为了改善蒙牛在网络上的舆论形象，蒙牛还邀请十几批超过100人次的网络大V参观工厂。此外，蒙牛是第一家在微博开通微客服、开通微信的乳品企业，其中微博粉丝超过50万人。蒙牛通过“你的疑问，我的责任”多维度平台与消费者进行开放沟通。蒙牛400、800热线电话，累计接收到18万多名消费者反馈，消费者满意度达到98%。截至2013年6月，蒙牛的质量投诉比上一年下降21.04%。2013年蒙牛整体舆情趋稳，线上相关话题微博累计转发近18万次，评论近10万次，阅读268万次，微博传播粉丝累计3 619万人；线下累计上百万人参观蒙牛工厂，了解牛奶生产流程。

资料来源　佚名. 2013中国营销创新案例［J］. 新营销，2014（1）.

**2.关系营销的构成——梯度推进**

贝瑞和帕拉苏拉曼归纳了建立顾客价值的三级关系营销。一级关系营销（频繁市场营销或频率营销）：维持关系的重要手段是利用价格刺激目标公众以增加财务利益。二级关系营销：在建立关系方面优于价格刺激，增加社会利益，同时也附加财务利益，主要形式是建立顾客组织，包括顾客档案和正式的、非正式的俱乐部，以及顾客协会等。三级关系营销：增加结构纽带，同时附加财务利益和社会利益。与客户建立结构性关系，使它对关系客户有价值，但不能通过其他来源得到，从而提高客户转向竞争者的机会成本，同时增加客户脱离竞争者而转向本企业的收益。

**3.关系营销的模式——作用方程**

企业不仅面临着同行业竞争对手的威胁，在外部环境中还有潜在进入者和替代品的威胁，以及供应商和顾客的讨价还价的较量。企业营销的最终目标是使本企业在产业内部处于最佳状态，能够抗击或改变这五种作用力。作用力是指决策的权利和行为的力量。双方的影响能力可用下列三个作用方程表示：“营销方的作用力”<“被营销方的作用力”；“营销方的作用力”=“被营销方的作用力”；“营销方的作用力”>“被营销方的作用力”。引起作用力不等的原因是市场结构状态的不同和占有信息量的不对称。在竞争中，营销作用力强的一方起着主导作用，当双方势均力敌时，往往采取谈判方式来影响、改变关系双方作用力的大小，从而使交易得以顺利进行。

### 12.2.5 关系营销的具体实施

**1.关系营销的组织设计**

为了对内协调部门之间、员工之间的关系，对外向公众发布消息、处理意见等，通过有效的关系营销活动，使得企业目标能顺利实现，企业必须根据正规性原则、适应性原则、针对性原则、整体性原则、协调性原则和效益性原则建立企业关系管理机构。该机构除协调内外部关系外，还将担负着收集信息资料、参与企业决策的责任。

**2.关系营销的资源配置**

人力资源配置主要是通过部门间的人员转化、内部提升和跨业务单元的论坛和会议等进行。信息资源共享方式主要有：利用计算机网络；制定政策或提供帮助削减信息超载；建立“知识库”或“回复网络”；组建“虚拟小组”。

**3.关系营销的效率提升**

关系各方环境的差异会影响关系的建立以及双方的交流。跨文化的人们在交流时，必须克服文化所带来的障碍。对于具有不同企业文化的企业来说，文化的整合，对于双方能否真正协调运作有着重要的影响。关系营销是在传统营销的基础上，融合多个社会学科的思想而发展起来的，其吸收了系统论、协同学、传播学等思想。关系营销学认为，对于一个现代企业来说，除了要处理好企业内部关系，还要与企业外部组织结成联盟，企业营销过程的核心是建立并发展与消费者、供应商、分销商、竞争者、政府机构及其他公众的良好关系。无论在哪一个市场上，关系都具有很重要的作用，甚至能够成为影响企业市场营销活动成败的关键。所以，关系营销日益受到企业的关注和重视。

## 12.3 定制营销

### 12.3.1 定制营销的概念

定制营销（customization marketing）是指在大规模生产的基础上，将市场细分到极限程度，把每一位顾客视为一个潜在的细分市场，并根据每一位顾客的特定要求，单独设计、生产产品并迅捷交货的营销方式。它的核心目标是以顾客愿意支付的价格，以能获得一定利润的成本，高效率地进行产品定制。美国著名的营销学专家科特勒将定制营销誉为21世纪市场营销最新领域之一。在全新的网络环境下，兴起了一大批像Dell、Amazon、P&G等为客户提供完全定制服务的企业。在宝洁的网站上，用户可以定制自己需要的皮肤护理或头发护理产品。

### 12.3.2 定制营销的特征

**1.把每一个顾客都作为一个单独的细分市场**

定制营销可以被看作企业划分市场的极致，也就是将每位顾客个体看作一个细分市场。大规模生产虽然提供了丰富的产品，却与消费者的个性需求发生了矛盾。在保持规模生产的经济效益的同时，为了兼顾顾客的个性化需求，很多企业采用了定制营销。所以，可以把定制营销看作一种对早期定制进行了两次否定后形成的新事物，是定制的高级形式。

**2. 生产的着眼点是使产品能够体现顾客的意志**

营销观念中最本质的核心要素就是：首先要发现消费者的需要和欲望，然后再用适当的手段满足其需要和欲望。因此，发现是满足的前提，没有充分挖掘客户的真正需求，生产出来的商品无非是没人乐意买的库存，无法实现商品流通的最后一跃，也就没有价值。定制营销的实施将在很大程度上改变这一现状，因为顾客对自己参与设计的产品往往有很强的自我满足感，因而不论对产品是否满意，大都会跟厂家进行后续的联系，这种反馈信息对企业而言是求之不得的。

**3. 营销活动建立在买卖双方协同一致的基础上**

“定制营销大师”迈克尔·戴尔，最早投资1 000美元生产并销售个人电脑，使戴尔公司一跃成为全球最大的PC公司之一。“定制电脑”就是消费者在网上向戴尔客服阐述自己的设计，而戴尔则根据消费者提出的设计要求来定做一款特制电脑。在这种情况下，消费者与厂商之间的协同并不是从交易活动开始时产生的，而是在产品的设计阶段就已经开始了。这种协同又将在很大程度上建立一种良好的企业-顾客关系，为企业的营销活动创造一个和谐有利的环境。

**4. 定制营销以大规模生产为基础**

定制营销与大规模生产并不矛盾，把定制营销与传统的作坊式生产相提并论是错误的观点，定制营销是基于大规模生产的定制。如日本松下公司在批量生产自行车的同时，又采取定制的灵活方式以满足消费者的不同需求。当顾客来到当地的自行车商店时，店员会在特制的车架上测量顾客的要求，并将顾客所需自行车的规格传真到工厂。在工厂内，有关自行车规格的数据将被输入计算机，在生产过程中，计算机将引导机器和工人进行具体操作。该工厂提供199种颜色、18种型号供顾客选择，自行车有11 231 862种变化的可能，且尺寸能因人而异。此种定制不但满足了顾客的个性化需求，而且降低了企业的成本和供货时间，实现了多赢的局面。

### 12.3.3 定制营销的分类

**1. 合作型定制**

当产品的结构复杂、可供选择的零部件式样繁多时，顾客一般难以权衡，甚至有一种束手无策的感觉，他们不知道何种产品组合适合自己的需要。在这种情况下，就可以采取合作型定制。企业与顾客进行直接沟通，介绍产品各零部件的特色、性能，并以最快的速度将定制产品送到顾客手中。例如，以松下电器为首的一批企业开创了“自选零件，代客组装”的业务。

**2.选择型定制**

在这种定制营销中，产品对于顾客来说，其用途是一致的，而且结构比较简单，顾客的参与程度很高，从而使产品具有不同的表现形式。例如，在许多文化衫上印上顾客喜爱的图案或幽默短语，可以使消费者的个性得以突出表现。

**3.适应型定制**

如果企业的产品本身结果比较复杂，顾客的参与程度比较低，企业可采取适应型定制营销方式。顾客可以根据不同的场合、不同的需要对产品进行调整，变换或更新组装方式来满足自己的特定要求。例如，灯饰厂可按顾客喜欢的式样设计，再按顾客对灯光颜色、强度的要求进行几种不同的组合搭配，以满足顾客在不同氛围中的不同需求。

**4.消费型定制**

消费型定制方式是指消费者对定制产品的参与程度很低，而企业通过调查来掌握消费者的喜好，再为其设计出适合消费者需求的一系列定制产品，这样就可以增加消费者的消费数量。消费型定制方式适合于消费者没时间或是不愿意花时间来参与定制产品设计，但他们的消费行为又较容易识别的情况。

### 12.3.4　定制营销的优势

与传统的营销模式相比，定制营销具有以下几个优点：

（1）体现了顾客至上的营销理念。从顾客需要出发，与每一位顾客建立良好关系，并为其开展差异性服务，实施一对一的营销方式，能最大化满足消费者的个性化需求，提高企业的市场竞争力。

（2）开展以销定产，减小投资风险，降低投资成本。在大规模定制下，企业的生产运营受客户的需求驱动，以客户订单为依据来安排定制产品的生产与采购，使企业库存最小化，降低了企业成本。因此，它的目的是把大规模生产模式的低成本和定制生产的以客户为中心这两种生产模式的优势结合起来，在不牺牲经济效益的前提下，了解并满足单个客户的需求。

（3）有利于促进企业的发展。创新是企业发展的灵魂，只有将创新精神与市场和消费者的需求结合起来，才能不断促进企业发展。

**小案例12-2　　长春大米牵手杭州开启私人定制营销新模式**

杭州是浙江省最大的缺粮地区，每年有将近300万吨的粮食缺口量需要通过流通方式从省外调入。长期以来，杭州对东北大米的市场需求非常旺盛。长春大米因其弹、软、润、滑、香的好口感，一直受到杭州市民欢迎，无论是在超市还是在粮油市场，都十分走俏。

2018年长春市粮食局借助吉林大米文化宣传月的契机，着重宣传长春市土壤、水源、气候、技术、品种等优势，吸引和鼓励杭州市民采用吉田私人定制的模式来长春体验当“农场主”的感觉。杭州企业在春季下订单，长春大米企业提供良田，负责插秧、除草、施肥等田间管理，10月收割后，所获水稻进入专属仓，然后每月按需现磨并发快递寄给杭州企业。

资料来源 佚名. 牵手杭州长春大米开辟营销新模式［EB/OL］.［2018-06-26］. http://news.ifeng.com/a/20180503/58055362_0.shtml.

## 12.4 体验营销

体验营销是20世纪末出现于美国、21世纪初传入我国的一种新型营销活动。1998年，美国人派恩和吉尔摩在其发表于《哈佛商业评论》上的《欢迎体验经济到来》一文中，首次提出了体验营销的概念。此后，体验营销开始引起人们的关注并迅速传播开来。“体验”也被看作继产品、商品和服务之后的又一关键市场提供物，更被视为未来市场营销的基础。在商业领域，向消费者提供卓越“体验”也已成为最热门的营销目标。一项针对营销人员的调查报告显示，70%的受访者称，在未来更广泛地实施体验营销对实现组织目标非常重要。有些企业甚至设置了一种新的管理岗位——首席体验官，来对顾客体验进行管理。

### 12.4.1 体验营销的内涵

体验营销是通过看、听、用、参与的手段，充分刺激和调动消费者的感官、情感、思考、行动、关联等感性因素和理性因素，重新进行定义、设计的一种思考方式和营销方法。这种思考方式突破了传统上“理性消费者”的假设，认为消费者消费时是理性与感性兼具的，消费者在消费前、消费中和消费后的体验才是购买行为与品牌经营的关键。伯德·施密特认为，营销工作就是通过各种媒介，包括沟通、识别、产品、共同建立品牌、环境、网站和消费者，来刺激消费者的感官和情感，从而引发消费者的思考、联想并使其行动和体验，最后通过消费体验，不断地传递品牌或产品的好处。

### 12.4.2 体验营销的五种体验类型

根据伯德·施密特博士的体验营销理论，体验营销基于一定的体验形式来达到使顾客体验的目的，其是由一定的媒介创造的，包括感官、情感、思考、行动、关联五种体验类型。

**1.感官**

感官营销的诉求是创造知觉体验的感觉，包括视觉、味觉、嗅觉、听觉和触觉。例如，我们都非常熟悉的星巴克咖啡馆，首先顾客一进门就会被扑鼻而来的浓郁的咖啡香味所吸引，其次映入顾客眼帘的是典型的欧美风格的装潢壁饰、吧台、调理柜，耳边响起的是舒缓的爵士乐。另外，在超级市场购物时，顾客经常能闻到超市烘烤面包的香味，这也是一种感官营销方式的体现。

**2.情感**

情感营销的诉求是顾客内在的感情，目的是创造情感体验。运用情感营销的关键在于了解什么样的刺激可以产生某种情感，以及能使消费者受到感染，从而主动参与到体验中来。

**3.思考**

思考营销的诉求是人们对某一事件的思索，其以某种创意的方式引发顾客的兴趣和思考，为顾客创造认知和解决问题的体验。我国德芙巧克力的广告语“牛奶香浓，丝般感受”就给消费者留下了想象的空间。他们会想，丝般感受到底是什么样味道，从而引发他们的购买动机。

**4.行动**

行动营销的目标是影响顾客身体的有形体验、生活形态并与顾客产生互动。行动营销通过偶像角色如影视明星、歌星或者运动明星来激发顾客的身体体验，指出做事的替代方法、替代的生活形态，与顾客互动，丰富顾客的生活，使其生活形态发生改变，从而实现产品的销售。

**5.关联**

关联营销包含感官、情感、思考与行动营销等层面。关联营销的诉求是通过个人体验，建立个人与理想自我、他人或是文化之间的关联。伯德·施密特博士曾提到过一个著名的关联品牌——哈雷。哈雷虽然只是一个摩托车牌子，但它代表了一种生活形态，从摩托车本身、与哈雷有关的产品，到狂热者身上的哈雷文身，哈雷品牌已被消费者认为是他们自身形象识别的一部分。

### 12.4.3　体验营销的特点

**1.关注顾客的体验**

体验是一个人经历一些处境的结果。企业应注重与顾客之间的沟通，发掘他们内心的渴望，站在顾客体验的角度，去审视自己的产品和服务。

**2.以体验为导向设计、制作和销售产品**

当咖啡被当成“货物”贩卖时，一磅可卖300元；当咖啡被包装为“商品”时，一杯就可以卖一二十元；当其加入了“服务”，在咖啡店中出售时，一杯要卖好几十元；如果能让咖啡成为一种香醇与美好的“体验”，一杯就可以卖到上百元，甚至好几百元。增加产品的“体验”含量，能为企业带来可观的经济效益。

**3.检验消费情景**

营销人员不再孤立地思考一个产品（质量、包装、功能等），要通过各种手段和途径（娱乐、店面、人员等）来创造一种综合的效应以增加消费体验。不仅如此，还要跟随社会文化消费向量，思考消费所表达的内在的价值观念、消费文化和生活意义。通过检验消费情景，营销人员可以综合地考虑各个方面来扩展营销的外延，并在较广泛的社会文化背景中提升其内涵。顾客购物前、中、后的体验已成为提高顾客满意度和品牌忠诚度的关键决定因素。

**4.顾客既是理性的又是感性的**

一般说来，顾客在消费时经常会进行理性的选择，但也会有对狂想、感情、欢乐的追求。企业不仅要从顾客理性的角度去开展营销活动，也要考虑消费者情感的需要。

**5.体验要有一个主题**

体验要先设定一个主题，也可以说，体验营销从一个主题出发并且所有服务都围绕这一主题，或者至少应设有一个主题道具（如一些主题博物馆、主题公园、游乐区，或以主题设计为导向的一场活动等）。这些体验和主题并非随意出现，而是体验营销人员精心设计出来的。如果它们是误打误撞形成的，则不应说是一种体验式营销行为，在这里所讲的体验式营销要有严格的计划、实施和控制等一系列管理过程在里面，而非仅是形式上的符合而已。万宝路香烟就其香型和味道而言，并非比三五、希尔顿等香烟有更特殊之处，但万宝路品牌所创造的英俊粗犷、充满阳刚之气的美国西部牛仔形象却让全世界的消费者如痴如醉，满足了“抽万宝路香烟，就具有男子汉气概”的心理欲求。德国大众汽车公司生产的甲壳虫汽车虽然算不上高档，但其通过“满载乡愁”的主题概念渲染同样获得了许多消费者的青睐。

**6.方法和工具有多种来源**

体验是五花八门的，体验营销的方法和工具也种类繁多，并且这些和传统的营销又有很大的差异。企业要善于寻找和开发适合自己的营销方法和工具，并且不断地推陈出新。

### 12.4.4 体验营销的主要原则

**1.适用适度**

体验营销要求产品和服务具备一定的体验特性，顾客为获得购买和消费过程中的“体验感觉”，往往不惜花费较多的代价。

**2.合理合法**

体验营销能否被消费者接受，与地域差异关系密切。各个国家和地区由于风俗习惯和文化的不同，价值观念和价值评判标准也不同，评价的结果存在差异。因此，体验营销活动的安排，必然要适应当地市场的风土人情，既富有新意，又符合常理。

### 12.4.5 体验营销的主要策略

**1.感官式营销策略**

感官式营销策略是通过视觉、听觉、触觉与嗅觉建立感官上的体验。它的主要目的是创造知觉体验。感官式营销可以帮助消费者区分企业并识别产品，引发消费者购买动机和增加产品的附加值等。以宝洁公司的汰渍洗衣粉为例，其广告突出“山野清新”的感觉：新型山泉汰渍带给你野外的清爽幽香。宝洁公司为创造这种清新的感觉做了大量工作，后来取得了很好的效果。

**2.情感式营销策略**

情感式营销策略是在营销过程中，触动消费者的内心情感，创造情感体验，其范围可以是一种温和、柔情的正面心情，如欢乐、自豪，也可以是强烈的激动情绪。开展情感式营销，需要真正了解什么样的刺激可以引起某种情绪，以及能使消费者自然地受到感染并融入这种情景中来。在“水晶之恋”果冻的广告中，我们可以看到一位清纯、可爱、脸上写满幸福的女孩，依靠在男朋友的肩膀上，品尝着他送给她的“水晶之恋”果冻，就连旁观者也会感觉到这种“甜蜜爱情”的体验。

**3.思考式营销策略**

思考式营销策略是启发人们的智力，创造性地让消费者获得认识和解决问题的体验。它运用一些新奇的手段，引发消费者产生统一或各异的想法。在高科技产品宣传中，思考式营销被广泛使用。苹果iMAC电脑的成功在很大程度上得益于一个思考式营销方案。该方案利用“与众不同的思考”的广告语来刺激消费者去思考苹果电脑的与众不同之处，同时也促使他们思考自己的与众不同之处，并且通过使用苹果电脑，使他们感到自己也成了创意天才。

**4.行动式营销策略**

行动式营销策略是通过偶像、角色，如影视明星、歌星或运动明星等来激发消费者，使其生活形态发生改变，从而实现产品的销售。在这一方面，耐克公司的做法可谓经典。该公司成功的主要原因之一是有出色的“Just do it”广告，通过形象地描述运动中的著名篮球运动员迈克尔·乔丹，来升华消费者对运动的体验。

**5.关联式营销策略**

关联式营销策略包含感官、情感、思考、行动或营销的综合，特别适用于化妆品、日常用品、私人交通工具等领域。例如，美国市场上的哈雷牌摩托车，车主们经常把它的标志文在自己的胳膊上，乃至全身。他们每个周末去全国参加各种摩托车竞赛，可见哈雷品牌为消费者带来非凡的体验。

**小案例12-3　宜家的体验营销**

来自瑞典的宜家家居的体验营销活动堪称经典之作。宜家强烈鼓励消费者在卖场进行全面的亲身体验，比如拉开抽屉、打开柜门、在地毯上走走、试一试床和沙发是否坚固等，并且在一些出售的沙发、餐椅的展示处还特意提示顾客：“请坐上去，感觉一下它是多么舒服！”

宜家的店员不会像其他家具店的店员一样，你一进门就对着你喋喋不休，你到哪里他们就跟到哪里，而是非常安静地站在另一边，除非你主动要求他们帮助，否则店员不会轻易打扰你，以便让你在一种轻松、自由的气氛中做出购物的决定。宜家卖场体验式场景的设置为消费者创造出自由并与产品属性相关联的氛围。

宜家的工作不仅仅把工夫花在现场的体验氛围上，在产品的设计方面也费了很多心思。在产品开发过程中，宜家充分考虑了消费者日常使用的习惯，对于产品是否适合消费者使用，宜家的开发人员、设计人员和供应商会进行非常深入的交流和市场调查。宜家通过卖场深入了解消费者的需求，并及时将信息反馈给产品设计人员，设计人员会结合消费者的需求对产品进行设计和改进。宜家十分重视对家居产品的品位、形象、个性、情调、感性等方面的塑造，使其具备与目标顾客心理需要相一致的心理属性，帮助顾客形成或完成某种感兴趣的体验。在消费者自己的私人空间里，宜家的家具是为生活中充满变化而设计的——一座新公寓、一段新恋情、一个新家……即使仅仅随意逛逛宜家的商场，都会让许多人振奋起来。宜家的许多空间都被隔成小块，每一处都展现一个家庭的不同角落，而且都拥有自己的照明系统，向人们充分展示未来温馨的家。

消费者在购买家居产品时会有一些疑虑：害怕不同的产品组合在买回家后不协调，到时候后悔莫及。宜家在这一点上也给予了充分的考虑。它把各种配套产品进行组合，设立了不同风格的样板间，通过一段场景引出对家居产品的介绍，充分展现每种产品的现场效果，甚至连灯光都展示出来，这让消费者可以体验到这些产品组合的感觉以及其体现出的格调，加强了对家居产品体验元素的挖掘。而且，宜家的大部分产品都是可以拆分的，消费者可以将部件带回家自己组装，宜家还配备有安装的指导手册、宣传片和安装工具等。经过多年的运作，宜家已经成为一种文化符号，让长久以来渴望自由消费主义的新兴中产阶层感到欣喜不已。

资料来源　吴柏林．体验营销［EB/OL］．［2018-07-13］．http://wenku.baidu.com/view/797f5e88d0d233d4b14e69ee.html.

## 12.5　微信营销

微信营销是网络经济时代企业或个人营销模式的一种，是伴随着微信的火热而兴起的一种网络营销方式。微信不存在距离的限制，用户注册微信后，可与周围同样注册的“朋友”形成一种联系，订阅自己所需的信息。商家通过提供用户需要的信息，推广自己的产品，从而实现点对点的营销。

### 12.5.1　微信营销的特点

**1.点对点精准营销**

微信拥有庞大的用户群，借助移动终端天然的社交和位置定位等优势，每条信息都是可以推送的，能够让每个个体都有机会接收到这条信息，继而帮助商家实现点对点精准化营销。

**2.形式灵活多样的漂流瓶**

用户可以发布语音或者文字然后投入“大海”中，如果有其他用户“捞”到则可以展开对话。

**3.签名**

商家可以利用“用户签名档”这个免费的广告位为自己做宣传，附近的微信用户就能看到商家的信息，如饿的神、K5便利店等就采用了微信签名档的营销方式。

**4.二维码**

用户可以通过扫描、识别二维码来添加朋友、关注企业账号；企业则可以设定自己品牌的二维码，用折扣和优惠来吸引用户关注，开拓O2O的营销模式。

**5.开放平台**

通过微信开放平台，应用程序开发者可以接入第三方应用程序，还可以将应用程序的LOGO放入微信附件栏，使用户可以方便地在会话中调用第三方应用程序进行内容选择与分享。如，“美丽说”的用户可以将自己“美丽说”中的内容分享到微信中，可以使一件“美丽说”的商品得到不断的传播，进而实现口碑营销。

### 12.5.2　微信公众平台

微信公众平台，简称公众号。利用公众号进行自媒体活动，简单来说就是进行一对多的媒体性活动，如商家申请公众微信服务号，通过二次开发展示商家微官网、微会员、微推送、微支付、微活动、微报名、微分享、微名片等，已经形成了一种主流的线上线下微信互动营销方式。

微信公众账号被分成订阅号、服务号和企业号。运营主体是组织或个人的，可以申请订阅号；运营主体是组织（比如企业、媒体、公益组织）的，可以申请服务号；企业号是微信为企业客户提供的移动服务，旨在提供企业移动应用入口。

**1.订阅号**

公众平台订阅号，是微信公众平台的一种账号类型，旨在为用户提供信息。企业或组织、个人等都可以申请订阅号，但个人只能申请订阅号。订阅号的功能包括：每天（24小时内）可以发送1条群发消息；发给订阅用户（粉丝）的消息，将会显示在对方的“订阅号”文件夹中，用户点击两次才可以打开；在订阅用户（粉丝）的通讯录中，订阅号被放入“订阅号”文件夹中。

大众消费品行业是适合做订阅号的，如餐饮、服装、汽车、娱乐等。任何一个面向大众的生产型企业，都需要不断地营销自己的产品和品牌，以此来保证自己的市场地位或开拓更大的市场。理论上，企业想不断地推送产品或服务信息，采用订阅号是比较合适的（有个适度的问题，过多的广告会变成垃圾信息）。用户浏览到好的信息后，会转发到朋友圈，从而促进品牌传播。

**2.服务号**

公众平台服务号，也是微信公众平台的一种账号类型，旨在为用户提供服务。服务号只能由企业或组织等属于官方机构的主体申请。服务号的功能包括：1个月

（自然月）内可以发送4条群发消息；发给订阅用户（粉丝）的消息，会显示在对方的聊天列表中；服务号被放在订阅用户（粉丝）的通讯录中。通讯录中有一个“公众号”文件夹，用户点开可以查看所有服务号；服务号可申请自定义菜单。

在大众服务类行业，用户规模较大的企业适合做服务号，比如电信运营商、航空公司、电力公司、银行等。这些企业提供的是一些基础服务，不用发送更多的信息去做推广，也会有大量用户使用企业的服务，它们开通服务号，是把服务方式多元化了，如果用户体验很好，就会持续使用。服务号的功能接口较多，也便于提供更多服务，所以基础服务类的企业是适合做服务号的。

**3.企业号**

微信企业号是微信为企业客户提供的移动服务，旨在提供企业移动应用入口。它可以帮助企业建立员工、上下游供应链与企业IT系统间的连接。利用企业号，企业或第三方服务商可以快速、低成本地实现高质量的企业移动轻应用，实现生产、管理、协作、运营的移动化。

微信企业号的适用范围主要包括：办公室员工出差在外的移动办公应用场景；企业与上下游合作伙伴的订单管理、工作协同；以移动办公为主场景的一线员工，如一线销售、营销代理、售后服务、巡检巡店、安保后勤等人员的工作管理与支撑。此外，政府机关、学校、医院等事业单位以及社会组织同样可以通过企业号简化管理流程，提高信息发布与触及的效率，提升组织协同运作效率。企业号可以建立企业任何内部IT系统或硬件物理设备与员工微信的连接，在实现企业系统的移动化的同时，实现端到端的流程闭环。以前，传统IT很难做到这一点，如今，基于微信、利用企业号，一切皆有可能。

### 12.5.3 微信营销运作模式

**1.草根广告式——查看附近的人**

产品描述：利用微信中基于LBS（基于位置的服务）的功能插件“查看附近的人”便可以使更多陌生人看到这种强制性广告。

功能模式：用户点击“查看附近的人”后，可以根据自己的地理位置查找到周围的微信用户。在这些附近的微信用户中，除了显示用户姓名等基本信息外，还会显示用户签名档的内容。所以，用户可以利用这个免费的广告位为自己的产品打广告。

营销方式：营销人员在人流最旺盛的地方后台24小时运行微信，如果“查看附近的人”使用者足够多，其广告效果也会随着微信用户数量的上升而增强，这个简单的签名栏也许会变成移动的“黄金广告位”。

**2.品牌活动式——漂流瓶**

产品描述：移植到微信上后，漂流瓶的功能基本保留了原来简单易上手的风格。

功能模式：漂流瓶有两个简单功能：“扔一个”，用户可以选择发布语音或者文字然后投入“大海”中；“捡一个”，“捞”“大海”中无数个用户投放的漂流瓶，“捞”到后也可以和对方展开对话但每个用户每天只有20次机会。

营销方式：微信官方可以对漂流瓶的参数进行更改，使得合作商家推广的活动在某一时间段内抛出的“漂流瓶”数量大增，普通用户“捞”到的频率也会增加。加上“漂流瓶”模式本身可以发送不同的文字内容甚至语音小游戏等，如果营销得当，也能产生不错的营销效果。而且这种语音的模式，也让用户觉得更加真实。但是，如果只是纯粹的广告语，则会引起用户反感。

**3.O2O折扣式——扫一扫**

产品描述：二维码发展至今其商业用途越来越多，所以微信也就顺应潮流结合O2O展开商业活动。

功能模式：将二维码图案置于取景框内，然后你就可以获得会员折扣、商家优惠信息，或是一些新闻资讯。

营销方式：在移动应用中加入二维码扫描这种O2O方式早已普及开来，坐拥上亿用户且活跃度足够高的微信，其价值不言而喻。

**4.互动营销式——微信公众平台**

对于大众化媒体、明星以及企业而言，如果微信开放平台+朋友圈的社交分享功能，已经使得微信成为一种移动互联网上不可忽视的营销渠道，那么微信公众平台的上线，则使这种营销渠道更加细化和直接。

**5.微信开店——由商户申请获得微信支付权限并开设微信店铺的平台**

公众号申请微信支付权限需要具备两个条件：第一，必须是服务号；第二，还需要申请微信认证，以获得微信高级接口权限。商户申请了微信支付权限后，才能进一步利用微信的开放资源搭建微信店铺。

## 本章小结

大数据营销是指通过互联网采集大量的行为数据，帮助广告主找出目标受众，对广告投放的内容、时间、形式等进行预判与调配，并最终完成广告投放的营销过程。大数据营销的特点包括：多平台化数据采集、强调时效性、个性化营销、性价比高、关联性强。

关系营销是把营销活动看成一个企业与消费者、供应商、分销商、竞争者、政府机构及其他公众发生互动作用的过程，其核心是建立和发展与这些公众的良好关系。关系营销的特征是：双向沟通、合作、双赢、亲密、控制。关系营销的实施内容包括：关系营销的组织设计、关系营销的资源配置、关系营销的效率提升。

定制营销是指把每一位顾客视为一个潜在的细分市场，并根据每一位顾客的特定要求，单独设计、生产产品并迅捷交货的营销方式。定制营销可分为合作型定制、选择型定制、适应型定制和消费型定制。定制营销的优势体现在顾客至上、以销定产，减小了企业的投资风险，降低了企业投资成本，有利于促进企业将创新与市场和消费者的需求结合起来。

体验营销是通过看、听、用、参与的手段，充分刺激和调动消费者的感官、情感、思考、行动、关联等感性因素和理性因素，进行重新定义、设计的一种思考方式和营销方法。体验营销包括感官、情感、思考、行动、关联五种体验类型。体验营销的主要策略包括感官式营销策略、情感式营销策略、思考式营销策略、行动式营销策略、关联式营销策略。

## 复习思考题

1.什么是大数据营销？大数据营销有什么特点？
2.大数据营销对企业有哪些作用？
3.开展关系营销必须遵守哪些原则？
4.关系营销有哪几种形态？如何具体实施关系营销？
5.什么是定制营销？定制营销有哪些特征？
6.简述定制营销的类型。
7.体验营销的策略有哪些？

## 案例分析题

### 型牌男装应用大规模定制营销

型牌男装通过互联网为职场人士提供衬衫、西裤、休闲裤、领带等产品的定制服务，消费者不需要接受量体师面对面的量体就可以自己定制产品，为顾客购买到合体的男装产品提供了便利。从理论上讲，顾客完全可以通过定制来代替购买成衣，而且通过互联网定制可以使定制过程变得非常简单。

开展大规模定制营销，需要对产品进行模块化设计。在运营的初级阶段，型牌男装为产品设计了两个模块：一个模块是服装号型体系；另一个模块是服装样品（实际上是一套实物产品的设计方案）。

在服装号型方面，不同的服装品种（产品族）提供的号型数量不等，少的500多个，多的2 000多个，顾客可以通过3个尺寸来选择一个自己的服装号型。为了让顾客能简单地选择到号型，并尊重顾客的穿着习惯，以及为了杜绝顾客因不了解板型设计而出现错误，影响产品的美观，在选择号型时，顾客需要将成品服装尺寸和自己的身材尺寸结合起来。

比如，顾客为定制衬衫而选择衬衫号型时，要提供衬衫的领围，这是尊重顾客对衬衫领围大小的穿着习惯。另外，顾客还需要提供两个身材尺寸：一个是身高；另一个是净胸围。总体而言，对顾客来说，要得到这三个尺寸的准确数据是不难的。顾客提供了衬衫领围、身高和净胸围以后，就可以在型牌网上选择一个自己的衬衫号型。经研究，这一方法能保证95%以上的人得到满意的合体衬衫，这一结果已经达到了量体裁衣业务的市场水平。同样，顾客定制裤子时只需提供裤腰、裤长和净臀围三个尺寸就可以选择一个自己的号型。该公司称这一方法为密码定做法，并就相关的技术申请了国家专利。

另一个模块就是样品。为了不使顾客对服装设计产生畏惧，所有的产品都由型牌网预先设计并制作出样品，拍摄成照片后放到网上供顾客选定。所有的样品均保持适量的面料库存，制成了裁剪用的纸样，编制好了生产文件，配备了相应的辅料。顾客只要选定某一款样品，输入号型即可定制，随即就可以生产。

所以，目前型牌男装提供给顾客的定制维度是两个：一是号型；二是样品。在这两个维度上，对于顾客的任何请求，型牌男装都能响应，从而实现大规模定制，也就是工业化定制。与传统的裁缝店量体裁衣的模式比起来，本模式能保证顾客定制的服装保持由工业化生产所带来的高品质，这些高品质特性主要表现在服装的设计、板型和做工上。

当然，随着型牌男装定制业务的不断扩大，其完全可以把定制模块拆成号型体系、面料系列和款式体系三个甚至更多的模块。但在营销的初级阶段，为培养顾客的自助定制（在没有穿衣顾问的情况下）习惯及能力，型牌男装暂时只提供这两个维度的定制服务。

资料来源 佚名. 一个服装大规模定制营销的完整案例［EB/OL］.［2018-06-08］. http://blog.sina.cn/dpool/blog/s/blog_9c5864140100z62g.html.

讨论题：

型牌男装是如何完成大规模定制营销的？

# 参考文献


[1] 王先庆. 新零售 [M]. 北京：中国经济出版社，2017.

[2] 陈姣. 科特勒营销学新解 [M]. 北京：中华工商联合出版社，2017.

[3] 陈钦兰，苏朝晖，胡劲，等. 市场营销学 [M]. 北京：清华大学出版社，2017.

[4] 马湘临. O2O新营销 [M]. 上海：上海三联书店，2016.

[5] 维纳查克. 新媒体营销圣经 [M]. 张树燕，译. 北京：北京联合出版公司，2016.

[6] 科特勒，阿姆斯特朗. 市场营销：原理与实践 [M]. 楼尊，译. 16版. 北京：中国人民大学出版社，2015.

[7] 王晓锋，张永强，吴笑一. 零售4.0时代 [M]. 北京：中信出版集团，2015.

[8] 中国娱乐营销传播中心. 娱乐营销3.0 [M]. 北京：机械工业出版社，2015.

[9] 毕克贵. 市场营销学 [M]. 北京：中国人民大学出版社，2015.

[10] 梁文玲. 市场营销学 [M]. 2版. 北京：中国人民大学出版社，2014.

[11] 盛涛. 科特勒的营销智慧 [M]. 北京：电子工业出版社，2013.

[12] 麦克丹尼尔，兰姆，海尔. 市场营销学：案例与实践 [M]. 时启亮，朱洪兴，王慧，译. 11版. 上海：格致出版社，上海人民出版社，2013.

[13] 郭国庆. 市场营销学通论 [M]. 5版. 北京：中国人民大学出版社，2013.

[14] 吴健安. 市场营销学（精编版）[M]. 北京：高等教育出版社，2012.

[15] 李桂陵. 市场营销学 [M]. 北京：北京大学出版社，2012.

[16] 施密特. 体验营销 [M]. 周兆晴，编译. 南宁：广西民族出版社，2003.